百万册
升级版

CURRENCY WARS

货币战争4

战国时代

宋鸿兵◎著

中信出版集团 · 北京

图书在版编目（CIP）数据

货币战争 . 4，战国时代 /（美）宋鸿兵著 . -- 北京：
中信出版社，2017.7 (2025.12重印)
ISBN 978-7-5086-7645-6

I. ①货… II. ①宋… III. ①货币史－世界 IV.
① F821.9

中国版本图书馆 CIP 数据核字（2017）第 098894 号

货币战争 4：战国时代

著　　者：宋鸿兵
出版发行：中信出版集团股份有限公司
（北京市朝阳区东三环北路27号嘉铭中心　邮编　100020）
承 印 者：北京通州皇家印刷厂

开　　本：787mm×1092mm　1/16　　印　　张：24　　字　　数：342 千字
版　　次：2017 年 7 月第 1 版　　印　　次：2025 年 12 月第 38 次印刷
书　　号：ISBN 978-7-5086-7645-6
定　　价：50.00 元

服务热线：400-600-8099
投稿邮箱：author@citicpub.com

目　录
CURRENCY WARS

第三章
货币冷战，拒绝美元就是拒绝和平

第四章
合纵连横，欧洲货币的崛起与困惑

第五章
东方欲晓，中日工业化的角力

第八章
亢龙有悔，中国模式 3.0 的升级

第九章
战国时代，地平线上的亚元

新版序

CURRENCY WARS

在四大古老文明之中，中华文明因其地理环境的封闭而长期偏安于欧亚大陆一隅。缺乏其他文明的刺激与挑战，既塑造了中国的内向心态，也成就了中国举世无双且稳定的文化基因。自鸦片战争以来，中国被迫应对西方文明的强势挑战，至今已历 170 余年。中华文明在百年大溃败之后，终于稳住了阵脚，赢得了 70 年的喘息，应该说，现在才逐渐恢复了文明的元气。在这漫长与艰难的岁月里，中国内向的文明基因被迫嬗变，闭关必然退化，偏安等于衰亡，不参与全球博弈，则必被历史淘汰。

欲参与全球事务，就需要大国心态、国际视角与历史纵深感，而目前中国虽经济跃居世界前列，但世界性思维能力还有待提高。其根源在于中国长期缺乏对世界的系统性研究，信息积累匮乏、专业领域孤立、方法陈旧过时、人员条块分割、部门各自为政，很难形成统一的逻辑体系和整合的全球战略。虽然中国的智库多如牛毛，但基本都是围着领导意图转，缺乏自己的专业积累与思想定力，无法形成稳定的大格局，更遑论战略的前瞻性。

以当前的美俄冲突为例，2014 年年初，乌克兰危机爆发，美国与俄罗斯立刻势同水火，美国动用了经济围剿、金融制裁、石油武器和货币战争等非传统手段，完全超出了人们的预料，这说明中国在这些领域的研究基本处于空白。而经济战、货币战很有可能正是未来大国博弈的主要手段，这就提出了一个尖锐的问题，假如中国处于俄罗斯的境地，中国将何以应对?

历史是最好的老师。使用货币武器对付主要战略对手在现实中有着诸多案例，本书总结的正是美国在历史上反复发动货币战争的经典战例。例如第三章："货币冷战，拒绝美元就是拒绝和平"，美国与俄罗斯的货币较量早在 20 世纪 40 年代就已经发生过一回了，现在的美俄货币大战就像是历史的重演。

关于冷战爆发的原因，本书的结论是：苏联拒绝加入美元主导的国际贸易体系，最终促使美国下定决心对抗苏联，标志性事件就是美国冷战鼻祖乔治·凯南（时任驻苏外交官）于 1948 年 2 月发出的长达 8 000 字的电报，这篇著名的"冷战檄文"，正是他对于美国财政部质询苏联为何迟迟不加入 IMF（国际货币基金组织）的回应。有意思的是，美国外交协会的重量级学者、国际部主任本·斯泰尔在他 2013 年的新作《布雷顿森林货币战》一书中，披露了大量第一手的信息，在充分研究了海量的外交备忘录和私人信件的基础上，他得出的冷战起源结论与我的观点几乎完全一致。

关于苏联崩溃的经济因素，我在书中重点强调了美国在 20 世纪 80 年代与沙特联手打击石油价格，致使石油价格暴跌过半，苏联外汇收入面临枯竭，严重依赖粮食进口的苏联无法满足国内食品需求，加速了社会矛盾激化，动摇了政权的稳定。同时，苏联财政状况加速恶化，工业投资陷入绝境，巨额外债难以偿还，对东欧国家的石油和经济援助急剧缩减，苏东阵营的离心力大增。可以说，美国对石油价格的打击是造成苏联解体的关键性因素。

如今，几乎一模一样的剧本再度上演。主角仍是美国和沙特，对手换成了普京，同样是石油价格腰斩，外汇收入枯竭，巨额外债难以偿还，国内物价大幅上涨，工业投资严重萎缩，经济状况持续恶化。只不过这一次还要外加欧、美、日的经济围剿和金融制裁，俄罗斯再度面临决定其生死存亡的重大危机。

在美国货币战争的武器库里，美元清算和SWIFT（环球同业银行金融电讯协会）通道堪称是两件“金融核武器”。在全球贸易结算中，美元占据着主导地位，一旦美国中断俄罗斯的美元清算，就意味着俄罗斯无法与世界各国展开美元贸易，这将更沉重地打击俄罗斯的经济，它的杀伤力远远大于普通的经济制裁，相当于经济战中的核战争。如果说美元清算是原子弹的当量，那么SWIFT通道就是氢弹的威力。如果在美国强大的压力之下，位于欧盟的SWIFT将俄罗斯踢出局，将意味着全世界除美元以外的其他货币，也无法与俄罗斯进行贸易结算，俄罗斯的对外贸易将注定崩溃。

当然，俄罗斯不可能坐以待毙。俄罗斯正在努力推进新一代的国际清算体系建设以摆脱SWIFT的独木桥，预防SWIFT通道一旦被截断，在最坏的情况下，俄罗斯也能启动自己的国际清算系统与其他国家进行贸易结算，如果有足够多的贸易伙伴愿意参与进来，俄罗斯就有可能绕开美元清算和SWIFT通道的封锁，开辟出一片贸易结算的新天地。

另外，俄罗斯积极促成了金砖五国银行的建立，说明普京具有相当超前的战略预见眼光。即便在美元清算和SWIFT通道被截断的情况下，俄罗斯仍然可以依赖金砖银行与国际金融体系发生联系。如果美国想彻底封死俄罗斯金融系统与外界的联系，就必须阻止金砖五国银行为俄罗斯开后门，但这将导致美俄的货币大战升级为大国集团之间的金融对抗，极大地增加美国发动货币战的风险成本。

面对美国的金融围剿，俄罗斯必然进行货币反击，其关键性的一步就是实施石油、天然气出口的非美元结算，从而撬动整个石油美元的基础，直接挑战美元霸权，加速全球去美元化的进程，最终动摇整个世界贸易体系的根基，导致国际政治格局发生根本性的改变。

美俄之间的较量，将呈现出不同于20世纪大国争霸的新模式，经济对抗取代了军事对抗，金融武器的重要性凌驾于航母与导弹之上，货币打击的杀伤力不亚于核武的威慑效果。这场美俄之间经济上的殊死较量，堪称21世纪的第一次世界经济大战！

对此，中国做好准备了吗？

要想洞察未来，必先回顾历史！

宋鸿兵

2015年3月于香山

自序

CURRENCY WARS

2008年9月，席卷世界的金融危机惊醒了人们对永久繁荣的幻梦，全球化浪潮遭遇了近30年来最为严重的逆流。2009年，世界各国政府纷纷采取了史无前例的财政刺激和宽松的货币政策，试图挽狂澜于既倒，继续维持原有的经济增长模式，世界经济似乎在最近三年里出现了显著复苏的迹象。于是，一片“后危机时代”的乐观情绪弥漫开来。直到2011年美债困境与欧债危机再度拉响了经济的红色警报，人们才猛然发觉，我们并未生活在一个健康的经济复苏体之中，而是开始了从经济的“急性病”转为“慢性病”的漫长煎熬历程。

缺乏历史纵深感是当今短视浮躁和急功近利的社会普遍存在的现象，人们似乎难以从高节奏的商业活动与繁杂的事务中解脱出来，沉心静气地思考问题的本源。当新闻媒体中充斥着各类震撼的标题，当困惑和焦虑紧紧纠缠着我们的思维时，很少有人愿意花费宝贵的时间来全面审视形成今天问题的根源。

美国经济会再度衰退吗？2012年美国国债的上限之争是否还会重现？欧债危机会全面爆发吗？欧元体系会不会走向崩溃？中国该不该救欧洲？中国的房地产泡沫是不是会破裂？中国经济将硬着陆还是软着陆？通货膨胀能不能有效控制？中国庞大的外汇储备究竟该怎么办？人民币升值的上限是多少？人民币国际化能成功吗？

如果我们不依靠任何历史参照系，面对如此众多而复杂的问题，就足以使我们脆弱的大脑陷于崩溃。

其实，阳光之下没有新鲜事，上述所有的问题，历史早就给出了答案，我们的任务就是从历史中寻找并发现这些答案。研究历史的重要性，体现在为今天的困境梳理出清晰的脉络。尽管历史不会是简单的重复，但在历史中不断反复的人性本质，却有着惊人的相似之处。毕竟，经济史和货币史就是人类在有限资源的制约下，不断求取财富极大值并试图控制财富分配权力的历史。

本书将沿着世界储备货币争霸的主线展开，从美元处心积虑地颠覆英镑霸权入手，展示美国的货币战略高手们是如何一步步地蚕食英镑势力，挤压英镑的国际储备货币地位和贸易结算计价权；英镑势力又是如何通过“帝国特惠制”反扑美元的攻势，并将美元打回了“孤立主义”的原形。美元与英镑的激烈斗争，造成了20世纪30年代世界金融权力的真空，加剧了世界范围的大萧条。

第二次世界大战为美元提供了剿灭英镑割据的历史性机遇，《大西洋宪章》《租借法案》都是罗斯福手中锋利的手术刀，目的在于肢解大英帝国的英镑版图。最终，美国通过“挟黄金以令诸侯”，建立起了一个以美元本位制为摄政王的“布雷顿森林王朝”。

罗斯福对防范英镑割据复辟的警惕，远远超过了对苏联的担忧。冷战爆发的根源，在于杜鲁门对罗斯福的大战略进行了彻底颠覆。美国对苏联的步步紧逼，迫使斯大林放弃了加入美元帝国版图，与美国合作分治世界的希望。冷战的导火索正是苏联突然变卦，放弃了加入IMF和世界银行的计划，这恰是乔治·凯南发出8 000字长电冷战檄文的直接原因。从此，美元与卢布开始了一场惊心动魄的殊死决斗。

“二战”结束后，法国强占了德国的鲁尔、萨尔工业区，美国开始实施彻底“阉割”德国工业的“摩根索计划”。苏联拒绝加入美元帝国，给了德国重新崛起的机会，而德国1948年的货币改革，直接刺激了苏联，触发了柏林危机。当20世纪50年代初德法关系由于鲁尔、萨尔争端日趋白热化的时候，法国人与德国人甚至已经看到两国之间的战争将不可避免的危险信号，但“超主权”的“煤钢联盟”挽救了战争的危机，此后德法才真正开始了历史大和解。对于双方而言，将煤炭和钢铁置于一个“超主权”的机构管理，将使未来的战争“既不可想象，又无法发生”。这一紧密捆绑的利益共同体的制度安排，正是今天欧盟和欧元的起点。在建立“煤钢联盟”之时，欧洲的统治精英集团就已经开始策划“欧洲合众国”的路线图了。当我们看明白过去60多年来，欧洲的精英集团是如何运作欧洲货币和经济联盟后，就会明白今天欧洲的债务危机，非但不会让欧元和欧盟解体，反而会加速“欧洲合众国”的诞生。

美国与欧洲之间的矛盾从20世纪60年代戴高乐时代开始酝酿，法国对美元的黄金挤兑直接加速了布雷顿森林体系的崩溃。20世纪70年代初，美元与欧洲货币开始进入冲突与对抗的时代，70年代末，美元帝国几乎到了最后的崩溃边缘，美国已经开始着手准备用SDR（特别提款权）替代美元，美元宣布“通电下野”的最坏准备。最后，由于美联储新主席沃尔克马急刀快，才拯救了美元。20世纪80年代开始，美国启动了债务驱动型经济增长模式，1%的富人将社会财富的分配大权从政府手中夺回，从而开始了史无前例的财富向极少数人集中的“新自由主义”时代。2011年，美国99%的民众掀起了“占领华尔街”的运动，正是对这一财富分配的不合理制度发出的正式挑战。

正是债务驱动型经济增长模式的蜕变，导致了今天美国经济积重难返的现实。2008年的金融海啸是对30年来美国错误的经济模式的一次总清算，也是对1971年美债帝国建立以来的美元体系的一次总清算。高度负债的美国经济，在经济解杠杆的痛苦周期、“婴儿潮一代”老龄化的消费萎缩周期、生产率增长陷入瓶颈周期这三大高度重叠的长周期中，将会导致美国经济未来出现“失去的10年”。

在未来10年发达国家经济长期不景气的严酷外部环境下，中国和亚洲面临着发展模式的重大挑战。在改革开放的30年里，中国经济曾依靠着两级火箭的推动发展到今天，这就是前15年的农村工业化和后15年的中国制造全球化。第一级火箭在20世纪90年代中期熄火，结果导致了90年代末的经济冷却和通货紧缩。现在，第二级火箭正在熄火的过程中，未来中国经济增长必须启动第三级火箭，才能继续保持经济的发展。第三级火箭必须也只能是农村的第二次工业化，以信息化、集约化、高科技化、城镇化为核心的新的农业经济爆发，才是中国摆脱即将出现的经济困境的正确选择。

美国的困境在于经济，欧洲的困境在于政治，而亚洲的困境在于历史！

“中美国”经济婚姻的利益基础，正在出现裂痕，并逐渐瓦解。美国对中国经济蓬勃发展的容忍度，本是建立在中国生产、美国享受，中国储蓄、美国消费的模式之上。未来，中国的经济转型势必要求将国民经济的主要资源，从向海外市场倾斜转为向国内市场倾斜，从而减少向美国的储蓄输出。这一进程将改变美国继续容忍中国经济增长的基本立场。目前，希拉里宣称的“美国的太平洋世纪”昭示着美国战略态势的根本变化，中国东海、南海问题日益尖锐的困扰，正是这种变化的前兆。

中国能不能化解美国的围堵，关键在于能不能团结亚洲国家结成牢固的利益共同体。亚洲曾创造出世界最发达的文明，进化出人类最深邃的政治智慧，今天，中国应该展示出这种智慧，大胆借鉴促成德法历史和解的“煤钢联盟”，将东海和南海的战争火药桶的引信彻底拔出，以超主权的“石油联盟”为起点，推动亚洲经济共同体的建立，以“亚元”战略替代人民币国际化，实现亚洲经济一体化，把亚洲各国的利益紧紧捆绑在一起，让亚洲国家之间的战争“既无法想象，也绝无可能”。只有依靠一个团结的亚洲，才能为中国走向世界建立起一个稳固的根据地。

常言道，舍得舍得，不舍怎能得？

德国人舍弃了马克，却支配着更为强大的欧元；德国人舍弃了对本国市场的保护，却拥有了一个更为广阔的欧洲共同市场！中国人的大智慧，不应该输给德国人。

有人会说，亚洲问题太复杂，历史太纠结。问题在于，如果一个团结的亚洲将使中国的利益获得根本的保障，那么无论这条道路有多难，都值得中国努力去尝试。不要问团结亚洲是否可行，应该问中国为此究竟做出了多少创造性的努力！

中国的全球化不是欧美化，首先应该是亚洲化。

只有立足亚洲，中国才能走向世界；只有团结亚洲，中国经济才能成功转型；只有一个统一的亚洲货币，才能在国际上与美元和欧元分庭抗礼，最终形成三足鼎立的货币战国时代！

宋鸿兵

2011 年 11 月 10 日凌晨于北京香山

第一章

雄心初起，美元失败的远征

CURRENCY WARS

本章导读

美国作为大英帝国全球霸权的终极挑战者，却将德国推上了与英国争霸的第一线，自己则坐观欧洲各国对耗实力。第一次世界大战后，美国将沉重的战争债务压在欧洲的头上，迫使各国倾其国库所有，从而深陷美元债务泥沼。美国巧妙地利用了德国的战争赔款问题，将美元成功地植入了德国的货币体系，然后逐步渗透到其他欧洲中央银行的货币储备中。

美国的战争债务同时还剥夺了欧洲经济发展所需要的信贷，从而使欧洲形成了美元依赖。在老牌殖民帝国辽阔的海外市场，美国利用资本优势，开疆辟土，纵横驰骋，在贸易结算中不断扩张美元帝国的版图。

在垄断了世界黄金储备的情况下，美国形成了“挟黄金以令诸侯”的战略，利用英国试图恢复金本位以重建英镑霸权的急切心态，美国鼓励、资助甚至逼迫英镑尽快与黄金绑定，从而夺取了大英帝国经济发展的主导权。

但是，美国毕竟是一个新兴的霸权者，对于突如其来的历史机遇，其准备并不充分。虽然美元霸权的战略明确，但实现战略的手法粗糙，工具自相矛盾。20世纪30年代的大萧条，正是美元战略内在矛盾所酿成的恶果。

美国企图用20年的时间，以美元本位制取代英国用200年时间建立起来的金本位体系，必然面临心有余而力不足的困境。英国则为了捍卫金融霸主地位，苦守金本位而最终耗尽了经济实力。在美元攻势崩溃，陷于全球收缩的同时，英镑已是城破人亡，无力回天。世界在丧失了最后的贷款人后，金钱的权力出现了真空，世界陷入黑暗的大萧条。

全球贸易体系破碎了，世界资本流动枯竭了，维系各国和平发展的意愿丧失了。美国则退回了孤立主义，一边独自疗伤，一边等待着东山再起的时机……

美元第一次征服世界的远征以失败告终。

马克投怀送抱，英镑喜出望外

1923 年 12 月 31 日晚 10 点，满腹心事的沙赫特从柏林赶到了伦敦。雾气朦胧的寒冷冬夜，并不能驱散英国人庆祝新年的热情。大街小巷的酒吧里人声鼎沸，觥筹交错间，已全然将 5 年前那场空前惨烈的战争尽抛脑后，人们在尽情地享受着和平的美好时光。

此时沙赫特的心情却异常沉重，他的祖国——德国正在贫困、饥饿和愤怒中挣扎。“一战”失败的巨大阴影，割让 1/10 领土的奇耻大辱，英法 125 亿美元［相当于德国战前一年的 GDP（国内生产总值）］巨额战争赔款的勒索，法国最近出兵强占德国鲁尔工业区的粗暴行为，特别是那一年横扫德国的超级通货膨胀，彻底洗劫了德国中产阶级的财富。眼睁睁地看着德国马克的价值被抛进人间炼狱，德国人欲哭无泪，沙赫特扼腕长叹。沙赫特深知此行对德国马克命运的意义重大，他是来向英国人借钱的。

仅仅在一个半月前的 11 月 12 日，沙赫特才被紧急任命为德国货币委员会主席，享受内阁部长待遇，对德国的货币问题拥有最后的否决权，地位堪称德国的经济沙皇。临危受命的沙赫特，立刻投入了拯救德国马克的工作中。

此时的德国马克，已经从一年前的 1 美元兑 9 000 马克，狂贬到 1 美元兑 1.3 万亿马克！马克的信用已经彻底崩溃，无法挽救了。沙赫特和德国政府只得另想他法。由于德国黄金短缺，沙赫特和德国政府发明了一种以德国土地和土地上的全部资产为抵押的新马克，被称为“地租马克”，试图重新赢得人们对纸币的信赖。这样一来，德国将同时流通两种马克，新马克成功的关键是寻找恰当的时机，锁定新老马克兑换的比率，然后迅速完成老马克退出流通的工作。

德国帝国中央银行行长亚尔马·沙赫特

当地租马克面世时，已成惊弓之鸟的德国人对两种同时流通的马克都没有信心，人们仍在疯狂抛弃马克换取美元。至 11 月 14 日，黑市汇价马克跌到 1 美元兑 1.3 万亿马克，官员们催促沙赫特赶紧锁定地租马克与老马克的兑换率，沙赫特不为所动。11 月 15 日，马克跌到了 1 美元兑 2.5 万亿马克，官员们已经急得快上房了，沙赫特仍然不露声色。11 月 20 日，当老马克跌到 1 美元兑 4.2 万亿马克时，沙赫特立刻下令，锁定地租马克兑换老马克的比率为 1∶1 万亿。沙赫特经过精心计算，认定当人们的恐慌情绪充分释放后，将最终回到这一平衡点。果然，新老马克由于市场惯性仍然继续下跌，到 11 月 26 日，甚至跌到了 1 美元兑 11 万亿马克。但就像拉伸过头的橡皮筋，市场奇迹般地出现了马克反弹。到 12 月 10 日，美元与马克终于稳定在 1 美元兑 4.2 万亿马克的平衡点上。事实证明了沙赫特的判断是准确的，而且时机拿捏得相当到位。市场开始惊呼，沙赫特是经济奇人！同时，德国政府用尽全力，终于在 1924 年 1 月实现了预算平衡。

地租马克终于站稳了脚跟，在 1 美元兑 4.2 地租马克一线扎住了阵脚。

但是，沙赫特心里明白，地租马克仅是权宜之计。他认为，以土地为抵押发行的货币，是纯粹的信心游戏。谁会真的相信巴伐利亚的农场或鲁尔的厂房，与自己手持的地租马克有任何实际联系呢？在他的心目中，货币的抵押品必须具备三个核心要素：高度的流动性、方便的可交换性和完全的国际公认性，而同时符合上述条件的货币抵押品就只有黄金！

但德国恰恰缺乏黄金。战前德国拥有价值 10 亿美元的黄金，支撑着价值 15 亿美元的帝国马克，在美、英、德、法四大经济强国中，马克的黄金支持度还相当不错。但战后 5 年来的战争赔款和超级通货膨胀，使德国的黄金储备下降到仅剩 1.5 亿美元，已经无力支撑德国庞大的经济身躯。

沙赫特的解决之道就是借黄金或借有足够黄金储备的外国的货币，这些外汇能够在需要时自由兑换成黄金，只有黄金和外汇才能最终稳定德国马克的币值。问题是，向谁借呢？

当然美国的黄金最多，在四大经济强国 60 亿美元的黄金储备总额中，美国已坐拥 45 亿美元！[1] 但美国此时在欧洲是出了名的吝啬鬼，被法国人和英国人痛斥为“夏洛克大叔”。英法盟国工业被战争严重损毁，伤亡数百万士兵和平民，结果英国欠了美国 50 亿美元的债务，法国欠了美国 40 亿美元，本来英法满心希望已经大发战争横财的美国会念兄弟之情，慷慨地减免盟国债务，可是“山姆大叔”不冷不热地甩出一句：“美国不是盟友，而仅仅是一个合作者，欧洲盟国的战争借债是商业借贷。”[2] 生意就是生意，一分钱的欠债也不能少！美国的无情把英国气得半死，逼得法国公开打劫。连对同盟国都如此抠门，沙赫特觉得以战败国的身份去向美国人借钱，严重不靠谱。

法国就更别提了。天真的法国人一直以为能从德国人身上狠狠敲上一笔，最初法国总理联合英国人狮子大开口，要求德国战争赔款至少 1 000 亿美元，相当于德国 8 年 GDP 的总和！后来法国人自己也觉得不大合适，但咬定 550 亿美元是一口价！还是美国人出来打圆场，劝英法将赔偿降到了 125 亿美元。其实，以德国当时的经济状况，要偿还这一天文数字的赔款，根本就不现实。由于法国人认定德国这次的巨额赔款指日可待，所以一收回 1870 年普法战争中被德国夺走的洛林和阿尔萨斯两省，就立即投入 40 亿美元的重建经费，致使政府财政赤字居高不下。法国反复威逼德国立刻拿钱，德国却迟迟交不出来，法国人盛怒之下，居然武装打劫，出兵占领了德国鲁尔工业区。这时去向法国人开口借钱，沙赫特感到可能立刻就会被法国人的乱棍打出来。

唯一的希望就是英国人了。而且，沙赫特深知，他能开出一个让英国人无法拒绝的条件，他把英国人那点儿小心思算是琢磨透了。他此次英国之行，志在必得！

当沙赫特走出伦敦利物浦大街车站时，一个个子高高、胡须花白、眼光犀利的英国绅士正在寒冷的夜风中伫立着。他来到沙赫特的跟前，伸出手来自我介绍。沙赫特大吃一惊，原来他就是名震世界的英格兰银行行长蒙塔古·诺曼。沙赫特对于诺曼的亲自迎接，感到有些受宠若惊。

诺曼虽远在英国，却一直关注着德国的超级通货膨胀情况。1923 年在德国发生的货币恶性贬值，是人类有史以来最严重和最剧烈的一次纸币崩溃，对于所有将通货膨胀视为第一大恶魔的中央银行家来说，德国马克的经历令人瞠目结舌。从未有过管理中央银行经验的沙赫特，居然在两周多的时间里，一举制伏了令所有人绝望和胆寒的超级通货膨胀，不能不令诺曼刮目相看。

第二天是元旦，新年中的伦敦城空空荡荡，诺曼领着沙赫特参观了英格兰银行，然后来到诺曼的办公室。简单客套之后，沙赫特直奔主题，他提出希望英格兰银行为德国中央银行提供价值 2 500 万美元的英镑贷款。这其实并不是一个大数目，沙赫特准备用这笔钱作为种子，再将德国海外银行的 2 500 万美元补充进来，以 5 000 万美元作为核心资本，他就有把握在伦敦金融市场融到 2 亿美元的贷款，从而奠定德国新马克的牢固基石。这显然是一步以小博大的高招，关键是第一笔 2 500 万美元的资金必须到位，后面的棋才能走得活。

诺曼静静地听完了沙赫特的请求，略显吃惊，然后就是沉默不语。诺曼心想，想借钱？凭什么？一个破产的国家，背负着 125 亿美元的巨额战争赔偿，而且沙赫特上任才一个半月，还不是正儿八经的央行行长，居然上来就狮子大开口。

的确，德国政府内部对傲慢无礼的沙赫特争议颇大，时任德国央行行长的黑文斯坦就对沙赫特非常不满。1922 年 5 月，战胜国通过立法将德国中央银行从政府的控制中独立出来，如果黑文斯坦拒绝辞职，沙赫特根本接不了央行行长的班。正是因为德国政府动不了黑文斯坦，只得因人设事，搞出个内阁部长级的“货币委员会”，实际上就是另立山头，结果德国同时出现了两个中央银行，分别发行各自的马克，堪称世界奇观。当然，沙赫特干脆利落地制伏了超级通胀，能力和声望已无可替代。黑文斯坦在应对超级通胀中的拙劣表现也已举世皆知，在政府和民众的巨大压力下，恐怕他自己也不好意思继续赖在央行行长的位置上了。

英格兰银行行长
蒙塔古·诺曼

正当诺曼思前想后，不知该如何措辞拒绝时，沙赫特似乎看透了诺曼的心思。停顿了片刻，沙赫特抛出了他苦思冥想的一张王牌，一个诺曼无法拒绝的诱惑。沙赫特以德国政府货币决策者的名义声明，德国中央银行准备用英镑作为货币储备资产！非但如此，而且发放的贷款也用英镑计价！

沙赫特的这一手，直接命中靶心！诺曼毫不犹豫地爽快答应借钱。

英国推销货币“水变油”：外汇储备呱呱落地

“一战”结束后，诺曼最苦恼的事，就是如何把英镑塞进其他中央银行的储备资产中去。沙赫特正是看准了这一点，才轻松地完成了看似不可能完成的任务。

今天，外汇储备作为各国央行的货币储备，并以此为抵押发行本国货币似乎是个常识，但是，在1922年，这种概念绝对匪夷所思！在传统的金本位中，央行主要的货币储备就是绝大部分的黄金和短期本国票据，而只有黄金资产才能同时满足高流动性、易交换性和国际公认性这三大特点。

在金本位的机制中，各国央行主要关注黄金储备，如果不是巨大的市场动荡（如黄金大量外流），央行很少积极干预金融市场。在金本位中，物价、利率、信贷、财政和贸易平衡基本可以自我调整。各国货币都有自己含金量的法定基准，所有货币都与黄金看齐，也几乎不存在汇率波动的问题。从19世纪初到“一战”爆发前，大英帝国所奠定的金本位货币制度极大地促进了世界贸易和经济的发展。工业革命和都市化，在第一次全球化的浪潮中，将西方文明的成果迅速推向了世界的各个角落。在近半个世纪没有大规模战争和革命的情况下，以铁路、航运、电报为代表的新技术日新月异，国际贸易空前繁荣，全球资本自由流动。金本位将西方推上了前所未有的文明巅峰。

但是，发展注定了不平衡。德国突飞猛进，美国后来居上，20世纪初的大英帝国已是耄耋老者。看似稳定的地层中，正在积聚着日益增强的断裂压力，地火呼之欲出。第一次世界大战，就是这种巨大的经济断裂能量的总爆发。社会生产能力被大部分转向军工，然后在战火中彼此摧毁。全球贸易崩溃了，世界市场被分割，更重要的是保证世界经济齿轮运转的全球资本流动停止了。金本位的失效，导致各国纸币严重超发，物价轮番上涨，原本大致均衡的各国黄金储备极度失衡。

1913 年战前的四大经济强国——美、英、德、法共有黄金储备 50 亿美元，其中美国最多，为 20 亿美元，英国 8 亿美元，德国 10 亿美元，法国 12 亿美元[3]。注意，这些黄金储备并不全在中央银行手中，商业银行和流通货币也占有很大比例。有趣但合理的是，四国黄金储备分布情况大致与其经济规模相当，稍有例外的是法国。1923 年，由于黄金产量增加，四国黄金储备总量上升到 60 亿美元，但分布发生了急剧扭曲。由于战争中避险的原因，欧洲总共有 20 亿美元的黄金涌到了美国，美国的黄金储备量大幅攀升到 45 亿美元，英国略有减少，法国损失较大，而德国流失最为严重。

战后欧洲各国已陆续准备恢复金本位，而大英帝国的处境最为尴尬。如果伦敦要想重新恢复世界金融中心的地位，英镑就必须重新回到战前的价值水平，只有如此才能取信于天下，金融的基石就是信用。但英国货币已经超发了一倍，显然，与黄金储备相比，英镑纸币过剩了。面对黄金占绝对优势的美国，英国的金融霸权地位可谓备感压力。如果英镑继续疲软，则世界各国经济与贸易融资迟早会投奔更加坚挺的美元，全球资本将向纽约汇聚，200 年来苦心经营的金融帝国将从此万劫不复。假如丧失金融霸权，大英帝国的全球贸易组织者地位、国际结算计价货币的垄断、商品市场的定价特权，都将逐步瓦解，甚至遍布世界各大洲的英联邦体系能否继续维持，海军是否还具备保护世界各大洋通道的财力，都将变成可怕的疑问。

作为大英帝国金融掌舵人的诺曼，正殚精竭虑地苦思冥想该如何解决黄金短缺的困境。最终，他唯一的出路就是硬把英镑纸币当成黄金对待，劝说和强迫各国接受这一观点，在各国央行货币储备资产中，除黄金之外，再加上英镑。当然，诺曼会拍胸脯向大家保证，如果需要，英镑可以随时被兑换成黄金。1922 年，在这样的思路的指导下，英国主导的国际联盟（League of Nations）金融委员会，在热那亚会议（Genoa Conference）上，向各国正式推荐英国的货币新发明，英镑纸币与黄金相同。这就好比货币领域中“水变油”的怪论，水不可能变成油，英镑纸币同样不可能变成黄金！最终，热那亚会议决议案第 9 款，明确要求各国“建立一种新的国际惯例，为了节约黄金，货币储备中可以持有外汇”[4]。

外汇储备的概念在世界货币史上第一次隆重登场了。

诺曼发明了一种新的货币机制，这就是金汇兑本位。顾名思义，就是黄金加外汇（可兑换黄金）的本位制。从此，各国中央银行和商业银行，未来将以黄金和外汇作为抵押，创造货币和信用。

其实，明眼人一看就明白，这不是此地无银三百两吗？如果英国有足够的黄金，何必增加外汇作为货币储备资产呢？直接用黄金不就完了嘛。正因为如此，诺曼推销的外汇储备理念并不顺畅，大家对于这种货币“水变油”的概念将信将疑。几经努力，除了英帝国的殖民地属国和战后备受恶性通货膨胀困扰的奥地利和匈牙利等小经济体之外，欧洲其他各国并未立刻买账。

热那亚会议（1922 年）

正在诺曼对此事心力交瘁之时，沙赫特代表欧洲最大的经济体德国居然主动要求马克投进英镑的怀抱，代价是 2 500 万美元的区区之数，怎能不让诺曼欣喜若狂？

可是，诺曼还有一丝隐忧，黄金不足导致了英镑的疲弱，而黄金储备5倍于英镑的美元正虎视眈眈地觊觎着货币之王的大位。

美国人还真来了。

美元横刀夺爱，马克傍上了新大款

1923年11月30日，就在沙赫特的地租马克保卫战刚刚初见成效的时候，美国人灵敏的鼻子就嗅出了机遇的味道，美国银行家道威斯和欧文·杨大摇大摆地来到了欧洲。作为盟国“赔款委员会”的美国代表，他们此行是来调查为什么简单的欠债还钱被欧洲人搞得这么复杂。

查尔斯·盖茨·道威斯
芝加哥银行家，后任美国副总统

道威斯是著名的炮筒子，在“一战”中曾在欧洲负责美国远征军的后勤补给。战后美国参议院曾举行听证会，调查美军后勤补给账目不清和收费昂贵的问题。在听证会上，道威斯被参议员们的问题搞得不胜其烦，最后勃然大怒道：“见鬼去吧，我们去那里不是为了弄一套完美的账本，而是在流血牺牲去赢得战争！”[5]道威斯的气势震慑了听证会，从此声名大噪。其实，他的职业是银行家。

1915年9月，摩根牵头为英法盟军募集5亿美元的“盎格鲁－法兰西贷款”[6]，可谓是华尔街前所未有的大买卖，但美国人的反战情绪强烈，欧洲的战争债券并不好卖。特别是在中西部，只有芝加哥的一家银行愿意掺和华尔街的战争债券承销，这就是道威斯的银行。从此，他被摩根亲切地视为“自己人”。道威斯在欧洲媒体上四处放炮，俨然成了新闻的焦点人物，其实他背后的欧文·杨才是踏踏实实干具体工作的人。

摆在道威斯面前的是一个令人头晕眼花的各国收入支出账单，用以指导战争债务偿还计划的制订。战前，美国经济规模最大，GDP 约 400 亿美元，相当于英、法、德三国的总和。战争使法、德的经济下降了 30%，英国不到 5%，而美国则发了战争财。到 1919 年，美国经济比三国之和还多 50%。已知德国战前 GDP 为 120 亿美元，我们可试计算四国 1913 年和 1919 年的经济规模分别是多少。每天道威斯眼前飘过的都是这些令人昏昏欲睡的数字。

更复杂的还在后面。英国在战争中总共花费 430 亿美元，其中 110 亿美元用来资助法国、俄国这些穷朋友。它靠增税筹集到 90 亿美元，约占战争费用的 20%，国内外举债 270 亿美元，剩余部分只能靠印钞票。法国战争开销总计 300 亿美元，法国人堪称世界上最强悍的抗税民族，宁可亡国也绝不愿增税，因此税收贡献不足 5%。法国中产阶级痛恨税收，但酷爱存钱，他们认购了 150 亿美元国债。考虑到法国人员伤亡的规模，美国和英国在道义上必须出点儿血，总共借给法国 100 亿美元，剩下的差额部分还是靠印票子。德国的战争费用为 470 亿美元，其中 10% 由税收贡献，而德国缺乏英国复杂的金融市场和强大的融资能力，又没有法国的富裕中产阶级，最后只得依靠印钞票了事。战争期间，英国货币流通量是战前的两倍，法国是三倍，德国是四倍！

欧洲总共在“一战”中耗费了 2 000 亿美元的惊人数字！

最后，道威斯终于理出了债务的头绪：欧洲 16 个盟国共欠美国 120 亿美元，其中英国欠 50 亿美元，法国欠 40 亿美元。而 17 个国家又欠英国 110 亿美元，法国欠英国 30 亿美元，俄国欠英国 25 亿美元，[7] 十月革命后，这笔债算是泡汤了。

主要战败国德国，战争赔款总额为 125 亿美元。

欧洲人从这一数字的对比会轻易得出一个结论：德国的战争赔款

几乎就是欧洲欠美国的负债总数，只要德国人能还钱，我们就能还美国人的钱。当然，因为德国根本还不起，所以我们也只有拖着了。

美国人想起来就郁闷，凭什么你们欧洲人打仗，我们出钱出人？美国出钱不是捐助搞慈善，而是商业贷款。商业贷款怎能与战争赔款混为一谈，生意就是生意。收不到德国的赔款是你们的问题，欠我们的钱，一文也不能少！借钱不还，没有信用，真不要脸！

大英帝国哪里受得了这番刺激，作为世界金融中心，信用比命还重要，骂英国人不讲信用，比杀了他们还难受。战前，在高傲的英国银行家眼里，美国同行就是土老帽儿，有钱没品位。战后，财大气粗的美国人居然大骂英国人不还钱没信用，惹得英国人既恼怒又怨恨。英国媒体痛斥美国眼看着盟国为了自由事业经受如此重大的牺牲，却迟迟不参战，故意大发战争横财，美国如果还有道义和良心，就该主动减免债务。现在居然还好意思对正处在战后萧条中的战友们催债，真乃当代“夏洛克”！于是，“山姆大叔”被欧洲人恶搞成“夏洛克大叔”。《纽约时报》在巴黎的记者报道：“90% 的法国人认为美国是一个自私、没良心和贪婪的国家。”美国的外交官在伦敦发现，绝大多数英国人觉得美国的政策是自私、卑鄙和可耻的。

美国历来就是实用主义至上的国家，而道德评价对于实用主义者来说毫无意义。当别人欠账时，美国恨不得拿着刀去割那人一磅鲜肉；而轮到自己欠债时，却是撒泼打滚，大印钞票，能赖就赖。相比之下，老牌绅士英国还显得厚道些。

吵架归吵架，收不到钱，吃亏的还是美国人。道威斯此行的目的只有一个，用美元把欧洲拴在裤腰带上！

尽管美国官方拒绝承认欧洲欠美国的钱与德国赔款有任何瓜葛，但实际上，催债的任何实质性突破只能从德国赔款入手，这实在是个剪不断理还乱的难题。战胜国强压给德国的赔款数额，是德国根本无力支付的，强压的结果就是德国经济破产，而且德国确实已经破产了。在战后的 4 年里，盟国开了 88 次德国赔款会议，最后大家都被拖疲了。此时，道威斯提出了一个全新的概念，这就是“偿还能力”

最重要。怎样定义德国的偿还能力呢？就是税负。德国人所承受的战争债务税负应该与英法相当。道威斯这一招“搁置赔款总额，税负大致相当”的策略，终于打破了僵局。

但是，法国现在成了一个明显的绊脚石。法国人对德国赔款有着异乎寻常的纠结和执着，因为普法战争的失败，导致了法国对德国50亿法郎的巨额赔偿，这笔债就像把尖刀一直插在法国人心头，这种屈辱已升华为一种民族情结。德国人必须先付钱，否则法军绝不撤出德国鲁尔工业区。显然，德国没有了这一煤炭—钢铁生产中心，整个经济就失去了发动机，赔款的事还是无从谈起。

这回，美国人真的急了！道威斯的“自己人”摩根，对法国的执拗终于失去了耐心。此时的摩根，已不再是战前英国银行家的小跟班了，而是雄霸一方的金融大佬。实力决定心态，摩根拍板，法国人必须就范！

不久，法郎出事了！

战前，美元与法郎的比价为1∶5，1920年为1∶15，1924年初变成了1∶20。当法国坚持己见，拒不撤军后，1月14日，法郎一天暴跌了10%！法国仍不退让，3月8日，法郎跌到了1∶27。法国金融市场一片混乱，交易员、银行、中产阶级开始大规模逃离法郎资产。法国政府怒不可遏地抨击无耻的外汇投机商是阴谋的同盟者。3月13日，法国政府不得不求助于摩根公司，要求借款1亿美元来稳定局势。但摩根通过小道消息放出风来，法国政府必须接受道威斯计划。当法国政府被迫服软后，法郎立刻从1∶29回弹到1∶18，两周内狂涨了60%！人们第一次见识了金融武器在国际政治上的巨大威力。

道威斯计划终于问世了。美国人开出了相当慷慨的条件：赔款总额先不谈了，头一年先付2.5亿美元，然后逐年增加，到20世纪20年代末，每年还6亿美元。从实际效果看，相当于把德国赔款总额从125亿美元降到了80亿~100亿美元。

这还不是真正的要点。美国人心目中的对手其实是英国人！

道威斯计划打着“不能破坏马克稳定”的旗号，建议赔款由德国政府以马克筹集，并存入德国央行专用监管账户，由赔款委员会委派专员来负责监督，并决定是否可能“安全地”将马克兑换为外汇，或者购买德国产品偿债，这笔钱甚至可以用来对德国企业进行放贷！显然，这个专员的位置相当于德国的经济太上皇！谁来坐这把交椅呢？英法与德国为债权与债务关系，谁当都不公平，只有美国人没有预设立场，所以最合适。同时，美国人承诺，在第一年德国需偿付的2.5亿美元债务中，美国负责融资2亿美元，一部分用来充实德国央行的货币储备，以稳定马克币值。

英国人听罢这个计划，不由得怒从心头起，恶向胆边生！马克本来就要扑进英镑的怀抱了，关键时刻却杀出个美元大款，一把将德国货币储备大权拦腰劫走。这种屈辱堪比夺妻之恨！正待发作，只见美国笑眯眯地问德国，你愿意跟着谁？

沙赫特立刻抱住美元大腿，与美国讨价还价，尽可能争取马克的独立性。最终的方案是，德意志帝国银行独立于政府，行长任期内，政府无权做人事调整；国家马克（Reichsmark）取代地租马克（Rentenmark）；道威斯计划提供8亿国家马克充实德国央行资本金；德国央行货币储备包括3/4的黄金和1/4的外汇，货币储备不低于全部流通货币和银行储蓄总额的40%。外汇中自然美元是老大。德国央行搞黄金储备，美国并不反对，因为黄金筹码都集中在美国人手中，美元等

1924年新的国家马克

1924年的地租马克

于黄金，“降汉即降曹”，臣服于黄金也就相当于受制于美国。更何况道威斯计划一旦启动，美国资本随即就会大规模涌入德国抄底，德国商业银行系统也将充斥美元。

更让英国人愤怒的是，这哪里是赔款方案啊，这分明是资助德国再度崛起的计划！德国赔款以马克收取并存入德国央行，什么时候兑换外汇，能不能“安全地”兑换，美国人说了算。美国人完全可以让这笔所谓的赔款再度放贷给德国工业，从而壮大德国的经济实力。英国为什么同德国打了4年的世界大战，不就是因为德国要挑战大英帝国的霸权体系吗？美国如此袒护德国，到底居心何在?!

美国人还有一层算计，恐怕英国当时没反应过来。美国提供美元给德国，德国用这些美元先发展经济，再赔偿英法；英法再用美元偿还美国债务。美元从美国出发，周游世界一圈后又回到美国，看似多此一举，实则是美国的战略布局。美元国际大游行的根本目的，在于将德国马克美元化，将美元渗透到欧洲各国经济体中，逐步形成对美元的依赖。

美国真正想要的，就是用美元将欧洲拴在自己的裤腰带上！

凯恩斯发现，美元正在颠覆金本位

> 经济学的思想，无论正确与否，其力量之大往往出乎常人意料。实际上统治世界的，也就是这些思想而已。许多实干家自以为不接受任何观念形态的影响，却往往早已当了某个已故经济学家的奴隶。[8]
>
> ——凯恩斯

英国黄金短缺，自然是金汇兑本位的积极倡导者。美国人对金汇兑本位并不感冒，但是乐观其成，因为美国的黄金占据了压倒性优势，美元比英镑更加坚挺，当各国在增加外汇作为货币储备的选择时，美元肯定比英镑更受青睐，其结果自然是美元在各国储备资产中的比例超过英镑，从而奠定美元未来的霸权地位。

不过，大量的黄金涌入，也给美国带来了“幸福的负担”。这是因为在传统的金本位下，黄金大量增加会导致美元信用被迫增加的问题，从而诱发通货膨胀。这一点和目前中国外汇储备过剩而形成的人民币被迫超发的实质是一样的。

中央银行的货币发行和商业银行的信用创造，其本质就是一种购买资产的行为。当价值20亿美元的黄金从欧洲逃到美国时，美国的银行体系将主动或被动地将这些黄金“吃进”，而“吐出”的则是美元钞票或银行信用。当这些钞票和信用进入市场流通时，由于商品供应尚未来得及增加，所以将推高物价。因此在“一战”期间，并非由于战火导致的物质损失，而是由于货币供应的增加，将美国的物价推高了60%。而在战后，欧洲经济萧条，黄金仍然持续流入美国，美联储终于坐不住了。

纽约联储银行行长
本杰明·斯特朗

而美联储的实权，实际上是操纵在12个联储银行手中，特别是纽约联储银行，它的掌舵人就是大名鼎鼎的本杰明·斯特朗。斯特朗乃是摩根财团的悍将，与英格兰银行行长诺曼、德国央行行长沙赫特过从甚密，这三人堪称20世纪20年代世界金融江湖的“三剑客”。

斯特朗眼看着一批批黄金从欧洲用轮船运抵纽约，然后像洪水一般涌进纽约的银行金库，结果是泛滥的信贷和节节攀升的物价。他决心不能放任黄金大潮对美元堤坝的巨大冲击，他必须收缩货币供应量，以减轻物价的上涨压力。

在美联储的初创时期，它的主要手段是通过调整贴现率来影响信用环境。凡是加入美联储体系的银行，都可以通过贴现窗口向中央银行申请贷款，贴现率就是中央银行愿意提供这种贷款的利率。当中央银行提高贴现率时，就会抑制商业银行从中央银行拿钱的冲动，因为成本提高了。

但这个法子在20世纪20年代初不好使了。因为欧洲黄金来势太猛，整个纽约的银行已充斥着金条，而黄金正是银行家们造钱的源头，所以市场上的钱已经太多，银行不必到央行的贴现窗口借钱。斯特朗调整了贴现率，却堵不住源源不断被创造出来的信贷洪水。

他必须找到更有效的办法来直接控制货币供应量。结果，斯特朗首创了央行通过向市场抛售其国债资产来回笼货币的办法。同样，如果市场货币不足，央行则创造货币买入资产，向市场注入美元。这就是现在人们熟知的公开市场操作。

当时，斯特朗的做法绝对算得上是离经叛道。在金本位中，黄金才是最核心的资产，其比例应该占有绝对优势，其他资产（如国债、商业票据）只是辅助性资产。但是斯特朗的这种“操作”，将使国债在央行资产中的比例越来越高，进而从根本上颠覆货币储备资产的基本定义。

为什么央行货币储备必须主要依靠黄金呢？在金本位体制下，货币含金量由法律确定，央行在创造货币买入资产或卖出资产回笼货币的时候，如果资产为黄金，则资产与货币互换时始终等值。这种资产与货币互换必须等值的原则，其实是央行资产负债平衡与稳定的基石。以国债替代黄金，而国债却永远存在着直接或间接违约的可能，将会从根本上瓦解货币稳定的核心，造成央行的货币与资产交换时真实价格的潜在错位，引发货币贬值的自然趋势。

当然，银行体系显然欢迎这种创新。同样作为银行资产，黄金是稳定的，但没有利息收入；国债是不稳定的，但有现金流。国债是全民未来税收的抵押凭证，只要人们干活儿，政府就有税收，如果税收大于财政支出，国债的现金流就是有保证的。银行家们对国债替代黄金的支持是发自内心的，国债作为银行体系的核心资产，既提供了放贷的基础，又可获得利息收入。这样，银行家们将会获得两个利润来源：一是通过放贷收取利息，二是国债利息将全民税收的一部分转移支付到金融系统中。

反过来，当黄金货币蜕化为债务货币，货币在流通过程中将产生一个严重的副作用，这就是双重利息成本问题。人们不仅需要为借用货币支付利息，同时还不得不为货币的抵押品再次支付利息。在债务货币制度下，货币成了经济发展的一种负担。社会为使用公共货币，而不得不向少数人支付利息成本。将国家债务与货币死锁在一起，这是一个无法在逻辑上令人信服的设计。同时，这也是一个从基因里就存在着“癌变信息”的货币系统。货币发行量越大，债务规模就越大，利息成本也就越高，全民“被负债”的压力就越重。由于利息只与时间有关，因此货币扩张呈现出内生性的刚性需求，具有天然的货币贬值倾向，而通货膨胀将成为最终的必然结果。通货膨胀导致了社会财富的再分配，这只“看不见的手”正是导致贫富分化的元凶。

世界上没有无缘无故的爱，也没有无缘无故的恨。银行家们憎恨黄金乃是利益驱使、情理之中的事。他们通过传媒向整个社会不断宣称黄金无用论，他们通过学校向一代代学生传播黄金只是野蛮遗迹的思想。他们对黄金的厌恶和对债务的热爱，其实根植于他们在债务货币体系中所分享到的惊人利益。

斯特朗的公开市场操作行为，恰好利用了美国在黄金上的绝对优势，为最终颠覆金本位铺平了道路。

在大西洋的另一侧，另一个人也在密切关注着斯特朗的创新，他就是眼光老辣的凯恩斯。凯恩斯从斯特朗的举动中不仅看到了金本位的危险，更看到了大英帝国金融霸权的危险。从 1922 年开始，凯恩斯就不断发出警告，并在 1923 年出版的《论货币改革》（*A Tract on Monetary Reform*）一书中明确指出：“一个美元本位制，正在物质财富的基础上拔然而起。过去两年里，美国人貌似在维护金本位，但事实上，他们建立的是一个美元本位制。”[9]

在凯恩斯看来，美国是在“挟黄金以令诸侯”。美国拥有着4个经济大国75%的黄金总储备，其他国家的货币正在闹黄金饥荒，而美国却通过公开市场操作将黄金的作用埋藏起来，美元则根据本国经济情况自行其是。美国督促大家维护金本位的真实目的，就是让英国和其他欧洲国家的货币跟着美联储的指挥棒转，并最终形成对美元的依赖。如果这样发展下去，大英帝国的金融霸权岂不就要旁落华尔街了吗？

应该说，在凯恩斯对金本位的猛烈抨击中，也包含了对大英帝国命运的担忧。

其实，美元不仅在储备货币的正面战线上颠覆着英镑，而且也正从贸易结算的侧翼迂回包抄。

贸易结算，美元的侧翼打击

战前的大英帝国乃是名副其实的“世界银行家”，尽管美国的经济总量已高达400亿美元，大致相当于英、德、法三国的总和，但英国控制着高达200亿美元的海外庞大资产，其中也包括在美国的大量投资，英国是全世界最大的债权人。无论是柏林、巴黎，还是纽约，在金融中心的地位上都难望伦敦之项背。此外，英国在非洲、中东、亚洲、美洲和大洋洲拥有着巨大的殖民地经济体系，大量的自然资源任由英国人定价，庞大的殖民地市场完全向英国工业品敞开。英国还拥有着世界上最强大的海军，控制着全球几乎所有的重要水道。世界贸易的航船在大英帝国海军的保护下，穿梭于大洋之间。驱动国际贸易的金融信用，2/3汇集于伦敦，世界长期海外投资的一半源于英国。

由于英国的国际贸易规模独霸全球，伦敦垄断了世界商业承兑汇票的交易，各国之间的贸易普遍使用英镑结算，这样就能迅速而低成本地在伦敦将汇票变为现金。英格兰银行对信用市场的调控，正是基于对商业票据的再贴现率的调整。美联储成立初期，由于美国国际贸易规模远逊于英国，商业汇票市场尚未发育，因此，其贴现窗口主要服务于成员银行的借贷，这是英美央行之间最大的区别之一。

由于英国商业汇票市场起步早、规模大，其成本与信誉优势非常明显，英镑作为贸易结算计价货币的地位似乎无可替代。但是“一战”的爆发，顷刻之间颠覆了这一格局。由于欧洲主要国家的工农业生产能力被战争日益摧毁，因此它们对美国工业与农业产品的需求量急剧攀升。同时，战火使得交战各国金融资本大规模转向军事工业，贸易信用日益短缺，结果欧洲各国纷纷将商业承兑汇票转向资金充裕的纽约市场进行贴现。美元计价的商业汇票开始粉墨登场了。1915 年之后，耗资靡费的战争使得英镑价值剧烈波动，而美元的巨额黄金储备使得美元币值更为稳定，本能厌恶货币价值波动的贸易商们，开始将英镑结算变为美元结算。

美国紧紧抓住了这一百年难求的机遇，积极鼓励本国银行向海外大举扩张。政府规定，凡资本金在 100 万美元以上的美国银行，都有资格设立海外分支，美国的银行必须支持美国的贸易走向全球。法律允许这些银行可以拿出不超过自有资本 50% 的资金来购买商业汇票。

在政府的倡导下，美国的银行开始了史无前例的国际化大进军。纽约城市银行（花旗银行的前身）一马当先，战争刚一爆发，就立刻向其 5 000 个公司客户发出调查问卷，希望他们给出银行海外分支开在哪里对他们在当地的业务拓展最有帮助的意见。杜邦公司看中了巨大的军火业务，准备在智利建厂，美国国家城市银行立刻将分支开到那里，并陆续开设了巴西、古巴分行，通过并购进一步将分支伸进了欧洲与亚洲市场。美国其他银行纷纷跟进，到 20 世纪 20 年代中期，美国的银行仅仅用了 10 年时间，就建立了 181 个海外分支[10]，金融触角遍及世界。这些海外分支积极劝说以前使用英镑结算的当地进出口商，改为美元结算，并在纽约市场进行贴现。至此，不仅欧洲各国陆续采用美元结算贸易，南美、亚洲和非洲的很多国家也开始使用美元计价的商业汇票。

海量的商业承兑汇票最终涌到了纽约进行贴现，大大超过了纽约银行的资金负载能力。所谓贴现，就是商业汇票的持有者将汇票拿到银行要求打折换取现金，这种银行承兑的商业汇票，其实就是美国银行海外分支担保的尚未到期的欠条。纽约的银行折价买进后，可以持有到期，然后到担保行收取全款，这中间的折价部分就是利润。但是，这里出现了一个大问题，纽约的银行也需要拆借资金才能吃进这么庞大的汇票量，而拆借的成本往往高于折价吃进的利润。由于美国的投资人普遍熟悉传统的商业汇票，即买卖双方自行确定的汇票，其价值取决于双方的信用，因此违约风险较大，投资人往往会要求更深的折扣，这样就导致了汇票投资成本较高的问题。但是，银行作为第三方进行担保的新型商业汇票，风险只取决于银行的信用，投资人的风险被银行分摊了，这种汇票的投资成本，应该小于传统汇票。由于这种认识上的差距，结果导致汇票滞销问题泛滥，严重阻碍了汇票贴现市场的形成。

敏锐发现这一问题的就是美联储的创始人保罗·沃伯格。沃伯格成立的“美国承兑汇票协会”，旨在教育投资人了解银行承兑的商业汇票是一种非常值得投资的新产品，风险小于美国传统的没有银行担保的商业汇票，这样一种低风险高收益的产品的投资成本应该更低。沃伯格一方面在资金进入商业汇票市场的规模和成本上下功夫，另一方面也在汇票市场的流动性方面动脑筋。纽约联储银行行长斯特朗就是他亲手选拔和栽培起来的大将，沃伯格力劝斯特朗介入这个市场。斯特朗在认真研究商业汇票后发现，在他的公开市场操作中，除了买卖国债，还可以增加商业汇票作为一种新的货币工具，这样对货币供应的控制将更加灵活。

纽约联储银行开足马力，大规模吃进淤积在市场中的汇票，使得银行能够将汇票迅速脱手，资金周转大大加快，从而更增加了银行对汇票的吞吐胃口。斯特朗制定的再贴现率，就是央行从银行手中吃进汇票的折价率，以此为汇票市场筑起坚固的赢利底部。只要银行买入汇票的折价低于它们卖给央行的折价，中间的差价就是银行的利润。纽约联储银行的介入，使得银行资金周转速度加快，这大大提高了银行买卖汇票的赢利水平。连各国央行都纷纷看中了这个投资领域，荷兰央行就受本国花卉和钻石出口商的要求，将出口美国的 1 000 万美元收入投入了汇票市场[11]。

美国商业汇票市场的迅速崛起，使得美元开始在国际市场上成为关键性货币。到20世纪20年代中期，一半以上的美国进出口贸易开始使用美元计价的商业汇票。而纽约联储银行的深度介入，使得纽约汇票贴现成本比伦敦低了整整一个百分点，源源不断的汇票如雪片般飞向了纽约。

仅仅经过了10年的时间，昔日繁华的伦敦商业汇票交易市场便门前冷落车马稀，从前名不见经传的纽约市场则是蒸蒸日上人声鼎沸。到1924年，美元计价的商业汇票总额已经超过了英镑计价的一倍。

战前，美元的外汇牌价在各国金融市场上的曝光度，甚至不如意大利的里拉和奥地利的先令，更别提英镑了。10年后，美元已经超过所有其他的货币竞争对手[12]。

1924年是货币史上的一个重要转折点，美元在正面的储备货币战线上全面突破英镑的防御，美元在各国中央银行的外汇储备中的比例第一次超过了英镑。在贸易结算定价权的侧翼上，打垮了英镑的顽抗。自此，美元已完成了对英镑的合围。

逼迫各国恢复金本位，美国欲“挟黄金以令诸侯”

> 错误的经济思想使人看不清自己的利益归属。因此，与利益相比，更危险的其实是思想。
>
> ——凯恩斯

凯恩斯已经看出美国人最终的目的，是以美元本位来颠覆英帝国的货币霸权。而黄金不过是美国手中的“汉献帝”，一旦条件成熟，美元本位就会废掉黄金而自己称帝！

美国强烈呼吁，甚至胁迫各国尽快恢复金本位的动机显然并不单纯。但在英国人中，有凯恩斯这般见识的人并不多。1925年，英国勉强恢复金本位，其实正好落入了美国的圈套。

短短4年战争，其实已经沧桑巨变。英国虽然打败了霸权挑战者德国，却也耗尽了称霸世界的经济资源。整个19世纪，英国作为“世界银行家”向全球输出资本，前提是英国工业的强大竞争力所形成的贸易优势和资本盈余。长期稳定的工业资本积累，是英国向全世界放贷的保证，即长期储蓄支持长期放贷，逐步控制世界资源、生产能力和广大的市场，形成正循环。但19世纪后期，美国与德国的工业崛起，削弱了英国的工业竞争能力，使得伦敦向世界输出资本的潜力逐渐干涸。而“一战”则从根本上动摇了英国资本输出霸主的地位。战后，为保持世界金融中心的地位，英镑不得不硬挺，英国工业竞争力进一步衰退。同时，海外维护霸权的军事成本居高不下，财政平衡恶化。战争中货币超发的遗留问题和经济产出不足，导致英国物价比美国高出10%，这进一步削弱了英国产品的世界竞争力。简单地说，维持帝国霸权的成本已经超过了其带来的收益。

1925年英国恢复金本位，其实加剧了这一根本性的矛盾。英国向海外输出资本的规模已恢复到战前水平，但此时的“世界银行家”却主要依赖短期热钱储蓄，来支持长期对外放贷，其潜在的风险性大大提高。英镑的霸气从骨子里已被掏空了。

美国恰恰在此时，扮演了催促和逼迫英国恢复金本位的主要角色。

有能力完成的计划是理想，能力不足的叫梦想，而无能为力的就是幻想。英格兰银行行长诺曼，显然没有分清理想、梦想和幻想的区别。试图恢复英镑的世界霸主地位，只是他的梦想，而试图通过恢复金本位来圆梦，诺曼就只剩下幻想了。

但诺曼的幻想却受到了美国人的极力怂恿。

1924年12月28日，诺曼悄悄地来到了纽约。为了不被媒体发现，他在客轮上使用了假名字，后来美国的杂志称他这次旅行“没有任何人发觉，就像是漆黑夜里的身影”[13]。不过，天下没有不透风的墙。当英国记者询问英格兰银行发言人，为什么有人在纽约发现了诺曼，以及诺曼去纽约的目的何在时，英格兰银行的官员被惊得目瞪口呆，原来他们也不知道行长玩失踪居然玩到了纽约。

当诺曼登上纽约的码头时，他的老友斯特朗已在那里等候多时。在此后的两个星期里，诺曼被斯特朗和摩根系的银行家们包围着，他们正在发起一轮强大的攻势，力促英国尽快恢复金本位。除了银行家们，美国政府也加入了向英国施压的阵营，财政部部长梅隆明确告诉诺曼，1925 年 1 月，恢复金本位的“时机已经到了”。

斯特朗不必多费口舌去游说诺曼恢复金本位对于英镑来说是何等重要，因为这正是诺曼的“理想”。斯特朗只是反复强调英国必须尽快行动，英国最多只有“几个星期，最好的情况是几个月”的时间。斯特朗认为，英镑恢复金本位的时机正好，内有英国本土的政治支持，外有美国资本的援手，为了支持英国，美联储在 1924 年中已放松了信贷。同时，斯特朗也警告诺曼，恢复金本位的时间窗口并不宽裕，英国即将开始向美国偿还债务，而这必然削弱英镑。而美国信贷宽松即将结束，到时候英国吸引国际资本以恢复金本位的成本将是昂贵的。

斯特朗给诺曼开的药方就是“休克疗法”，长痛不如短痛，金本位会让英国经济短期更加痛苦，但从长期看，会迫使英镑在世界市场的竞争中，逐渐适应并做出价格调整，英国经济的前途是光明的。

为了让诺曼打消顾虑立刻行动，斯特朗还开出了优厚的条件，如果英镑遭遇困难，纽约联储银行随时可以提供 2 亿美元的贷款，另外摩根和其他美国银行家还承诺提供 3 亿美元的后备支持。

诺曼担心美国人的钱不是白拿的，生怕将来受到挟持，因此提出一个条件：美国不得干涉英格兰银行的经济政策，如信贷规模或利率设定。

美国人满口答应下来。

其实，美国银行家们有自己的算盘。直到“一战”之前，他们还仅仅是英国银行家们的小跟班，跟着老大闯江湖。但一夜暴富之后，心态发生了巨大变化，从前的老大已经虚弱不堪，如今的小弟们却精壮如牛。皇帝轮流做，今天到我家，既然当老大的机会来了，岂有不动心之理？如同黑社会，新的老大要想扬威立万，惯例就是拿从前的老大下手。

凯恩斯倒有几分像当年的屈原，痛陈恢复金本位对英国的后果。他的核心观点就是，美国的黄金储备规模占据了压倒性优势，将英镑与黄金锁定，无异于把英镑的命运捆在了美元身上，最终的结果只能是把英国经济的控制权交到了华尔街的手中。

结果，诺曼吞下美国人的金本位“休克疗法”的药片后，经济果然一直休克了 15 年，1924—1929 年欧美繁荣的 5 年经济快车没赶上，而上 1929 年之后的 10 年大萧条的贼船却没耽误。

金汇兑本位：流动性泛滥的根源

金汇兑本位制原本是诺曼想出来救急的法子，主要是应对英国黄金储备已不足以支撑其世界金融中心地位的窘境，却给各国经济带来了巨大的麻烦。

金汇兑本位天生就是不稳定的货币制度。法国著名经济学家雅克·吕夫曾任法国总统戴高乐的顾问，亲身经历了 20 世纪 30 年代金汇兑本位对法国经济造成的剧烈冲击。他指出：“这种创新制造了世界目前的困境。在国际联盟金融委员会的推动下，欧洲许多国家采用了这种名叫金汇兑本位制的货币制度。在该体系下，中央银行被授权不仅将黄金和以本国货币计价的凭证纳入货币储备，还增加了外汇。后者虽然进入所在国的央行资产中，却天然地被存放在它的来源国。”[14] 其中，最后一句正是吕夫的洞察力之所在。

以英镑和美元作为其他国家的货币储备，真正要命的问题就是，当这些外汇流入那些国家的时候，它们会自动地被存回英国和美国的银行体系。换句话说，外汇的真实头寸永远不会离开外汇发行国，而各国得到的外汇流入仅仅是影子账户上数字的增加。这是一个非常不易被察觉，而且相当绕人的概念。

在传统金本位下，资本外流最终以黄金清算，其结果必然是本国黄金的外流。而在金汇兑本位下，清算可以用外汇，并不必然意味着黄金的流动。而外汇清算主要靠账户清算，除非资本流入国要求现钞运输。

那么，账户清算如何进行呢？其实就是资本流入国在输出国建立一个银行账户，资本输出国从某个账户上减一个数，然后在输入国的账户上加一个数就完成了。虽然输入国账户位于输出国银行体系内，但它的所有权属于输入国。因此，输入国的银行体系可以在这一外汇储备“影子账户”基础上，创造本国货币供应。但问题是，这笔钱只是在同一银行体系中发生的两个账户之间的增减，一个账户的减少，同时意味着另一个账户的增加，总资本量不变。因此，输出资本的国家可以基于同一笔钱再度进行货币创造。这就是金汇兑本位制中内生的双重信用创造的问题。

同一笔资本被输入国和输出国共同作为信用创造的基础，这意味着世界范围的信用规模得以大幅扩张。金汇兑本位推行得越广，规模越大，则信用泛滥的程度就越严重，其结果就是贷款标准下降、投机盛行、资产泡沫膨胀。欧美“喧嚣的20年代”正是基于这一货币体制催生出的信用泡沫时代，而20世纪30年代的大萧条正是它的代价！

1925年，当英国勉为其难地恢复了金本位后，英镑与美元都可自由兑换黄金，它们被称为所谓的外汇硬通货，并形成了货币核心国家。其他国家则以英镑与美元外汇为主要货币储备，发行本国货币，从而变成了英美的货币卫星国。在这个货币星系中，黄金就像太阳，而英镑、美元则是围绕黄金公转的行星，它们的卫星体系依靠货币的引力，在英美经济的轨道上运动。

1926年，在这一星系中，法国是唯一尚未恢复金本位的大国，由于法郎找不到自己的轨道，法郎的危机开始了。

汇率冲击波与法郎保卫战

拉斐特，我们来了！现在，我们该收债了。

——法国20世纪20年代流行的卡通画

1777年，法国青年贵族拉斐特受到美国《独立宣言》的强烈感染，年仅20岁就来到新大陆，投身于美国独立战争，与美国国父华盛顿结下终生友谊。他屡次参加战斗，功勋卓著，被美国授予少将军衔。在美国独立战争胜利后，拉斐特名扬欧洲，两次被美国授予“美利坚合众国荣誉公民”的称号。拉斐特的无私奉献和英勇精神，已成为美法友谊的象征。第一次世界大战中，当美国将军帕欣率领盟军进入巴黎时，曾来到拉斐特墓地致敬，他的“拉斐特，我们来了！”这句名言传遍美国和欧洲，在美国人和法国人心中激荡出久远的历史回音。

1926年7月11日，法国两万多名伤残的老兵坐着轮椅，或被护士搀扶着涌向巴黎的美国大使馆门前，在美国第一任总统华盛顿的雕像脚下，放满了老兵们带来的花圈。他们并不是来向美国致意的，他们这是在抗议！美国在战争债务方面的毫不通融，使得法国人耿耿于怀。美国总统柯立芝的一句“我们出钱，他们打仗，难道有错吗”，更是对法国等欧洲盟国数百万死伤士兵表现出了令人寒心的冷漠。更令法国人气愤的是，由于法郎的剧烈贬值，使得美国人蜂拥而至，廉价抢购法国城堡、油画、贵重首饰等传承百年的珍贵财富。当时的巴黎，居然有高达4.5万名美国人生活在那里，100美元就可以在法国享尽奢华。他们旁若无人，高谈阔论，挥金如土，尽显暴发户的丑态。7月，一辆满载美国游客的公共汽车在巴黎遭到暴徒袭击，美国游客常常在闹市区被数百人嘲笑和挑衅。法国媒体将美国人比作“有害的蝗虫”。美法之间的民众情绪对立，已足以引发外交危机。

法国政府对英美的感觉比民间好不到哪去，虽然法国终于敲定了与美国的战争债务偿还协议，但对于年初法郎危机中英美的见死不救，仍感愤愤不平。

1926年，法国的经济基本面强于英国，财政重归平衡，似乎一切都在朝好的方向发展，但法郎却像断了线的风筝，在外汇投机市场中被冲得东倒西歪。由于法郎是西方主要国家中唯一尚未回归金本位的货币，因此它成了国际投机资本集中围猎的对象。法郎在1924年道威斯计划谈判时，美元兑法郎曾被货币投机势力打到了1∶25，最后法国政府被迫接受道威斯计划，汇率回到了1∶18。1926年夏，法郎再度跌到 1∶30。法国政府的频繁更替，超过价值 100 亿美元的法国短期债务，进一步加重了法郎的压力。

法郎的剧烈贬值，使法国富裕的中产阶级惊恐万状，三年前德国超级通货膨胀爆发的导火索正是马克汇率自由落体般的下跌，马克价值化成了水，德国人的财富也随之而去了，往事依然历历在目！法国人酷爱存钱，而且这些储蓄大部分都拿去投资了法国国债，法郎暴跌意味着相对于美元和黄金而言，国债投资的财富正在剧烈缩水。法国储蓄者们开始被投机势力所裹挟，疯狂抛售法郎。

本国货币相对于黄金和外汇的恶性贬值，直接引爆了通货膨胀的炸弹。物价开始以每月 2% 的速度飙升，1923 年德国超级通胀的噩梦就在眼前！

临危受命的法兰西银行行长莫罗，正绞尽脑汁思索破解法郎危机的办法。他认为，法郎不同于 1923 年的德国马克，德国作为战败国，赔款问题使财政赤字恶化到无以复加的程度，鲁尔区被法国占领，货币供应疯狂膨胀，经济极度萧条。而法郎的问题主要是信心的问题，法国已分别与美国和英国重新谈定了偿还战争债务的协议，美国人最终接受了法国的提议，40 亿美元的债务被削减了 60%，英国同意将 30 亿的债务减少到 12 亿。法国财政已经消除了多年来顽固的赤字问题，阿尔萨斯和洛林回归的投资，法国北部受战争摧毁地区工业的恢复，这一耗资 40 亿美元的巨大工程已经完成，政府开支剧减，而未来收益应大幅增加。法兰西银行已确立了 410 亿法郎的流通货币法定上限，确保了法郎币值的稳定。真正的问题在于法国国债的期限较短，不断出现的政治丑闻和政府更迭使得短期国债滚动面临频繁的信心危机。

要解决信心问题，莫罗首先想到了自己刚刚接手的法兰西银行，法国高达 10 亿美元的黄金储备就在这里，这可是仅次于美联储的世界第二大的黄金储备啊，一旦动用，信心危机不难扛过去。可是，之前法国政府已经求过法兰西银行了，得到的答复是——没戏！

成立于 1800 年的法兰西银行，不同于英格兰银行和美联储，是一个真正的贵族圣殿。200个法国声名显赫的家族是它的主要股东，其中的44个所谓的“高特银行”家族占据了统治地位，这些家族的权力直接源于家族继承。从这些人当中再选出12名董事，执掌法兰西银行的实权。其中，马利特、米拉波和罗斯柴尔德家族的地位在100多年的时间里坚如磐石。在这120年中，法国爆发了3次革命，政体改变过5回，国家元首出了1个皇帝、3个国王、12个总统，还有1个从总统变成了皇帝，但所有的帝王、总统、议员和革命者在法兰西银行的大门口都戛然止步了，这确实是一个令人费解的历史谜团。

法郎危机已经火烧眉毛了，法国政府央求法兰西银行用黄金储备赎回国债，遏制货币危机蔓延，法兰西银行却轻蔑地拒绝了。被自己的央行挡在了门外，法国政府只有去求美国和英国提供贷款挽救法郎，斯特朗和诺曼连眼皮都没抬一下。绝望的法国人不得不一家家地去找摩根等国际大投行苦求贷款，银行家们打着哈哈推来推去，就是不肯松口。

莫罗总觉得事情透着蹊跷，他单独面见纽约联储银行行长斯特朗，终于套出了答案。斯特朗开出的条件有两个：一是法国政府要明确尊重法兰西银行的独立性，二是法国议会要尽快批准新的战争债务偿还协议。莫罗又找到英格兰银行的行长诺曼，答案是一致的。莫罗终于明白了，尽管法国经济好于英国，但在金融江湖上，法国仍是二等公民。对于英美而言，金融援助是一种“商品”，在危机时刻其价格将会飙升。到了1926年7月，法郎对美元已经贬值到1∶50。法郎危在旦夕！

7月21日，雷蒙·普恩加来在法国工业巨头们的支持下上台组阁，并同时兼任财政部部长。这位普恩加来可绝非等闲之辈，从政40余年，在法国政治家中，数他资格最老。他在“一战”中当了7年战时总统，三次组阁出任政府总理。他执政强悍，具有强烈的民族主义倾向，在“一战”中成为法国最坚定的主战派，1923年法军占领德国鲁尔工业区的军事行动，就是在他的任内干的。普恩加来在法国民众心目中拥有巨大的感召力，堪称法国的俾斯麦。

雷蒙·普恩加来，1926 年任法国总理

普恩加来第三度出任政府总理的消息，极大地刺激了外汇市场上法郎的士气，法国中产阶级相信他，甚至崇拜他。结果，法郎在几天之内对美元的汇率由 1∶50 强劲反弹到 1∶35，升值高达 40%！所有看空法郎的外国投机者都惊呆了！

紧接着，普恩加来宣布了一系列减税方案，稳住了法国资产阶级的恐慌情绪。他公布刺激工业发展的方案，减少政府开支，取悦了大资本家。在过去的两年中出逃的法国资本，开始大规模回流法国，法国人不再需要外国资本的援助，赢得了金融独立自主的主动权。局面稳定后，普恩加来才开始逐步增加税收，改善法国财政的积贫积弱。

面对突如其来的法郎升值趋势，莫罗一时不知如何是好。长久以来，备受英美嘲笑的疲软的法郎，居然呈现出远强于英镑的气势，这不仅让英美吃惊，也让法国人自己很难适应。为了应付法郎升值的新问题，莫罗请法国著名经济学家李斯特和他的学生奎斯内出山，帮助法兰西银行制定法郎稳定对策。

到 1926 年底，法郎对美元已升破 1∶25 大关，仅半年时间，法郎竟升值 1 倍！ 6 个月的冰火两重天，让法国经济无从适应。法郎贬值，法国工业品竞争力增强，带动经济复苏和就业增长，但若贬值过快，则动摇法郎信心，刺激资本出逃，诱发恶性通胀。若法郎升值过快，则影响法国出口，削弱法国经济。什么样的汇率才是最佳的稳定状态，既能促进经济发展，又可稳定货币信心？李斯特和奎斯内正是法兰西银行的智慧发动机。法国当年的困境也正是中国当今的难题。

如果 1∶25 的汇率被升破，法兰西银行就必须进行干预！李斯特和奎斯内开始打破常规思维方式，强烈要求法兰西银行对法郎升值设置上限。由于他们的想法太过匪夷所思，各国央行从来没有这样干预外汇市场的先例，莫罗不愿吃这个螃蟹。此时，涌进法国的外汇已经不是涓涓细流，而成了滚滚江河，法郎被迫节节攀升，眼看法国经济就要重蹈英国高估英镑所带来的经济萧条和通货紧缩的覆辙，李斯特和奎斯内不惜以辞职为要挟，力促莫罗采取断然行动。

还是旁观者凯恩斯看透了问题的本质，“法郎的（汇率）水平，并非由投机者或贸易平衡，甚至不是由鲁尔区的冒险行为所决定，而是法国的纳税人愿意拿出多少自己的收入，去支付给法国的食利者们（债券持有人）”。

其实，如果把财富定义为人类通过劳动将自然资源转化为最终的产品和服务，那么社会必然形成两种人：劳动者和食利者。劳动者通过劳动创造财富，而食利者通过出租土地、生产资源、垄断性资产、公共设施和资本，分享劳动者的财富。

汇率的本质并非外部问题，而是内部利益分配制度安排所呈现出的外部特性。这里存在着两种极端：一种极端是利益分配严重倾向劳动者，而不利于资产拥有者，那么资产拥有者就会倾向于将资产向国外转移，国际资本则更不愿意进入，从而形成外汇市场中的资本流出大于资本进入，结果就是本币的贬值；另一种极端是，如果利益分配严重倾向于有产者，则国内资本不愿流出，而国际资本又会踊跃进入以分享这一有利的利益分配，此时，就会出现国际资本的进入多于国内资本的流出，最终体现为本币升值。而国内与国际生产效率的差别，仅仅反映了可分享财富蛋糕的大小，而不是比例，最终体现出的乃是资本进出的规模，而非趋势。

两种极端都会挫伤经济发展：前者导致资本外流，削弱经济发展的根基；后者挫伤劳动积极性，降低社会消费能力，增长将无以为继。无论哪种极端，都会导致经济萧条，本币价值瓦解。

最佳汇率就是在两个极端之间找到稳定的平衡点。在这一水平上，劳动者与食利者的利益分配大致平衡，劳动者充满创造财富的热情，而食利者积极投入更多的资金，国际资本纷纷涌入，扩大资源投放的规模，从而分享相应的利益。同时，国内有产者在积累丰厚的资本后，踊跃向国外寻求新的食利机会，形成流入与流出资本的大体平衡，最终实现劳动与资本之间的稳定均衡。

简单地说，在资本自由流动和没有干预的状态下，本币升值，反映了食利者在财富分配中占了上风，而本币贬值，意味着利益分配偏向了劳动者。

战后英国与德国走向了两个极端，前者用高估的英镑保护了债权人，却扼杀了经济；后者用恶性贬值的马克血洗了国内有产者，同样摧毁了经济。而法国，则在两个极端中找到了一种平衡。

1926 年 12 月 21 日，法兰西银行开始用本币大规模购买外汇，以遏制法郎升值的趋势。李斯特抑制法郎过度升值的努力，遭到了罗斯柴尔德和其他法兰西银行董事的激烈反对。20 世纪 20 年代的法国曾流传着这样的传闻："任何党派组阁都得事先征求罗斯柴尔德的意见。"[15] 但普恩加来并不吃这一套，他作为莫罗的总后台，大力支持莫罗和李斯特的外汇干预政策。莫罗顶着巨大的压力，在 1927 年和 1928 年这两年中，继续买入外汇，将法郎对美元的汇率死死钉在 1∶25 的水平上。法国财政部向法兰西银行承诺，所有由于干预外汇而出现的财务损失，由法国财政负责补偿。罗斯柴尔德等人使出各种手段来破坏莫罗的计划。1928 年 8 月，莫罗吃惊地发现，自己在法兰西银行行长办公室的进出电话全部遭到窃听。莫罗与罗斯柴尔德的关系开始极度恶化。

由于法国经济在稳定的法郎预期下开始强劲复苏，出口产品将英国打得落花流水，法兰西银行董事会内部出现了分化，以罗斯柴尔德和法国钢铁大王温德尔为首的法郎升值派，最终没有获得多数董事的支持。罗温二人于是亲自出马，打破法兰西银行的惯例，公开发表对货币政策的意见，希望吸引国际投机资本大规模进入法国，从而迫使莫罗放弃干预市场，任由法郎升值。罗斯柴尔德甚至亲自下令家族旗下法国最大的铁路公司大力买入法郎，试图逼迫法郎升值，这已经涉嫌违反了法兰西银行董事进行内幕交易的限制。在干预外汇市场的两年多里，法国外汇储备的价值剧增到 6 亿美元，其中多为英镑资产。

真是风水轮流转，现在该英国灰头土脸了。法郎的固定汇率策略，使得法国产品具备了世界上最强大的竞争力，英国的传统市场纷纷被法国货攻破；而法国国内物价稳定，经济繁荣，一派大好景象。英镑的情况却是越来越不妙，严重的衰退伴随着居高不下的失业率，资本正在加速从英国流向法国。诺曼强烈要求莫罗拿出实际行动，降低市场对法郎升值的预期，减缓英国资本流出的压力。而莫罗则建议英国提高利息来吸引资本，而这分明会让英镑衰退得更加严重。莫罗进一步施压，准备用英镑外汇储备兑换英国的黄金，英镑立刻成了惊弓之鸟。诺曼怒不可遏，准备向法国人提出马上偿还 30 亿美元的战争债务。英法打得不可开交。

这时，美国人又粉墨登场了。作为调解英法两国货币争执的和事佬，美国人建议双方休战。斯特朗提出了美国的建议：法国仍保留部分英镑储备，另一部分则由纽约联储银行和英格兰银行共同在伦敦市场上向法国兑换黄金。条件不多，只有一个，那就是未来法国的外汇储备增加，必须由英镑转向美元。美国人正在利用一切可能的机会，向全世界推广美元储备。

法国由于摆脱了传统货币理论的束缚，正确地采用了稳定法郎汇率的办法，大大增强了法国的经济和金融实力。

到 1929 年，法国财政大幅好转，政府偿清了所有对法兰西银行的负债，债券价值翻了一倍。1926 年法国政府仅有 100 万法郎的盈余，1929 年财政累积盈余已高达 170 亿法郎。法国的货币储备包括高达 14.5 亿美元的黄金和价值 10 亿美元的外汇。莫罗和李斯特在法郎保卫战中获得了巨大的胜利。法国的经济增长顽强地抵抗了大萧条的头两年，直到 1931 年下半年才被卷入世界衰退的旋涡。

滑向经济大裂谷，金钱权力的真空

只要美国人继续慷慨地借钱给这个世界，由此向他们提供他们本身并不具备的购买力，英国就能继续从美国进口，并保持对其他国家的出口。但一旦出现导致美国投资者和银行家停止向外国贷款的任何事情，英国的状况将变得岌岌可危。如果英国的信用耗尽，它的购买力将降低到出口与还债的平衡限度之下，其他国家这时就将体验到德国人民贫困化的全部后果了。[16]

——乔治·帕亚

20世纪30年代，发生席卷世界的经济危机的最重要的原因其实只有一个，那就是史无前例的货币扩张所制造出的前所未有的债务泡沫，而最终的偿付手段只有黄金。以有限增长的黄金去应对无限膨胀的信用与债务，迟早会面临清算。货币泛滥越严重，最终债务内爆的杀伤力就越惊人。危机的爆发，不是会与不会的问题，而是何时、以何种方式爆发的问题。

货币信用泛滥的一个主要推手，就是英国为弥补黄金储备不足所创造的金汇兑本位制。在这一制度下，美元、英镑与黄金是直接兑换，而其他货币则主要以美元、英镑为储备，间接与黄金挂钩。外汇储备进入各国货币发行所带来的根本问题，就是双重信用创造效应，外汇的输出国与外汇的输入国分别以相同的资本各自创造本国信用，从而大大增加了全世界货币信用的总规模。这种机制的内在不稳定性体现在：当危机在最脆弱的外围国家爆发时，投资人将竞相抛售资产，争取稀缺的黄金与外汇；当黄金告罄，外汇被挤兑一空时，将必然引发货币中心国家的恐慌，进而刺激中心国家开始甩卖资产套取现金。由于资产泡沫的规模远远大于真实的现金流通量，其价格的大幅下跌将形成对现金的疯狂挤兑，早已严重杠杆化的银行哪里经得起挤兑，于是银行出现大面积破产，流动性陷入枯竭。银行破产更使人们觉得现金都不安全，从而加速了整个银行系统的黄金挤兑压力，丧失货币储备的银行体系将出现链式反应，成片拉倒其他银行。于是出现公司大量破产，失业严重恶化的经济大萧条。

美国企图用20年的时间，以美元本位制取代英国用200年时间建立起来的金本位体系，必然面临心有余而力不足的困境。英国则为了捍卫金融霸主地位，苦守金本位而最终耗尽了经济实力。在美元攻势崩溃，陷于全球溃败的同时，英镑已是城破人亡，无力回天。世界在丧失最后贷款人后，金钱的权力出现了真空状态，全球贸易体系破碎了，世界资本流动枯竭了，维系各国和平发展的意愿丧失了。如同一个失去了政府的社会，有限互助的、闭门自保的、打家劫舍的，各国尽力维持自己的生存空间，世界则陷入了全面的混乱状态。全球化的人心已散，社会久久不能恢复正常的秩序。直到第二次世界大战爆发，才重新激活了同盟的意愿和激情。

美元本位制的建立，要求各国必须形成对美元的需求，形成这一需求的首要方式，就是坚持欧洲对美国的战争债务必须偿还。美国事实上放弃了威尔逊总统参加“一战”时的道义原则，当时威尔逊的原话是：“我们不想实现任何自私的目标，我们不想征服，不想统治，我们不要求赔款，我们不会因为自由所做的牺牲，而要求任何物质补偿”。估计欧洲交战的盟国听了这番大义凛然的真情告白，无不感动得热泪盈眶。与其说是美国从道德天使堕落成了“夏洛克大叔”，不如说是美国自认为高明的美元战略使然。这些债务的初始面值高达200亿美元，已经大大超过了全世界的黄金储备总价值，实际上，这笔债务在理论上就无法偿还。而美元本位制的战略核心，就是让欧洲永远无法偿清美元债务，以便未来将美国国债嵌入各国的货币体系。

要偿还美债，就需要美元，而获得美元的途径无非有几种：（1）美国的直接投资；（2）美元热钱流入；（3）对美国的出口盈余；（4）向美国借更多的美元，形成更大规模的美元负债。欧洲各国的困境在于，在资金极度短缺的欧洲，美元的直接投资，意味着美元将廉价席卷整个欧洲的工业，未来将使欧洲成为美国的附庸，因此断不可取。而美元热钱，将破坏各国的金融稳定，甚至危及国家货币的安全，这是个饮鸩止渴的自杀行为。当排除了前两项选择后，欧洲本可以依赖向美国出口，用商品换取美元以清偿债务，不过老谋深算的美国人已经料到了这一手，因此从1921年到1923年，当欧洲准备开始还债时，美国不仅没有降低关税反而不断提高关税。1921年5月，美国增加了农产品应急关税，1922年5月，开征福德尼关税，将耐用品关税提高到38%，比1920年翻了一倍还多，这样就将欧洲商品拒之门外，堵塞了欧洲的第三个选择。最后，也是美国最希望出现的情况，就是欧洲不断地向美国借更多的美元。

私人或公司可能破产，但国家不会，至少美国人当初对此深信不疑。道威斯计划就是美国对德国精心设计的债务圈套。作为启动资金，美国向德国第一年提供的2亿美元贷款，不仅一举抢夺了英镑独占德国货币储备的先机，而且还稳稳地控制了德国货币金融太上皇的宝座。随后两年跟进的30亿美元私人资本，则对德国工业进行了大抄底。美元和英镑的进入，在金汇兑本位的新体系下，成为德国银行体系扩张马克信用的重要基石，外汇涌入规模越大，德国信用膨胀就越惊人。在大量信用创造所产生的繁荣背后，则是巨大的债务负担。为了找到更多的放贷机会，美国银行家们“不辞辛劳”地深入德国，力劝各城市大借美元债务，兴建游泳池、电影院、体育馆，甚至歌剧院。目睹美元债务日渐深重，而且大量浪费在根本无法产生美元收入去偿还债务的项目上，德国央行行长沙赫特心急如焚，他知道德国短暂的虚假繁荣，其实是由美元债务泡沫所催生，德国在战争赔偿和外债的压力下，本国的真实工业资本积累无从谈起。这一切最终将以经济毁灭来结束。德国这个“次级贷款人”后来果然成了危机的重要导火索。

美元本位与金本位最根本的区别，就是本位货币国际流动之后的清算方式。在金本位下，美元流出将会导致黄金流出，结果是削弱美国货币储备规模，抑制美国国内的信用创造。美元本位制将打破这一平衡，美元的流出并不减少国内的信用创造基础，而美元流入国却增加了外汇储备，从而扩大了其货币供应。

1924年开始的道威斯计划，开启了一个美元环流游戏。美元流入德国，马克将膨胀，经济出现短暂繁荣，同时德国债务被放大。德国将美元赔偿给英法，英法的外汇储备增加，信用与债务同时扩张。英法再用美元偿还美国债务，美国将获得更多的本息总额，进而增加美国国内的信用和债务创造。然后，美元再次流向国外，开始一轮新的循环。每次循环都会在美元流经的各国带来更多的货币供应，同时也伴随着更大的债务规模，美国自己也不例外。

这似乎是个美妙的永动机构想。只要美国的银行家肯慷慨地借钱给全世界，世界经济就能够持续繁荣，谁都不在意这些借钱的国家实际上根本不具备偿还的能力。这就是一场20世纪20年代的国际“次级贷”游戏。

1927年7月7日，斯特朗在纽约长岛召开纽约联储银行的秘密会议。他没有邀请华盛顿美联储总部的人参加，他将做出一个重大决策，把利息从4%降到3.5%，促使黄金流向英国。此时的英国黄金储备正在耗尽，金本位已摇摇欲坠，而美国绝不能容忍英国的金本位散架。降息的单方面决定，激怒了华盛顿的美联储，它有权否决纽约联储银行的决定，但不能强迫其改变政策，结果美联储内部出现了分裂。斯特朗并不理睬美联储的内讧，而是直接采取行动，从7月到9月在公开市场操作中注入了2亿美元，使得贴现率降到了3.5%。华尔街沸腾了，股票市场冲向了最后的疯狂。1927年第四季度，外国债券在美国的销售创造了历史纪录，美元以更大的规模涌向了国外。

所有的金融危机都是债务危机，所有的债务危机都是由资金链断裂拉开的序幕。

1928年7月，美国股市已进入疯狂状态，华尔街向股票投资人提供的杠杆贷款高达70亿美元，贷款利息是令人眩晕的10%~20%！纽约联储银行眼看泡沫已到了难以控制的地步，不得不立刻加息1.5个百分点，利息飙升到5%。此时在海外的美元被惊呆了，美国的利息如此之高，华尔街的高利贷更是无比诱人，美元开始急速回流。支撑世界繁荣的美元环流终于断裂了。

裸泳的德国立刻暴露出来，德国经济立刻掉入衰退的深渊。德国不得不开始控制资本流出，同时限制进口。伦敦金融市场马上惊恐万状，英国在德国和中欧地区有高达10亿美元的投资，现在已面临被冻结的命运。美国突如其来的高利率立刻让伦敦的黄金开始大规模流出，英国被迫加息以减缓这一压力。英国的衰退更加严重。

到1929年10月，美国终于迎来了自身债务泡沫崩溃的时候。此时，美国经济体的全部负债总规模已达到GDP的300%。这座债务的金字塔必须不断膨胀，才能维持不倒，而这种债务的偿还规模已远远超出黄金所能提供的支付手段，美国的债务游戏已经变成典型的庞氏骗局。当外围国家陆续陷入危机和衰退后，美国的银行这才发现问题不妙，当它们准备开始回收如此巨大的金字塔般的债务时，股市价格崩溃了。美国经济陷入了漫长的衰退期。

1929年的第一轮危机冲击后，世界经济进入短暂的静寂，一种更加可怕的安静，债务堰塞湖只开了个裂缝。1931年5月，总的决堤暴发了。随着奥地利最大银行的倒闭，德国银行体系顷刻被挤兑的洪水淹没。紧接着，英国的金本位崩溃了，法国终于被危机卷入衰退的旋涡，日本、意大利，以及中欧、南美和英联邦地区的其他国家也陆续爆发危机。

从1914年到1933年，美元第一次争夺世界货币霸权的远征以失败而告终。美元虽然打垮了英镑的全球霸权，却无力建立起一套新的货币统治体系。大萧条后，各国战争债务偿还中止，导致美元对欧洲的控制力剧烈下降；世界贸易链条的断裂，使得美元在国际结算中的影响力严重萎缩；虽然美元控制了黄金这个“汉献帝”，但英镑却摆脱了黄金，不再承认“汉室天下”。

英镑虽然已不是货币之王，但仍然是一个拥兵自重的主要割据诸侯。在英国放弃金本位后，遍布世界各大洲的英联邦诸国，北欧的瑞典、丹麦、挪威、芬兰，南欧的葡萄牙、希腊，非洲的埃及，亚洲的日本，以及与英国保持重要贸易关系的南美诸国，纷纷跟随英国的脚步脱离了黄金，它们事实上形成了一个硕大无比的“英镑区”。它们不再听美国的黄金“汉献帝”的号令，而是奉可自由浮动的英镑为盟主，建立起强大的区内贸易体系。它们仍然控制着世界的原材料、能源的供应基地，垄断着巨大的世界市场份额，把持着各大洋主要的海上通道，强大的英国海军仍然是它们的保护神。当美国清醒过来时才发现，不是美元包围着英镑，而是英镑在世界范围内包围着美元！现在的英镑更加自由，更加强大。

美元初起的雄心，遭遇了严重挫折！美国人终于明白了，不彻底砸碎强大的英镑区体系，美元就不可能最终称霸世界！

注释

[1] Liaquat Ahamed，*Lords of Finance*，The Penguin Press，2009, p.162.

[2] Michael Hudson，*Super Imperialism-New Edition：The Origin and Fundamentals of U.S.World Dominanc*，Pluto Press，2003, Chapter 1.

[3] Ibid.

[4] Jacques Rueff，*The Monetary Sin of The West*，The Macmillan Company，1972，p.22.

[5] Charles Gates Dawes，Wikipedia，World War I Participation.

[6] Ron Chernow，*The House of Morgan*，*An American Banking Dynasty and the Rise of Mordern Finance*，Grove Press，1990, p. 197.

[7] Michael Hudson，*Super Imperialism-New Edition：The Origin and Fundamentals of U. S. World Dominanc*，Pluto Press, 2003，Chapter 1.

[8] John Maynard Keynes，*The General Theory of Employment*，*Interest and Money*, Palgrave Macmillan, 2007.

[9] John Maynard Keynes，*A Tract on Monetary Reform*，Prometheus Books, 1923.

[10] Barry Eichengreen，*Exorbitant Privilege*，*The Rise and Fall of the Dollar and the Future of the International Monetary System*，Oxford University Press,

2011，p.27~28.

[11] Ibid.

[12] Ibid.

[13] Liaquat Ahamed，*Lords of Finance*，The Penguin Press，2009，p. 225.

[14] Jacques Rueff，*The Monetary Sin of The West*，The Macmillan Company，1972.

[15] Liaquat Ahamed，*Lords of Finance*，The Penguin Press，2009，p. 245~246.

[16] Michael Hudson，*Super Imperialism-New Edition*：*The Origin and Fundamentals of U.S. World Dominanc*，Pluto Press，2003，Chapter 3.

第二章

摄政天下，剿灭英镑割据

CURRENCY WARS

本章导读

1931年英镑摆脱了金本位的枷锁，依托“帝国特惠制”，形成了强大的英镑割据势力，从英伦三岛蔓延到非洲、北美洲、亚洲、大洋洲的辽阔的殖民地属国，如果再把英国的主要贸易伙伴算进来，如北欧的瑞典、丹麦、挪威、芬兰，南欧的葡萄牙、希腊，中东的伊拉克，非洲的埃及，亚洲以及南美诸国，英镑区的幅员之辽阔、人口之众多、资源之丰富，构成了对美元世界霸权的严峻挑战。

大萧条以来，美国自顾不暇，孤立主义对于美国而言，与其说是主动放弃了世界领导权，不如说是心有余而力不足的现实选择。美国经济迟迟不能复苏的根源，在于对危机本质的错误认识和采取的错误对策。1933年罗斯福上台时，面对的是1 300万的失业人口，而1941年美国参加“二战”前夕，罗斯福仍然被1 000万人的失业问题所困扰。QE（货币量化宽松）政策，并非是今天伯南克的发明，美国在1930年、1932年和1933年曾进行过三轮QE刺激，在经济短暂繁荣后，却等来了1937年的第二次衰退。如果不是战争将30%的就业人口征调参战和转向军事工业，美国的失业问题还会持续很长时间。

第二次世界大战带来了美元东山再起的良机。在战争中，美国处心积虑地削弱英国的经济潜力，对英帝国卷土重来的戒惧，甚至超过了对苏联扩张的担忧。借助《租借法案》，美国打垮了英国的“帝国特惠制”，利用战后对英贷款的致命条件，发起了对英镑区的总攻。连英国人自己都承认，如果不是美国政策的蓄意安排，英国不至于衰落得如此之快，如此之彻底。

最终，美元终于掌握了世界货币的实权，建立起一个“黄金弱君登基，美元摄政天下”的布雷顿森林王朝。

金本位崩溃，英镑区割据自立

1931 年夏，伦敦城的气氛格外压抑，来自世界各地的坏消息接踵而来，人们已经越来越强烈地感觉到，一场金融风暴即将来临。

年初以来，德国银行的倒闭潮正在席卷整个世界。匈牙利的银行体系全部停业，罗马尼亚和波兰的主要银行破产，埃及的银行爆发大规模挤兑，伊斯坦布尔发生金融恐慌，玻利维亚和秘鲁的债券违约，智利的外债开始拖欠，墨西哥金本位散架而被迫转为银本位。伦敦的朗热、施罗德等老牌投行纷纷陷入困境，正在苦盼英格兰银行的救助。

而英格兰银行此时却自身难保。7 月 13 日，英国政府发布了《麦克米兰报告》，英国银行体系的问题被披露了，英国所欠的短期外债竟高达 30 亿美元！这如同一枚重磅炸弹，顷刻间掀起了伦敦金融市场的滔天巨浪。要知道，英国每年向全世界直接投资的规模才 5 亿美元，在战前占了世界总投资的半壁江山！怎么会欠下如此巨大的亏空？作为“世界银行家”，英国人早已习惯对外输出资本，没想到自己却负债累累到这种地步。

德国和中欧国家的银行危机，迫使政府严厉管制外汇出逃，英国的近 10 亿美元的投资可能变成难以收回的坏账，这更是雪上加霜的坏消息。

全世界惊恐万状的投资人立刻开始从伦敦抽逃资金。仅两周的时间，英格兰银行就损失了价值2.5亿美元的黄金，相当于黄金储备总量的一半！英格兰银行被迫将利率从2.5%大幅提高到4.25%，但仍然挡不住滚滚外流的黄金。诺曼情急之下，紧急向美国和法国求援2.5亿美元的外汇救兵，谁知这笔钱刚一投入，就如泥牛入海，顷刻间就被挤兑的洪流淹没得无声无息。美国和法国政府都已到了救援的极限，只有眼看着英格兰银行的黄金消耗殆尽。

诺曼的身体和神经终于彻底崩溃了，他不得不疲倦地离开伦敦去疗养。

8月22日晚，英国国王突然取消了三周的休假，秘密返回了白金汉宫。英国政府的内阁部长全部放弃了周末，聚在唐宁街的首相官邸，这是"一战"后他们第一次放弃周末休息。在小花园里，首相和部长们来回踱着步，烟灰缸里满是雪茄烟头，地上散落着各种报纸，大家都在焦急地等待着美国摩根财团的答复。

当初，正是美国政府和摩根力促英国重归金本位，现在眼看英镑的黄金堡垒即将失陷，美国政府受法律限制，已不可能再提供新的资金。法国人倒是提出了愿意借款的条件，那就是贷款必须以法郎计价。经过这几年的风风雨雨，法国人算是明白了一个道理，如果法郎也能成为英镑或美元那样的国际储备货币，一切交易都以法郎结算，那该多好啊！结果，英国人表示，别做梦了，英国绝对不会借法郎贷款！

最后的希望就是摩根了。此时此刻，仿佛整个大英帝国的命运都悬于华尔街的一念之间。凯恩斯的预言居然成真了，金本位的确将英镑甚至整个帝国的命运交到了美国人手中。

美国人的援助是有条件的，那就是要求英国必须削减3.5亿美元的政府开支，其中包括救济失业人口的救命钱，还必须增税3亿美元，这笔钱怎么花，要听摩根的意见。英国政府在历史上还从未受过这等窝囊气，这与其说是援助条款，不如说更像战败的赔款条件！但如今，人在屋檐下，不得不低头。英国首相在一番讨价还价之后，提出了最终的求援报价。由于争议太大，首相甚至没有告诉全部的内阁成员。此时，他唯一能做的，就是等待美国人对英镑命运的裁决。

晚上 8 点 45 分，摩根的电报终于到了英格兰银行。早已急不可耐的副行长抓起电报就急匆匆地赶往唐宁街 10 号。当他冲进首相官邸的小花园时，所有人的目光立刻都聚焦在他手中的电报上。首相上前一把夺过电报，冲进办公室，其他官员紧随进入。几分钟之后，从屋里传出的咆哮声几乎要震碎窗户的玻璃，还不知道条款内容的部长们几乎已经要掀翻桌子。内阁意见严重对立，首相只有连夜向国王请求辞职，工党内阁垮台了。第二天，英国媒体以“银行家的敲诈”为通栏大标题，声讨美国银行家反对英国劳工阶级的罪恶。[1]

新内阁仍然按照摩根条款进行了财政改革，英国陷入了更严重的衰退期，失业救济的削减使得其国内的消费越发低迷。美国和法国银行家的 4 亿美元救兵到了，但这笔钱只支撑了三个星期。

9 月 19 日，英格兰银行已经损失了 10 亿美元的黄金储备，英国的黄金终于耗尽，金本位崩溃了！随之破灭的就是英镑重新恢复世界货币霸权的梦想。

天，并没有塌下来。

尽管英镑承受了国际市场的巨大抛压，汇率贬值了 30%，但英国经济摆脱了金本位的镣铐，英镑重新获得了自由。英国工业的竞争力强劲复苏，美国和法国的产品在国际市场遭到了英国货的凶猛挑战。英国人开始品尝到法国人 1926 年贬值法郎的甜头，这回该轮到美国人和法国人叫苦了。

由于国际竞争力的提高和海外投资机会的减少，英国的资金开始转向内部投资，大量新工厂开始建设，机器设备更新加快，消费工业蓬勃发展，住房需求猛增，英国经济出现了长期苦寒之后的“小阳春”。廉价的货币政策和资金的回流，使得英国的短期利率水平大幅降低到 2%，高达 80 亿美元的长期贷款成本从 5% 被削减至 3.5%，大大缓解了巨额债务的成本压力。直至第二次世界大战爆发后，英国国债的融资成本才进一步降到了 3% 以下。与“一战”时的高融资成本迥然不同，这次融资成本的降低贯穿了整个“二战”始终。英国通过国债融资，有效地进行了一场“3% 利息的战争”。

在英镑脱离金本位之后不久，大英帝国便率领着它庞大的殖民地属国和重要的贸易伙伴，建立起一个令人望而生畏的英镑割据势力范围，这就是 1932 年英帝国渥太华会议确定的“帝国特惠制”。在“英镑区”内，对成员国间的进口商品，相互降低税率或免税；对成员国以外的进口商品，则征高额关税，以阻止美国及其他国家的出口势力渗入英镑区的巨大市场。

英国曾号称日不落帝国，世界人口的 1/4 都是帝国的臣民，地球陆地面积的 1/5 尽是帝国的版图。从英伦三岛蔓延到冈比亚、纽芬兰、加拿大、新西兰、澳大利亚、马来西亚、中国香港、新加坡、缅甸、印度、乌干达、肯尼亚、南非、尼日利亚、马耳他以及无数岛屿，地球上的 24 个时区均有大英帝国的属地[2]。英国霸权领导下的国际秩序被称为“不列颠治下的和平”。英国出版的大英帝国全球地图，通常用红色把帝国的领土标出，从图中可以清晰地了解到这个庞大帝国在全球的影响力。如果再把英国的主要贸易伙伴算进来，如北欧的瑞典、丹麦、挪威、芬兰，南欧的葡萄牙、希腊，中东的伊拉克，非洲的埃及，亚洲以及南美诸国，英镑区的市场规模之大、幅员之辽阔、人口之众多、资源之丰富，足以构成对美元世界霸权的严峻挑战。

英国经济学家杰文斯曾这样描述英帝国的经济影响力：北美和俄国的平原是我们的玉米地，加拿大和波罗的海是我们的林区，澳大利亚是我们的牧场，秘鲁是我们的银矿，南非和澳大利亚是我们的金矿，印度和中国是我们的茶叶基地，东印度群岛为我们提供甘蔗、咖啡和香料，美国南部是我们的棉花种植园。20 世纪新的核心战略资源，如石油、铁、铝、铅、锌、铜、镍、橡胶等原材料基地，也大多控制在大英帝国的手中。

“一战”以后，美元乘着财雄势大而欧洲相对萎缩的时机，利用战争债务的大棒，从储备货币的正面和贸易结算的侧翼，对英镑发动了猛烈进攻，虽然最终打垮了英镑的全球体系，但远没有彻底摧毁英帝国的经济和财富潜力。从战略上看，与其说是美元包围了英镑，不如说是英镑在世界范围内包围着美元。

一旦英镑挣脱了黄金枷锁，也就意味着英镑甩掉了美元的掣肘，从而赢得了战略主动权。英镑以“帝国特惠制”为依托，建立起英镑区雄霸一方的割据势力范围。英镑的大幅贬值，使得英国能够在各个贸易战场上开始对美元进行有力反击。

美元不得不进行全球范围的战略退却。美国重新陷入孤立主义的原因，并非美国缺乏领导世界的意愿，而是经济长期萧条制约了美国的能力。

美联储险些解体，美元的惊魂 48 小时

自从 1931 年 9 月英镑的金本位崩溃后，全世界开始担心美元也会被迫脱离金本位。英镑的大幅贬值，使法国央行 3.5 亿英镑的外汇储备立刻损失了惊人的 1.25 亿英镑，7 倍于它的自有资本！这样的损失，要是普通的商业银行，早就死掉好几遍了。荷兰央行损失了全部自有资本，而瑞典、比利时这些当年被诺曼“货币水变油”忽悠储备英镑的国家，如今真是欲哭无泪。在欧洲叱咤风云的英格兰银行行长诺曼，曾对欧洲各国央行夸下海口说英镑与黄金一样美好，忽悠大家存黄金不如存英镑，这回真是“光着屁股推磨——转着圈儿地丢人”。

受此一番惊吓的欧洲人，已是杯弓蛇影，英镑如此不靠谱，美元能好到哪儿去？还是沉甸甸的黄金拿在手里才觉得踏实。英镑宣布脱离金本位的第二天，法兰西银行便立刻委婉地向纽约联储银行提出，现在手头不宽裕，是否能将部分美元储备兑换成黄金？美国人回答，没问题，我们美国不缺黄金。结果，法国人立刻将 1 亿美元的储备兑换成了黄金。瑞士央行一看法国人带了头，也要求兑换 2 亿美元黄金，美国人仍然毫不介意。紧接着，比利时央行兑换了 1.3 亿美元，荷兰央行要求兑换 7 700 万美元。哭着喊着向美国要黄金的人越来越多，短短 5 个星期，欧洲人将 7.5 亿的美元储备兑换成了黄金。

这下，美国人感觉不对劲儿了。

如此规模的黄金被抽出美国的货币系统，致使美国银行的信贷基础被严重削弱。没了信贷抵押物，大量放出的贷款必须马上收回，而现在大家都缺钱，贷款人根本无法偿还贷款，只有被迫跳楼甩卖资产，大家一起抛，结果谁也跑不了。于是，在欧洲人抽走黄金的5周之内，美国银行大规模倒闭了522家！到1931年底，银行倒闭已达到惊人的2 294家！美国2万家银行，已破产了1/10，同时损失了17亿美元的老百姓储蓄。

美国的储户们面对前所未有的银行破产潮，突然意识到自己的身家性命随时面临着遭受彻底毁灭的危险，立刻开始涌向各个银行提取存款。短短半年，5亿美元的现金从银行飞到了千家万户的床垫下。银行体系的危机已到了灭顶的边缘，与1931年相比，美国的银行信贷萎缩了20%。货币信用的剧烈萎缩，导致物价下跌，负债加重，商业破产，失业恶化，消费不振，坏账增加，挤兑加剧，美国金融陷入恶性循环。

源于美国的美元债务泡沫，1928年在德国率先破裂后，这种信心危机的共振效应诱发了1929年美国股市崩盘。恐慌暂时缓和了一年多之后，奥地利和德国再度发生更彻底的银行体系崩溃。第二轮金融危机的杀伤力远远超过第一轮，它冲垮了英国的金本位大堤，然后再次越过大西洋，在1931—1932年横扫美国的银行体系。

1933年2月，美元危机的阴云开始在纽约上空积聚。这场风暴的中心，正是美元体系的核心——纽约联储银行！

2月下旬以来，纽约联储银行在两周之内损失了2.5亿美元的黄金，占其总储备的1/4。尽管美联储作为一个整体，其黄金储备还绰绰有余，但由于这些黄金资源被分布在12个独立的联储银行手中，这些银行正面临各自管辖区内的银行挤兑风潮，早已顾此失彼，再加上纽约联储银行长期作风霸道，不仅美联储华盛顿总部怨声载道，其他联储银行也同样对其愤愤不平。危机时刻的纽约联储银行，已处在孤家寡人的窘迫之中。

银行破产的风潮非但没有减弱，反而愈演愈烈。

到3月2日，纽约联储银行的黄金储备已跌破至法律规定的下限，即40%的货币发行储备。

1932年美国银行出现破产潮

接下来的48小时，危机是以小时为单位在迅速恶化着。华盛顿的美联储委员会已经感觉到，整个美国的中央银行体系有可能会解体！

斯特朗1928年病逝后，哈里森继承了纽约联储银行的大位。但他的运气实在是太糟糕了，风光体面的好日子一天没过上，每天都忙在“抗灾救火”的第一线。拯救纽约联储银行和他自己的最后选择，就是关闭全美所有的银行！但这么大的动作，是美国建国以来从来没有出现过的情况。

这个关键时刻，偏偏是新老政府交接的尴尬关头。罗斯福已经当选，但要等到3月4日才宣誓就职。胡佛总统在权力上已经是跛脚鸭。哈里森能说服华盛顿的美联储委员会，也能游说与华尔街关系深厚的胡佛总统，但他却劝不动罗斯福。倒不是罗斯福不知问题的严重性，而是此时，他要作壁上观。

面对银行危机，胡佛总统早已急得跳脚，再不关闭美国全国的银行，美联储就要散架了，美国的经济就要崩溃了！他胡佛也将成为美国历史上第一个把国家经济搞破产的总统，在史书上怕是要留下恶名！心急如焚的胡佛，反复催促罗斯福尽快和他共同制订应急计划，罗斯福却优哉游哉，并不着急。

罗斯福此刻的心情并无负担，经济搞得一塌糊涂，那是前任的无能，他也是因此而当选，“人民需要变化”嘛。与胡佛联合推出任何计划，在政治上都不是明智之举，此时此刻掺和这样的残局，将使他未来难脱干系，他才不会干这种给别人擦屁股的蠢事。等局面彻底烂透了，他一接掌大局，搞好了，功劳全是他的，搞不好，责任可推到倒霉的胡佛总统身上，罗斯福自己则稳操不败之局。

3 月 3 日，纽约联储银行一天就损失了 3.5 亿美元！其中 2 亿美元是国际挤兑，1.5 亿美元是老百姓的现金挤兑。现在，它的储备短缺已高达 2.5 亿美元！纽约联储银行终于放下架子，四处求援。其他联储银行则发出一阵阵令人心寒的冷笑。美联储的解体已经不是遥远的想象，而是近在咫尺的残酷现实。由于纽约联储银行属于私人公司，并非政府部门，它的破产危险是现实存在的。

这一天，也是胡佛总统最后的工作日，明天就是罗斯福时代了。照惯例，当天下午，从容淡定的罗斯福请胡佛总统来家里品茶闲聊。胡佛哪有这般心情，他是在做最后的努力。官话客套一番之后，胡佛提出想和罗斯福私下谈话。罗斯福微笑着将胡佛引到书房，美联储主席、财政部部长和罗斯福的助理正等在那里。这是一次艰苦的谈判，胡佛几乎是在恳求罗斯福：“你愿意我们今晚共同签署联合声明，宣布关闭银行吗？”罗斯福则毫不妥协地回答：“如果你没有胆量自己去承担后果，我将等总统就职后去做（本该你做的事）。”眼看谈不拢，胡佛只得怏怏告辞。

胡佛急，美联储更急，而最急火攻心的还是摩根。纽约联储银行正是国际银行家们号令天下诸侯的主要工具，真要发生崩溃，上百年的金权梦想就要破灭了，这是无论如何都不能接受的。

3 月 4 日的整个晚上，罗斯福家里的电话一刻不得消停。国际银行家们动员的各路人马，纷纷前来游说。20 世纪 20 年代初，罗斯福闯荡华尔街时，就与国际银行家们关系颇深，曾担任众多金融机构的董事或副总裁。1922 年，在他参与成立并担任总裁的联合欧洲投资公司的董事中，国际金融巨头们频频亮相，如德国金融巨头，沃伯格家族的掌门人麦克斯·沃伯格，他的弟弟就是号称“美联储之父”的保罗·沃伯格，而保罗之子詹姆斯，正是罗斯福当政后的主要金融顾问。麦克斯的另一个弟弟就是当年华尔街第一大投行雷波库恩公司的合伙人，该投行是世界各国犹太金融关系网中的关键节点。德国前首相库诺，也是罗斯福公司的顾问，正是在他的任内，爆发了德国的超级通货膨胀。罗斯福作为公司最大的个人股东，曾在德国马克暴跌时，大发横财。罗斯福与摩根系银行家也非泛泛之交，摩根的悍将拉蒙与罗斯福的私交就很深，当年轻的罗斯福到华盛顿从政之初，就是拉蒙为罗斯福安排的住处，并给罗斯福介绍了各种关系[3]。

各路神仙众说纷纭，但都围绕着银行体系关闭的问题，罗斯福简直不胜其烦。美联储主席更是主要的说客，为了缩小胡佛与罗斯福的立场差距，整晚都在给双方狂打电话。最后硬是烦得罗斯福不得不三次与胡佛通话，一直掰扯双方的立场差距，最后搞到凌晨一点，仍然不能达成妥协。罗斯福最终只得撂下一句：该睡了。

罗斯福睡得着，美联储主席却无法入睡。主席大人为了在历史上给自己留个说法，决定连夜召开理事会议。在家已经睡下的、躺在病床上生病的、参加酒会应酬的，美联储的理事们冒着风雨飞驰在溜滑的路上，奉召赶来了。会议一直开到凌晨两点，最终形成书面声明，建议总统立刻关闭全美所有银行。大家知道罗斯福已经睡下，就玩了个心眼儿，命人将声明从罗斯福家的门缝里塞了进去。这也算是及时送达了。第二天一早，罗斯福正准备去参加就职典礼，却在门口发现了这个声明，气得差点儿晕过去。这不明显是美联储在给自己下套儿嘛！

其实，美联储也是被逼到了绝路上。如果不关闭银行，纽约联储银行周一就将耗尽全部储备金！堂堂的美利坚合众国的中央银行，居然会被老百姓和外国人挤兑关门，那美元的信用可就彻底崩盘了！还谈什么美元的全球战略，什么与英镑争霸天下，一切努力都将化为乌有。必须赶在纽约联储银行被迫关门之前，先关掉所有银行的大门。那说法可就不一样了，美联储被挤兑关门，就变成了政府强令银行系统整顿。被告摇身一变，成了原告！美联储将作为高高在上的清理整顿执行者，而不是被清理整顿的对象！

银行家们做事，从来都要准备 B 计划，何况是如此重大的事件。

B 计划就是，如果不能说服罗斯福关闭所有银行，那也要先关掉纽约州和中部金融中心芝加哥地区的银行。这样将会赢得宝贵的时间，缓解纽约和芝加哥两大联储银行的挤兑压力。关闭银行的行政命令必须由州长签发，芝加哥所在的伊利诺伊州州长不敢自己挑这个头，他提出只要纽约州先行动，自己就会跟进。银行家们的大队人马又杀到纽约州州长家。州长不是别人，正是著名的雷曼银行家族的自己人，赫伯特·雷曼。当年的雷曼兄弟公司，可是叱咤华尔街风云的江湖一霸，在 1933 年 3 月最危急的时刻，是雷曼兄弟在拯救纽约联储银行。结果，2008 年 9 月，纽约联储银行对雷曼兄弟却见死不救。金融江湖之险恶，银行家人心之叵测，由此可见一斑！

罗斯福在“银行假日”期间，
向公众呼吁把钱存回银行

直到凌晨 2 点 30 分，当得知罗斯福拒不妥协的消息后，雷曼州长正式宣布，纽约州所有银行从周一开始全部关闭，为期三天。一小时后，伊利诺伊州州长宣布跟进。原先谈好的马萨诸塞和新泽西州，在第二天凌晨也宣布了关闭银行的命令。宾夕法尼亚的州长原来也同意，但此时却找不到人了。他计划参加总统就职典礼，人就在华盛顿，但住在朋友家，一时联系不上。美联储情急之下，只得派人上门去叫醒州长，结果睡眼惺忪的宾州州长签发命令后，便倒头接着睡去[4]。

3月4日，罗斯福就任美国总统。当天，下令全美银行关门，整顿10天。这是美国历史上，也是世界货币史上，第一次出现全球最大的经济体将在10天之内，完全生活在没有银行和货币的社会中。

三轮QE，美国并没有走出大萧条

在一个发达的工业化国家，一旦失去了货币，就如同一个现代城市突然断掉了自来水和电力供应，经济体系还能运转吗？

答案是：能！

人类社会的适应力之强，往往超出人们的想象力！

当美国的银行体系关闭后，社会并没有发生预期中的大规模骚乱。相反，社会秩序竟然井井有条。这一方面是罗斯福新政所带来的希望，另一方面则是人们天然的适应力。

美国的商场灵活机变，用赊账的方式继续向顾客提供商品。医生、律师、汽车修理厂的老板们，接受个人欠条作为支付手段。大学照常上课，食堂为学生们记账就餐。百老汇的表演票房，也接受个人欠条，但必须出示银行储蓄本，证明未来有钱可还。上百个地方政府，发行了本地的流通券，早在美国独立战争期间，各州就有自己发行“殖民券”的经验。还有一些地方，采取了直接收取商品作为支付手段。如纽约的拳击比赛，定价为50美分，观众可以用价值相当的帽子、肥皂、香烟，甚至鞋子来买门票。但是，信用是有限度的，小额可以，金额过大则会出麻烦。即便没有货币，美国人照样不会耽误玩乐，结果多达5 000名游客被困在佛罗里达，因为他们的透支额度超过了上限。

罗斯福上台后，工作重心当然是拯救经济，但他的新政却开错了药方。1933 年，罗斯福就职时的美国失业人口是 1 300 万，到了 1941 年底，美国参加第二次世界大战前，他所面对的失业人口仍然有 1 000 多万，如果不是世界大战使美国劳动力人口中的 1/3 直接参战或纳入战争系统，失业问题恐怕将继续维持到 20 世纪 40 年代的中后期。

罗斯福认定危机的根源在于价格的下跌。他认为，价格下跌导致工业利润丧失，债务负担加重，投资意愿低迷，生产开工不足，失业率居高不下。同时，农产品销售价格连年严重萎缩，致使农场主亏损，降低了他们的消费能力。资产价格暴跌后，华尔街元气大伤，银行体系陷入瘫痪，融资能力被严重削弱，经济复苏难以获得资金支持。

因此，罗斯福的核心思路就是想尽一切办法使得物价回升，脱离通货紧缩的苦海。为此，他的应对之道就是“价格再通胀”。80 年之后，伯南克与奥巴马政府基本上沿用了罗斯福的思路，应对金融海啸的办法就是“资产再通胀”。这也正是美国目前仍然走不出危机的主要原因。罗斯福在推行新政取得短暂繁荣之后，于第 4 年再度陷入与 1937—1938 年类似的衰退，而奥巴马在执政后的第 4 年，面临同样的二次衰退的危险。罗斯福无法解决的失业困扰，对于奥巴马来说，同样是经济噩梦。

二者所犯的错误几乎完全一致，生的是心脏的病，吃的却是头疼的药。美元的债务危机，却用财政赤字去解决，用更多的债务去解决一个债务带来的危机，这本身就是抱薪救火。价格再通胀也好，资产再通胀也罢，无非就是通过贬值货币来缓解债务压力。其最极端的例子，就是 1923 年德国的超级通胀，马克的彻底崩溃的确将德国国内的负债一笔勾销，但同时被勾销的还有货币的价值和人民对政府的信赖。最终，德国魏玛共和国用垮台的代价，去偿还了这一笔诚信的负债。今天的美国，用美元的储备货币地位作为赌注，以迫使美元的国际债权人和国内纳税人来分摊本该由华尔街所承受的损失和惩罚。如果美元贬值的赖账战略走得过了头，结果将是世界范围的恶性通胀和美元诚信的彻底破产。

20 世纪 30 年代大萧条与 2008 年金融海啸的本质，
都是经济的总负债规模与 GDP 的比值过高

价格的下跌，是庞大的债务内爆所形成的银行信用萎缩的结果，而不是原因。试图以价格回升作为解决危机的钥匙，打开的只能是廉价货币和财政赤字的大门。廉价货币将摧毁人们的储蓄和真实购买力，而财政赤字将增加消费者最终的负债压力，这与经济健康复苏和增加就业，完全是背道而驰的。这种逻辑颠倒、本末倒置的经济政策，焉能取得持续的成效？

在罗斯福开始他的货币宽松政策之前，胡佛已经搞过两次 QE 了。

1929 年 11 月到 1930 年 6 月，为拯救华尔街股市的 10 月崩盘和信心危机，纽约联储银行进行了第一轮 QE，将利息从 6% 陡降到 2.5%，向银行体系注入了 5 亿美元。美联储的大胆操作也是相当的离经叛道，所谓逆经济周期的货币政策，当时还是闻所未闻的新奇想法。美联储内部也争论得一塌糊涂。由于缺乏理论和实践，大家只能借助朦胧与似是而非的比喻，结果自然是驴唇对不上马嘴。

美联储的印钞行为，再加上物价下跌的因素，使得真实的货币总量出现了上升。1930年上半年，股票市场强劲反弹了50%。经济危机看似没那么可怕，人们的信心得到很大恢复，牛市调整论开始被很多人接受。但好景不长，经济继续在下滑，股市到了下半年再度熊气弥漫。

1932年2月，美联储游说国会通过法案，允许美国国债作为货币储备，从而拿掉了黄金对美元的刚性制约。自1913年美联储成立以来，美元发行仍然戴着黄金的金箍，100美元的发行背后必须要有40美元的黄金抵押，剩余的60美元抵押物主要是短期商业票据。尽管美联储可以在公开市场中买卖国债，将国债作为其主要资产，并在事实上使用买入国债来向银行体系注入流动性，但在法律上，美国国债并不能充当美元的货币储备。美国国债在美元发行中的地位，甚至比不上商业票据。原因就是，美国国会对美联储的货币大权抱有很大的戒心，非常担心有朝一日，美联储会把国债货币化，对政府的财政赤字提供帮助，用货币权力寻租来腐蚀和绑定政府，从而颠覆美元的内在价值。可是，国会这道控制美联储货币权力的"密诏"，在危机中被美联储巧妙地废除了。

美联储终于可以通过大规模的公开市场操作来吃进国债，将国债嵌入美元发行的核心。国债作为美元的核心储备，将从客观上迫使其必须随着经济发展而增加，而国债的增加只能通过财政赤字实现。美联储用国债增发既达到了诱惑政府透支花钱的贪婪欲望，又胁迫政府不得不长期陷入赤字，否则将导致货币紧缩的经济困境。这种对债务的依赖，正是美联储权力的源泉，也正是后来美国对付英国的手段。银行家们的思路真可谓独具匠心，竟能设计出如此精妙的货币圈套！美国国会针对美联储精心设计的货币"马奇诺防线"，被银行家们利用经济危机轻而易举地就从侧翼迂回过去了。

新法律通过之后，美联储立刻开动印钞机，启动QE2，大规模买入国债，向银行体系再度注入了10亿美元，美国股市在1932年QE2开动后，应声暴涨近一倍！

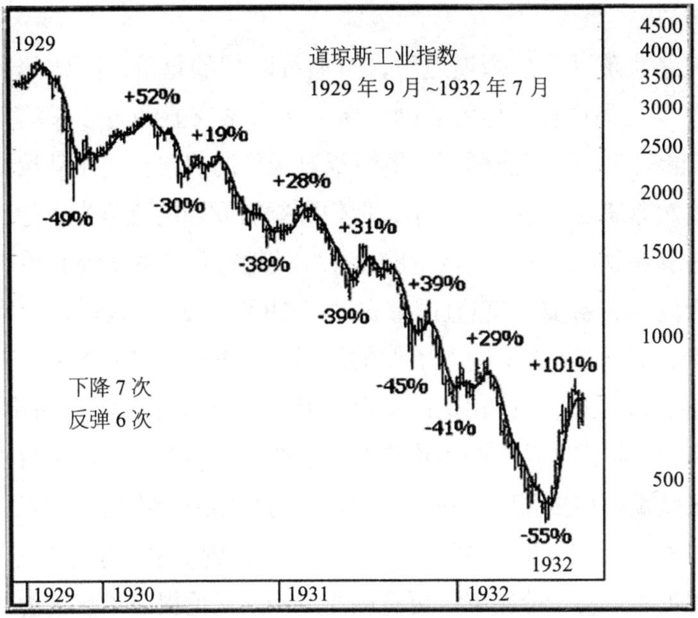

资料来源：www.cog.com

1929 年 9 月—1932 年 7 月的美国股市

事实表明，1932 年 2 月新法案通过的时候，正是 20 世纪以来，美国股市的超级大底！

股市虽然见了底，但经济复苏还遥遥无期。罗斯福即将启动的正是 QE3。

罗斯福原本有一位金融高参，他就是詹姆斯 · 沃伯格——“美联储之父”保罗 · 沃伯格的儿子，如果按辈分算，应该是美联储的兄弟辈。詹姆斯在 25 岁时就担任了国际承兑银行的副总裁，跟着父亲保罗开辟了美国商业承兑汇票市场的新天地，为树立美元在国际贸易结算中的主导地位立下了赫赫战功；年仅 37 岁就成为华尔街最年轻的金融巨头，出任曼哈顿银行（今天摩根大通银行的前身）董事会的副主席。原来罗斯福曾准备让他担任美国财政部次长的要职，但作为罗斯福与华尔街的桥梁，他宁愿做总统的私人顾问。詹姆斯的性格不是很稳定，可能由于少年得志，他后来与罗斯福发展到情绪激烈对立，甚至在报刊上公开谩骂罗斯福新政的状态，导致他的政治前途受到很大影响[5]。

在总统疏远了詹姆斯之后，罗斯福时代的重臣，财政部部长摩根索向罗斯福推荐了他的老师，康奈尔大学农业经济领域的教授乔治·沃伦担任总统经济顾问。罗斯福对沃伦的价格再通胀理论相当赞赏，虽然总统自己不懂经济学，但他那颇有问题的直觉告诉他，价格上涨是解决危机的出路。沃伦的思想完美地符合了罗斯福的预期。

沃伦曾花费10年心血调查农产品20世纪20年代以来价格下降的根源，并于1932年发表了他的巨著《1720—1932：213年来的批发价格》。得出的结论就是：黄金与商品价格存在着明显的相关性，黄金多则价格涨，黄金少则价格跌。这个结论本身倒没什么特别，黄金本来就是信用扩张的基石，黄金增加将会导致货币信用扩张，商品价格自然会上涨。但在20世纪30年代初，货币主义思想尚未兴起，罗斯福听着觉得十分新鲜。更有爆炸点的是沃伦提出了解决价格下跌的"秘方"：既然黄金增加可以使得价格上涨，那么贬值美元兑黄金的价格，就相当于增加了黄金总量，危机不就解决了吗？如此简单的法子，让罗斯福一下子找到了经济"先知"的感觉。总统下定决心，力排众议，准备通过贬值美元兑黄金的价格，一举解决经济大萧条的问题。

其实，1930年和1932年的两次货币增发，以及美元兑黄金价格的贬值，二者从两种角度（前者是从量而后者是从质）试图通过操纵货币价值来解决严重的债务问题，可惜这两种思路都不可能成功。在严重的债务危机中，最有效的方式就是彻底冲销债务，允许大型银行破产，政府接管货币权力，将货币直接注入经济体，在基本无负债的情况下，经济局面将迅速好转，而后再让银行逐渐自行复苏。1933年，德国的沙赫特用这种疗法，仅花了4年，就彻底扭转了远比美国糟糕的德国经济局面，消除了30%的失业率，基本实现了全民就业。

大萧条的本质是，一边有大规模的资源和生产设备被闲置，而另一边有严重的劳动力被闲置，只要货币将两者一结合，经济发动机必然重新启动。可是银行系统由于烂账问题严重，在最需要信用的时候，却无力提供，也不愿冒这个风险。仅仅通过贬值货币给商业银行提供资金，难以解决货币如何进入实体经济的困境。因为银行创造信用的前提是必须有人来借钱，没人借钱，或银行不敢放贷，那么中央银行廉价制造出来的美元是不会自动流入实体经济的。大萧条中的大规模失业问题，使得消费者丧失了购买能力，银行不敢向他们提供消费信贷，同时企业不敢雇人大规模开工生产，因为消费市场萎靡不振。而打破这一死循环的出路在于，必须首先大规模增加就业，只有就业才能带来消费增长。虽然罗斯福新政在这个方面也做了一些努力，但比起贬值货币的热情，还差得太远。

罗斯福新政中的再就业计划

罗斯福启动的QE3包括，脱离金本位，美元兑换每盎司黄金的价格从20.67美元上涨至35美元，美元大幅贬值！

法国人搞不明白，为什么一个拥有世界最多黄金的国家，会选择脱离金本位？英国人很抓狂，英镑是被迫离开金本位的，而美国则是主动放弃，美国到底要干什么？对于美国人来说，问题很简单，既然多数国家都不承认黄金的“正宗”地位了，我还把黄金当菩萨供着，图个啥？黄金本是美国制约别人的工具，如果大家都摆脱了黄金，那么美元坚守金本位，非但不能制人，反而会受制于人。不过，美国毕竟多留了个心眼，虽然暂时放弃了金本位，但由于美国的黄金储备占有压倒性优势，也许将来还能再次用黄金制住其他国家。所以，罗斯福表面上废除了金本位，却并不允许民间持有黄金，强令老百姓将所有黄金以每盎司20.67美元的低价卖给美联储，然后再令黄金升值，这相当于打劫民财，再将利益输送给银行系统。

后来，在布雷顿森林体系建立时，美国果然又拥黄金为“帝”，众国家只得再度躬身下拜。即便是 1971 年美国将美元与黄金脱钩后，仍然存储着高达 8 000 吨的黄金。天有不测风云，美国是个做事总留着一手的国家。

罗斯福的 QE3 一经宣布，华尔街掌声雷动，股票闻声暴涨 15%。摩根的另一员大将拉芬威尔，代表华尔街向罗斯福致意，“您摆脱金本位的行动，拯救了即将彻底崩溃的国家”。在黄金的问题上，总统和华尔街本来就是一条心。

在 QE3 的刺激下，美国的商品批发价格上涨了 45%，股票翻了一倍，负债成本得以大大削减。经济复苏看到了曙光，重型设备订单增加了 100%，汽车销售劲升 200%，工业生产扩大了 50%。

罗斯福此刻正享受着美妙的成功喜悦。不过，总统忘了，无就业增长的复苏，能持续吗？银行家得救了，资本家开心了，老百姓呢？没有他们最终消费能力的实质性提高，一切终归是幻觉。果然，1937 年，罗斯福再度面临经济萧条中的“再衰退”。

“我的命运，我自己操盘！”

1933 年 6 月，伦敦经济会议成为举世瞩目的国际事件。正在衰退的沼泽地中挣扎的世界各国，纷纷将希望寄托在伦敦会议这根稻草上。这是一次注定不欢而散的大会。因为美国与英国的关注焦点，非但无法重合，反而相互矛盾。

对于大英帝国来说，英镑区的割据使英国经济有了巩固的根据地，如果想重新夺回英镑霸权的地位，就需要扩大国际贸易，英国的对外贸易占国民收入的 20% 以上，金融业严重依赖贸易。国际贸易不通畅，金融业不恢复，则经济根基就不稳固。因此，必须将美元区和法郎区的贸易版图纳入英镑区的统一管理之下。但糟糕的是，美元居然也脱离了金本位，而且贬值比英镑还狠，法郎由于没看懂局势，仍然死抱着金本位不放，所以法郎不足为惧。当务之急，是尽快稳定英镑、美元与法郎的汇率。只有稳定货币，才能保证国际贸易的复苏和英镑地位的强化。当然，战争债务还要力争减免。因此，英国要谈的只有两点：一是稳定货币是世界经济复苏的前提，二是战争债务能减则减。

美国想的完全是另外一套。美国认为，美元目前处于弱势，数千家银行倒闭，经济衰退还在恶化，所以必须首先振兴经济，积蓄力量，等待美元东山再起的机会。美国与英国及其他欧洲国家不同，美国的市场是自我依赖型，对外贸易仅占国民收入的 2%~3%，所以罗斯福关注的焦点是国内经济复苏，而不是美元的外部稳定。美元贬值既能解决美国国内的价格下跌，同时还能促进出口，增加就业，打击英镑，有什么不好呢？至于减免战争债务，连想都别想！

在桌面上，英美畅谈的是货币稳定和经济复苏谁更优先的官话，桌下双方踢的却是货币无影腿。

会议开幕当天，英国首相麦克唐纳在致欢迎辞时，转弯抹角地提到盟国战争债务问题，美国人立刻抗议这违反了英国事先的承诺。

当英国人提及货币稳定时，罗斯福闻讯后指示美国代表团，不要在此问题上纠缠，美国要集中讨论经济复苏的问题。但英国人不依不饶，抓住美元不能过度贬值的问题不放。结果，罗斯福只得用事实开导英国人了。

会议之前，英国人得到消息，美国可能将美元贬值到 1 英镑兑 3.5 美元的水平，但会议期间，美元大幅贬值到 1∶4.18，英国人开始尖声呼叫。到了 6 月 27 日，美元进一步贬值到 1∶4.3，这是美国内战以来的最低汇率，英国人的嗓子已经喊哑了。第二天，美元跌到了 1∶4.43，这次再也听不到英国的抗议声了。“罗斯福的讨价还价策略在 6 月 17 日至 20 日之间，取得了超过他自己最大想象的成功。外国人终于相信美国人不会承诺稳定货币。他们只得将这一点作为事实接受下来。他们现在只要求美国做出某种姿态，哪怕是某种微不足道的姿态，这种姿态绝不会限制罗斯福在美元上的行动自由，但却仍能抑制此前三周疯狂的汇率投机。”[6]

尽管罗斯福取得了会议的主导权，但他却发现美国代表团中的某些人跟他并不是一条心！其中就有他的金融顾问詹姆斯·沃伯格和纽约联储银行行长哈里森。罗斯福三番五次申明，不要谈货币稳定的问题，我正在贬值美元，进行价格再通胀，谁要约束我的货币贬值政策，我就要谁的好看！

但国际银行家们有个独特的癖好，那就是喜欢私下开“小会”。英格兰银行行长诺曼、法兰西银行行长莫内（莫罗的继任者）、纽约联储银行行长哈里森等人，躲开了大会的聚光灯，秘密地找了个地方继续讨论货币稳定的方案。他们几乎达成了私下的协议，英镑保持在相对于黄金贬值 30% 的水平不变；美元应该回升，保持在相对于黄金贬值 20% 的水平；法郎继续与黄金挂着，保持价值不变。这样的安排对英镑相对有利，同时又为法郎担心的无限贬值筑了个底，美元适度贬值，而不是大幅贬值。这是一个几方中央银行家妥协后的共识。

但这种私下的协议，却犯了罗斯福的大忌！最令罗斯福痛恨的，还不完全是他们讨论的内容，而是这种秘密协议的方式。这相当于中央银行家们先定下调子，然后回头去说服或胁迫各自的政府答应这些协议。如此倒行逆施的行径，究竟把我罗斯福置于何地呢？所有的老板，最厌恶的事情，莫过于自己的手下人背着自己与其他人悄悄密谋策划，对自己的话阳奉阴违。这简直就是吃里爬外！

稳定货币秘密协议的事走漏了消息！

盛怒之下的罗斯福，让白宫公开发表声明，对于哈里森等人的行为，美国政府既不知道，也不会允许！为了强调他的愤怒，罗斯福放出了真正的狠话，白宫发言人刻意对记者强调，哈里森并不是美国政府的代表，他仅仅代表纽约联储银行，而这是一家独立于美国政府的实体！

作为一家私营公司，纽约联储银行自然不是美国政府的一部分，罗斯福当然早就知道；但他此刻放出这等狠话，摆明了是敲山震虎，警告哈里森和纽约联储银行，谁才是真正的老板！

罗斯福并不是靠着个人努力而登上总统宝座的穷人家的孩子。那些并无根基的总统，其实并非实权派，他们必须仰赖支持他们上台的利益集团。但美国历史上，的确有手握实权的强势总统，罗斯福就是其中之一。

罗斯福的曾祖父詹姆斯·罗斯福，于1784年创建了纽约银行，可谓美国最古老的银行家族之一，该银行的业务直到罗斯福竞选总统时一直由他的堂兄乔治打理。罗斯福的父亲也叫詹姆斯，是美国工业界的大亨，拥有煤矿、铁路等多处庞大的产业，更是美国南方铁路证券公司的创始人，该公司是美国第一批以兼并铁路产业为主的证券持有公司。罗斯福本人是哈佛大学毕业的，律师出身，主要客户就包括摩根公司。在强大的银行背景支持下，年仅34岁的罗斯福就出任了美国海军部助理部长一职。罗斯福还有一个当过总统的远房叔叔，西奥多·罗斯福。他的另一个表兄乔治·爱姆伦·罗斯福也是华尔街赫赫有名的人物，在铁路大合并的时代至少重组了14家铁路公司，同时身为摩根麾下的担保信托投资公司、汉华银行、纽约联储银行的董事，他所担任过董事的其他公司的名单可以打出一本小册子。罗斯福的母亲德拉诺家族也是簪缨世家，一共有9位总统与他们家沾亲。在美国近代史上，没有一位总统比罗斯福拥有更为强大的政治资源和银行资源。

哈里森看到新闻，简直惊呆了，他还从来没有丢过这么大的人。他没脸再待在伦敦开会了。他后来在纽约对朋友说，那种感觉“就像被驴当面踢了一脚”。

眼看着哈里森被罗斯福打得鼻青脸肿，沃伯格还要去自讨没趣儿。这次他亲自出马，再度和英国人与法国人接触，继续讨论货币稳定问题。

这次罗斯福简直气炸了！他就不明白了，先有哈里森，后有沃伯格，居然有人几次三番地公然和自己唱对台戏。他决定彻底颠覆整个伦敦经济会议！显然，这个会的调调事先已经被国际银行家们定好了，美国代表团里的这些人并不是总统自己的人，他们不是在为总统去谈判，而是以总统的名义去为他们自己谈判！

1933年罗斯福颠覆了伦敦经济会议

7月2日，罗斯福给在伦敦的美国代表团发出了亲自起草的声讨货币稳定的战斗檄文，“在我看来，它（货币稳定）就是一场灾难，简直是世界性的悲剧……如果在这次最伟大的盛会上，各国的目的是为所有国家的大众，带来更为真实和永久的金融稳定，那么那些少数人搞出来的、纯粹人为和实验性的货币稳定方案，就是国际银行家们陈腐的行事方式”。这封电报的内容被公开透露给全体与会者，伦敦经济会议已经注定了失败的命运。沃伯格与罗斯福翻脸了[7]。

罗斯福和所有的强势人物具有相同的性格特征，那就是永远要自己掌握自己的命运。

被遗忘的美国崛起真相

斯密学说的缺点在于，它在实际上只是一种私人经济学说，所涉及的只是一个国家或全世界中的个人，这种私人经济将在某种局势下自然形成，自然发展。这里所假定的某种局势是这样的：其间并没有各自界限分明的国家民族或国家利益，没有彼此分得清清楚楚的政治组织或文化阶段，也没有战争或国与国之间的仇恨。这个学说不过是一个价值理论，不过是一个店老板或商人个人的理论。它并不是一种科学的学说，它并没有说明，为了

国家的文化福利、权力、存续与独立自主的特殊利益，怎样使一个国家的生产力得以产生、增长并继续保持。

——弗里德里希·李斯特

美国的崛起之路，正是强烈主导自己命运的选择。

罗斯福之所以能够不理睬美元的外部稳定而专注于国内经济复苏，那是因为美国的对外依存度很低，在美国国民收入中，对外贸易仅占2%~3%。欧洲强调货币稳定更优先于国内问题，这是由于对外贸易占欧洲主要国家收入的20%~30%，外部货币环境不稳定，国际贸易不能迅速恢复，欧洲内部的经济复苏就无从谈起。

罗斯福的霸气源于美国不必依赖欧洲的市场，而欧洲却不能不有求于美国的资金。归根到底，是美国自身庞大的市场规模，奠定了其经济独立自主的底气。美国经济的崛起，堪称是世界经济史上的一大奇迹。一个远离欧洲文明的、落后的、以农业为主的前殖民地，竟然在一百年里，超过了主要欧洲强国经济的总和。不能排除这里面有一定运气的成分，但更主要的决定性因素，还是美国自身的政策选择。其中，永远不要把自己的命运交给别人，就是美国崛起最核心的信念。

美国的崛起道路，显然不同于英国。英国是先殖民征服，后发展贸易，再工业革命，最终建立世界霸权。殖民征服为大英帝国带来了巨大的劳动力储备和丰富的自然资源，海外贸易赢得了工业革命所需的原始资本和潜在市场，工业革命则将劳动力、自然资源、全球市场和工业资本进行了史无前例的有效整合，从而建立起一整套生产组织、贸易原则、市场交易、资本流动的原理和学说。这就是英国向其他后起国家努力推销的自由贸易理念，其核心就是要将先发国家已经获得的优势永久化和制度化。在这样的制度安排下，英国人将成为世界经济与贸易这部机器的控制者：世界原材料与基础商品将由英国人定价；世界主要工业产品将由英国的工厂来提供；世界的半加工成品和辅助产品将根据比较优势原则，由英国来安排其他国家进行生产；各种产品在世界市场的销售，将由英国根据利润进行分配。同时，英国将提供资金来维持整个体系的正常运转。另外，帝国海军将随时待命，打击任何潜在的既有体系的挑战者。

对美国人来说，独立战争的全部意义，就在于摆脱对英国的依赖。具体而言，就是摆脱对英国控制下的世界市场的依赖，对英国资本的依赖和对英国工业产品的依赖。

独立战争之后，美国的国父们已经清楚地看到，未来社会财富的主要增长源头，就是本国的工业能力。但直到 1800 年，美国仍然是一个典型的农业国，在 326 家股份公司中，只有 8 家投资于制造业，仅占总数的 2.4%。要发展工业，最重要的就是技术、设备、人才和资本，而英国很早就禁止机器设备和技术人员外流。面对英国工业产品的倾销，美国尚在襁褓之中的制造业面临着灭顶之灾。

在此危急时刻，拿破仑战争爆发了。1807 年，英国为与拿破仑作战，下令强征任何中立国船上的英国人参加海军。6 月，在美国近海拦截并炮击美国战舰"切萨皮克"号，强征舰上海员。此举激起了美国强烈的反英情绪。1807 年 12 月，美国国会通过《禁运法案》，禁止一切船只离开美国前往外国港口。虽然禁运对美国出口和海运业造成了不小的损失，却为制造业赢得了宝贵的发展机遇。禁运风潮使得美国制造业能够暂时避免英国工业产品的竞争压力，制造业的利润大增。同时，美国北方的金融和贸易财团，由于航海与贸易的萧条，不得不将大量资本投入制造业，从而使得美国的工业生产获得迅猛发展，至 1810 年，制造业的生产总值达到 1.2 亿美元。1812 年，英美爆发了第二次战争，英国工业产品在美国市场大幅减少，再度给美国制造业的持续发展提供了天赐良机。[8]

在此期间，美国制造业初期所面临的最严峻的困难，即先进的设备、技术和人才困境，开始出现缓解。英国工业技术的扩散已经很难用法律来约束了。新技术和人才陆续从荷兰和欧洲其他国家流向了美国，大量新工厂开始兴建，在战争中，这些制造业公司获得了惊人的利润。1815 年战争结束后，随着与英国和欧洲贸易的恢复，英国货卷土重来，美国的制造业仍然不堪一击，半数以上的工厂纷纷倒闭，大量工人失业，引发了美国1818年的经济衰退。

两次战争中断英国贸易和战后英国产品对美国制造业的巨大冲击，终于使美国人下定决心，必须通过高关税将国外工业产品挡在美国市场之外，才能为美国的工业崛起创造良好的外部条件。

19世纪初美国弱小的工业急需关税保护

在美国工业集团的敦促下，国会于1824年通过了关税法案（Tariff Act），提高了纺织品、羊毛、生铁、亚麻等产品的关税。《哈利斯堡公约》（*Harrisburg Convention*）则规定，进口本国不能生产的产品关税较低，对某些特殊产品则课以高关税，如羊毛关税高达90%，生铁关税高达95%。

在整个19世纪美国工业崛起的100年中，美国关税率在大多数年份均高达40%以上，低的时候也有20%。到1900年，美国工业已经雄霸世界。如果没有高关税的保护，这个奇迹是不可想象的！

除了高关税，美国工业崛起还有一个显著特点，那就是高工资！在自由贸易理论中，这简直是个不可思议的怪胎。高工资意味着高成本，高成本的产品在比较优势的学说里，意味着被世界市场所淘汰。

但美国人偏不信这个邪！因为美国人生产工业品的首要目的，并不是去满足外国消费者的享受，而是为了提高本国人民的生活水准。

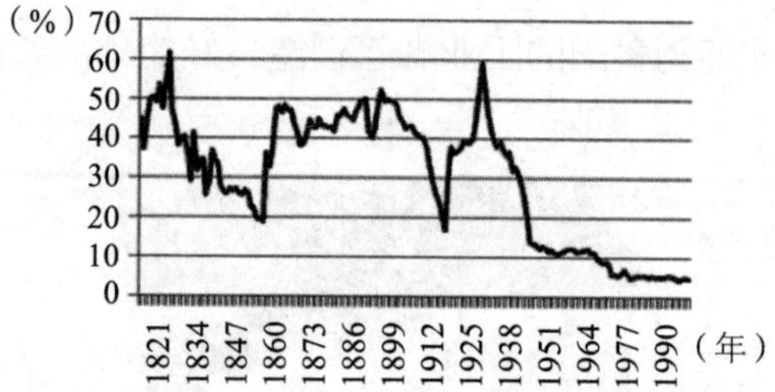

美国平均关税率（1821—1990年）

从殖民时代开始，美国的人工成本就比欧洲大陆高1/3以上，这是由于劳动力稀缺所形成的自然原因，这也是美国新大陆对欧洲移民的吸引力所在。当美国开始推动工业化时，高工资问题曾引发了美国内部的亲英学派与美国学派长达30年的激辩。坚信英国自由贸易理论的亲英学派的学者认为，工业化与高工资水火不容。他们以欧洲工业化为例，指出欧洲各国的工人成本低廉，生活条件艰苦，如果同欧洲产品竞争，美国没有劳动力价格优势是不可能成功的。但美国学派的观点针锋相对，“美国工业的成功，不是靠压低工人的工资而取得，而是靠劳动力的更为先进的组织管理和更高的效率，来保持更高的生活水平。高工资，意味着劳工将享受更好的食品和居住条件，这将使美国的劳工更具工作热情和创新能量。高工资的国家正在各个领域打败‘廉价劳动力’的竞争对手”。

美国学派认为，劳动力是一种资本，而不仅仅是成本。对劳动力的投资，将会带来生产效率更可观的回报。更高的生活质量，更好的教育水平，更充沛的体力、精力和智力，将提供更优质的产品和服务，将激发更多的发明和创造！这种观念明显有别于李嘉图将劳动力作为成本，与利润对立起来的静态观点[9]。

到底是人工成本，还是人力资本？亲英学派与美国学派之间的大辩论，让美国的政策最终倾向于高工资战略的选择。

正是由于贸易保护，美国的工业从无到有，由弱变强。正是基于劳动力是一种资本的理念，使美国工人的工资水平远高于欧洲，而更高的生产效率和更多的发明创造，给资本带来了远超过其投入的回报。正是发展了自己强大的工业，才创造出了世界上最多的工业产品和服务，而正是有了高工资的庞大中产阶级，才形成了世界上规模最大的消费市场。正是因为美国巨大的国内市场规模，才最终得以将自己命运牢牢地控制在自己的手中！

美国工业的崛起，采用的就是高关税、高工资、强工业、重科技、大市场的战略。

乘人之危，美国豪夺英国资产

1933 年伦敦经济会议不欢而散之后，英美两国分道扬镳，英国将重心放到经营自己的那片广袤的英镑区，而美国则继续“孤立”在自己的经济困境中。

1939 年第二次世界大战的爆发，终于打破了世界脆弱和沉闷的平衡。战争使各个国家立刻热血沸腾起来。德国纳粹在欧洲摧枯拉朽般的胜利，让美国看到了东山再起的绝好机会。

美国人从不认为德、意、日轴心国的这些街头小混混真能成大事，美国一国的 GDP 总额就比三国之和还高 50%。战争毕竟打的是钱粮。轴心国都是后起的工业国，缺乏海外殖民地所提供的军事基地和原材料补充，世界大战最后拼的是资源消耗。仅英、法、苏、中这几个大国，就足以耗尽轴心国的人力、物力和财力储备，而英帝国的庞大海外资源，将源源不断地提供战争补给，战争拖下去将对盟国越来越有利，最终美国参战则必然形成压倒性的优势。

美国就如同一个精明的商人，拨打着实力对比的算盘，计算着何时参加战争对美国最为有利。美国人并不真正担心德国最终会胜利，或者苏联会扩张，恰恰相反，美国更忌惮战后大英帝国的实力。所以，美国希望在战争中尽可能地削弱英国的实力，这样战后的世界将是美国一家独大。

大英帝国面对德国的两次挑战，应付起来越来越困难。正如英国没有料到法国在战争中如此不经打，美国同样也很吃惊英国的衰弱远比美国估计的要严重得多。英国是工业国中较早走出衰退的，这在很大程度上归功于英镑区的庞大市场。到 1938 年，英国居然拥有了高达 40 亿美元的黄金和美元储备，比 30 年代初高出了 4 倍！但战争爆发仅仅一年时间，到 1940 年 9 月，英国的黄金和外汇储备就急剧下滑到 10 亿美元。到了 11 月，丘吉尔不得不私下告诉罗斯福，“英国现金流断裂的时间已经不远了”。罗斯福虽然暗暗吃惊战争消耗的速度，却也不会轻信英国的说法，毕竟英帝国的家底子还厚实得很。罗斯福一面宣称“美国是民主国家的巨大军火库”，一面暗示买军火还是要掏钱的。

面对丘吉尔的哭穷，罗斯福不紧不慢地建议，说服国会，英国人的确耗尽了一切资源，但要美国马上伸手相助，并不是件容易的事。如果英国情况真的紧急，倒是有个快捷的法子，那就是将英国人持有的美国主要工业公司的股份卖掉。

银行家们对此心领神会，英国在海外还有数百亿美元的“闲置资产”，此时正是英国用钱的时候，迫使英国跳楼大甩卖，银行家们将会赚得盆满钵满。

1941 年 3 月，就在国会讨论《租界法案》的关键时刻，罗斯福通知英国，必须立刻将一些最重要的企业股份卖给美国人。在英国被迫出售的企业中，首当其冲的就是“美国人造纤维公司”（American Viscose Company），这是英国科特奥兹纺织帝国在美国的超级赚钱机器，该公司在美国拥有 1.8 万名雇员，7 家工厂，是当时世界上最大的人造丝企业。美国人只给英国政府 72 个小时的时间宣布企业出售的消息。当英国政府代表怀着沉痛的心情，向科特奥兹宣布这一决定时，这家公司的所有者、一位老牌英国绅士只问了一句：“这个决定是基于国家利益，而不管对我和我的公司会造成什么样的痛苦吗？”当听到肯定的答复后，老绅士瘫倒在座椅上。他只有 36 个小时召开董事会，宣布企业出售的计划。这可以算是世界公司并购史上最短的纪录了。这笔生意自然由摩根公司出面打理，摩根给了英国人 5 400 万美元，转手就在市场上卖了 6 200 万美元。战后，丘吉尔在其《回忆录》中声称，这家公司仅有形资产价值就超过 1.28 亿美元，“科特奥兹，这家伟大的英国公司在美国的资产，应美国政府的要求，被廉价出售了，然后在资本市场又被高价卖出，英国并没有从中受益”。当摩根公司看到这段描述，大惊失色，连忙通过各种关系疏通，希望丘吉尔不要这样严厉地苛责[10]。令丘吉尔郁闷的是，这仅仅是英国资产被美国讹诈的冰山一角。

为了支持民主和自由的战争，美国要求英国人廉价出售资产的消息在美国不胫而走，一大批美国投机商激动得彻夜难眠，其中就包括神奇的哈默博士。哈默原本是哥伦比亚医学院的学生，由于犹太人天生的商业机敏，他在读书期间就开始倒卖药品，在学习期间就成了百万富翁。后来他只身前往十月革命后不久的苏联，在那里结识了伟大导师列宁，从此在红色苏联做起了贸易。在发了大财之后，又在苏联廉价收购了许多沙俄时代的艺术品倒腾回美国，又再次发了横财。这回听到英国资产将跳楼大甩卖的消息，他很快就琢磨出一个连摩根公司这样的国际大投行都不敢想的大生意，这就是倒卖英国在西半球的军事基地！

哈默算了笔账，1925 年英国欠美国的战争债务是 50 亿美元，到 1940 年还欠着 35 亿美元没还。美国被欠债折腾怕了，于是在 1934 年通过《约翰逊法案》，规定，凡是没有还清“一战”债务的国家，休想再从美国拿到一分钱。其实，美国对英国一直最为苛刻，连意大利这样的轴心国，都得到美国减免一半债务的慷慨，德国甚至还得到了大笔美元投资，法国也被大幅减免了债务，只有对英国是格外吝啬，美国对英国的忌惮之深，由此可见一斑。正是《约翰逊法案》和《中立法案》使得美国冠冕堂皇地不能直接援助“二战”中的英国。也正因如此，才有了哈默大展拳脚的空间。哈默认为，英国不可能拿得出 35 亿美元先支付美国欠债，但是战争正在烧钱。因此，英国只有盘活资产来抵美债。

他想到的就是英国以其殖民地领土来抵偿债务。当然，美国对殖民地向来不感兴趣，因为统治是需要成本的，与其像英国那样铺那么大的摊子，不如卖产品给这些地方，反正都是为了赚钱。哈默商人的品位正好符合美国的商业天性。经过仔细分析，哈默列出了美国可能感兴趣的地区，如洪都拉斯、马尔维纳斯群岛、圭亚那、纽芬兰海岸的一些岛屿等。美国对直接统治没兴趣，但对于租用这些地区，建立军事基地却不能不感兴趣。战争迫在眉睫，战后美国同样需要全球的军事基地，因为那时美国必然取代英国现在的地位，没有海外军事基地就无法维护全球秩序。

哈默飞快地在脑海里打着算盘，首先给英国与意大利同等的待遇，这样就把英国的债务减少一半，再将若干岛屿以 99 年租约，按每个单价 2 500 万美元计价，英国的债就还清了，多余的钱还可以用来购买美国武器，如即将退役的 50 艘驱逐舰。后来哈默称这个计划为“驱逐舰换军事基地”[11]。

有了计划就立刻行动起来。哈默到处找关系，推销他的方案，每天累得筋疲力尽，却兴奋得神魂颠倒。终于，他的建议“通过租赁或其他方式”取得英国的岛屿领土，被美国国会列入议案。不过，这个议案被搁置了，原因是国会不愿意得罪美国国内反战的民意。哈默并不气馁，这么大的生意哪有这样简单。为了找到支持美国援助盟国的民意“证据”，他雇人将最近一段时间各大报刊的编辑部评论收集起来，结果发现 92% 的编辑部评论是赞成援助盟国的。这就是民意证据！

哈默带着他的报刊剪辑，通过关系见到了罗斯福，毕竟他还为罗斯福的竞选捐过钱。罗斯福一边饶有兴趣地翻着剪报，一边听着哈默的“驱逐舰换军事基地”对美国未来将起到何等关键作用的高论。罗斯福看到了哈默方案的价值，那就是美国未来的全球霸权计划。罗斯福明白，一个真正的霸权国家，手中仅有胡萝卜是不够的，还要有大棒。后来，罗斯福有一句名言：“说话要和气，但手里要拎着大棒。”

哈默的计划成功了！英国收到了50艘美国驱逐舰，这对于英国坚持1941年的海战起到了重要作用[12]。不过，哈默在回忆录中绝口不提他这笔天大的生意到底获得了多大的收益。美国倒爷们能倒腾国家领土和战争机器，实在是令中国的牟其中们汗颜。

《租借法案》，庖丁解牛英帝国

1941年3月11日，美国终于通过了《租借法案》。这个法案可以说是为肢解英帝国经济体系而量身定做的。美国国会从一开始就在考虑的核心问题，就是租借的对价！美国人要的就是英国和其他受援国，在战后多边贸易重建中进行合作的承诺。这个承诺，说白了就是废除“帝国特惠制”，解散英镑区。美国人不忘多边贸易，那是因为英镑区的割据势力太强大了，如果不趁着英国被德国逼得走投无路，英国人岂肯轻易就范？美国人连打仗时都不会忘记生意，或者更准确地说，美国是为了生意才去打仗的。

在《租借法案》通过之前，丘吉尔就对罗斯福虎视眈眈地盯着英镑区感到如芒在背，他深知以“帝国特惠制”为基石的英镑割据，对于英镑抵抗美元未来的侵略将是何等重要。但丘吉尔毕竟是战略家，他不可能选择同时与两个强敌在不同的战场上作战，希特勒在军事战场上的压力几乎压垮了英国，如果这时还要同罗斯福在经济战场上厮杀，英国就完蛋了。因此，他刻意保持了对美国的模糊承诺。丘吉尔强调：对所有盟国开放欧洲殖民地的原材料市场，停止进口市场的歧视性条款，并“充分尊重我们现在所享有的优惠”。这是丘吉尔留的一条后路，即保留“帝国特惠制”和英国对殖民地原材料资源的垄断。罗斯福也不好糊弄，偏偏把这句话漏在了《租借法案》之外。

结果，在《租借法案》的第7条，埋下了双方争议的伏笔。这一条规定：“（1）通过适当的国际和国内措施，扩大生产、就业、商品的交换和消费，它们是所有民族的自由和福利的物质基础；（2）消除国际商业中所有形式的歧视性待遇；（3）削减关税和其他贸易壁垒。”

当凯恩斯看到这一条时，愤然说道，这不过是“赫尔先生痴人说梦般的提议”，他认为战后英国只能是更加严厉地实施金融和贸易控制[13]。

显然，《租借法案》的代价就是终止大英帝国的英镑割据。

1941 年美国通过《租借法案》
向盟国提供军事援助

在该法案的执行过程中，美国仍然紧紧卡住英国的脖子，防止英帝国的经济威胁在战后死灰复燃。1943 年年底，美国财政部部长摩根索与怀特强调，英国的储备“已经增加得太多了，英国现在要用现金支付租借账户上供应给它的部分物品了。当英国官员指出需要为战后时期保留足够的储备时，摩根索向他们保证，英国的战后需要将在以后通过专门的措施得到满足”。其实，美国一直逼迫英国始终处于“掏光家底”的状态，英国的储备不能超过战前的 10 亿美元。美国的策略是，英国战时的外汇储备越低，将来就对美国依赖越大，逼迫英国放弃“帝国特惠制”也就越容易。这意味着，英国未来将不得不反复向美国求助，天知道美国那时又会开出什么样的价码。英国命运的咽喉已经紧紧地被美国人卡住，它越是挣扎，美国的手卡得就越紧。

除了美国政府在前面卡住英国的脖子，美国国会也没闲着，它又从背后向英国人狠狠地踹上了一脚。参议院战争调查委员会的头头，正是后来的总统杜鲁门，他宣称“租借的目的从来都不是作为盟国将战争的成本转嫁给美国的手段。如果受益国无法以美元进行偿还，它们可以将其国际上所持有的资产，如石油储备和金属储备，部分地转移到这个国家”[14]。英国碰上了美国这样的经济对手，也是活该倒霉。希特勒再生猛，似乎也没有这么多贼心眼儿。

战争到了最后阶段，英国越来越不安，因为一旦战争结束，《租借法案》将立刻终止，那时将进入清算阶段。清算对于英国人将是一枚经济炸弹，战争的巨大消耗迫使英国在最终胜利之前，必须大量储备作战物资，而战争一旦结束，这些剩余物资将折算成英国欠美国的债务。在外汇储备严重不足的情况下，英国还要面对巨大的战后重建工作，到处都需要花钱。更为严峻的是，英国欠美国的债，同时还欠着殖民地属国为战争所付出的成本，这两者相加，必然是一个灾难性的数字。英国将再次从战争的胜利者沦为债务的失败者。

英国本来指望日本在太平洋战场能够再拖上一年，英国政府相信“日本人不会让我们失望的”，这段时间还能够容英国在财政金融上留下一块闪转腾挪的空间。不幸的是，在欧洲战事结束后，日本只坚持了三个月就投降了。

大英帝国立刻掉入了无底的债务深渊。

布雷顿森林王朝：黄金弱君登基，美元摄政天下

美国人从 1941 年刚刚参战时，就已经开始构想未来的美元时代了，美国对取得战争胜利的信心是不容置疑的。无数的学术研讨、政策咨询和国会听证，逐渐形成了美国战后的金融战略规划，这就是 1944 年建立的布雷顿森林体系。

简单地说，布雷顿森林体系就是：一个中心，两个基本点。

一个中心，就是建立一个以黄金为弱主，而由美元掌实权的世界货币中心。美元与黄金挂钩，而各国货币与美元挂钩，大家共同拥戴黄金君临天下。在这一制度下，美元与黄金共同作为各国发行本国货币的货币储备，美元将深深植入各国的货币信用之中，只要世界经济在发展，对美元的需要就会自然增加，美元将通过货币增发来收割各国的发展成果。这不过是 1922 年金汇兑本位的升级版，美元挤掉了英镑，适用范围则扩大到全球。双重信用创造的问题并未解决，它必将在世界范围内再度引发流动性泛滥和更大的货币危机。

既然“二战”以后，美国国力已经占到世界经济的一半，军事力量更是傲视天下，美国何不直接建立美元王朝，为什么还需要请出已被废掉王位的黄金来做傀儡皇帝呢？曹操始终不敢篡汉自立，绝非实力不够，更不是没有这个野心，而是时机不成熟，一是担心天下人心不服，二是忧虑诸侯争相称帝，失去汉室正统的号召力，将会增加统一全国的难度。美国也有类似的担心，黄金的普遍合法性仍然深受各国人民的拥戴，不是短期所能泯灭。“二战”尚未结束，战后重建更需要凝聚人心。美国又是一个传统上的孤立主义国家，初次作为主角登上世界霸权舞台，尚缺领袖历练，此时废掉黄金而自立美元，唯恐弄巧成拙。更深一层的担心是，英镑割据的隐患尚未根除，苏联的势力正在膨胀，如果此时马上提出将美元本位强加给世界，则不能排除英镑重新占山为王，卢布分疆裂土，法郎拥兵自重的复杂局面。

如果拥戴黄金，问题就简单多了，一方面不影响美国的货币主导权，另一方面更能彰显美国的无私，以收天下人心。美国战后拥有世界 70% 的黄金储备，降金即降美。美国控制着世界货币的实权，英国对美国债务深度依赖，要求英国支持黄金是顺理成章的事；法国的黄金储备仅次于美国，20 世纪 20 年代的法郎区正是一群酷爱黄金的欧洲国家和它们的殖民地形成的贸易体系，法国必然支持黄金；苏联的

1944 年参加布雷顿森林会议的苏联代表团

卢布一直采用金本位，在美国援助的诱惑下，已经派代表团参加了布雷顿森林会议。如果直接告诉苏联人，世界未来将采用美元本位，斯大林立刻就会翻脸走人，而黄金却能将苏联拉入美国主导的世界货币体系。如此一来，货币的天下不难统一。等到时机成熟，再切断美元与黄金的联系，世界各国早已习惯了美元，反弹就会容易控制得多。

美元选择了曹操的思路，放弃虚名，只图实利。等待时机，废金自立！

布雷顿森林所创建的金汇兑本位制，是以金本位为名，而行美元本位之实。

除了"黄金临朝，美元摄政"这一个货币中心之外，第一个基本点就是 IMF。

美国人对 IMF 的定位，就是一个稳定各国汇率的机制。20 世纪 20 年代世界货币"三剑客"——纽约联储银行的斯特朗、英格兰银行的诺曼、德国中央银行的沙赫特，后来再加上法兰西银行的莫罗，正是稳定各国汇率的核心人物。他们以私人聚会的方式，幕后敲定国家之间的货币价值关系，然后再要求各自的政府接受。"二战"以后，美国希望 IMF 发挥的作用，就是取代当年四巨头的功能，以更合法、更规范和更标准化的流程来实现各国汇率的稳定。

1933 年，罗斯福曾不屑一顾的汇率稳定，为什么现在变成了美国必须面对的重大问题呢？在"二战"中，美国为了支持消耗巨大的战争，全面开动经济机器，基本实现了全民就业，摆脱了大萧条的高失业困扰。当和平来临时，美国将不得不面对一个巨大的产能过剩问题，战争使美国变得严重依赖国外需要。战争结束前，美国已经认识到必须保持 6 000 万个工作机会才能实现社会的基本就业，如果没有海外市场来消化国内的巨大生产能力的话，高失业噩梦将再度降临美国。这时，国际贸易的恢复对于美国具有战略性的意义。

为了实现稳定的货币体系，各国货币要与美元确定比值关系，而美元承诺 35 美元兑换 1 盎司黄金，这样各国货币通过美元间接实现与黄金价值的锁定关系。而 IMF 正是确保这一货币比价关系稳定的一种基金。当某个国家的货币与设定汇率偏差过大时，该国可以从基金中根据自己的额度透支一部分资金，用来干预本国货币，以使汇率回到规定范围之内。

建立这一基金的初始，美国自然出大头，28 亿美元占 27%，英帝国作为一个整体占 25%，因为各种决议都需要 80% 的多数票才能通过，因此英美都有否决权，这也是美国给英国一个面子，大家来共同统治世界货币体系，但美国清楚，英国不可能在投票时将帝国所有属下的自治国的投票权全部集中起来。因此，还是美国说了算。

英国人一开始对 IMF 的作用有自己的考虑。对于货币本位，英国谈判代表凯恩斯建议，搞一种国际货币单位班克（Bancor），不要用美元和黄金了，大家借钱还钱都用这种世界元。而且，IMF 应该是一家世界中央银行，承担最后贷款人的角色，也就是在危机时，可以无限创造货币。英国的小算盘打得叮当响，由于英国的负债过重，急需资金，所以希望 IMF 是一部可以透支花钱的提款机，但又不愿意具体欠某个国家货币的债务，因此搞出个模糊不清的班克来。而最终为这种模糊货币债务埋单的显然就是大量顺差的美国。

美国人心想，简直是白日做梦！不再使用美元，那这么多年美国不就白忙活儿了吗？废掉黄金？美元都没这么大胆子，凯恩斯搞出的那个“半人半神”的班克，有人信吗？想搞世界中央银行？那美联储去喝西北风啊？想把 IMF 当提款机，美国人最后帮着埋单？这也太一厢情愿了吧！

美国人将凯恩斯的提议逐条驳回，坚持 IMF 不是一家银行，而是一种基金。大家必须先出钱，根据需要可借款调剂，然后还要偿还，否则股份将相应缩减。英国不得不接受美国的条件，当年的货币老大，如今却落得个“落架的凤凰不如鸡”的下场。

布雷顿森林体系的第二个基本点，就是世界银行。世界银行的初衷就是为战后重建提供资金，后来将资助欠发达国家的发展也纳入了考虑。

从实际运作上看，美国把世界银行的贷款当成了奖励各国的棒棒糖，只要愿意归顺布雷顿森林王朝，放弃经济发展自给自足的理念，削减关税和贸易保护，愿意成为美元帝国的良民，这样的国家就能够得到世界银行的资助。如果谁不加入这一美国主导的全球体系，就等于在经济上选择了“自我流放”。

美国此时已经完成了从坚定的贸易保护实践者，到积极的自由贸易鼓吹者的转变。美国的根本气质是商人，商人重实用，不信所谓的主义，什么对我有利，就坚决地用，什么对我不利，就果断地弃，蔑视一切他人评判！IMF、世界银行，包括后来的关贸总协定（WTO的前身），无不体现出美国鲜明的商人气质。

正因为美国的崛起靠的是贸易保护，所以美国特别忌讳别的国家重新走上“自己的老路”。这就像宋太祖赵匡胤靠黄袍加身登上了皇帝的宝座，谁要在他跟前披着黄袍瞎溜达，必定犯了他的大忌一样。

虽然美国完成了摄政天下的大业，但英镑割据的隐患尚未消除。削藩大业未竟，美元还需努力。

对英镑痛下杀手，美元无毒不丈夫

> 令人愤怒不已的是，我们在反法西斯的共同大业中损失了1/4国民财富所得到的回报，就是要在半个世纪的时间里，向那些因战争而致富的国家烧香进贡。[15]
>
> ——英国《经济学人》

英帝国庞大的殖民体系在战争中为英国提供了近乎无限的信用透支权力，殖民地和英联邦国家为英军提供各种资源、粮食和原材料，还包括英军在埃及和印度作战的成本，连美军在当地的费用也被算在英国头上，还有印度军队在海外协助英军作战的费用等。它们认购英国国债，并积累了大量英镑储备，这也是英国能够挺住战争消耗而最终胜利的重要原因。英国的殖民地体系和其他贸易伙伴向英国提供物资，换回英镑储备，而英国和盟国则消耗美元储备向美国购买军火，其结果是战后英镑在各国储备中的总规模比美元储备高出一倍。从表面上看，英镑比美元储备规模更大，仍然是世界最主要的货币，但这些储备中 2/3 都集中在英镑区之内，而且处于高度不稳定的状态之下。

英镑区国家大量积累英镑，并非由于英镑更有价值，而是英国战时冻结了它们将英镑兑换成其他货币的选择。由于美元的存在，使得英镑时刻面临被英镑区国家抛售的巨大威胁。在“一战”之前，英国的海外资产远远高于它的负债，因此英镑价值的稳定性是毋庸置疑的。但现在的英国，净对外负债已高达 150 亿美元，6 倍于它的黄金与外汇储备！一旦英镑解除冻结外汇，各国将争先恐后地把英镑储备兑换成美元，英镑会立刻面临灾难式的价值雪崩。

英国本该继续冻结外国的英镑储备，然后用英国本土的出口来逐步偿还这些外债，这样既可以拉动英国的就业，脱离战后衰退的阴影，又可以稳定英镑价值，最重要的就是维系英镑区的存在，只要有这个经济根据地，日后再度崛起并非不可能。而解除冻结，则英镑区将会纷纷投靠美元，不仅帮助美国扩大出口，强化美元区的势力范围，而且英镑区将从根本上陷入土崩瓦解、万劫不复的境地。

“二战”刚结束，凯恩斯作为英国经济的核心大脑，代表英国赴美谈判战后贷款问题，却对这一事关英镑区生死存亡的大问题出现了严重的判断失误，中了美国设下的圈套，从而亲手埋葬了英镑 200 年的霸权。

美国人向凯恩斯提出，美国可以向英国提供 37.5 亿美元的信贷额度，另外算上加拿大可以提供的 12.5 亿美元，总共 50 亿美元。但条件是：英国必须在 1947 年 7 月 15 日之前，解冻外国的英镑储备！

超级自负的凯恩斯，原以为美国和英国既是盟国，又是同文同种血脉相连的兄弟，美国定会慷慨地放宽贷款条件，自己则准备了宏韬大略，准备和美国人大谈未来英美共同主宰世界的美妙设想，却全然没有防备美国提出了这样“相煎何太急”的条件。凯恩斯确实不懂美国的政治权谋，他竟然答应了！

英国《经济学人》在评论凯恩斯的这笔贷款时，尖刻地指出：

“这个国家没有多少人会相信共产主义者的理论，即摧毁英国以及英国在世界上所代表的一切，是美国政策有预谋、有意识的目的。但对于目前的证据可以这样解读：如果每次给予援助都附加条件，使英国陷入一种不可逃脱的必然，即不得不再度请求更多的援助，而这些援助只能以英国进一步自我贬低和自我削弱才能获得，那么，结果显然就是共产主义者们所推测的那样。”[16]

果然，1947 年 7 月 15 日，英镑的霸权彻底崩溃了[17]。战后，英国本指望依靠英镑区重新崛起，但是，美国人不会给英帝国死灰复燃的机会了。

德国发动两次世界大战都难以撼动的强大的英镑霸权，却被美国施以 37.5 亿美元贷款的蝇头小利就轻易摧毁了。

人们不禁要问：如果美国对英国这个曾经在一个战壕里滚过的同盟国，而且还是同文同种的兄弟，为了权力都能如此痛下杀手，其他国家还能够存有任何幻想吗？

注释

[1] Liaquat Ahamed，*Lords of Finance*，The Penguin Press，2009，p.427.

[2] British Empire，Wikipedia.

[3] 宋鸿兵，《货币战争》，中信出版社，2017，第五章。

[4] Liaquat Ahamed，*Lords of Finance*，The Penguin Press，2009，p.448.

[5] Ron Chernow，*The Warburgs*，*The Twenty Century Odyssey of a Remarkable Jewish Family*，Random House，1993，Chapter 27.

[6] Michael Hudson，*Super Imperialism-New Edition：The Origin and Fundamentals of U. S. World Dominanc*，Pluto Press，2003，Chapter 3.

[7] Ron Chernow，*The Warburgs*，*The Twenty Century Odyssey of a Remarkable Jewish Family*，RandomHouse，1993，Chapter 27.

[8] Michael Hudson, *America's Protectionist Take off* 1815—1914, *The Neglected American School of Political Economy*, Garland Publishing Inc., 1975.

[9] Ibid.

[10] Ron Chernow, *The House of Morgan*, *An American Banking Dynasty and the Rise of Mordern Finance*, Grove Press, 1990, p.462~463.

[11] Armand Hammer, *Hammer*, G. P. Putnam's Sons, 1987, Chapter 16.

[12] Ibid.

[13] Michael Hudson, *Super Imperialism-New Edition*: *The Origin and Fundamentals of U. S. World Dominanc*, Pluto Press, 2003, Chapter 3.

[14] Ibid.

[15] *Economist*, 1945.

[16] Ibid.

[17] Barry Eichengreen, *Exorbitant Privilege*, *The Rise and Fall of the Dollar and the Future of the International Monetary System*, Oxford University Press, 2011, p.40~41.

第三章

货币冷战，拒绝美元就是拒绝和平

CURRENCY WARS

本章导读

苏联拒绝布雷顿森林体系，不是冷战的结果，而恰恰是冷战的原因。

罗斯福在“二战”中，对英镑东山再起的忌惮，远胜于对卢布扩张的担忧。为了在战后为美国创造最有利的国际环境，罗斯福决心打破世界上所有的贸易壁垒，彻底铲除各自割据的货币区域，解放英法控制下的殖民地原材料基地，贯通苏联和东欧地区的资源和劳动力供应，吸纳中国、日本等亚洲国家进入世界市场，建立起一个以美国为政治权力的核心，以美元为货币金融的基础，以统一世界市场为目标的“美利坚治下的永久和平”。罗斯福去世后，美国的冷战鼻祖们推翻了他的大政方针，步步紧逼，迫使斯大林最终拒绝了布雷顿森林体系，转而建立起自己的卢布帝国，从而拉开了冷战序幕。

卢布在列宁的新经济时代，建立了金汇兑本位制，号称金卢布。而到了斯大林时代，卢布演变成了“计划本位制”，它不再是一种主动参与商品交易的媒介，而是被动计量计划经济下“物物交换”的周转量。

斯大林20世纪30年代赶超西方工业强国的10年计划，恰如中国50年代苏联援建的156个重点工业项目，如果没有大规模的技术扩散，以及由农村提供的原始积累，将不可能获得成功。而在当时能够提供西方技术扩散的国家，只有“一战”中战败的德国。实际上，苏联正是在德国军方的支持和资助下，才得以学习和借鉴了现代先进的工业技术。

战后，苏联携强大的军威和国力，在世界各地与美元进行了激烈的货币流通域大战。直到60年代中期，由于苏联自身经济的停滞，卢布才逐渐与美元形成了长期对峙的局面。

70年代的石油危机，使美国发现了一种强大的经济武器，这就是石油贸易。美国在80年代中期，正是有效地使用了石油这把致命的“美元匕首”，才一刀插进了卢布帝国的心窝。

斯大林拒绝美元，凯南起草冷战檄文

布雷顿森林体系只不过是“华尔街的分店”。[1]

——苏联代表，1947 年联合国大会

1946 年 2 月，莫斯科的天气寒冷而干燥，严重的流感四处蔓延。美国外交官乔治·凯南也染上了风寒，高烧、牙痛、药物副作用，搞得凯南虚弱不堪。美国驻苏联大使哈里曼不在，大使馆的大事小情都由凯南临时主持，他不得不强撑着病体，打理各种事务。其中的一项主要工作就是处理来自美国政府各个部门的往来电报。

2 月 22 日，卧病在床的凯南让秘书将华盛顿的来电送到他的卧室，在翻看来电时，有一封由美国国务院转发财政部的电报引起了他的注意。美国财政部的官员对苏联迟迟不肯同意 IMF 和世界银行的章程条款似乎感觉越来越焦虑，希望美国大使馆能尽快搞清楚克里姆林宫的真实意图[2]。

在 1944 年的布雷顿森林会议上，苏联人也派出了代表团，而且当时对新的世界货币体系表示出了很高的热情。在 1944 年 8 月的《布尔什维克》刊物上，苏联人认为：“苏联对这种战后合作感兴趣，是因为这样的合作让美国得以推动并促进我国国民经济的恢复进程，使我们能够沿着社会经济获得更大发展的道路上快步前行。与此同时，我们的盟国和中立国，也对发展与我国之间的贸易同样感兴趣，因为苏联能够从这些国家购买并消费大量的剩余制成品。苏联总是严格履行它的义务，这是人所共知的。”发表在1944年《计划经济》的一篇文章，同样说明了苏联的态度，“我们国家正从国外进口货物并出口我们的产品。战后，我们与外国的贸易量将大大增加。因此，苏联认同资本主义货币的稳定和其他国家经济生活的恢复。IMF的短期信贷，以及世界银行的长期信贷的推动作用，将有助于苏联和其他国家之间贸易关系的发展。苏联与其他国家对此同样感兴趣”[3]。

苏联人对布雷顿森林体系初始的热情是可以理解的，因为他们并没有真正搞明白罗斯福的美元大战略的精神实质。

在罗斯福看来，布雷顿森林建立的其实是一个美元王朝，虽然仍保留黄金的名义地位，但美元将成为世界货币权力的实际主宰。世界各国未来将采用以美元为核心的货币储备，而将本国的货币发行建立在美元储备的基础之上。正如凯恩斯在20世纪20年代所看透的那样，这一制度从设计上必然导致各国经济发展的最终命运，将由华尔街来掌握。罗斯福认为，对这个王朝的主要潜在威胁，并不是来自战后经济破落的苏联，而是那个随时可能僵尸乍起的大英帝国。

自1933年上台以来，罗斯福任内的主要时间都在与经济危机进行殊死搏杀，他最有切肤之痛的感受，就是美国长达12年的经济大萧条和1 000多万人的失业噩梦。第二次世界大战，在摧毁欧洲经济的同时，美国经济却飙升了90%，未来美国过剩的生产能力和庞大的就业人口的命运，将系于战后世界贸易的繁荣。为此，他决心打破世界上所有的贸易壁垒，彻底铲除各自割据的货币区域，解放英法控制下的殖民地原材料基地，贯通苏联和东欧地区的资源和劳动力供应，吸纳中国、日本等亚洲国家进入世界市场，建立起一个以美国为政治权力的核心，以美元为货币金融的基础，以统一世界市场为目标的“美利坚治下的永久和平”。

罗斯福坚信，伺机卷土重来的英帝国是美国战略的主要障碍，而经济被战争几乎完全摧毁的苏联，完全不同于英国。苏联没有海外的殖民地体系，工业远不足以和美国竞争，农业更是美国农产品的巨大市场，在对外投资方面，苏联也不构成任何威胁。经过战争磨合，罗斯福认为斯大林是一个值得信赖的世界级领袖，并没有颠覆世界资本主义体系的即时冲动；相反，罗斯福对丘吉尔的狭窄气量和小动作频频的做法并不感冒。为此，美国对苏联进行必要的政治妥协和经济援助，将苏联纳入美国的世界体系，是符合美国终极战略目标的。

美国的银行家们认为，美苏在地球的两端分别占据了辽阔的大陆，在彼此并无竞争的地区控制着庞大的资源，这一现象必须被看作未来历史进程的主导性和支配性力量。苏联政府和美国金融家们都对维护有管理的金本位有着持久的兴趣，这是因为美国和苏联都拥有最多的黄金储备，而且又都是潜在的最大黄金生产国。尽管苏联的经济是受国家控制的，但它并不是一个扩张主义论者。与英国相比，苏联绝对不会威胁到美国的出口和国际投资计划。苏联的巨大内需将导致其资源主要用于满足国内需要，而不是用于对其他国家进行经济渗透[4]。

但凯南和美国的多数政治家远没有罗斯福的战略眼光和气魄。罗斯福在1945年4月战争胜利的前夕病逝，打断了美国既定的战略规划。一直生活在伟大总统阴影里的副总统杜鲁门，终于“被扶正”，他敏感而偏执，尤其忌讳别人将他的政策与罗斯福相比较，他异常强烈地想展示自己的果断与自信。杜鲁门不仅换掉了所有让他感到罗斯福存在的白宫内饰，而且连带着换掉了坚持罗斯福战略的官员。

冷战鼻祖，乔治·凯南

凯南不能理解，为什么在欧洲的盟军最高决策圈里，美国人对英国人始终怀有深刻的防范，对苏联人反而更友好；为什么反对苏联的最激进的巴顿将军，会屡屡受到美国军方高层的排挤。

更让凯南愤愤不平的是，美国对于苏联的援助，远远好过对英国的。就在战争尚未结束的8月13日，美国军方没等总统下令，就停止了向英国运送军需品；日本宣布投降的当天，在没有事先征询英国的情况下，美国又单方面终止了《租借法案》对英国的援助，并开始进行清算，留在英国的物资折算为5.32亿美元的债务，仍在途中的物资又让英国人多欠了1.18亿美元，英国需要马上偿还的美国租借债务比英国的外汇储备还要多，逼得英国立刻陷入严酷的经济困境。而美国对苏联则是非常宽容，一直到战争早已结束的10月底，美国仍向苏联提供了高达2.5亿美元的援助。

最让凯南看不惯的就是美国财政部的亲苏政策。1943年6月，美国财政部就向苏联提出，在未来成立的IMF中，给予苏联7.63亿美元的份额，后来又谈到了12亿美元。美国开始的份额是25亿，英国大约是一半，苏联和中国分别排在第三和第四。美国财政部部长摩根索向罗斯福提议，给苏联战后的援助贷款高达60亿美元，偿还期为30年，利息仅为2.5%，这比英国凯恩斯谈下来的丧权辱国的37.5亿美元援英贷款，好得实在是太多了。后来，摩根索的手下，布雷顿森林方案的美国主谈代表怀特，在给罗斯福的备忘录中建议，美国向苏联提供100亿美元的援助贷款，偿还期为35年，利息降到2%。

正因为想不通美国政府的亲苏倾向，凯南曾屡次三番上书，痛陈不能寄希望于苏联，断定苏联的本质必然是扩张性的。但是，在罗斯福当政的时期，凯南的意见就是短视和肤浅的代名词，当然不会受到重视。

不过，杜鲁门时代国际战略思想的转变，为凯南带来了发迹的历史性机遇。

1945年2月，在由罗斯福、斯大林和丘吉尔三巨头所确立的雅尔塔体系中，斯大林提出东欧地区应划入苏联的势力范围，而丘吉尔事前已跑到莫斯科与斯大林做了一笔交易，即英国承认苏联在罗马尼亚和保加利亚的势力范围，而苏联则认可英国在希腊的特权，因为地中海是英帝国的海上生命线，而东欧则是苏联的安全缓冲区。当罗斯福听到这一消息后，大吃一惊。英国这么干，显然是为了维持英帝国的庞大体系，而苏联将东欧置于保护之下，将会形成另外一股割据势力。如此一来，罗斯福摧毁货币割据，建立世界统一大市场的理想，岂不是要毁于一旦？矛盾的焦点集中在波兰的问题上，英美当然希望波兰由亲西方的政府当权，但苏联解放并占据着波兰，斯大林要求波兰政府必须听命于苏联。双方最后的妥协就是，斯大林承诺在波兰政府中，安插一些亲西方的官员，代表西方的声音。罗斯福虽然觉得不满意，但勉强可以接受，毕竟理想与现实还是有区别的。只要苏联进入布雷顿森林体系，美国就是最终的赢家，为此，做一些局部妥协还是有必要的。

麻烦在于罗斯福死后，杜鲁门想翻案。没了罗斯福的威望震慑，反对美国对苏联采取“绥靖政策”的声音开始出现，杜鲁门绝对不想变成第二个张伯伦，他决定必须对苏联强硬。美国驻苏联大使哈里曼开始放风，将对苏联的经济援助和波兰与东欧问题扯在了一起。斯大林开始警惕起来，这不是出尔反尔吗？难道罗斯福一死，美国的政策要变？斯大林拒绝了杜鲁门，并指出美国的要求与雅尔塔决议的精神相矛盾。当然，斯大林并不想把问题搞僵，最后建议将波兰亲西方的官员名额再增加几个。杜鲁门不情愿地答应了。

但是，随后苏美在土耳其、伊朗等一系列问题上发生的争执，让斯大林对美国的最终意图产生了深刻的怀疑。苏联人原先对布雷顿森林体系的诸多疑惑，现在重新开始发酵。“在对布雷顿森林协议的讨论中，苏联人表示出了对怀特计划的忧虑，这个计划据称提出了在近期废除对贸易、货币的所有限制。在他们看来非常明显的是，在当代资本主义条件下，特别是在战后，这样一条道路对很多国家来说都是不可能采用的。因为如果不采用国家调节措施的话，它们的经济独立就会遭受严重的威胁。”苏联代表明确表示，“他们之所以参加这场有史以来最残酷的战争，并不是为了让这个世界对于美国和英国的出口更加安全。”斯大林终于看到，美国在为推行自由贸易而施加的压力，最终的目的就是把东欧甚至苏联的经济控制权抓在美国的手中。苏联并没有拒绝加入IMF，“只是想告诉美国官员，莫斯科需要更多的时间来考虑协定的条款”。

苏联正在等待和观望美国的态度。

2月22日，美国财政部发给凯南的电报，正是希望了解苏联拖延加入IMF的真实动机[5]。而凯南则利用这个机会，奋笔疾书，洋洋洒洒写下长达8 000字的电报，将他多年来对苏联的个人消极判断，升华到“汉贼不两立”的理论高度，为杜鲁门拒绝做“张伯伦第二”的急迫政治姿态提供了思想弹药，在华盛顿突变的政治气氛中赢得了一片叫好声。凯南也从此一炮走红，被后人称为“冷战鼻祖”。

苏联在随后的几个月里，非但没看到美国的援助贷款，反而等来了丘吉尔的“铁幕演讲”。失望之余，苏联声明拒绝加入IMF和世界银行，与布雷顿森林体系分道扬镳。

美国试图用货币和贸易的手段，将苏联纳入美元帝国的梦想终于破灭了。一场延绵40余年，耗资8万亿美元，数十万生命遭断送，数百万家庭被分裂的冷战，就此拉开了序幕。

从此，苏联选择了与美元王朝分庭抗礼，着手建立起了自己的卢布帝国。

金卢布与新经济政策

沙俄的金融史，就是一部卢布长期贬值，通货膨胀反复肆虐的历史。

从17世纪直到19世纪末，卢布从铜币变成银币，从银币改为纸币，再从纸币最后确定为金币。每一次货币改革都是为了应付上一次留下的恶性通货膨胀问题。1897年沙俄金本位的建立，使金卢布成为世界最坚挺的五大货币之一，并成功地挺过了1904—1905年日俄战争和1905—1906年俄国革命的两次冲击。“一战”的爆发迫使沙俄放弃了金本位，沙俄在“一战”中总共烧了670亿卢布，其中25%通过税收筹集，29% 由长期贷款支持，英国对沙俄的贷款占了重要份额，但十月革命之后，英国的贷款被苏俄政府拒绝偿还，这也是英国后来欠美国战争债务的一个重要原因。另外，国债融资了 23%，剩下的部分就只有求助印钞票了。从 1914—1917 年，沙俄货币流通量增加了 15 倍，物价也上涨了 15 倍！

从 1914 年沙俄参加“一战”开始直到 1921 年，俄国持续卷入了长达 7 年的战争，经历了一个前所未有的恶性通货膨胀时期。1917 年十月革命爆发后，西方 14 国与国内叛军联手，武装进攻新生的苏维埃政权，很快占领了苏俄的大片领土，致使苏俄国内最重要的粮食和燃料来源被切断。苏维埃境内工厂停工，人民挨饿，物资匮乏，新生政权岌岌可危。为了取得战争胜利，苏维埃政权在经济极其困难的条件下，不得不维持着 450 万红军的庞大规模。要支持耗资巨大的战争，苏维埃政权一方面开始发行自己的苏维埃卢布，一方面必须借助战时共产主义的极端措施，这包括所有农村的粮食，除留下口粮外，其余必须上缴国家来支援战争；城市居民的食品、日用品、消费品，全部由国家配额供应；有能力的公民必须参加义务劳动；对工商业进行全部国有化等措施。战时共产主义政策将工农业的几乎所有产品，全部实施了配额发放。

3 年国内战争打下来，严重超发的苏维埃卢布已经彻底失去了信用。从 1913—1921 年，俄国的物价总共上涨了 4.9 万倍！在最严重的时期，苏维埃卢布曾到了每小时贬值 5% 的骇人听闻的程度。

1921 年，当苏俄终于取得了战争决定性的胜利之后，面对的却是国内经济严重萧条，商品奇缺，饥荒遍地，卢布接近崩溃的危机边缘。美国人哈默用第一手的资料见证了这一关键时期。正是在这一年，年仅 23 岁的哈默，历经千辛万苦终于来到了莫斯科。他一路上看到的苏联满是残垣断壁，破败不堪；铁路运输几乎瘫痪，公共交通拥挤肮脏；人们穿着褴褛，饥肠辘辘；商店空空荡荡，街头稀稀落落。这位美国哥伦比亚大学医学院毕业的学生，原本充满了对世界第一个社会主义国家的好奇和激情，自告奋勇前来帮助当地人民治疗流行的斑疹伤寒，可是现实就像一盆冰水，兜头浇醒了他的梦想。

哈默到莫斯科的时候，随身携带了大量美元，他本以为应该不愁吃喝，但到了莫斯科才发现，他的美元完全没有用武之地。由于1920年俄政府下令关闭了国家银行，所有银行业务都转到了财政部，正规的金融体系不复存在了。哈默想买些东西，可他不能支付美元，于是他被带到财政部去换代用券。哈默拿到的是一张价值10美元的大纸，上面印着若干小额的代用券，需要买东西时，就撕下一张支付。哈默在莫斯科街头转了半天，除了纽扣、鞋带和小贩们叫卖的苹果外，根本买不到什么东西。又累又饿的哈默回到了旅馆，等待他的是成群的老鼠和小虫子，还有就是油腻肮脏的床和被子。旅馆不提供饭菜，他只得去领取食品供应卡。拿着这些食品供应卡可以到国营供应点去领取点面包、肉和蔬菜，前提是如果有货的话。当哈默来到食品领取点，发现有上百人在排队，所谓的食品，只有看似是泥土和锯末混合做成的黑面包和几个发了霉的土豆。

这就是首都莫斯科当时的生活状况！

当哈默来到乌拉尔地区的时候，简直惊呆了。严重的旱灾使当地的粮食几乎绝收，成千上万的农民蜂拥到铁路沿线，他们见火车就上，连车顶上都挤满了人。孩子们饿成了皮包骨，由于吃了无法消化的草和树叶，肚子胀得鼓鼓的。在叶卡捷琳堡车站，被病饿夺去生命的尸体在候车室里堆积成山。他们被运到附近的公墓进行掩埋，尸体身上的衣服被扒了下来，因为浪费了太可惜。野狗和乌鸦在那些可怕的日子里都吃得肥肥胖胖。让哈默非常困惑的是，乌拉尔地区有着丰富的自然资源，他亲眼看到仓库里堆放着大量的贵重原材料，如白金、宝石和皮毛，还有大量优质的石棉矿，守着巨大宝藏的地区，为何会被饥荒逼得走投无路。哈默骨子里的商业基因立刻迸发出财富的火花，他向当地政府建议，由他的公司在美国购买价值100万美元的粮食，运到当地救灾，作为回报，当地将原材料特产作为交换，由他运回美国销售，当地苏维埃政府立刻答应下来。

当哈默回到莫斯科筹措“粮食换原材料”的交易时，列宁的新经济政策已经开始启动了。商人允许从事自由贸易，农民可以在交完税之后出售余粮，小企业重新还给私营业主，外国人被鼓励进行投资。后来，哈默的粮食交易拯救了大批灾民的事迹传到了列宁的耳朵里，作为一个典型样板，列宁接见并鼓励哈默作为第一个美国商人，拿下乌拉尔石棉矿的开采权[6]。

随着新经济政策的推行，莫斯科的市场上就像变戏法一样，各种商品纷纷摆上了货架，除了种类繁多的食品和美味之外，上等的法国葡萄酒，纯正的哈瓦那雪茄，质量上乘的英国毛料，价格不菲的法国香水，在鳞次栉比的柜台里争奇斗艳。

要推行新经济政策，促进贸易大发展，稳定的货币是基本的前提。已经失去人民信心的苏维埃卢布，显然无法承载新经济政策的重托。苏俄决心进行货币制度的重大改革。1921 年 10 月，苏维埃共和国国家银行重新组建，1923 年更名为苏联国家银行，重新搭起了中央银行的架子。但是，巧妇难为无米之炊，要稳定货币，就必须要有强大的财富实力，而当时无论是工农业生产能力，还是国内储蓄、外汇和黄金，都不可能重建人民对货币稳定的信心。

正在这一危难时刻，本来穷得叮当响的苏维埃政权，却突然发了一笔横财。

原来俄国十月革命后，盘踞在西伯利亚的沙皇军队，在海军上将高尔察克的率领下向莫斯科进军，旋风般地攻占了沙皇政府中央银行国库所在地喀山，夺取了价值 8 000 万英镑的黄金储备。随后在进军莫斯科时兵败如山倒，最后裹挟着这批黄金沿着西伯利亚大铁路向东逃窜。时值冬季，西伯利亚的严寒彻底摧毁了这支败军的士气，刚跑到伊尔库茨克就哗变了。在败军中，还有大量的中欧国家的雇佣兵，他们为了活命和安全回国，愿意跟苏维埃政府达成协议，将高尔察克和那批黄金交给苏维埃政府，苏维埃政府则保证他们的人身安全，让他们从海参崴坐船回欧洲[7]。

最后，苏维埃拿到了价值大约 5 000 万英镑的黄金。当时 1 英镑约合 10 两白银，这可是一笔相当于 5 亿两白银的巨款！当年日本人通过甲午战争，从中国勒索了 2.3 亿两白银，在英国部分换成黄金后，就成功地建立了金本位的日元体系。这笔巨额黄金储备，为苏维埃政府成功地稳定货币奠定了坚实的基础。

1922 年，英、美、法、德等国在热那亚召开的经济会议上，苏俄也派出了代表团。英国推行的金汇兑本位制，将外汇和黄金一起作为货币储备来发行各国货币的思想，显然影响了苏俄人的思路。1922 年 10 月 11 日，人民委员会授权苏维埃共和国国家银行，以不少于 25% 的黄金和外汇为货币储备，发行名为“切尔文”的银行券。尽管苏俄严重缺乏外汇，但这并不妨碍金汇兑本位制的建立。每一个切尔文的含金量为 7.74 234 克，相当于沙俄时代的 10 个金卢布 [8]。与此同时，苏维埃政府以前发行的已严重贬值的旧卢布也同时流通，政府定期公布切尔文与纸卢布的比价。

人们常说“劣币驱逐良币”，但这个结论是有前提条件的，这就是如果当人民别无选择时，才会出现劣币盛行的局面。所谓别无选择，就是政府强制人民无法选择，而当政权控制力衰退而无力执法时，则必然出现市场只愿接收良币而拒收劣币的情况。例如，当国

1922 年发行的“切尔文”银行券

民党在 1949 年下半年大溃败的时刻，中国南方各省民众拒绝接受国民政府的金圆券，而自动开始流通袁大头。当政府决心维护人民的利益，主动推出稳定的良币时，劣币就会消失得更快。

1937 年的 10 卢布“切尔文”银行券

1923 年初，切尔文在整个苏俄的货币流通总量中仅占 3%，到 1924 年 2 月已逐渐增加到 83.6%。随着切尔文作为法定通货的地位日渐稳固，苏维埃政府下令停止旧卢布的流通，财政部发行国债回收旧币。1924 年苏联发行了新卢布，货币改革完成，切尔文为计账货币，新卢布为流通货币，1 切尔文等于 10 个新卢布。

苏联新的金卢布诞生了！

稳定的金卢布，很快就剿灭了横行肆虐的恶性通货膨胀，大大加速了商品贸易的发展，为列宁新经济政策的成功立下了汗马功劳。

苏联的发展模式之争

列宁的新经济政策无疑获得了巨大的成功，挽救了 1921 年的政权信心危机，避免了工农联盟的崩溃，受到了广大农民、工人、手工业者、商人和外国投资人的普遍支持，生产和贸易获得了极大的发展。苏维埃政权在人民心中的威信得到了巩固。农业耕种面积从 1921 年时的 1.48 亿英亩增加到 1927 年的 2.22 亿英亩，粮食产量翻了一番，煤产量也翻了一倍多，纺织产品增长 4 倍。1927 年苏联的经济终于恢复到战前 1913 年的水平。

不过，在 1924 年列宁去世后，苏联应该采取什么样的发展模式，却引发了一场根本性的争论，最后演变成激烈的权力斗争。

任何国家的经济政策，从本质上看，都是在有限的人力、物力和财力的边界条件下，求取经济最大产出和合理分配的艺术。同时，在不同的历史时期，不同的外部环境下，经济产出和分配又必须体现不同的优先和侧重。经济政策的选择，主要体现了国家和政府的意志，无论是英国的霸权建立、美国的工业崛起，还是德国的经济赶超，都明显地突出了国家在经济发展中的重要影响力。其实，世界从来不曾有过绝对的市场经济和自由贸易，那种以独立个体自发形成的经济环境在现实世界中并不真正存在，所谓的市场经济，在本质上只是一种国家市场经济。

苏联当时面临的发展模式选择就是，继续发展市场经济，还是走向计划经济。

直到 1926 年，苏联人口的 82% 仍然是农业人口，劳动力中从事工业的比例仅为 7%~8%，这让以工人阶级为坚强领导核心的布尔什维克，情何以堪！以美国人和英国人的眼光看，苏联只是个典型的发展中国家，甚至不如巴西和阿根廷，与西方主要国家的经济差距为 50~100 年[9]。

作为第一个社会主义国家，苏联的社会目标和经济纲领不容于整个世界的统治阶层。继 1918 年以来，外国的武装干涉和经济封锁就是家常便饭，苏联想正常发展经济几乎是不可能的。

怎样在非正常状态下发展经济增强国力，从而有效地保证苏维埃政权的生存和发展呢？苏联形成了两派意见。

一派人认为：列宁的新经济政策不应该是短期的权宜之计，而应该是苏联经济发展的根本方略。在人民生活水平不断提高的前提下，兼顾农业、轻工业和重工业的协调发展，反对将农业当作“国内的殖民地”，以牺牲农民利益来获得工业高速发展所必需的原始积累。

另一派人认为：面对资本主义世界的围困，要在一国成功建立社会主义国家，就必须优先发展重工业，以最快的速度获得军事工业所需要的基础。他们从过去西方进行的武装干涉和经济封锁的教训中得出，未来的战争将不可避免，而当时的重工业几乎没有在新经济政策中获得明显的进展，如果不集中全国的人力、物力和财力，就不可能在短期内建成强大的重工业。因此，必须放弃新经济政策，采用以五年计划为核心的高速工业化的模式。

从后来的历史事实来看，如果没有工业化的加速进行，苏联必然无法抵挡纳粹德国的强大攻击，结果只能是苏维埃政权垮台，苏联成为德国的占领区。以苏联的资源为后盾，德国的战争实力将进一步强化。整个第二次世界大战的结果，乃至直到现在的世界历史，恐怕都将面目全非。也许英国政府将流亡海外，美国不得不据守南北美洲，中国会长期被日本占领。

最后，斯大林的高速工业化战略成了苏联的发展模式。他提出，苏联要在10年内赶超西方工业强国。从微观的角度看，苏联工业的发展效率比较低下，但从宏观的视野来观察，苏联工业化可谓突飞猛进。三个五年计划下来，苏联已建立起了飞机、汽车、拖拉机、钢铁、化学和国防工业的强大工业体系，一跃成为仅次于美国的世界第二大工业强国。需要强调的是，苏联工业崛起的时间之短，规模之大，是世界经济史上没有先例的，而且这是在完全依靠本国资源的条件下，在世界经济大萧条的外部环境中，所实现的惊人飞跃。早在战争爆发前的20世纪30年代，苏联年产飞机就高达4 000架，战争期间则达到惊人的年产3万架的规模。连德国工业的强大制造能力也渐渐抵挡不住不断增长的苏联工业实力，在军事生产能力方面，苏联已接近美国的实力。

苏联以五年计划为核心的高度工业化

但是，苏联的工业化成就是何等惊人，其潜在的隐患也就同样之可怕。

任何经济发展的投资都必须由储蓄来提供，苏联工业化之前既没有足够的国内储蓄，也没有可借用的外国储蓄，唯一能够提供资本积累的就是占国家经济主要部分的农业。高速工业化向农民索取了劳动力和食物，但优先发展重工业的策略，却导致轻工业无法向农民提供消费产品来交换粮食。大量的劳动力从农业转向工业和城市，使得农民必须提供更多的粮食，而自己能保留的部分却更小。同时，还要养活日益庞大的红军，农民的境况日益恶化。

在正常的市场经济条件下，拥有土地的农民可以拒绝这样的不平等交换，而要求合理的价格，情况也正是这样发生的。1923—1927 年，工业产品的价格大大高过农产品价格，导致农民不愿向国家卖粮。1927 年，农民卖出的粮食只占收获总量的 13%，而在 1913 年，这一比例是 26%。这样，农民保持了较高的生活水平，但工业化的积累却断了来源。

苏联的集体农庄生活

在这样的情况下，斯大林认定传统的农业模式不足以支持工业化的积累需求，必须搞强制性的集体农庄和国营农场，土地、生产工具和牲畜公有化，迫使农民生产并忍受更低的生活水平。结果是农民宁愿杀掉牲畜，也不愿无偿地交给集体农庄。在1928—1933年的集体农庄推行期，苏联的耕牛从3 070万头，下降到1 960万头，羊从1.46亿只剧减到5 000万只，马从3 350万匹降到1 660万匹，农民的生产积极性受到严重挫伤[10]。从此之后，一直到苏联解体，农业成了苏联的心腹大患，在如此辽阔的领土上，苏联的粮食却经常养不活自己的人口。一个沙俄时代的粮食主要出口国，在苏联的中后期却日益变成了一个粮食进口国。到20世纪70年代后期，苏联粮食进口的规模已严重威胁到苏联政治经济的稳定。最终，粮食危机成为商品短缺、特权丛生、民众不满、贸易失衡和经济崩溃的重要原因。

德国给力，苏联工业化加速

工业，特别是重工业和军事工业，除了巨大的资金投入，更重要的是必须具备复杂的生产技术、先进的组织管理、综合的配套设备、各类专业的人才，工业革命对世界各国的渗透速度、深度和广度，决定了这些国家在20世纪的命运。

20世纪20年代，苏联还是一个典型的农业国，而且是被西方国家进行严密经济封锁的社会主义国家，但在7年国际、国内战争的严重摧残之后，经济刚刚才有了些起色，工业基础仅有沙俄时代残留的一些几乎废弃的工业设备和早已落伍的技术。在这样的情况下，在10年之内，居然要赶上西方发达的工业国，斯大林是不是疯了？

20世纪20年代初，当哈默在苏联开始石棉矿承包冒险时，他不能想象苏俄的工业技术和设备落后到什么样的程度。“我一生当中还从来没有见过用这样陈旧的办法来采矿的。工人们用笨拙的手钻开凿矿石，通常大约需要三天才能钻出一个足以安放炸药的洞来。炸碎的矿石是装在筐里用人背上高处台阶的，在那里，工人们坐成一排一排的，用小锤将石头敲碎。矿石经过清洗后，就由农民用小车把它们运到10里外的火车站。”原始的手工开矿代表了当时苏联普遍的工业水平，这与现代工业相距何止千里之遥！哈默首先进行的就是设备更新，他带来了发电机，从美国引进了气动钻，用捣碎机取代了小榔头，机械化的操作成为当地轰动一时的新闻。他用电锯取代传统的木锯，几分钟就完成了从前一整天才能完成的伐树锯板的工作，方圆25公里的苏联人都来看热闹，他们拖来自家的木头，就想亲眼看看“餐刀切奶油”般的电锯究竟藏着什么古怪。

技术扩散首先是设备引进，其次是人才培养。哈默引进了福特公司生产的拖拉机，他找来福特公司的工程师对俄国人进行培训，教他们如何使用拖拉机来抽水、锯木、驱动发电机和耕地。当他们的50台拖拉机浩浩荡荡地从港口开向市中心时，引发了极大的恐慌，俄国人以为是美国和英国的坦克开始入侵了。后来，当得知是耕地用的拖拉机后，成千上万的农民上街围观这些从美国运来的新奇玩意儿。

难怪列宁说，俄国的工业比西方落后50~100年。

1927年的苏联经济，大致相当于中国1953年的水平。中国20世纪50年代由苏联援建的156项大型工业项目，打下了坚实的工业化基础。对于一个农业国而言，工业的技术和设备，以及它们带来的巨大生产力是神奇而不可思议的，学习和使用这些技术设备就已经需要消化吸收相当长的时间，更不用说去生产制造这些复杂的工业设备。这不仅需要深厚的理论知识，更需要大规模生产的实践经验，以及组织管理生产的能力。如果没有当时苏联和东欧社会主义国家提供的24亿美元贷款和苏联援华派出的18 000多名专家，带着全部工厂的所有机器设备的图纸，历时13年手把手地传授中国的工程师和技术工人们，中国能在10年时间里就奠定钢铁冶金、有色金属、石油化工、机械加工、汽车造船、电子工业、飞机制造等重工业的基础吗？苏联这种工业技术扩散式的援助，其意义在于帮助中国形成了自己的工业造血功能，这远比24亿美元甚至100亿美元的现金援助意义重大得多！

同样的道理，以苏联20世纪20年代中期的基础来看，斯大林的

10 年内赶超西方工业国家的目标，如果没有外国技术的大规模扩散，根本不可能实现。那么是谁，能够在当时的历史条件下，提供这样的援助呢？

答案就是“一战”后，无时无刻不在准备推翻《凡尔赛条约》的不公平待遇，一雪前耻的德国。

早在 20 世纪 20 年代初，德国军方就对《凡尔赛条约》对德军的种种限定视为奇耻大辱，德国不能发展空军、海军，不能拥有坦克、大口径火炮和反坦克炮等重型装备，陆军被限制在 10 万人的规模。德意志民族与生俱来的傲慢在战败屈辱的不平等条约的煎熬下，必然形成强烈的反叛意志。而德国军方和军火工业巨头们，正是这种反叛意志的直接体现。但是他们明白，英法的实力在当时有着压倒性的优势，明着对抗显然行不通，但暗地里，德国一刻也没有停止尝试“曲线救国”的办法。这时，苏联就成了最好的伙伴。

1922 年热那亚经济会议期间，
苏联与德国签订《拉巴洛条约》

1922 年在热那亚经济会议上，英国主导的国际联盟正在努力向世界各国央行推销诺曼发明的金汇兑本位制，德国和苏联也派出了自己的代表团参加了热那亚会议。不过，战败的德国只有听从发落的份儿，而苏联更是不入流的异类，这两个国际社会的“孤儿”在会议上插不上嘴，备感“同是天涯沦落人”，惺惺相惜。苏德在此次会议中，签订了苏德《拉巴洛条约》(*Treaty of Rapallo*)，相互取消彼此的战争赔偿要求，全面恢复两国外交关系，建立紧密的贸易同盟[11]。英法为之震惊。

德国很快就成为苏联最大的贸易伙伴。

德国“国防军之父”塞克特（左）

德国备受英法的压制，又面对波兰强烈的敌意，与苏联交好不仅在贸易上可互谋其利，而且在政治和军事上，也有削弱波兰、减轻英法压力的重要作用。

被后人称为德国“国防军之父”的塞克特将军，就是坚持与苏联建立军事与工业合作的首倡者。塞克特在“一战”后，事实上成了德国军队的灵魂，尽管德军的参谋本部被英法强令废除，但塞克特以兵务局的名义，将参谋本部这一德军超强战斗力的精髓保留了下来。在国防军10万人数的限制下，他的应对之道是将每一名士兵都变成未来军队的种子，每一名军官都具备未来将军和元帅的能力，一旦开动战争机器，这10万人立刻就能培训和组建百万大军。“二战”中的许多名将，如隆美尔、伯克、龙德斯泰特等元帅都出自塞克特的帐下。后来，他还曾来到中国，成为蒋介石的军事顾问，提出了影响蒋介石一生的三大建军思想：军队为统治权力的基础，军队的威力在于素质的优良，军队的作战潜能源自军官团的培养。

事实上，在德国魏玛共和国时代，塞克特的10万精锐的国防军，确实是政权能否巩固的决定性因素。就连希特勒上台后想稳固纳粹的权力，都不得不与国防军合作，甚至剿灭自己一手扶植的冲锋队。正是因为希特勒不信任也无法最终控制国防军，才组建了纳粹自己的党卫军来制衡国防军的势力。

塞克特是这样判断苏德《拉巴洛条约》的：“尽管（与苏联的贸易）对德国很有好处，但它（条约）的经济价值并非主要方面，政治意义才是关键所在。苏德关系的进展，是和平迄今为止，德国所取得的最大的也是唯一的权力增长。这种关系的进展，在一般情况下从经济合作开始是理所应当的，但是（苏德）合作的力量在于，这种经济互动将为未来的政治和军事的合作铺平道路。”[12]

1921 年初，塞克特在国防军中组建了代号为“R 小组”的部门，由亲信施莱歇尔（1932 年任德国总理，并成为希特勒和纳粹的领路人）负责，专门与苏联对外贸易人民委员会主席格拉辛对接，建立德国对苏联军事工业的秘密援助。1921 年 9 月，苏德双方代表在施莱歇尔的公寓中开始了秘密会谈，双方就德国对苏联军事工业进行金融和技术的援助达成了实施细节的一致。当然，苏联方面也必须回报德国国防军，这就是允许德国军方在苏联境内建立军事工业所需的兵工厂和训练基地。

随后，施莱歇尔代表德国军方成立了若干家壳公司（其中最有名的就是厨具品牌 GEFU），这些公司负责德国军方向苏联军事工业提供的第一笔 7 500 万马克的资金援助。1922 年 3 月，第一批德国军工专家来到苏联。一个月之后，德国容克飞机公司在莫斯科郊区的菲力地区，开始建设现代飞机制造厂；克虏伯军火公司在苏联南部动工兴建重型火炮生产企业。随后，德国军方的飞行训练学校、坦克测试学院、化学武器生产厂、潜艇建设基地，也陆续在苏联境内兴建起来[13]。

大批德国军工技术专家被派往苏联，手把手地帮助苏联工程师们建立起飞机、坦克、大口径火炮、化学制品等一系列制造工厂。这些工厂的建成投产，一方面使苏联获得了极端宝贵的先进工业技术的扩散，培养了一大批军事工业的工程师，同时学到了德国工业精细化的生产管理技能，大大缩短了苏联与工业化国家的技术水平差距；另一方面，这些工厂使德国得以在实践中测试各种新的技术和发明，生产《凡尔赛条约》所禁止的各种重型装备和军用飞机，维持德国军事技术的世界领先水准。德国在苏联的掩护下，在长达 5 年的军事工业合作中，逃避了英法巡视员对德国军事工业是否符合《凡尔赛条约》要求的检查。

1928 年，德国军事工程师在苏联化学武器工厂的合影

在 1922—1927 历时 5 年多苏德军事工业合作的蜜月期里，也正是苏联国内争论工业化道路的关键时期。正是在德国军事工业的帮助下，苏联获得了工业化所需的技术、设备、经验和人才。当苏联在 1928 年开始了第一个五年计划时，只需将这些宝贵的工业技术扩散加以几十倍地放大，工业化的车轮就会隆隆地滚动起来。

卢布帝国的扩张

莫斯科对参与布雷顿森林体系和削减其控制之下地区的贸易壁垒的拒绝，不是冷战的结果，而是其原因。[14]

——加迪斯

第二次世界大战后，美国将苏联与东欧纳入美元帝国版图的梦想破灭了。敬酒不吃吃罚酒，美国决定将苏联和东欧地区判处“经济流放”和政治军事遏制的“无期徒刑”。当 1947 年美国开始对欧洲实施“美元化战略”的时候，苏联与东欧被变相拒绝了。

“马歇尔计划”本质上就是通过该计划替代德国的战争赔偿，在实现以美国金融势力集团主宰欧洲重建的同时，严重打击苏联经济的重建进程。《雅尔塔协议》和《波茨坦公告》中明确了苏联从德国获得的战争赔偿，可以用德国的机器设备、工业企业、汽车、轮船、原材料等形式来支付，而当时苏联受到的战争损失极其严重，几乎丧失了出口赚取外汇的能力，因此德国的战争赔偿将成为苏联经济重建过程中最重要的外部资源。“马歇尔计划”的核心就是变相废除德国对苏联的战争赔偿，代之以美国向欧洲提供金融援助。虽然表面上该援助同时也向苏联和东欧开放，但“马歇尔计划”所提出的经济自由化等条件与苏联的计划经济体制格格不入，从而“被迫”将苏联和东欧排除在援助范围之外。

苏联则通过在德国大规模拆卸重工业设备，席卷一切值钱的东西，“抢回了”大约660亿马克的战争赔款，更为重要的是，苏联人没有忘记工业技术扩散中最具创造力的财富——人才，虽然美国人抢先下手弄走了德国最优秀的120名火箭专家，但苏联仍然成功地截留住了剩下的3 500名工程师和优秀技术工人，这些人正是苏联引以为豪的导弹事业的核心骨干。

在没有美元的援助下，苏联依靠自身的努力经过短短的5年时间，就实现了经济的迅速复苏，1950年的工业产值甚至超过了战前水平。随着经济实力的康复，面对美国的“经济流放”政策，苏联开始了“挖墙脚”的反击战。从20世纪50年代初开始，苏联

20世纪五六十年代，美苏争霸不仅体现在政治和军事领域，同样也存在于货币较量中

对一系列美元帝国版图中最薄弱的地区展开了经济攻势。

对于美元帝国而言，苏联每次向另一个地区或国家扩张其经济势力，美国就会失去另外一个正常的市场。

新中国的建立，使得美国丧失了太平洋西岸最大的一块美元占领区。20 世纪 50 年代初，苏联大规模对华援助，意味着中国工业化的进程将会大大加速，从而形成了对美元帝国的潜在威胁。

同时，苏联在中东的英镑区也开始发动颠覆性的进攻。1956 年，苏伊士运河危机使英法在埃及的势力受到美国的严重削弱，美国对英法一切旨在恢复帝国殖民体系的企图，都毫不犹豫地采取严厉的制裁。但在打击英法之后，美元还没来得及进入，卢布却以迅雷不及掩耳的速度扑了进来。到 1958 年，苏联已经在埃及、叙利亚和也门打入了卢布的楔子。

对于埃及而言，卢布援助符合本国经济发展的长期利益。埃及制订了自己的五年计划，涵盖了整个现代经济的各个领域，只要埃及需要，苏联就会提供帮助。当然，天下没有免费的午餐，苏联不是搞慈善。既然美国通过布雷顿森林体系，建立起美元帝国，为了打破美元区的封锁，苏联就必须建立自己的卢布帝国。经济援助的核心，就是扩张卢布的势力范围，蚕食美元区的势力。因此，苏联对埃及提供的是卢布长期贷款，价值 1.78 亿美元，时限长达 12 年，利息仅为 2.5%，比西方商业贷款低一半 [15]。为了占领北非的卢布桥头堡，苏联可谓不惜代价。在埃及的沙漠中，苏联现代化的石油钻井已经开始生产，未来为埃及兴建的石油精炼厂的计划也在如火如荼地展开。为了从经济上将埃及纳入卢布区，苏联还为埃及的主要出口创汇拳头产品棉花，敞开了国内市场的大门，而此时埃及的棉花出口正被西方拒之门外，这对埃及可谓是雪中送炭。不仅如此，苏联还送来了埃及正急缺的粮食和燃油。埃及人觉得并不吃亏，它得到了宝贵的技术扩散，苏联的出口市场，急缺的重要物资，同时赢得了苏联的政治军事保护。

苏联对埃及棉花的进口价大大高于世界市场价格，使得西方市场对于埃及变得失去了诱惑力。在大量囤积棉花之后，苏联拥有着抛售棉花扰乱西方市场、骚扰美元帝国正常经济秩序的能量。美国扛着维持世界市场秩序的负担，而苏联的市场游击战，搞得美国无比抓狂。高价收购的棉花，再由高价出售的工业设备利润加以弥补，苏联的经济小算盘打得并不亚于美国。

在叙利亚，苏联的工程师们开始忙着测量整个国家，为未来援建的飞机制造厂选址。苏联的石油专家们已经在为东北沙漠地区的石油开采做最后准备。更令中东人开心的是，苏联准备在该地区安装核反应堆，为将来的核电厂提供大笔卢布贷款[16]。

不仅苏联在行动，而且东欧国家也在紧跟苏联的卢布扩张战略。捷克为埃及建设了非洲最大的军火生产体系，在开罗近郊铺开了非洲最大的陶瓷生产企业的工地。在也门，苏联的工程师们正在建设红海最大的现代化港口，这是也门历史上第一个大型公共工程。在苏联的协调下，中国也没闲着，帮助修建了贯穿也门萨那至荷台达的公路。

约旦则爆发了卢布与美元的直接对抗。自英镑的势力于 1957 年撤出之后，美元则留了下来。但是美国对这么小的约旦到底能发挥多大作用，始终举棋不定。而对于苏联而言，苍蝇肉也是肉，只要能撬开美元区在中东的任何一块领地，就意味着卢布能够多一个阵地，未来总有机会将这些分散的卢布根据地连成一大片卢布区。约旦自己有个雄伟的工业化梦想，而圆这个梦想的钥匙就是一个连通全国的交通大动脉。就在美国犹豫之际，南斯拉夫和波兰带着卢布杀了进来，约旦在苦等美国审批援助贷款漫长的流程中，最终耗尽了耐心。卢布区再下一城。

亚洲在美元与卢布的争霸中，地位举足轻重。亚洲不仅地域辽阔，人口多达世界的 1/4，而且还有为数最多、规模最大的欧洲殖民体系，其资源种类丰富，原材料富甲天下，既是美国防范英镑区死灰复燃的战略重点地区，又是抗拒苏联卢布经济渗透的前沿阵地。美国从战后重建开始，对亚洲地区可谓不惜血本，已大举砸进 10 亿美元的援助巨款。美国不仅提供经济援助，而且向亚洲国家开放本国市场，目的只有一个，就是将国民党统治下的中国、日本、韩国以及东南亚地区的国家紧紧绑在美元区之内。到20世纪50年代中期，亚洲成了名副其实的美元占领区。难怪国民党撤离大陆后，美国发出“谁丢掉了中国”的惊呼，其实更准确的表达应该是“谁丢掉了美元帝国的中国版图”。

苏联人在缓过战争恢复阶段的经济困难期之后，于20世纪50年代中期开始在亚洲地区大举发动卢布攻势。仅仅在1955—1958年的三年中，苏联就向7个亚洲中立国大举投入6.5亿美元的卢布援助[17]，这还不包括向中国156个重点工程投入的3亿美元，其三年投入的经济资源已接近美国10年总投入的3/4。从中国到朝鲜，从东南亚到阿富汗，到处都是苏联专家和工程师们的身影。

中立的印度，成为美元与卢布在亚洲争雄的主战场。尽管苏联投入的资金规模不及美国的一半，但苏联成功的卢布影响力运作却大大抵消了美元的实力。在印度最大的比莱钢铁公司，计划完工后的钢产量将达到100万吨，占印度全国钢产量的1/5，雇员人数高达5万人，这也是印度第二个五年计划的扛鼎之作。美国人出钱最多，但给印度人的印象却是苏联人是这项工程的主要功臣。原因在于，大批苏联工程师进驻工地现场，他们不像美国专家那样对艰苦的生活条件牢骚满腹，工资待遇只有美国人的一半，但他们却热情耐心地帮助印度同行尽快掌握和消化技术难点。在大多数情况下，苏联工程师并不是根据合同要求，仅仅提供咨询建议，而是直接上手与印度人一起干具体的工程细节。可以毫不夸张地说，苏联在突破美元围困的攻势中，调动了最大的潜力和主动精神。

卢布并不仅限在欧亚非发动了对美元的“反围剿”作战，而且还将“黑手”直接插到了美国的后院——中南美洲。自从门罗宣言之后，中南美洲被美国划入了自己的势力范围。苏联对美国后院下手较晚，同时也更隐蔽。为了不激烈地刺激美国，在更多的情况下，苏联的意志是通过捷克与波兰援助来体现的。1958年，当智利总统准备善意出访美国寻求更多市场机会时，美国却冷冷地甩下一句，即将开始对铜制品的进口恢复高关税，而铜却是智利贸易的生命线。美国不讲情面，迫使智利总统取消了访美计划。智利的贸易面临巨大的危机，此时，苏联与民主德国出现得恰到好处，两国大量购买智利的铜制品，并暗示更多的订单还在后面。虽然苏联并没有承诺未来一定会采购，但已经在智利激起了巨大的苏联热潮。这是苏联玩影响力杠杆的高明之举。

当阿根廷迫切需要1 500万桶石油，而又囊中羞涩没有美元向美国采购时，又是苏联扮演了扶危救困的白马王子，它不仅答应出售石油给阿根廷，而且还低于国际市场价格。没有美元？不要紧，苏联接受原材料支付，而阿根廷正愁原材料卖不动呢！苏联简直成了阿根廷的大救星。

阿根廷的邻居乌拉圭正面临经济破产，它最大的出口产品羊毛，被美国对羊毛的特殊高关税逼得无路可走。同时，美国在粮食市场的倾销，害得乌拉圭的农业身处水深火热之中。而乌拉圭急需的石油、现代工业设备和交通基础设施，却由于没有美元而无法购买。乌拉圭痛斥美国人搞鬼，在即将大选之际，美国试图扳倒现任政府，换上更加亲美的人来掌权。苏联人此刻又如观音菩萨般降临了，它先是采购了1 800万美元的羊毛，支付的不是卢布而是硬通货英镑，接着又卖给乌拉圭125万桶石油以解燃眉之急，而且还是低于国际市场价[18]。乌拉圭人举国欢呼苏联人够义气。

紧接着，在巴西再度上演了一出大戏：大选前，巴西首要出口商品咖啡突然滞销，库存大量积压，外汇收支急剧恶化。咖啡对于巴西，正如铜对于智利、羊毛对于乌拉圭的意义一样。而这些大宗商品的定价权都掌握在美国手中，如果中南美洲哪个国家的总统不听话，美国只需通过经济手段，就足以使该国经济急剧恶化，在大选中败下阵来。但苏联进来这么一搅和，美国的好戏纷纷砸了场子。巴西与其他中南美洲的国家一样，富有各种农产品和原材料，但缺乏石油和美元，一旦贸易收支逆差，国内经济顿感窒息。苏联还是老办法，石油换巴西的咖啡、可可、棉花和原材料，一举扭转了巴西的经济困境。而此时巴西甚至尚未与苏联建立正式的外交关系。自此以后，巴西开始对苏联热情高涨。

外交的目的，就是扩大一国的势力范围。而所谓的势力范围，就是该国货币能够到达的流通域极限，在此范围内能够有效地影响当地的经济和政治。在国际关系中，从来不存在单纯的政治影响力，有的只是以政治面目体现出的经济影响力，也就是货币的实力！

经济援助和卢布外交，已成为苏联对付美元帝国的大规模杀伤武器。

粮食困局，高速工业化的恶果

卢布对美元最具冲击力的时期就是 20 世纪 50 年代，苏联战后成功而迅速的经济复苏，为卢布版图的大规模扩张创造了条件。但是，苏联经济的好景却不长，进入 60 年代后，苏联的经济增长逐渐乏力，制约了卢布的扩张势头。美元与卢布进入了战略相持阶段，而 80 年代美元则开始发动了决定性的反攻。

苏联经济首先暴露出问题的领域就是农业。一个占地球陆地面积 1/6 的庞大帝国，仅有不到三亿的人口，居然在 20 世纪 60 年代以后的大多数年份，不得不依赖越来越多的粮食进口才能养活自己，这的确是件令人匪夷所思的事情。俄国并非无法自给自足，事实上，俄国直到 20 世纪初，仍然是世界上最大的粮食出口国，占据了世界粮食出口总量的 45%。而苏联在 1980 年以后，却成了世界上最大的粮食进口国，占世界粮食进口总额的 16.4%[19]。60 年代中期是苏联粮食问题开始恶化的一个重要分水岭。

的确，20 世纪 30~50 年代是苏联经济发展的黄金 30 年，苏联倾全国之力搞工业化获得了非凡的成功。用丘吉尔对斯大林的评价来概括就是：“苏联在他上台的时候仅仅是一个落后的农业国，而在他去世之际却是一个装备了原子弹的世界超级大国。”但是，极度的倾斜发展必然隐藏了极度的增长隐患。

曾任俄罗斯政府代总理的盖达尔，曾这样概括苏联的农业问题，“集体化，剥夺农民迁徙、选择工作和居住地点的自由，强迫从事无偿劳动，必须依靠个人副业养家糊口，这一切都无异于恢复了农奴制。差别仅仅在于，国家并非充当了农奴主之一，而是变成了唯一的老爷。在拥有监控和实施暴力的现代手段的条件下，在缺少道德约束的情况下，政府坚信，较之对工业基础建设投资的增长，农村所发生的事情无关紧要。所有这一切都突破了农业社会特有的向农民索取资源的最大限度，而将资金从农村向城市实行再分配的规模之大，在世界历史上也绝无仅有。如果农村的劳动是强制性的，如果劳动变成了某种形式的劳役地租，那么就不可避免地会恢复俄罗斯文学中所描绘的俄国废除农奴制以前的劳动道德标准”。[20]

“只有傻子才爱干活”，正是这种苏联农村劳动道德标准的真实写照，人在为自己和自己家人干活时的热情与为公家打工时所表现出的慢怠，已经在许许多多的国家和社会中被反复验证了。懒惰懈怠的工作态度，二等公民的社会待遇，微薄的收入水平，迫使农村人口中最具文化、最有能力、最身强力壮的劳动力，不惜一切代价也要奔向城市生活，这种“鲤鱼跳龙门”的冲动和压力，使得农村丧失了最具生产力的精华。

在工业革命时代，一个国家最关键的发展，要看工业技术扩散的规模，而进行工业技术扩散的核心要素，就是人才。只有人的创造性参与，才能将技术、设备、资金、原材料整合成最终的产品。在苏联工业化的过程中，它成功地关注了工业技术扩散的效应；而在农业经济发展中，却忽视了农业增长同样需要技术扩散，而实施农业技术扩散的，必须是同工业人才同等优质的农业人才，才可能产生同样的投资效益。大批农业人才的流失，无论是主动还是被动，都造成了苏联农业问题无法用加大投资来缓解的困窘。

在美国或西欧，农场主与城市人口之间，并无阶层地位上的差距，也并不存在收入上的明显鸿沟，选择从事农业或者定居城市，往往取决于个人的生活志趣偏好，因此，发达国家的农业人口素质使之能够承载资本高投入所期待的高回报。

当苏联政府明白过来不能再继续剥削农业时，工业的积累也具备了反哺农业的能力。苏联政府从20世纪60年代初开始逐年增加对农业的投资力度，从1960年农业投资占苏联经济总投资的14.3%，增加到1980年的20.1%，由于经济总规模的扩大，对农村的投资规模无论是绝对数字还是相对比例，都已经达到相当惊人的水平，但苏联的粮食却在多数年份无法满足国内需求。1960年，苏联尚可出口部分粮食，而到1970年却不得不进口220万吨，到1982年剧增到2 940万吨，1984年更达到4 600万吨!

正如安德罗波夫在60年代所说："农业尤其糟糕，今后再也不能容忍连国家都养不活、年年不得不进口越来越多粮食的情况了。再这样下去，我们很快就要饿着肚子过日子了。"1963年，由于农业歉收，外汇又严重不足，苏联不得不出售372.2吨黄金，在国际市场上买粮食。苏联一次就损失了黄金储备的近1/3，赫鲁晓夫视之为奇耻大辱。到1965年，苏联不得不再次出售了335.3吨黄金来购买粮食，这回大家已经习以为常了。再往后就越来越麻木了。

为什么苏联的粮食会出现如此巨大的亏空呢？导致这一局面的直接原因就是20世纪30年代的高速工业化和城市化。工业化使得人们的工资收入不断增加，越来越多的城市人口对于食品供应的数量和质量要求也随之提高，特别是对于肉、蛋、奶等高营养价值食品的追求，导致更多的粮食被畜牧业的饲料所挤占，这使得粮食短缺问题更加恶化。

从20世纪60年代中期开始，苏联国营商店的平价肉就失去了踪影；到70年代初，各大城市排队等待购买食品的现象日益普遍；到了80年代，连凭票供应的食品也难以搞到。这一切，严重破坏了人民对政府的信任。再加上分配中出现的各种特权现象，更加重了大众的不满情绪。

一方面，苏联工业化造成农业经济长期不振，粮食无法自给自足；另一方面，畸形工业化挤压了轻工业部门的资源，难以生产出在国际市场中有竞争力的产品，无法换回外汇。结果，为了缓解粮食短缺的危机，苏联不得不主要依靠出口石油来换得硬通货。

终于，苏联将自己的经济软肋暴露给了虎视眈眈伺机下手的美国。

石油峰值，苏联跌向深渊

苏联历来是石油和黄金的主要生产大国，由于黄金的年生产量不足以支撑缺口越来越大的粮食逆差，石油于是成为苏联最后一条换取外国粮食的希望之路。没想到这条路却是一条美元伏兵埋下绊马索的绝路！

苏联的工业和农业都严重依赖石油，这使得苏联原有油田的生产能力仅能满足国内和援助卢布区内卫星国的需求，所以无法大规模出口创汇。

1960 年西伯利亚大油田的发现，就成为苏联通往粮食富足和政治稳定的美梦的起点。在整个 70 年代，西伯利亚的石油如同上帝的恩赐，将源源不断的财富塞进了苏联的国库。1971 年布雷顿森林体系解体，美元与黄金的脱钩，严重震撼了国际市场，美元严重贬值加速了黄金和石油价格的飞涨。两次石油危机的爆发，更使得石油价格如脱缰野马一般狂飙直上。苏联就如同中了头奖的暴发户，花不完的银子，享不尽的荣华。石油美元暂时填补了粮食赤字的巨大亏空。在预期油价未来将无限美好的幻觉中，苏联开始了与美国进行核武器的对峙，强化军备竞赛，进而陷入阿富汗战争的泥沼。

70 年代是卢布最后一次与美元势均力敌的较量。当美国收服了沙特等石油输出国，定好了石油美元的基本国策，然后采用了高利率撒手锏，制伏了通货膨胀和美元危机两只猛虎之后，美元的困难终于扛了过去。

美国终于腾出手来，准备收拾卢布了。

1977 年 3 月，CIA（美国中央情报局）给美国政府递交了一份秘密备忘录《即将来到的苏联石油危机》[*The Impending Soviet Oil Crisis*（ER 77–10147）]，在备忘录中，CIA 指出，“苏联石油产出的峰值将于 80 年代初来到，在下一个十年（指 20 世纪 80 年代）中，苏联会发现它自己的石油产量，非但不足以向东欧和西方提供目前规模的出口，而且还不得不与欧佩克国家竞争自身的石油供应。这标志着目前的情形（指苏联石油贸易巨额顺差）将发生逆转，对西方的石油出口占据了苏联 40% 的硬通货收入”。备忘录明确提出：“当石油产量停止增长，甚至在此之前，苏联的国内经济和国际贸易关系就将受到深远的影响。”[21]

CIA 的备忘录依据的是石油峰值理论。“石油峰值”说源于 1949 年美国著名石油地质学家哈伯特发现的矿物资源存在着所谓“钟形曲线”的规律。哈伯特认为，石油作为不可再生资源，任何地区的石油产量都会达到最高点，达到峰值后，该地区的石油产量将不可避免地开始下降。1956 年，哈伯特大胆预言美国石油产量将在 1967—1971 年达到峰值，以后便会下降。当时美国的石油工业蒸蒸日上，他的这一言论引来很多的批判和嘲笑，但后来美国的确于 1970 年达到石油峰值，历史证明了他预测的正确性。

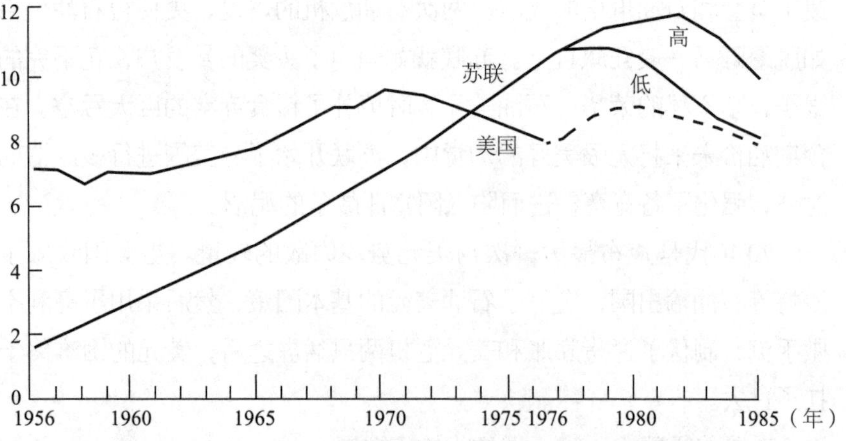

1977 年 3 月，CIA 在《即将来到的苏联石油危机》备忘录中对苏联石油峰值做出的预测

正是由于 20 世纪 70 年代初美国石油峰值的到来，才使中东两次石油禁运对美国经济产生了强大的杀伤力，其程度远远超过美国政府的想象。如果以美国市场经济的高度弹性尚且难以抗拒石油短缺所造成的巨大冲击来看，那么苏联封闭而僵化的经济体在石油危机的影响

下，将必然会面临更加沉重的打击。特别是由于石油出口对于苏联粮食供应的重要影响，可能使石油成为一种严重破坏苏联政治稳定的战略武器。

重要的不是“石油峰值”理论是否正确，而是美国已认识到该理论不仅能够影响市场预期，而且这种预期能为美国所利用，去实现自身重大的战略目的。

80 年代初，当里根政府上台后，CIA 的这份备忘录明显影响了美国政府的政策选择思路，这就是利用石油战略来打击苏联脆弱的经济平衡和政治稳定。

1979 年，苏联为了取得从陆地进入印度洋与美争霸的道路，同时为了获得波斯湾丰富的石油资源，悍然发动了阿富汗战争，一周之内即控制了阿富汗全国主要城市及交通干线，切断了阿富汗与巴基斯坦、伊朗边境上的主要通道。面对苏军强大的压力，中东各产油国无不心惊胆战，它们开始急速调整与美国的关系。

1981 年 4 月，CIA 的局长凯西秘密访问沙特。凯西曾在“二战”中从事对德国的经济战工作，成效斐然。双方开始策划如何利用石油武器对付苏联。

1985 年，苏联的石油开采量在历史上首次开始下降，美国等待已久的苏联“石油峰值”的时刻终于到来了。

在美国的授意下，沙特宣布石油开采规模扩大两倍以上，立刻引发石油价格出现了史无前例的大暴跌，苏联石油出口创汇的收入随即跌入深渊。对东欧各国的石油援助无法持续，导致外债深重的东欧马上陷入经济衰退和政局动荡。苏联数千万吨的粮食进口希望化为泡影，社会食品的极度短缺加剧了人民对政府的愤怒；已大规模铺开的新建设摊子，由于没有外汇难以进口外国的设备而陷入瘫痪，再加上阿富汗战争的巨大消耗，财政收支严重恶化；为支持新建设所借来的大规模外债，让苏联陷入难以偿还的窘境；军工复合体为了与美国进行军备竞赛所急需的资金，突然没了着落，导致军方不满情绪激增。

苏联在内忧外患、债台高筑、财政濒危、众叛亲离的险恶环境之下，已经滑向了全面的政权危机的边缘。

美元痛下石油匕首，卢布含恨魂归西天

1971 年之后，美元的本位制已经从名义上的黄金转向了实质上的美国国债，而卢布则是从 20 世纪 30 年代开始一直采用了黄金名义下的“计划本位制”。

在美元的世界里，一切经济活动的本质，都是由一系列交易所组成，而交易的发生，就是货币与商品换手的过程。因此，货币深深地植入了经济活动的一切领域，正是商品交易产生了对货币的需求。

在早期的简单交易中，买卖双方基于一手交钱一手交货的原则，交易规模的扩大与货币的增长同步发生。此时，金钱呈现“刚性”特质，金钱的背后代表着已经存在的商品，其主要形态就是金银。随着交易距离的扩大，买卖双方出于对运输和方便性的考虑，逐渐接受了赊账的方式，由此产生了商业信用，即交易已经发生，金钱尚未支付。商业信用起到了替代金钱促成交易的作用，这种延期支付的体现形式就是商业汇票。随着商业信用规模的扩大，商业汇票与金钱共同形成了促进商品交易的货币供应，货币日益体现出“弹性”特点。这就是西方资本主义的第一个时代——商业资本主义货币信用的主要特征。

工业革命的兴起标志着资本主义第二个时代——工业资本主义的来临。工业技术带来了商品生产的爆炸式增长，工业发展所需的资金周期长、规模大，为争夺资源和市场所爆发的战争，产生了对货币的更大需求，工业信用、国家信用、商业信用与金钱一同构成了更大规模的货币供应，来促进工业时代巨大的商品交易过程。由于工业与国家信用都是一种未来支付的承诺，而且时间比商业信用跨度更大，因此，货币供应中的“债务成分”更加突出。

但是，苏联所建立的计划经济模式，从制度上否定了私有制，也

就间接排斥了商品交易的理念。卢布的需求，不再源于交易，而是计划的产物。

如果由国家来统一制订各经济部门的生产计划，这种计划足够精确，而且足以涵盖所有经济活动细节的话，那么，生产部门所创造的一切产品，将正好满足消费领域的需求，经济活动将如时钟一般精确无误。货币的本质就是促进交易，如果交易各方所需的产品数量和种类，事先都已被全部计算清楚了，那么交易的本质就成了以物易物，货币仅仅是统计交易发生的计量单位。

基于计划经济的理念，卢布是严格根据经济活动的事先计划，由苏联国家银行创造并直接被塞进经济运转的链条中，不是作为一个主动的参与者，而是作为一个被动的记录者而存在的。卢布所统计的只是产品周转的总量。

从发行的角度来看，卢布是一种典型的“计划本位制”货币。

20 世纪 30 年代初，当苏联完成计划经济模式后，在金融领域首先废除了企业之间的商业信用，实施了银行直接信用，因为商业信用是企业之间的“私下交易”行为，这种交易所产生的信用扩张效应，干扰了计划经济对产品周转的精确计算。同时，政府废除了旧经济组织之间的商业票据流通，使得苏联国家银行成为企业非现金结算的唯一机构，这是考虑到从前的商业票据结算组织在票据清算过程中，将迫使企业沉淀相当的资金用于结算准备，这些散落在计划之外的货币，同样会干扰经济时钟的准确运转。1931 年，苏联国内各经济部门的资金陆续集中到苏联国家银行的清算账户上，苏联国家银行正是用这笔钱进行了 73% 的短期贷款。

在计划经济模式下，货币与银行的功能大大萎缩，形成了“大财政、小银行”的格局。除了苏联国家银行之外，苏联只保留了 4 家长期投资的专业银行，央行基本上成为一个超级出纳，负责货币发行、短期贷款、结算等简单业务。

第一个五年计划中，银行体系对国民经济长期投资增加 1 倍，短期贷款增加 1.4 倍，结果，工业生产量同期增长 1.3 倍，商品交易总额增加 1.4 倍。卢布与经济的时钟基本同步。

可是，随着经济体系的进化，产业类别逐渐增多，相互关系日益复杂，计划的难度呈几何倍数地迅速飙升。苏联的国家计委仅仅为最重要的产品做出计划，也至少要制作 2 000 种产品的复杂平衡计划表，其他下属部门则据此再计算出 20 000 种产品的详细计划，然后逐级下达 [22]。经济活动中的各种变数层出不穷，企业面临的现实困难千奇百怪，计划的制订者们根本无法为经济活动的所有细节提供相应的预测，更谈不上监督所有企业的生产效率和产品质量了。而企业关注的焦点只是完成计划，缺乏改善工艺、提高质量、增加利润和强化竞争力的基本动机。

在斯大林时代，计划就是法律，完不成计划的后果与犯法无异，处罚、判刑，甚至枪毙都有可能，因此，计划执行的纪律性有着相当的保障。但从赫鲁晓夫时代开始，政府的权威性下降，计划的执行变成了可以"讨价还价"的过程，经济时钟的运转变得越来越不准确。

计划失效，不仅体现在计划本身的难以执行到位，更在于对经济内生的进化特质无法做出事先有效的人为安排。

麻烦的是，生产计划虽然频繁地出现难以完成的局面，而卢布却严格按照计划在进行投放。于是，经济活动中未完成的计划，体现为产品和服务的短缺，而货币供应根据计划的"精确扩张"，则产生了缺少实物对应的卢布过剩。苏联的通货膨胀，在初期并非以物价上涨的形式体现出来，而更主要的是以物资短缺为特征。从表面上看，苏联人的收入水平在增长，而在实际生活中，这些钱却买不到所需要的食品和消费品。同时，苏联缺乏金融市场的各种投资产品，使得过剩的卢布形成了更大的政治负担。

卢布的"计划本位制"与计划失效之间的矛盾，形成了苏联货币危机难以治愈的病根。

美元作为世界范围流通的货币，使美国得以有效地整合全球资源。国际贸易结算大部分采用美元，迫使苏联和卢布区国家必须出口石油和原材料，才能获得硬通货，以进口粮食和西方的技术设备。

美国在 1985 年苏联石油产量下跌之际，刻意压低世界石油价格，人为制造苏联外汇短缺，迫使卢布区国家向西方大举借债来满足进口需求。进口的刚性需求体现在，如果削减进口粮食，则会引发社会矛盾，激化政权危机；如果停止进口外国设备，就会拉大与西方的技术差距，从根本上削弱卢布区的经济潜力。更重要的是，苏联和东欧经济增长的主要动力，不是源于技术创新所产生的竞争力，而是靠不断新建项目扩大生产规模所形成的膨胀力，大型项目需要引进庞大的国外进口设备，停止进口就意味着无法承受的巨大的投资浪费。即便是到了苏联财政穷途末路的 1989 年底，未完工工程的规模仍达到 1 809 亿卢布，这些未完工工程在国家深刻的财政和货币危机背景下，吞噬了苏联财政收入的 4/5。

苏联的石油收入危机，迅速波及粮食进口和财政平衡，财政赤字又引发外债困难和经济萎缩，进而导致苏联对卢布区国家的外援减少，促使各国内部的离心力增强。

美国对付苏联的“石油匕首”，正好一刀扎在卢布的要害上，甚至连美国自己都没想到效果会如此之好。

1988 年，美国在苏联石油产量再度下滑之际，故伎重施，这一次产生的却是致命的后果。

1988 年，苏联和东欧的外债总额已达到 2 060 亿美元，其总规模已达到即使不增加新的外债，仅仅是债务成本也会导致债务总规模不断攀升的程度。到 1990 年，为偿还外债本息，苏联就不得不耗尽能源出口的全部所得。

苏联丧失了石油援助的魔棒，自身深陷粮食危机，硬通货告罄，再也无力维持需要紧急救助的卢布区其他国家。树倒猢狲散，苏联苦心经营半个世纪的经互会解体了，与之同时崩溃的是苏联的半个对外贸易市场。卫星国们纷纷改嫁西方。

在经济危机之下的政治改革，弱化了中央集权的向心力，加速了苏联各加盟共和国的主权独立。原本高度一体化的内部经济所形成的统一市场，为苏联提供了经济周转总额的半壁江山，随着各国相继独立，连接苏联整体的经济血脉被人为割断，国内市场陷入瘫痪，经济最终彻底崩溃。

苏联，一个曾经不可一世的帝国，在饱受内在经济病痛的折磨中，在美元破坏性的外部打击之下，终于土崩瓦解了。

注释

[1] Edward S. Mason and Robert E. Asher，*The World Bank since Bretton Woods*，The Brookings Institution，1973, p.29.

[2] George F. Kennan，*George F. Kennan Memoirs* 1925—1950，Pantheon Books，1967, p.292~295.

[3] Michael Hudson，*Super Imperialism-New Edition：The Origin and Fundamentals of U. S. World Dominanc*，Pluto Press，2003，Chapter 6.

[4] Ibid.

[5] George F. Kennan and John Lukacs，*George F. Kennan and the origins of Containment*，1944—1946，Universiy of Missouri Press Columbia，1997，p.10.

[6] Armand Hammer，*Hammer*，G. P. Putnam's Sons，1987，Chapter 12.

[7] [英] 毛里斯、柯立斯，《汇丰银行百年史》，中华书局，1979 年，第 109 页。

[8] 徐向梅，《俄罗斯银行制度转轨研究》，中国金融出版社，2005 年，第 33~37 页。

[9] Armand Hammer，*Hammer*，G. P. Putnam's Sons，1987.

[10] Carroll Quigley，*Tragedy and Hope：A History of The World in Our Time*，The Macmillan Company，1966，p.392~402.

[11] League of Nations Treaty Series，Volume19，327L, 1923.

[12] Wheeler-Bennett John，*The Nemesis of Power*，Macmillan，1967，p.133.

[13] Ibid.

[14] Michael Hudson, *Super Imperialism-New Edition: The Origin and Fundamentals of U. S. World Dominanc*, Pluto Press, 2003, Chapter 6.

[15] Howard K. Smith, *The Rubble War: A Study of Russia's Economic Penetration versus US Foreign Aid*, Columbia Broadcasting System, Inc,. 1958.

[16] Ibid.

[17] Ibid.

[18] Ibid.

[19] [俄] E. T. 盖达尔,《帝国的消亡：当代俄罗斯的教训》，社会科学文献出版社，2006 年，第四章。

[20] Ibid.

[21] CIA, *Intelligence Memorandum: The Impending Soviet Oil Crisis*, March 1977.

[22] 徐向梅,《俄罗斯银行制度转轨研究》，中国金融出版社,2005 年，第 26 页。

第四章

合纵连横，欧洲货币的崛起与困惑

CURRENCY
WARS

本章导读

今天，欧元问题令人眼花缭乱，欧洲债务危机此起彼伏。中国人需要去拯救欧洲吗？美国人到底对欧元是什么态度？欧元会解体吗？我们会看到一个欧洲合众国吗？人民币到底应该在欧元与美元之间扮演什么样的角色？人们的困惑，往往源于对历史缺乏纵深的了解。研究历史的目的，不是为了死记硬背过去已经固化了的人和事，而是从这些人和事中寻找仍然活着的智慧。

要洞察今天的欧洲，就必须理解过去的德法；要知道欧元的未来，就需要回顾欧洲货币联盟的起源；要明白欧洲央行今天的举措，就不能不知道德国央行的来龙去脉。

“二战”后的欧洲，一直存在着一个所谓的“欧洲影子政府”。没有它的推动，就不会有今天的欧盟和欧元，欧元的诞生并不是欧洲整合的结果，而恰恰是其手段，而它的终极目标将是建立一个“欧洲合众国”。目前我们所看到的欧元问题或欧债危机，都是创建这个“欧洲合众国”所必然经历的过程。

美国对于“欧洲合众国”的态度随着时间的变化而不同，从20世纪五六十年代的大力支持，到后来开始逐步防范。美国需要欧洲来围堵苏联，美国同样需要统一的欧洲市场来推动美国的出口，但前提是欧洲必须听话。戴高乐正是由于不能忍受美国的霸道，才开始攻击美元，并最终掀翻了整个布雷顿森林体系。

1971年之后，世界货币体系进入美元本位时代。与布雷顿森林体系的金汇兑本位制一样，美元本位制同样存在着无法克服的内在矛盾。

历史是今天的现实，现实则是明天的历史！着眼于现实，就是为了塑造未来的历史。

德国工业险遭“阉割”，罗斯福之死挽救了德国！

1945年，就在战争即将结束之前，有一件事情一直困扰着罗斯福，这就是战后究竟如何处置德国，才能确保未来“美利坚治下的永久和平”不会遭遇德国再度崛起的挑战。

无论是曾经的英国霸主，还是后起的美国领袖，在保持他们统治下的世界秩序时，最担心的都是像德国这样蒸不熟煮不烂，而且脑后生有“反骨”、极具爆发潜力的“和平破坏者”。在1914—1939年的25年里，德国两次挑战世界秩序，两次都让全世界伤筋动骨，罗斯福不得不仔细掂量，会不会有第三次呢？如果前两次拖垮了大英帝国，第三次可就是冲着美国来的了。“一战”之后，德国被戴上几乎永远挣脱不了的战争赔偿枷锁，《凡尔赛条约》严苛的限制更是紧紧地绑住了德国军事工业的手脚。在如此恶劣的条件下，德国竟然用了仅仅20年的时间，就再次打得英法老牌殖民帝国满地找牙，想起来就令罗斯福心惊肉跳。

在罗斯福的战后设计中，大英帝国将被肢解，苏联会是美国的贸易伙伴，那么，这个爱闹事的德国呢？最好是进行“工业阉割”，永绝后患。正如曹操当年在白门楼擒住吕布，吕布大叫绳子绑得太紧，曹操回道：“缚虎不得不急也。”在罗斯福的授意下，时任美国财政部部长摩根索制订了“摩根索计划”，将德国的重工业基础彻底摧毁，使德国经济退回到 100 年前的农业时代。

罗斯福 1945 年 4 月突然去世后，杜鲁门总统和一大批反对罗斯福战略的人，联手推行战后的“修正主义”，颠覆了罗斯福的战后方略，开始步步紧逼苏联，迫使斯大林放弃了与美国合作的希望，拒绝加入布雷顿森林主导下的美元体系，从而被逼上了冷战的道路。

谁是美苏对抗战略的主要推手呢？显然是英国！丘吉尔始终是反苏的急先锋，因为他明白，如果罗斯福执意要肢解大英帝国的殖民体系的话，那么英国的势力将被压缩回英伦三岛，世界霸权谈不上了，甚至连欧洲盟主的地位也难保。简单地说，英国将被彻底地边缘化。如果将苏联竖成美国的主要靶子，用苏联置换德国的位置，那么英国就将成为美国最重要的盟友，英国的利益就好商量了。

丘吉尔的如意算盘是借美国之手铲除德国，接着就像“一战”之后那样，再逐渐排挤美国的势力。只要有足够的时间，凭借庞大的英镑区资源，英国最终会缓过气来，到那时世界照样还是大英帝国的天下。至少在 1941 年，丘吉尔看到的战后世界应该是朝这个方向发展的。

罗斯福岂能看不透丘吉尔肚子里的小九九。1941 年 8 月 13 日和 14 日，此时美国尚未参战，罗斯福与丘吉尔在阿根廷讨论《大西洋宪章》时，双方就发生了激烈的争论，焦点就是英国的帝国特惠制所形成的英镑区。罗斯福之子艾略特·罗斯福对双方争论的记录栩栩如生：

> 丘吉尔严肃地说：“英帝国的贸易安排是……”
>
> 罗斯福立刻打断了丘吉尔：“是的，帝国特惠制就是一个例子。那些在印度和非洲，乃至整个近东和远东的殖民地人民，（正是由于帝国特惠制）仍然处于目前的落后状态。”
>
> 丘吉尔的脖子涨得通红，探出身子质问：“总统先生，英国目前并不打算讨论帝国体系内的特惠制问题。贸易使英帝国强大，这一政策应该继续，这也是英国部长们开出的条件。”
>
> 罗斯福慢慢地回答道：“你看，在这一问题上，我们的看

法是不同的。我坚信如果我们要取得稳定的和平，就必须促进落后国家的发展……而18世纪（殖民主义）的办法肯定行不通……无论你的部长们建议什么政策，那种从殖民地掠夺原材料，而拒绝提供给当地人民回报的办法是行不通的。20世纪的方式是帮助那些国家进行工业化……”

丘吉尔恼羞成怒地咆哮起来：“你指的是印度！”

罗斯福淡定地说：“是的。我不相信我们能够进行一场反抗法西斯奴役的战争，同时不解放被落后的殖民政策所奴役的全世界殖民地的人民。”[1]

事后，罗斯福教导自己的儿子：“我们要从一开始就向英国人表明，我们不打算做那个‘爱帮忙的查理’，被英国人用完就永远抛在脑后的傻瓜。”

罗斯福明显感到他的对英和对苏政策一直受到美国国务院的强烈抵制。1943年底他曾这样透露了自己的疑惑：“我发现许多次美国国务院的人试图藏匿给我的信息，或是拖延，或是阻拦，因为这些职业的外交家们并不认同我的看法。他们应该去为丘吉尔工作。事实上，长久以来，他们确实是在帮英国人……6年前就有人建议我彻底清洗美国国务院。它太像英帝国的外交部了。”[2]

罗斯福死后，英国人得逞了！杜鲁门在美国国务院势力的推动下，终于将苏联锁定为美国的头号敌人。

德国人却意外地获得了重生的机会。从1945—1946年，美国驻德国的占领军正在陆续执行“阉割”德国工业的“摩根索计划”，涉及被拆除的工厂超过1 600家，军事基地被美军装好了炸药，沉闷的爆炸声此起彼伏；大量工厂正在被拆除，设备被运走；汉堡的码头，克虏伯的军火产业，奔驰的汽车工厂，容克的战斗机生产线，IG法本的化学基地，甚至整个鲁尔工业区都危在旦夕。摩根索的计划远比盟军的重型轰炸机对德国工业的摧毁更加彻底[3]。

1947年，美国对德国的政策发生了突变。拆除德国工业设施的工作基本叫停，甄别原政府官员中纳粹分子的“去纳粹化”工作，转变为吸纳第三帝国统治精英进入新政府的选拔程序，对德国战犯的惩罚被大大弱化了，克虏伯等军火大佬被特赦，沙赫特等金融骨干被包容，马歇尔援助计划的滚滚美元将替代摩根索摧毁德国工业的阵阵硝烟。

那么，在饱受战火摧残的德国，特别是在盟军连续大轰炸的断壁残垣中，德国到底还剩下多少工业实力呢？

1944 年，在布雷顿森林会议上，美国财政部部长摩根索提出“摩根索计划”，准备摧毁德国工业基础

盟军在进行对德国的战略轰炸中，将轰炸的主要目标锁定在交通运输方面，而不是德国的工厂本身。这是因为希特勒已经将德国工业的生产能力进行了充分的疏散，最后只需要集中组装就能使军事装备有效地投入战争。盟军发现分散轰炸成本过高，效益极差，而只要炸瘫德国的交通运输系统，就能阻碍德国军事工业的最终输出能力，而这些交通目标是显而易见和容易摧毁的。

据美军轰炸司令部的估计，轰炸使德国钢铁生产能力遭到破坏的只有 6%，煤矿减产仅 2%，焦炭 4%，机器制造 15%，金属加工机床被破坏了 6.5%。1945 年 12 月 12 日，伯恩斯坦上校在美国参议院军事委员会一个小组上报告说：“德国工业 75% 安然无恙，在任何情况下都是很容易恢复的。”

以大众汽车为例，希特勒曾高度关注“国民汽车”项目，甚至亲自参与设计了“甲壳虫”汽车，它们在战争中并未大量生产，但耗资

20 亿马克的工厂规模及设备先进程度堪称世界之最，它比福特汽车公司的战时工厂还大 50%。1939 年底，大众公司完成了第一阶段 80% 的厂房、机械和设备投资。尽管德国政府从财政上全力支持该项目，但如此巨大规模的投资仍然显得财力不足，政府不得不强制要求 1/4 的德国人每月支付 25 马克来分期购买尚未生产的“国民汽车”。到“二战”结束时，33.6 万德国人已经预付了 26.7 亿马克，却没有拿到一辆汽车，因为大众被迫转向军用汽车的生产。以这样惊人的投资所兴建的超大型工厂，在整个欧洲甚至包括美国在内，都是企业家们难以想象的。

盟军的战略轰炸对大众巨型工厂的破坏被大大高估了，生产能力的损伤并不严重。盟军没有拆除这家工厂，结果，大众的汽车生产能力迅速恢复。它在 1946 年和 1947 年平均每天生产近 30 辆“甲壳虫”汽车，1950 年每天已经能生产超过 300 辆，1955 年为每天 1 000 多辆，而到 1960 年底，则达到整整 8 000 辆。此时，大众汽车已向美国出口了近 50 万辆汽车。如果没有这座战前就投入巨资、历时 5 年兴建

德国战后汽车工业的迅速恢复得益于工业实力的基础尚在

的现代化厂房，德国人不可能在战后几年内修建如此规模和装备精良的工厂。无论是马歇尔计划，还是牛歇尔计划，没有德国积累多年的强大工业实力，所谓经济复兴根本无从谈起。

摩根索计划对德国工业的伤害并不严重，主要是美国占领军要承担修复城市基础设施、清理废墟、救助平民、维持秩序等繁重的日常工作，还没有腾出足够的人手来拆除德国的工业设施。据估计，在1 600多家上了黑名单的工厂中，只有很小一部分工厂遭到了无法修复的损伤，大部分企业在几个月的维修之后，即可投入正常生产。最终，德国工业被拆除的部分不及生产能力的1/10。

这样，德国在战争中和战后，保留了大约70%的工业实力，从生产组织体系到工程师和技术工人都未受重大损失，他们在吃饱了肚子，补充了原材料库存，有了足够的能源供应之后，只待订单的出现，就随时可以开动机器设备，重新生产出技术先进、质量优异的工业产品。

这才是德国复兴的真正基础！

在德国经济走向正轨之前，还需要解决一个迫切的问题，这就是货币的困境。

马克变天，苏联变脸

当美、英、法占领了联邦德国地区时，苏联则控制着民主德国，4个大国分区管制德国领土，首都柏林为四方共管。苏占区是德国传统的粮食供应基地，民主德国地区的日常生活还算过得去。由于美国的步步紧逼，冷战的阴云已经逐渐笼罩在德国的上空，苏联为了反击美国的咄咄逼人，开始紧缩民主德国向联邦德国的粮食输出，这下，联邦德国地区陷入了艰难的困境。

1946年2月，凯南在莫斯科病床上起草的“冷战电报”，不仅在华盛顿和莫斯科刮起了对抗的旋风，连带着德国人也跟着挨了饿。鲁尔工业区工人每天的食物定量仅1 000大卡，不到正常标准的一

1947 年 3 月，饥饿的德国民众抗议食品短缺

半。1946 年的冬天是 20 世纪最寒冷的冬天，在冻饿交加的日子里，德国人终于体会到了列宁格勒人民长达 900 天被饥饿与寒冷围困的滋味。

如同苏联在 1921 年初的情况一样，1946 年的德国市场上商品奇缺，甚至连商品短缺的原因都一样，这就是基本生活用品的配给制和严重的货币贬值；同时，货币贬值更加重了配给制的困难。在战后的经济短缺中，商品与食物之所以从货架上消失得干干净净，并非是由于它们已不复存在，而是被人囤积居奇。所谓居奇，就是追求暴利，而在货币严重贬值的环境下，居奇者将绕开货币，直接进行物物交换，以获取最大的利益。

于是，黑市成为配给之外最活跃的交易方式。

在联邦德国，粮食毫无疑问是最稀缺的商品，与饿着肚子相比，一切财富都是浮云。受战争伤害较少的农民，家中尚有余粮，自然成为黑市交易的大赢家。城里的富人和中产阶级蜂拥而至，他们用家中的金银财宝、油画，甚至家具和衣物，来换取面粉、鸡蛋、肉类与黄油，农民们突然奢侈地用起了昂贵的瓷器、高档的家私。而城市中的黑市同样极为发达，连盟国占领军也兴致勃勃地投身到人气旺盛的交易之中。美军的物资由政府提供，而这些香烟、肥皂、刮胡刀、咖啡、罐头、巧克力都成为市场中的抢手货。在这些商品中，以香烟最为夺目，它具备了通货接受度高、流动性好、易携带、易分割、高度均质的特点，在帝国马克形同废纸的时代，开始正式充起当货币的角色。美军自然成为这一最稀缺的货币商品的居奇者。他们以一美元一条香烟的价格从军队供应社购买，在市场上可换到价值上千帝国马克的各类金银珠宝[4]。

美军以廉价的香烟换取了德国人贵重的莱卡相机和三角钢琴，这与今天美国用比香烟更不值钱的美元纸片，来换取各国宝贵的商品在本质上是一样的。当年，美国占领军竟然有些不好意思了，毕竟这种掠夺式的交易，使得纽伦堡对纳粹战犯庄严的审判，看起来更像是胜利者们的分赃。

要在德国重新建立正常的市场秩序，显然无法依靠"香烟本位制"，而帝国马克又已彻底丧失信用，所以币制改革就成了重中之重。仍然同苏联1922—1924年的货币改革思路一样，要用更加稳定的新货币去取代旧的货币，但当年苏联有5 000万英镑的黄金储备打底子，切尔文和金卢布以少换多，顺利地取代了苏维埃纸卢布。麻烦在于1948年的德国，经济早已破产，黄金没有，美元未到，第三帝国倒是留下了大笔国债，其数额高达1939年德国GNP（国民生产总值）的400%！

1948年的货币改革，再度面临着1923年沙赫特所遭遇的窘境，新的马克改革将再度唱一出货币储备的"空城计"，不过这一回的总导演换成了美国人。美国人在货币领域的造诣已在德国人之上，所以他们没有去请前德国的"经济沙皇"沙赫特。美国人制定的方略包括三个法案，这就是货币法案、发行法案和兑换法案。

通过"货币法案"，建立德意志马克的法定货币地位，以取代帝国马克；"发行法案"奠定了西德联邦银行的中央银行地位，1957年后，变为大名鼎鼎的德意志联邦银行；"兑换法案"则需要解决新旧马克的兑换比率，以及执行细节。

货币改革首先面临的问题，就是以什么样的新旧马克兑换比率最合适。美国人翻出德国银行体系的资产负债表进行了一番研究，发现在1935—1945年的十年中，德国的现金流通量和活期储蓄的总额（M1）增长了500%，而战争导致德国GNP同期下降了40%，这意味着在货币超发了5倍的同时，市场上的商品和服务总量却缩水了近一半，里外里算在一起，货币对商品与服务的比例出现了接近10∶1的超发规模。因此，如果将物价指标定在1935年的战前水平，货币流通量需要缩水90%，所以美国人决定将新老马克兑换率定在1∶10。

关键的问题在银行系统。银行好比一条扁担，一边挑着老百姓的储蓄，另一边挑着放出的贷款，储蓄对银行而言是一种负债，因为当人们取钱时，银行有义务提供足额的现金。贷款才是银行的资产，贷款会产生利息收入，银行因此而赚钱，赚来的钱成了银行的资本金。银行家们就像挑夫，资产与负债要两头平衡，口袋里装的是自己的资本金。经营好了，就从资产那头取些银子放到自己的口袋里，要是亏损了，就从口袋里抓出一把银子放到负债那头去。总之，扁担两头始终要平衡。货币改革之后，储蓄那边10个旧马克换1个新马克，缩水了90%，扁担失去了平衡，因此，放贷那边也得缩减，比例相同才行。这里面存在着一个大问题，银行的放贷在战争中很多是借给了纳粹各级政府，现在这些政府都没了，贷款也无法收回，结果是负债多而资产少，银行的扁担无法平衡，这意味着整个银行体系可能因资不抵债而破产。美国人说，不要紧，给纳粹政府的放贷全部作废，中间出现的资产窟窿由未来新成立的联邦政府的国债充抵，保证大家的扁担平衡，口袋里还有些余钱。于是，美国人与银行家皆大欢喜。

按照要求，老百姓必须在限期之内将全部旧马克现金存到银行储蓄账户中，过期作废。银行家们将每个储蓄账户一分为二，一半的储蓄以10个旧马克换1个新马克立刻兑现，另一半要等90天后视物价情况再决定怎么兑换。另外，为了保证商业和生活的正常进行，占领军当局向德国人提供日常生活所必需的新马克，每人可将40旧马克

1948 年 6 月德国的货币改革

按照 1∶1 的兑换率换取新马克，雇主为每个员工可换到 60 新马克的基本生活费[5]。

看不懂其中奥妙的人，可能会觉得这套办法很公平，其实，这里面掠夺财富的学问深了去了。

德国的富人和有产阶级，其主要财富形式是股票、房地产、金条、珠宝、油画和其他形式的实物资产，而穷人和中产阶级的主要资产全在银行储蓄里。你要是富人，恭喜你了，你的购买力不会因货币改革而受损；如果你是工业家或大商人，借了银行的巨额贷款，购置了土地、房产、商品或原材料，那么更要恭喜你了，你的负债已经减少到 10%，其他部分将由穷人帮你偿还；如果你是穷人和中产阶级，抱歉了，你的财富绝大部分被转移给富人了。在市场商品、房地产和资产价格很高的情况下，货币改革一把抢走了穷人和中产阶级 90% 的购买力，实际上这是一次社会财富的重新分配，通过掠夺穷人和中产阶级来增加富人的财富。

难怪沙赫特闻讯大叫狠毒："这是蓄意破坏德国的社会结构，造成的后果比 1923 年的超级通胀更加邪恶……这是一种包藏祸心的企图。"[6] 不知老沙是不是因为参与谋杀希特勒被纳粹打入大牢，没收了家产，只剩下退休金的储蓄，才如此痛彻心扉。

在执行过程中，占领军当局为了迫使囤积物资的企业向市场尽快出售产品稳定市场，因此只为企业提供了相当于发放给民众 17% 的新马克，这一招的确起到了增加市场供应、巩固新马克信用的作用。

当新旧马克兑换完成后，货币流通总量缩减了 93.5%，与设定目标略有偏差。

很多人将 1948 年 6 月的货币改革和推行自由市场经济政策，看成是德国经济起飞的主要原因。其实，现代工业体系的复杂程度并不是像摆地摊自由交易那样简单，市场原则只需要较短的时间就可建立，但强大的工业生产能力却需要漫长的积累。自由贸易的经济环境绝不可能替代生产力经济的基础。

德国工业奇迹的根本原因是其强大的工业基础实力尚存，货币稳定、市场经济和马歇尔计划则创造了良好的外部条件，即便具备了这些条件，经济奇迹仍需强有力的外部机遇。1949 年，德国再度出现了 38% 的严重通货膨胀，迫使新成立的中央银行紧急刹车。到 1950 年初，德国的国际收支逆差严重恶化，美国不得不率领经合组织（OECD）对德国进行救援。真正促使德国经济崛起的强大外部机遇还是 1950 年爆发的朝鲜战争，持续三年的巨额军用物资订单，才启动了德国工业机器的满负荷运转，最终将德国经济推入了高速起飞的轨道。否则，德国工业只能依靠本国和欧洲市场的缓慢复苏。

1948 年 6 月 20 日，当美国人正式在联邦德国启动新马克时，苏联立刻意识到美国试图单方面分裂德国的意图。尽管联邦德国尚未成立联邦政府，但新的货币和新的中央银行已经标志着新的政府即将产生。

至少在此之前，苏联对美国仍然存在着合作的幻想，在经历了 4 年残酷的战争之后，苏联急需休养生息，没有能力也没有欲望去再次投入一场更大规模的战争。斯大林并非一个想在全球搞“输出革命”的狂热分子，而是冷酷的现实主义者。斯大林的一贯主张就是在一国建成社会主义，这与托洛茨基恨不得全球一起爆发革命的思维有着本质区别。斯大林也支持中国和其他国家的共产主义运动，但出发点是为苏联创造更大的战略安全缓冲区，而并非在全球推翻资本主义制度。现实主义使他认识到，在西方更为先进和发达的生产力优势面前，苏联必须在战略上采取守势，先自保，再发展，而后图强大。

罗斯福对苏联采用怀柔策略，斯大林则报以合作态度；罗斯福承认苏联的势力范围，斯大林就答应加入布雷顿森林体系。斯大林始终将苏联的国家利益放在了社会主义的使命之上。他在 20 世纪 20

年代出资 3 000 万金卢布资助蒋介石北伐，并培植西北军冯玉祥的势力，就是为了削弱中国北方的亲西方军阀和东北亲日的张作霖，缓解苏联远东所面临的帝国主义压力。在 1918—1921 年苏联国内战争期间，日本和西方帝国主义军队正是从东部打进了西伯利亚，对苏维埃政权的生存构成了巨大威胁，这一凶险的景象在斯大林的脑海中仍然历历在目。他在支持国民党的同时，却始终压制共产党发展自己的军事实力，就是担心破坏了他的整体战略。张学良兵谏蒋介石，斯大林从中国抗战能够拖住日本，而使其无力北进的考虑出发，力主放蒋回南京。即便是到了解放军即将渡江解放全中国的前夕，斯大林仍然在意当年对罗斯福的承诺，建议中国划江而治。

斯大林如此冷酷的现实主义，使他并不想成为挑战美国霸权的急先锋。但是，斯大林也不是消极的防御者，他坚信最好的防御就是进攻。在杜鲁门的步步紧逼之下，苏联的防御本质已经体现在了强硬的进攻态势之中。

德国的货币改革，事先并未同苏联达成共识，这种单方面的行为破坏了罗斯福与斯大林所达成的默契，如果任由杜鲁门胡来，将使苏联在东欧越来越被动。因此，斯大林必须对杜鲁门给予迎头痛击。

对于美国在联邦德国开始发行新马克，苏联立刻发出抗议照会，指出西方实行单独币制改革旨在分裂德国。当联邦德国开始发行新马克时，旧马克在苏占区仍是法定货币，于是旧马克铺天盖地地涌入民主德国，苏占区人民的储蓄顷刻化为乌有，通货膨胀立刻飙升，市场秩序大乱。几天后，苏联驻德军事长官索科洛夫斯基宣布，苏占区和大柏林区实行币制改革，发行民主德国的带有特殊标志的马克，以保护苏占区经济免遭西方占领区币制的破坏。德国出现了两个占领当局发行的两种马克，国家的分裂已成必然。

就在美国进行联邦德国货币改革之后的第 4 天，苏联宣布了震惊世界的“柏林封锁”计划，从 1948 年 6 月 24 日起，全面切断联邦德国和柏林之间的水陆交通。在具体做法上，苏联留有余地，仅切断水陆交通，从汉堡、汉诺威、法兰克福通往柏林的 3 条空中走廊仍保持畅通。

1948 年联邦德国的货币改革引发了苏联封锁柏林，美国只能空运物资进入柏林

德国的货币战争，终于引发了真正的冷战。

煤钢联盟，欧盟与欧元梦想的摇篮

1949 年 5 月柏林危机结束后，德国经济开始加速运转，此时一个越来越紧迫的现实困境制约着工业生产的急速扩张，这就是德国工业的能源和原材料供应出现了巨大缺口。

德国的工业能源主要依赖煤炭，同时工业发展又急需钢铁，没有煤炭和钢铁，德国工业就不可能发展，而煤钢主要来自德国鲁尔和萨尔两大地区。萨尔早在 1947 年就被法国夺走，鲁尔又成了法国急于下咽的肥肉。但是，美国人不能允许站在冷战最前沿的德国出现经济崩溃。于是，各方利益妥协的结果就是鲁尔工业区由盟国成立的 IAR（鲁尔国际统治区）共管，由它来制定德国能够得到多少煤炭和钢铁份额。如此一来，德国经济的命脉就被死死地卡在法国人手中。

德国当初最紧迫的任务就是尽快成立自己的联邦政府，没有政府，不结束占领军主宰德国一切事务的局面，德国的一切发展就无从谈起。而法国将鲁尔共管作为同意联邦德国建国的重要条件，德国人不得已只得被迫接受。随着德国经济实力的日渐壮大，德法之间的矛盾逐渐被激化。人们仿佛再度闻到了“一战”之后德法紧张关系的气息。

法国对德国的忌惮之深，根源就在于1870年以来的70多年时间里，法国三次被德国入侵，而且从来没有单凭自己的实力打败过德国。法国的工业革命起步远比德国更早，但由于频繁的革命和战乱不断地打断法国工业的发展，致使德国工业后来居上。德国人的严谨刻板似乎比浪漫随意的法国人更适合从事大工业严密、复杂而精确的运行工作。虽然两次大战的结果都是法国人以政治和军事上的胜利者自居，但在经济上，法国很快再度成为德国的手下败将。法国再也没有拿破仑时代叱咤欧洲大陆的雄心胆略，如果没有英国和美国的同盟，法国与德国这头猛虎做邻居，时刻都会提心吊胆。

法国极力支持永久“阉割”德国工业的摩根索计划，并且亲自操刀割去了萨尔与鲁尔两个心头大患。但是，随着冷战氛围渐浓，美国开始对德国更加倚重，反倒是看法国越来越不顺眼，特别是在法国盛行的“戴高乐主义”，更令英美反感。戴高乐主义的核心就是，法兰西的命运必须由自己操盘。

随着美国的政治天平渐渐滑向德国一边，法国单独面对日渐强大的德国感到越来越吃力。法国必须想出一个周全之策，既能永绝战争后患，还能有效地控制这头猛虎。苦思冥想之下，法国人终于想出了一条妙计，这就是“舒曼计划”！

1950年5月9日，法国外长舒曼在记者招待会上，出人意料地提出建立一个“超主权”经济实体，将法国和德国的煤炭和钢铁生产能力置于该实体之下，共享资源，共同发展，共同管理，而且这一架构完全开放，任何欧洲国家都可以申请加入。这就是后来的“煤钢联盟”（ECSC）。由于煤炭和钢铁都是国家发动战争不可或缺的资源，而将煤钢交由超越德法国家权力之上的新实体进行管理，将从根本上消除双方发动战争的意图与能力。难怪舒曼欢呼煤钢联盟“将使战争不仅无法想象，而且在物质上也绝无可能”。[7]

舒曼计划首先获得了美国的大力支持，为了对付苏联，西方阵营的德法重归于好，拔掉了欧洲未来战争的导火索，煤钢联盟所形成的共同市场，也有助于欧洲经济的复苏，整体上有利于美国的战略目标。1950 年的美国，正是国力如日中天的时代，它此刻急的是欧洲经济复苏不够快，美国出口的商品不够多，欧洲抗拒苏联的实力太薄弱。美国还不曾想到 60 年后的欧盟及其货币欧元，将对美元构成什么样的挑战。

法、德和欧洲其他国家的民意也是一片叫好之声，本来法国民众在 1950 年已经普遍担心德法未来必有一战，现在一切云开雾散。德国人原本对法国强夺鲁尔和萨尔地区愤愤不平，法国人主动提出的煤钢联盟，一下子使德国人的心气儿顺畅多了。德法和好，使欧洲人对和平与繁荣的前景信心大增，只有英国在一边冷冷地旁观。

1951 年 4 月，《巴黎条约》正式签署，煤钢联盟横空出世。除了德法之外，意大利、比利时、卢森堡、荷兰也加入进来，形成了“六国命运共同体”。6 年之后，六国在罗马又签署了《罗马条约》，在煤钢联盟的基础上成立了“欧洲经济共同体”和“欧洲原子能共同体”，奠定了未来欧盟的基础。

煤钢联盟不同于任何一种以往的国际组织或者公司的形式，它的独特之处就在于“超主权”。所谓“超主权”，就是主权国家将部分经济乃至政治的最终国家决策权，让渡给新的实体，而这一实体在相当程度上将拥有国家的性质。

煤钢联盟的权力机构就是“最高理事会”，它由 1 名主席和 8 名成员组成，这些人虽然来自各国政府，但并不代表本国的国家利益，他们就职宣誓维护的是“共同体”的利益，而非国家利益。最高理事会可以行使三种权力：一是做出具备法律效力的“决定”；二是提出最终目标具有法律约束力的“建议”，但各国可以灵活处理实现方式；

1951 年欧洲煤钢联盟诞生

三是表达不具法律意义的“意见”。

煤钢联盟还设有“共同议会”，监督“最高理事会”。它的“议员们”必须经由各国选举产生，同样，这些人只“代表人民”，而不能“代表国家”。在类似三权分立的架构中，煤钢联盟还成立了自己的“仲裁法院”，用以仲裁成员国不守规矩时发生的法律纠纷。

如果煤钢联盟与成员国之间发生争执，将由具备国际法效力的条约来加以规范。这一形式的实质就是国中之国。

可以毫不夸张地说，没有煤钢联盟，就不会有现在的欧盟，也不会有今天的欧元。正因如此，欧盟将 5 月 9 日“舒曼计划”的宣布日期定为每年的“欧洲日”。

其实，“舒曼计划”并非是舒曼的手笔，而是出自另一位高人，他就是被称为“欧洲之父”的让·莫内。

“欧洲之父”身后的“影子政府”

在法国的政治舞台上，总统到处有，总理满街走，仅仅是在法国第四共和国时代，1945—1957年短短的12年中，就出现过24届政府，平均每半年换一次。如此频繁和混乱的政治局面，很难想象政府会有能力和时间去推行任何经济战略。不过，在公众视线之外，一些真正运作国家大政方针的人往往并不是那么耀眼。让·莫内就是一个法国最重量级的战略运作高手。著名的煤钢联盟也正是在他的运作下才获得了巨大的成功，莫内被后人公认为战后欧洲一体化的总设计师。

莫内出身富商家庭，人脉资源丰富。早在“一战”爆发前，二十出头的莫内就在父亲的帮助下结识了许多重要人物：

凯德斯雷爵士，英格兰银行董事、朗热兄弟公司的合伙人、哈德逊湾公司的董事会主席。朗热家族的投行是最古老的投资银行之一，哈德逊湾公司更是世界最早的一批公司，曾在北美代表英王统治大片领土，其地位相当于东印度公司；

后任国联秘书长的德拉蒙德伯爵，英国上议院的领袖之一；

后任美国国务卿的约翰·杜勒斯和中情局局长的艾伦·杜勒斯兄弟；

后任美国财政部部长的道格拉斯·狄龙，狄龙家族在美国金融界也是声名显赫；

后任世界银行行长、美国驻德国最高军事长官、大通曼哈顿银行董事会主席的麦克罗伊；

还有就是美国最古老的阿斯特家族成员。

可以说，莫内结交的都是英美最核心的统治精英。“一战”刚爆发，莫内就被“重量级朋友”介绍给法国总理，年轻的莫内提出应该加强英法之间战略物资统一的调度与运输，于是被派往英国，成为国际物资供应委员会法国代表，常驻伦敦，代表法国进行组织协调。在英国与他共事的英国代表就是他当年的老朋友亚瑟·索特，后来他们又共同参与了《凡尔赛条约》的谈判和国联的创建，正是这个亚瑟·索特提出的“欧洲合众国”的思想深深地影响了莫内的人生轨迹，亚瑟·索特也是英国罗兹会社的核心成员之一。

“一战”后，在凯德斯雷爵士的提拔下，年仅31岁的莫内就被任命为国联副秘书长，帮助打理秘书长凯德斯雷爵士的日常事务。国联本来就是罗兹会社一手策划出的产物，罗兹会社的终极目标是：“将大英帝国的统治扩展至全世界；完善大英帝国向外扩张的体系；由英国国民对所有可资生存的地方进行殖民……在帝国议会实行殖民地代表制度，将分散的帝国成员统一起来，从而奠定永无战争，符合人类福祉的世界”。[8]

罗兹会社在美国、加拿大、印度、澳大利亚、新西兰和南非等英帝国自治领地、殖民地和前殖民地遍设分舵。声名远扬的美国“外交关系协会”（CFR，Council on Foreign Relations）就是罗兹会社在美国的分支。罗兹会社在英帝国的各个自治领地不定期地秘密集会，统一规划部署，从幕后对政经政策的制定和实施施加影响，操控新闻、教育和宣传机构，首要目标是由英国以联邦的形式统一以英语为主要语言的国家，最终建立某种形式的世界政府，实现“天下大同”。

莫内作为一个法国人，积极投身到英帝国的统一大业中，当然备受重视。他频频代表国联四处活动。1935年，受国联的委派，莫内来到中国，担任蒋介石的财政顾问，对中国的经济及财政情况进行考察。当时蒋介石正在进行法币制度改革，中国的银本位崩溃后，法币到底是倒向英镑还是美元，这是英美都非常关注的问题。结果蒋介石选择了脚踩两只船的策略。

就在莫内仍在中国上海之际，后来朗热兄弟的合伙人乔治·摩南拉莫内入伙做生意，与瑞典的沃伦伯格家族、德国的博世家族、比利时的索维斯家族、美国的杜勒斯兄弟、洛克菲勒家族建立起商业往来。

20世纪30年代末的莫内，被认为是同时代最具国际人脉关系的法国人。

“二战”爆发后，眼看法国兵败如山倒，莫内向丘吉尔建议，将法英两国合并成一个国家、一个政府、一个议会和一支军队，集两国之力对付德国。丘吉尔代表英国政府接受了这一想法，甚至当时走投无路的戴高乐也同意两国合并，但因法国总理贝当元帅坚决反对而作罢，后来贝当向德军投降，当起了维希政权的傀儡皇帝。法国沦陷后，他被丘吉尔任命为英国战争物资委员会的高级成员，前往美国求助。在美国，莫内又成为罗斯福的顾问，他建议罗斯福改变传统观念，不要根据已有的资源来决定需求，在欧洲面临灭顶之灾的时候，美国应该去寻找资源以最大地满足战争需要。为此，罗斯福开始了“胜利计划”的军事生产总动员，莫内在其中发挥了连英国人自己都难以实现的重要作用。战后，凯恩斯认为莫内使美国认识到了军事工业总动员的重要性，在1941年五六月份，莫内对英国的贡献是极其重要的。[9]

在广泛的英、美人脉的基础上，莫内获得了马歇尔计划在法国监督实施的权力，戴高乐不得不借重莫内的人脉关系去打通美国的资源，并委派莫内制订法国战后的5年经济恢复计划。尽管戴高乐与莫内存在着国家主义和国际主义价值观的根本区别，但法国太需要美国的援助了。

战后初期，莫内沿着美国人的思路梳理出来的“莫内计划”，在对德国的问题上其实就是“摩根索计划”的翻版，主张彻底“阉割”德国工业。随着美国调门的转变，莫内开始筹划煤钢联盟的“舒曼计划”。当莫内兴冲冲地拿着“舒曼计划”来找英国当盟主时，英国的态度却非常冷淡。英国人心想，煤钢联盟将强化德法的利益关系，削弱英国在欧洲大陆的影响力，英国人没这个心情去成人之美。莫内不得已掉头回来支持法德主导煤钢联盟，并出任煤钢联盟第一任“最高

“欧洲之父”让·莫内

理事会”的主席。

德法之间的核心人物也逐渐形成了一个小圈子，他们包括法国方面的前总理安托万·比内，法国情报部门的头头让·万雷特、莫内和外长舒曼。德国方面参加的有德国第一任总理康莱德·阿登纳，原奥匈帝国的王储、哈布斯堡王朝的掌门人、泛欧联盟主席奥图·哈布斯堡，后来加入的还有与梵蒂冈银行关系密切的意大利银行家卡洛·培森提。[10]

洛克菲勒家族的掌门人戴维·洛克菲勒在自传中描述了这个比彼尔德伯格俱乐部更具争议性的欧洲核心圈子。“1967年10月，卡洛·培森提，一个拥有意大利许多重要公司的银行家……把我介绍给他的小圈子，在那里大家主要讨论欧洲当前的趋势和世界政治……让·莫内、罗伯特·舒曼和康莱德·阿登纳都是这个圈子的发起人……讨论用法语进行，通常我只是参加会议的唯一的美国人，不过有时这个小组在华盛顿开会时，尼克松总统的国家安全顾问基辛格也会前来一起吃饭。这个圈子的所有成员都是欧洲政治和经济整合的积极推动者。”[11]

奥图·哈布斯堡　安托万·比内　让·万雷特　康莱德·阿登纳　朱利奥·安德烈奥蒂

“莫内圈子”：哈布斯堡、比内、阿登纳等

毫无疑问，莫内是这些人中最卖力推动欧洲一体化的。在煤钢联盟的“经济超主权”首战告捷之后，他又开始推出更大的动作，将欧洲各国的防卫也搞成“军事超主权”。一个主权国家，如果没了经济自主权，再没了货币自主权，最后搞得连国防的自主权也丢了，主权国家也就完蛋了。莫内搞的欧洲防卫共同体（European Defense Community）最终被法国的戴高乐主义者们否决了。欧洲各国仍然保

1916 年，4 岁的奥图·哈布斯堡作为王储，
参加父母加冕匈牙利国王和王后的典礼

留在国家之间的防卫合作层面上，这就是当时刚成立的北大西洋公约组织（NATO）。

莫内干脆辞去煤钢联盟主席的职务，开始加倍努力地筹建一个相当低调的“欧洲合众国行动委员会”（ACUSE，Action Committee for the United States of Europe）组织。这一组织在与美国国务院的密切配合下，在幕后对各派组织强力游说施加压力，最终促成了 1957 年《罗马条约》的签署和“欧洲经济共同体”的诞生。

“欧洲合众国行动委员会”的副主席麦克斯·科斯泰姆，于 1973 年成为洛克菲勒资助的“三边委员会”欧洲分支首任主席。

莫内圈子最终的目标非常明确，这就是建立一个“欧洲共和国”。这一“国际主义”的主张，势必同各国坚持主权观念的“国家主义”发生激烈冲突，如果在 20 世纪 50 年代就公开宣布消灭主权国家的政治主张，显然会激起欧洲各国从政府到民众的尖锐矛盾。所以，莫内圈子里的精英只能悄悄地推动这一进程，在遭遇主权国家、社会民众的强烈反弹时，甚至需要借助重大的危机来“倒逼”改革，迫使各国政府不断交出工业、贸易、货币、财政、税收，乃至国防主权。

煤钢联盟仅仅是开了一个头，目前正在发生的欧元危机也不过是个“危机杠杆”，好戏还在后面。

这样一圈能量非凡的银行家、政治家、舆论家、学术家、情报家所组成的超级豪华阵容，正在幕后不动声色地推动着光怪陆离的国际政治舞台的旋转，他们与台上的政治家们时而配合默契，时而磕磕碰碰，台下的各国百姓看得云山雾罩、激动疯狂。

难怪 1969 年美国《时代周刊》将莫内圈子称为“欧洲的影子政府”。

1963 年 12 月，莫内被美国总统约翰逊授予“总统自由勋章”，以表彰他的“杰出贡献”。莫内于 1979 年去世。1988 年，莫内的遗物被法国政府“请进了”先贤祠（Panthéon），世代享受香火。

美元从稀缺到过剩，金权的天平向欧洲倾斜

战后初期，美国贸易持续顺差，各国美元和黄金不断涌入美国，美国一度拥有高达世界黄金储备总量的 2/3。美元源源不断地回流美国，而欧洲却陷入严重的美元短缺危机。这可愁坏了美国。

设计布雷顿森林体系的目的，就是希望美元流出美国，涌向世界，在国际贸易的大循环中为美国带来潜力无限的财富和控制力。输出美元事关美国货币战略的全局，为此美国制订了援助欧洲的马歇尔计划、援助日本的道奇计划，以及世界银行和国际货币基金等众多经济重建计划。更为重要的美元输出手段，还包括了美国跨国公司的海外直接投资，汹涌而来的海外投资美元大潮，在资金匮乏的战后欧洲横冲直撞，攻城略地兼并资产，引发了欧洲人的惊呼。美元此时占尽天时地利人和，一时间，美元权倾欧洲。

20 世纪 50 年代以来，欧洲经济正从战后的废墟里渐次复苏。马歇尔计划带来了滚滚的美元，布雷顿森林体系建立起稳定的货币环

境，煤钢联盟形成了欧洲共同市场，在这一切基础之上，朝鲜战争爆发后，美国如雪片一般飞来的军品订单，使得欧洲经济开始满负荷高速运转起来。1950—1953 年，美国在朝鲜战争中耗资约 300 亿美元，虽然远比不上“二战”的规模，但也足以让欧洲和日本发了一笔小横财。

对于朝鲜战争的融资，美国并没有采用大幅增强税等传统办法，而是更多地采取了“印钞票”来解决。由于美元独特的世界储备货币地位，美国在进行朝鲜战争时，再也不必像当年大英帝国在“一战”和“二战”中那样向美国大举借债，而是由美联储出面将国债“货币化”，向世界经济注入美元纸币，然后再竭尽所能地赖掉债务。

国债货币化所制造出来的大量“劣质美元”，开始随着美国在海外每年高达 30 亿美元的军事开支，以及跨国公司在欧洲的并购投资，而将通货膨胀的种子撒遍欧洲大地。无论人们是否意识到，也不管是主动还是被动，谁持有美元，谁就是为美国战争债务提供融资的倒霉蛋。

一切仿佛又回到了 20 世纪 20 年代，金汇兑本位制内在的双重信用创造的痼疾，在布雷顿森林体系下被扩张到了全球。正如 1947 年经济学家特里芬所发现的那样，美国向全球提供两种货币储备资产，黄金与美元，而且以 35 美元兑换一盎司黄金的固定价格将两者绑死在一起，黄金供应慢而美元增长快。美元扩张的内在原因在于，当美元被输出到德国，德国将由于外汇储备增加而不得不增加马克供应；同时，德国又会自动将美元再存入美国的银行系统，而美国由于回流的美元可在本国进行再度信用创造。这一过程还可以持续不断地进行下去。法国总统戴高乐的经济顾问吕夫，曾用更形象的例子来描述这一过程，美元反复的信用创造就如同“在舞台上行进的一队士兵，他们可以在台前幕后反反复复地出现”。结果必然是美元越来越多，流动性越来越泛滥，债务泡沫越吹越大，经济危机的后果越来越严重。20 世纪 20 年代的金汇兑本位制所造成的债务泡沫破裂，导致了 30 年代的世界经济大萧条，五六十年代盛行的布雷顿森林体系所形成的美元泡沫，结局是70年代肆虐全球的美元危机和恶性通货膨胀。70年代后建立的美元本位制，在全球经过30多年的信用扩张和债务催生，最终导致的就是现在世界范围的主权货币危机！

由于金汇兑本位制的遗传毛病，美元的增长必然超过黄金，而维持美元与黄金之间的锁定价格，也就成为一个从逻辑上看根本无法持续存在的幻觉。特里芬在1947年发现的这一问题，在美元极度短缺的时代，在美国拥有世界黄金储备高达2/3的情况下，基本没有引起政治家们的关注。人们仅仅是把所谓的“特里芬难题”当作一个“有趣”的学术“脑筋急转弯”。

作为国际货币储备资产，美元必须持续不断地输出，以满足各国经济增长对本国货币扩张的需要；同时，世界经济的发展也要求美元输出的规模不断扩大，以保证国际贸易结算的进行。瓶颈在于当美元的输出规模大于自身的黄金储备时，就会自动引爆全世界用美元纸币去挤兑美国黄金储备的危机。

当20世纪60年代初，欧洲各国手中的美元第一次超过了美国的黄金储备总量时，美元在欧洲严重过剩的问题就变得异常刺眼。

如何应付过剩的美元呢？欧洲20世纪60年代所碰到的问题，恰如中国现在所面临的处境。

欧洲美元，一片金融的新大陆

美元从稀缺的宝贝，变成了烫手的山芋。面对日益膨胀的贸易盈余和国际资本大规模涌入所带来的大量美元储备，欧洲各国政府的选择，除了买美国国债，就是兑换成黄金了。但是用美元兑换黄金的行为，在美国人看来类似敌对行为，在欧洲，除了吃了熊心豹子胆的戴高乐，其他人并不太敢公开跟进法国的做法。但是手持巨额美元，却坐困美国国债，欧洲国家怎肯甘心？

这时，银行家们灵光闪现，他们发现了一块金融新大陆，这就是欧洲的美元市场。所谓欧洲美元，最早就是指的流入欧洲并在那里四处游荡的美元，这些美元金额巨大，缺少监管。后来苏联、中东诸国将石油出口收入的美元也存放在欧洲的银行体系，一并成了欧洲美元的组成部分。再往后，凡是美国境外的美元，统统被称为欧洲美元。

如此庞大的一笔“闲钱”，除了购买美国国债，获得很少的一点儿利息收入，竟然在投资方面处于走投无路的窘境！国际银行家西格蒙德·沃伯格决心要撬开这片广袤肥沃的金融新大陆。

西格蒙德乃是沃伯格家族的后起之秀，他主要出没在伦敦和纽约，曾担任华尔街最负盛名的投行“库恩雷波公司”的高级合伙人。20世纪上半叶，库恩雷波公司威名之显赫，堪比当今的高盛。沃伯格家族曾经人才鼎盛，笑傲华尔街。上一辈的麦克斯·沃伯格，乃是德国皇帝威廉二世的金融顾问，代表德国参加凡尔赛和谈，“一战”后主导德国财政金融大权，作为德国帝国银行的犹太人董事，在纳粹上台后曾与希特勒在中央银行对峙了5年；保罗·沃伯格，美联储的总设计师，美国金融政策的核心决策者之一；菲利克斯·沃伯格，也是库恩雷波公司的高级合伙人，华尔街大佬之一；弗里兹·沃伯格，德国汉堡金属交易所主席，“一战”后期曾代表德国与沙俄秘密媾和。可以说沃伯格家族的势力遍布德国、英国、法国和美国。

西格蒙德同样是欧洲一体化的信奉者，与莫内圈子关系深厚。作为国际银行家，资本自由流动是永恒的理想，减少政府干预是起码的主张。他在20世纪20年代就认识到民族主义在欧洲已经逐渐过时，甚至建议泛欧运动应该从裁军开始，将各国的军事主权集中起来，由一个仲裁法院来处置分歧。“二战”爆发后，他又到处活动，希望建立欧洲的政治同盟，将英法先联合起来，再建立以英国为核心的欧联邦国家同盟，这个同盟应将军事、货币、交通、通信等主权纳入一个“最高权威”的统一管理之下。

“二战”后，他曾力谏英国政府加入欧洲共同市场，并向莫内和阿登纳阐述应将伦敦作为欧洲共同市场的金融中心，在欧洲金融整合方面发挥主导作用。当“煤钢联盟”建立后，他又主张由伦敦城来提供金融支持，可惜未被采纳。西格蒙德对莫内和阿登纳等人非常失望，“如果在战后的前几年，他们所领导的欧洲统一计划由伦敦作为其资本中心，他们后来一定会对英国感激不尽”。在他看来，要进行欧洲的统一，唯一的出路就是从金融整合入手。

在对美国的问题上，他认为与美国的合作与欧洲一体化并行不悖，为了加速欧洲一体化，甚至可以借用美国的金融力量迫使欧洲的受援国放弃贸易壁垒。

与莫内等人相比，西格蒙德更具备银行家的专业深度。他看到了莫内推动经济整合的煤钢联盟的重大意义，并能从具体的金融运作入手去解决实际问题。他长期不懈地建议煤钢联盟进入国际资本市场进行融资，一方面扩大其资源和规模，另一方面吸引美国的私人投资者加入重建欧洲的进程。经过长期努力，他的想法终于开花结果，1957 年、1958 年、1960 年和 1962 年，煤钢联盟先后在纽约资本市场发行了超过 1.2 亿美元的债券。[12]

当欧洲市场淤积的美元规模越来越大时，西格蒙德猛然意识到，欧洲企业的美元融资为什么非要去纽约呢？欧洲美元不是近在眼前吗？

当欧共体把主要注意力放在货币联盟之时，西格蒙德则在考虑如何将欧洲的资本市场进行整合。在纽约库恩雷波公司的第一线，他亲身体会到华尔街强大的金融辛迪加是如何组织协调大规模的债券承销的，但巴黎和法兰克福显然不具备这样的金融战略远见。

4 次为煤钢联盟在纽约资本市场的大规模融资实践，坚定了西格蒙德在欧洲组建强大的金融辛迪加的信念。困难是显而易见的，欧洲各国虽有共同市场，但那主要是贸易市场，而不是资本市场。各国对资本管制和汇率调整的政策千差万别，货币金融的法律规定也各不相同，要在欧洲发行前所未有的美元债券，必须在法律上绕开如此之多的监管暗礁，才能实现在欧洲资本市场上的统一发行，这绝不是件简单的事情。西格蒙德正在做的，其实是将整个欧洲分割的资本市场，联结成一个共同的资本市场！

要建立一个以美元计价的欧洲债券市场，最重要的就是必须有足够的美元掌握在欧洲的手中，这一点在美国输出美元的战略中，已经由欧洲贸易盈余、跨国公司投资、美国海外军事基地支出来提供了。另外，大批欧洲富有的个人手中也有巨额美元存款，还有就是苏联、东欧等社会主义国家的外汇存款，由于担心在极端情况下会遭到美国银行体系的冻结，因而也主要存放在欧洲。这些美元分别掌握在大公司、欧洲商业银行、各国中央银行和国际组织（如国际清算银行）的账户上。

人们可能会问，为什么这些美元不直接存到纽约的美国银行户头上去呢？除了苏联和东欧国家的担心之外，美国大萧条时代保留下来的金融业的“Q 条款”，严格限制了美国金融机构的利息支付上限，如 30 天短期储蓄利息支付不得高于 1%，90 天的利息上限为 2.5%。

下一个重要问题就是在哪里开始欧洲美元债券的试点呢？西格蒙德首选了伦敦。这不仅是因为伦敦作为世界金融中心的历史，更是因为英格兰银行对于其他欧洲国家央行谈虎色变的热钱，采取了较为开明的政策。这些热钱，其存款时间较短，银行无法或不敢进行长期放贷，同时大进大出极易冲击外汇市场的稳定，故而央行视之如洪水猛兽。但英格兰银行以国际银行家自居，哪有钱来了拒绝存款的道理？关键是如何处理好短存和长贷之间的矛盾。英格兰银行的应对之道就是建立国内与国际资本流动的防火墙，简单地说，就是建立类似“保税区”概念的金融特区，当然这是一个抽象的特区。英格兰银行规定，英国人不得购买外国债券，除非是严格意义上的“真实投资”用途的美元债券。在这一严格隔离的两个市场中，英国人所持有的英镑和外国人所持有的美元，大家井水不犯河水。外国人尽可以在完全不受管制的美元资本市场上随心所欲，而这一市场的所有活动完全不会影响英国国内的资本市场。这种安排比较类似于中国股票市场上 A 股和 B 股分别面向本国投资人和外国投资人的做法。

西格蒙德为了说服英格兰银行支持欧洲美元债券在伦敦的试点，也是采用了威胁加诱惑的方式。他声称如果英格兰银行不取消对外国债券投资收益的高额印花税，那他就将欧洲美元债券转到政策更宽松的卢森堡或其他市场去发行。但是，他又强调，一旦伦敦成为欧洲美元债券的中心，那源源不断的美元就会流向伦敦城，它将重新成为世界金融的中心。这后半句话对英格兰银行来说，实在是诱惑难挡。就在好事将成的时候，伦敦证券交易所又跳出来横插了一杠子，拒绝欧洲美元债券在证交所挂牌交易。如果不能挂牌交易，那债券在交易后的交割结算是个大问题。后来，伦敦证券交易所做出让步，但坚持美元债券必须以英镑标价，而且还是以战前英镑对美元的汇率为准，债券的真实购买只能在卢森堡进行，所用美元必须从政府控制的外汇额度中申请。西格蒙德郁闷地质问：金融创新咋会这么难?

在选择哪家公司进行试点时，西格蒙德倾向于为煤钢联盟发行美元债券，这不仅是为了赚钱，更是为了他多年笃信的欧洲统一的梦想。在给英格兰银行的说明中，他提及："这将是一个简单的美元债券，并不附带任何货币期权。对于英国的外汇管制而言，它是一种外币债券，英国居民需要支付额外费用才能购买。因此本国居民不会认购。不过，他们将在伦敦得到报价，这一价格将是整个欧洲市场的基础价，这样会鼓励他们通过伦敦进行交易。"[13]

就在即将水到渠成之际，英国外交部又出面干涉，它认为在英国被欧洲共同市场拒之门外的时候，在伦敦发行欧洲经济共同体的债券，帮助其进行融资，显得不太妥当。英格兰银行倒是很支持，虽然债券并不是以英镑计价，但是交易是在伦敦进行，这不正说明伦敦又开始成为世界金融中心了吗?

就在西格蒙德说服了英国监管部门，准备开张时，又碰到了新问题，欧洲共同体的全体成员必须一致同意才能获得发行批准，但这一过程将耗时几个月。结果，第一单欧洲美元债券并非来自西格蒙德心目中的代表作煤钢联盟，而是一家意大利公司1 500万美元的6年期债券，票面利息5.5%，发行价格为票面价值的98.5%，创下了首发纪录。西格蒙德率领欧洲金融机构成功实现债券销售。从此，欧洲美元债券市场轰轰烈烈地拉开了序幕!

欧洲美元终于在美国国债微薄的收益之外，找到了一个巨大的投资空间。它的重大意义在于，欧洲人开始利用美元资源，借力打力，在发展自己的同时，并未落入美元国债的低收益陷阱，成为美国赤字财政融资被动的埋单者。这一点，为今天的中国，乃至整个亚洲的巨大美元储备，提供了一个具有重大战略价值的出路。

西格蒙德的尝试，使其成为当之无愧的“欧洲美元债券”之父。

货币同盟：欧洲整合的起点，还是终点？

在整个20世纪五六十年代，莫内毫无疑问是推进欧洲整合运动的灵魂人物，他所建立的“欧洲合众国行动委员会”，吸纳了欧洲众多的精英人物。在统一欧洲的活动中，莫内逐渐意识到经济一体化必须先行，而建立欧洲货币同盟则是撬动经济整合最强大的杠杆。

对于货币同盟，欧洲内部则存在着两种思路：一种就是莫内圈子极力主张的货币联邦，即各国交出货币主权，由超主权的机构执行各国经济发展统一的计划；另一种则是坚持搞货币联盟，各国只是建立稳定汇率的永久性机制，但货币发行大权仍然属于国家所有。从本质上看，这两种思路代表着欧洲内部的两派力量，货币联邦势力代表着欧洲的国际主义意识形态，它最终的目的就是废除各国主权，建立统一的欧洲合众国政府；而货币联盟的支持者则是国家主义的坚定信奉者，坚信国家利益是最终的价值取向。货币的国际主义与国家主义之争，在过去的半个世纪里一直是欧元问题争执的核心。在今天的欧元危机中，这两种力量博弈的最终结果，将决定欧元的命运。

以美元为核心的布雷顿森林王朝存在着“遗传性的癌变基因”，这一点到20世纪60年代中期已经显露无遗。美元不断贬值的破坏性冲击，构成了建立欧洲货币同盟的外部压力。在欧洲人眼里，美元已经从欧洲经济健康稳定的保护伞，蜕化为贸易动荡、货币危机的肇事者。1933年伦敦经济会议是美国与欧洲较劲的中心，现在仍然是双方难以破解的难题。欧洲经济要发展，货币稳定是前提。这是因为欧洲各国人口规模偏小，经济纵深不足，市场容量难以承载经济持续发展的压力，所以欧洲国际贸易的发展和共同市场的扩张就成了欧洲人最大的希望。但美元不负责任的政策，既威胁着欧洲人的外部贸易环境，又破坏了内部共同市场的秩序。欧洲人反复与美国人交涉的结果，得来的就是美国财政部部长康纳利的一句名言："美元是我们的货币，但却是你们的问题。"

美元贬值对欧洲造成的冲击，首先波及德国。

1948 年，德国货币改革创造了一种独特的中央银行制度，这就是德意志联邦银行的独立性模式。美、英的中央银行在本国都很难奢望的超越国家政权制约的理想，在战后一片废墟的德国终于有了一块理想的试验田。所以美英设计的德国中央银行，早于联邦德国政府的诞生，这一违反世界所有国家建国原则和先例的做法，就是为了确保德国央行彻底独立于政府。

德国央行建立之初，既无黄金也无外汇，信用仍是一张白纸。面对国内全面破产的银行体系，在新马克以 1∶10 兑换旧马克的同时，必须彻底清理银行的资产。在纳粹德国统治时期，国民经济全面军事化，经济资源大幅投入战争机器，致使私人经济所需贷款甚少，同时德国战时经济实行配给制，人民有钱也买不到东西，这就造成了银行积累的居民储蓄无处放贷的窘境。银行无处放贷却又不能不放贷，否则银行就会失去收入来源而陷入亏损或倒闭，纳粹政府则充分利用银行的储蓄过剩，大量推出各级政府债券，银行在别无出路的情况下，只能用人民的储蓄来购买政府债券，间接为战争融资。战后，德国纳粹政府没有了，银行持有的政府债券也就成了坏账。在这种情况下，德国央行规定凡是纳粹政府所欠银行的债务，一笔勾销。银行所蒙受的重大资产损失，由央行与未来的联邦政府分摊部分亏空，办法就是用央行发行的"平衡票据"（Equalisation Claims）来补充银行的资产损失。"平衡票据"类似于中国人民银行的"央票"，它以未来新政府的信用担保，由央行自身的利润来还本付息，而央行则相应减少向未来政府应上缴的利润部分。从本质上看，"平衡票据"就是用未来德国新政府的国债去置换纳粹政府的老债务，只不过在政府尚不存在的情况下，由央行代为发行而已。

因此，德国的中央银行和整个商业银行体系的资产，在战后初期是建立在纯国债基础之上的，1948 年，德国马克堪称世界上最纯粹的“国债本位制”。

其实，国家货币的信用基石，既不是金本位，也不是国债本位，而是“生产本位”！只要这个国家具备强大的生产能力，能够创造出丰富的商品和优质的服务，那么国家货币的信用自然就是强大坚实的。金本位或国债本位只是“生产本位”的一种象征形式！一个国家货币的实力，归根结底是由该国创造财富的能力决定的。

当德国满负荷地开动工业机器，巨大的社会财富被源源不断地创造出来，优质的商品海量涌进美国市场和欧洲共同市场，滚滚的美元和黄金则涌入德国的国库。1950 年，德国尚无任何黄金储备，但仅仅用了 6 年时间，德国央行的黄金储备就轻松超过了历史上的黄金大国法国，同时还积累了巨额美元储备。

当德国马克被世人们啧啧称赞争相拥有的时候，德国的中央银

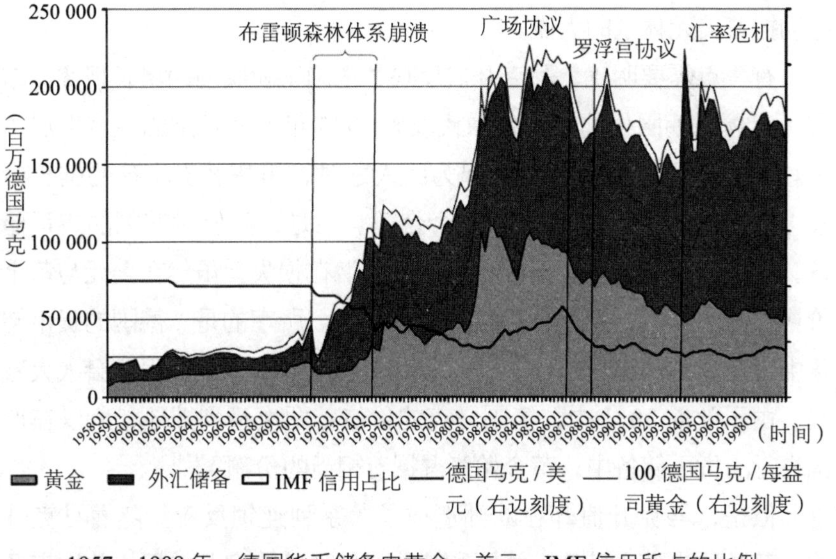

1957—1998 年，德国货币储备中黄金、美元、IMF 信用所占的比例

资料来源：IMF

行家们开始趾高气扬起来，他们以马克的捍卫者的身份出现，频频与德国政府发生争执，总理阿登纳曾高声抗议德国央行“是一个不需要对任何人负责，既不需要对议会负责，也不需要对任何政府负责的机构……（货币政策的）铡刀却落到街头每一个人的头上”。阿登纳的愤怒是有道理的，马克坚挺的后盾不是央行的利率政策，而是千千万万的德国工程师和技术工人所创造出来的强大工业实力。

由于德国工业的竞争力，美元开始大规模涌入德国，这里面既有贸易导致的顺差美元，也有外国直接投资对德国的偏好，同时还有日益膨胀的热钱也开始进入德国。20 世纪 60 年代初，马克开始面临越来越大的升值压力。为了维护布雷顿森林体系中各国货币汇率稳定的要求，德国央行开始被迫“印刷马克”来买入大量流入的美元，以遏制马克对美元升值的压力。这与中国目前为了保持人民币汇率稳定，而不得不增发人民币买入美元是同样的问题。由于马克增发形成了德国国内的通货膨胀压力，到底是以加息反通胀，还是以马克升值反通胀，引发了德国央行和政府的激烈争执，加息对经济不利，而升值对出口不利。1961 年马克升值 5%，修改了布雷顿森林体系，马克的崛起动摇着美元体系的大厦。

有一点需要明确，马克升值反映了德国工业实力的增长现实，布雷顿森林王朝固化的汇率体系代表着 1945 年前后各国的经济发展水平。当德国经济从废墟中崛起为巨人之时，再用 8 岁小孩的鞋子给 20 岁的小伙子穿，尺码显然不会合适。但是，升值对德国的货币储备，特别是美元储备会造成相当程度的潜在损失，虽然在美元与黄金价格锁定的年代，这一损失并不会表面化。所幸的是，德国的货币储备中，黄金占的比重超过了美元，因此美元储备损失的程度会大大减轻。由于此前 30 年中，德国马克的价值曾两次遭到摧毁，所以在德国央行的货币储备中，黄金始终占据着相当的份额。[14]

但是，马克升值却在欧洲造成了一系列连锁反应。随着马克升值，荷兰盾也随之升值。法国和其他欧共体的国家开始担心共同市场国家之间的汇率动荡，将会影响区内的贸易经济平衡，最终破坏政治平衡。因此欧共体在1965年建议，欧共体的发展趋势必然需要形成一个货币同盟，先以汇率稳定为目标，再逐步过渡到欧洲单一货币。

由此引发了长达半个世纪的两派争议，以德国为首的一派认为，统一货币是一个漫长的过程，各国经济的整合是前提，必须先有共同的贸易政策、共同的财政税收政策、共同的经济政策、共同的民生政策，才谈得上统一的货币。德国人并不认为超越主权的货币联邦存在着太大的可行性。以法国为首的另一派则坚持，货币整合就是经济整合的出发点，没有稳定的汇率就不会有欧洲经济的发展。其实双方争论的实质就是，货币同盟究竟是实现欧洲统一的起点还是终点，是手段还是目标。

随着越南战争的升级，美元贬值加剧，在急转直下的货币危机中，欧洲推进货币同盟的紧迫感大大强化了。

黄金大决战

> 法国除非站在最前列，否则就不称其为法国；法国如果不伟大，就不称其为法国。使法国伟大是我心中唯一的目标和我生命中最崇高的目的。
>
> ——戴高乐

1958年戴高乐上台，法国进入第五共和国时代。可以说戴高乐身上集中体现了法国人的特质：激情奔放、高傲冲动、充满理想主义的狂热。拿破仑时代以来，法国人的心理一直很不平衡，光荣与辉煌的时代似乎已经永远逝去，冰冷的现实时时刻刻压抑着法国人恢复其伟大国家的渴望。法国是胜利者，却胜得缺乏荣耀；法国是强国，但强得不足以称雄欧洲。心比天高的戴高乐决心要重振法国的威风。

强烈的民族主义情怀，毫不掩饰的国家主义倾向，使得戴高乐与莫内圈子毫无共同语言。欧洲人常拿莫内开玩笑，说他是“除在法国以外，最有影响力的法国人”。戴高乐与阿登纳重归于好，并不是出于莫内圈子所主张的“放弃法兰西的主权”去搞什么欧洲合众国，他需要的是一个法国领导下的强大欧洲联盟，目标是挑战美国的世界霸权，在这样的构想中，甚至苏联都是戴高乐准备用来制衡美国的棋子。在戴高乐的心目中，“欧洲联合将由法国和德国完成，法国是赶车人，德国是马”。

戴高乐最耿耿于怀的就是美英称霸世界的格局。在“二战”中，罗斯福不喜欢戴高乐，因为戴高乐也想自己牢牢地掌握自己的命运，如果大家都像戴高乐这样，那美国还能去控制谁呢？丘吉尔也很讨厌戴高乐，即便是在逃到了英国的情况下，戴高乐那种傲慢、固执以及毫不妥协的倔强，丝毫不像在别人家吃白食的架势。而戴高乐则最痛恨盎克鲁－撒克逊人试图主宰法兰西的命运，特别是在雅尔塔会议上，戴高乐遭到英美的排挤，没有搞到这次重大会议的入场券，更使戴高乐骄傲的心受到痛击。

1958年11月，戴高乐（左）与阿登纳（右）讨论欧洲问题

戴高乐掌权后，曾两次将英国挡在欧共体的大门之外，英国首相痛斥“欧洲大陆国家已经集结成为一个气势汹汹的经济集团，拿破仑战争以来，这还是第一遭”。戴高乐则当着官员们的面嘲笑英国首相是“一个可怜的人，我没有什么可以给他”。

对布雷顿森林王朝，戴高乐更是从心眼儿里往外地看不惯，凭什么盎克鲁－撒克逊人的货币在那里当柱子竖着，而其他货币只能看着它的脸色行事？只要能将美元掀下马，干什么都行，哪怕惹上一身祸。戴高乐不仅这么想，而且也是这样干的。

经过 1957—1958 年两次法郎贬值，法国的出口好转，美元储备激增。戴高乐在高参吕夫的指点下，已经瞧出布雷顿森林体系的命门就是黄金，只要抓住这个要害往死里打，美元的江山必然坍塌。到那时，群雄并起，豪杰四出，法郎带领着马克、里拉等众兄弟抢上货币金銮殿，试看天下谁能敌？

从 1958—1966 年，法国平均每年用美元储备向美国要求兑换黄金的规模高达 400 吨，法国的黄金储备重新超过了德国。其他欧洲国家在美国财政部的压力之下，不敢轻易要求将美元换成黄金，美国给出的理由是，这样会破坏世界的金融状况，美国的潜台词很明确，谁拿美元换黄金，谁就是破坏世界金融秩序的“潜在敌人”。当然，美国对法国的行为恨到了牙根儿里，只是一时拿油盐不进的戴高乐没办法。20 世纪 60 年代初，美国强迫欧洲央行掏份子建立起了“黄金互助总库”，共同抛售黄金以稳住 35 美元兑换一盎司黄金的底线。然而，美元泛滥之势却有增无减。

1964 年美国总统约翰逊上台之后，非但没有拿出削减财政开支改善国际收支平衡的具体办法，反而提出了一个耗资靡费的“伟大社会”计划和烧钱烧到手软的越南战争升级方案。约翰逊的“伟大社会”内容包罗万象，从创造美好城市环境，到治理污染；从向贫穷开战增加就业机会，到强化社会保险和救济；从普及教育，到公民权利；从开发农村，到修筑高速公路；从“抚育孤儿”，到关爱老人等 115 项立法。仅卫生、教育、落后地区发展三项经费拨款，就从 1965 年的 81 亿美元增加到 1966 年的 114 亿美元。越南战争的升级更是烧钱的无底洞，从 1965 年开始，美国飞机开始大规模轰炸越南北部地区，同年 3 月 8 日，美军地面部队在越南登陆，加快了越南战争的步骤，到 1968 年越战高峰时期，开赴越南的美军人数多达 53 万人。本来一个“伟大社会”就将耗尽美国的经济资源，而越南战争最终竟耗资 4 000 亿美元！约翰逊既选择了大炮，同时还要黄油。他自信满满地认为：“毕竟，我们的开国先辈就是一手拿枪打敌人，一手拿斧头建设家园，让全家温饱。”其实，约翰逊并不担心他的财政支出的来源，因为美国可以印钞票，让欧洲人去帮助美国埋单赤字。

美国财政毫无节制地花钱，最终激怒了戴高乐和所有欧洲国家。1965 年，法兰西银行公然宣布，法国准备将所有新流入的美元储备和现有的部分储备，向美国政府要求兑换黄金。法国人以前拿美元兑换黄金，都是悄悄地做，不愿太让美国没面子。这一回，完全是当众抽了美国一记响亮的耳光。欧洲手持美元储备的债权国们，无不私下拍手称快。戴高乐还提出一项全球货币改革方案，加强黄金在全球货币体系中的作用，取缔美元和英镑的国际储备货币地位，直接号召欧洲国家夺权。

在法国的视野中，英美占据大西洋两岸，同气连枝，互为犄角。欧洲集团欲破美元强敌，必先打垮英镑，断其臂膀。

而此时的英国，已是危机四伏。

战后，英国一直力图恢复英镑区的努力，却不断遭到美国的严厉打压。特别是在 1956 年苏伊士运河危机中，英国遭到了美国断然的金融制裁，彻底断了恢复殖民帝国的念头。

“二战”中，英国的殖民地向英国提供的大量出口，形成了巨大的英镑储备。美国人迫使英国在 1947 年解冻这些英镑储备，结果触发了严重的英镑危机，使得英镑信用扫地，前殖民地国家纷纷投靠美元。英国被迫再次冻结英镑储备，这笔巨大的英镑外债负担一直压得英国财政喘不过气来，只要世界经济稍有波动，英镑就会产生信心危机。从 1948—1982 年，英国资本账户的赤字状况在 34 年中出现了 32 次，以致在战后各国工业设备更新、技术飞速进步的繁荣时期，英国却由于历史遗留的英镑储备、外债的压力和庞大的海外军事开支，始终处于资金拮据的状态，经济发展落后于主要欧洲国家。到 1960 年，英国的货币储备仅为 10 亿英镑，而所欠的英镑外债却高达 30 亿，到 60 年代末，外债更高达 60 亿英镑，成了欧洲经济中的“英国病人”。

法国不仅用黄金攻击伦敦的英镑储备，猛击英国的痛处，而且还动用法国国家传媒工具来削弱英镑。法国持续将英镑兑换黄金的做法，造成了美国等“十国集团”和IMF组织的贷款，用以保卫英镑的努力化为乌有。德国在关键时刻，拒绝发表声明支持英镑，理由是“德国各界坚信英镑应该贬值”。1967年11月，在进行了艰苦的三年英镑保卫战之后，英镑宣布投降，贬值达14.3%。英镑的贬值立刻刺激国际市场大规模抛售美元，抢购黄金。

1968年3月17日，美国苦心经营的“黄金互助总库”垮台了。3月底，数百万美国人在电视上听到约翰逊总统宣布他将不再竞选连任。同时，美国对越南发动的新年攻势也无疾而终。《华尔街日报》哀叹道：“欧洲的金融家们正在将和平强加到我们头上。我们欧洲的债权人，已经迫使一位总统辞职了，这是美国历史上破天荒的事情。”[15]

就在法国大获全胜，准备向美国的黄金储备发动总攻的关键时刻，一个突发的颇具戏剧性的事件扭转了整个黄金战争的进程。就在美国3月17日“黄金互助总库”垮台的5天之后，巴黎一所大学的学生于3月22日突然占领校园，越来越多的大学陆续参与进来，并演变成巴黎的“5月风暴”，整个社会一度瘫痪。

虽然人们不清楚事件的原因，但结果却是显而易见的，那就是法国从美国运回的黄金，又被迫老老实实地还给了美国。连戴高乐本人最终也因此丢掉了总统的宝座。

“5月风暴”在外汇市场上掀起滔天巨浪，法郎被大规模抛售，引发了雪崩式贬值。5月29日，法兰西银行行长向美联储打电话求救，美国人回答：“美元怕是不好白借，法国不是有黄金储备吗？可以卖出换美元啊！”在走投无路的情况下，法国人愿意以35美元的平价将黄金卖给美国财政部，美国其实极度短缺黄金，而且黄金价格正在上扬，美国财政部却要求法国人降价10%。其实，IMF和其他许多买主当然都愿意以35美元的价格买入黄金。双方最后达成妥协，美国财政部以35美元价格出钱购买，法国人在巴黎向IMF交割黄金，IMF在纽约把自己的黄金交给纽约联储银行。1968—1969年，法国被迫以这种方式向美国平价出售了9.25亿美元的黄金。[16]

法国人几年来拿着美元储备挤兑美国黄金的活儿算是白干了。

1971年美元“篡金自立”，建立美债帝国

尽管法国人的黄金攻势最终以失败而告终，但是法国在全世界掀起的黄金挤兑巨浪，却埋葬了美国一手建立起来的布雷顿森林王朝。

1971年8月15日，美国总统尼克松宣布，关闭美国的“黄金窗口”，停止美元与黄金的兑换。从此，布雷顿森林体系成了一个历史名词。

本来美国可以选择重估黄金与美元的比价关系，如同1934年罗斯福将美元对黄金贬值一样，有人曾建议，将美元贬值到72美元兑换1盎司黄金，以反映美元在战后25年来过度增发的经济现实，但是美国貌合神离地浅尝辄止。因为美国已经不再需要黄金这个名义皇帝了。

美元已经成为事实上的世界货币，无论人们是否喜欢，也不管大家如何抱怨，布雷顿森林王朝都已经将美元深深地植入了各个国家的货币体系之中，人们越是挣扎，就陷得越深，反抗越激烈，自己所受的反作用力也就越强烈。

25年来，美国成功地用美元将黄金与世界经济的联系进行了割裂，除了中央银行之外，人们在日常生活中已经淡忘了黄金而习惯了美元。用美元去置换黄金的“李代桃僵”之计，现在到了瓜熟蒂落、水到渠成的时刻。

美元本位制取代金汇兑本位制，将对全世界产生的深刻影响，直到40多年后的今天，人们仍在咀嚼。经济在进步，社会在发展，但是危机却如影随形，而且烈度、广度和时间都在逼近20世纪30年代的大萧条。世界已经认识到，今天的全球货币体系存在着根本性的问题。

美元作为世界各国的货币储备，将导致美国国债成为事实上的全球储备核心资产。世界经济越是发展，各国货币增长对美国国债的需求就越是饥渴；国际贸易越是扩大，对美元输出的压力也就越大。美元好比播种机，在环流世界的过程中，将美国国债的种子顺手插进各国的金融系统，这些种子会发芽会长大，债务的利息增长将带来更多

的美元需求。美元和美债在相互需求中，将具有自我增长的内在刚性驱动力，直到有一天，人们突然发现一个巨大的主权债务堰塞湖，压在了每一个人的头顶，这时有人才会惊呼，这个债务堰塞湖是注定会溃坝的！

当特里芬发现美元与黄金锁定的天然矛盾时，没有人在意，因为那是几十年后的危机，而不是今天的问题。当那一天提前来到时，人们却只得听天由命。

现在，当我们发现美元与美债同样存在着内在矛盾时，依然不会有人在意。但是，研究历史让我们明白，那一天终究会到来！

注释

[1] Jacques Cheminade，*F. D. R. and Jean Monnet*，Summer-Fall 2000 of FIDELIO Magazine.

[2] Elliott Roosevelt，*As he saw it*，Duell，Sloan and Pearce，1946.

[3] Frederick H. Gareau，*Morgenthau's Plan for Industrial Disarmament in Germany,* The Western Political Quarterly，Vol.14，No.2，1961，p.517~534.

[4] Vincent Bignon，*Cigarette Money and Black-Market Prices during the 1948 German Miracle*，2009.

[5] Martin Pontzen and Franziska Schobert，*Episodes in German Monetary History-Lessons for Transition Countries*，2007-04-13.

[6] Hjalmar Schacht，*The Magic of Money*，Oldbourne，1967.

[7] Treaty establishing the European Coal and Steel Community，ECSC Treaty.

[8] 宋鸿兵，《货币战争 2：金权天下》，中信出版社，2017，第 8 章。

[9] Jacques Cheminade，*F. D. R. and Jean Monnet*，Summer-Fall 2000 of FIDELIO Magazine.

[10] Balint Szele，*The European Lobby*：*The Action Committee For The United*

States Of Europe, European Integration Studies, Miskolc, Volume4., Number 2, 2005, p.09~119.

[11] David Rockefeller, *Memoirs*, Random House Trade Paperbacks, 2003, p.412~413.

[12] Nail Ferguson, *High Finance: The Lives and Time of Siegmund Warburg*, The Penguin Press, 2010, p.201~212.

[13] Ibid.

[14] Martin Pontzen and Franziska Schobert, *Episodes in German Monetary History-Lessons for Transition Countries*, 2007, p.4~13.

[15] Michael Hudson, *Super Imperialism-New Edition: The Origin and Fundamentals of U. S. World Dominanc*, Pluto Press, 2003, Chapter 12.

[16] Charles A. Coombs, *The Arena of International Finance*, John Wiley and Sons, 1976, p.177~178.

第五章

东方欲晓，中日工业化的角力

CURRENCY
WARS

本章导读

在当今世界的经济版图中，已逐渐形成了美、欧、亚三足鼎立的基本态势。有人说，19世纪是英国的世纪，20世纪是美国的世纪，21世纪则是亚洲的世纪，至少从目前全球的发展态势来看，确实存在着这样的可能。

美国的困境在于经济，欧洲的危机在于政治，亚洲的问题在于历史。

中国与日本，恰如法国与德国，既是历史上的冤家，又是现实中的亲家。在战后60年的经济赛跑中，日本领跑了上半场，而中国则在下半场逐渐发力，目前双方处于相当接近的位置。中国最终能够领先于日本吗？还是日本在20年的经济停滞之后，将再度焕发奇迹般的爆发力？

这场竞赛，恰如战后20世纪50年代所出现的双方势均力敌的较量。

中国在接受了苏联24亿美元的援助之后，大规模兴建了156个重点工业项目，拉开了全面工业化的序幕。而日本则是在美国41亿美元的直接与间接帮助之下，开始了艰难的战后复兴。至少到50年代中期，双方的发展水平仍不相上下。日本工业化起步早，人才技术积累远在中国之上，但在战后一段时间里，日本政府丧失了政治经济的领导权，工业生产与对外贸易还在艰难的复苏之中。中国工业化的底子差，但苏联大规模工业援助的技术与新设备，18 000名苏联专家促使中国的技术传播更深入，因而使得20世纪50年代中国经济与世界水平的距离急剧缩小。

中日之间经济赛跑的拐点出现在1955年，这是一种经济战略眼光的巨大落差，这一落差被中国自身的错误所放大，被日本充分利用世界市场的资源所强化。在20世纪60年代所出现的世界工业化的剧烈变轨与加速中，中国失去了20年的时间。

如果中国不希望看到历史的重演，那么就必须认真回顾当时的战略差距究竟是怎样产生，又是如何恶化的。

卢布援华，中国得到了苏联的“马歇尔计划”

1950 年爆发的朝鲜战争，不仅改变了欧洲的格局，同时也带来了亚洲命运的裂变。中国选择了苏联，而美国则决定对中国进行“经济流放”。

其实，对于中国而言，选择并不复杂。要将一个落后的农业国发展成为一个强大的工业国，中国必须寻求外援，而在当时的历史条件下，能够帮助中国进行大规模工业化的外部力量，就只有苏联和美国。在美国长期支持国民党政府，并已经同苏联开始冷战的情况下，指望美国能够为共产党领导下的中国提供大规模工业化所必需的技术、设备、人才和资金，显然严重不靠谱。因此，苏联成为中国工业化唯一能够提供援助的外部力量。

第二次世界大战以来，世界上所有的发展中国家和原殖民地国家，都已经非常明确地意识到，工业化是国家繁荣和强大的唯一出路。但工业经济要远比传统的农业经济复杂得多，工业革命所带来的技术扩散，不仅仅是建设工厂、进口设备、购买原材料、组织生产和销售这样简单，它还涉及与之配套的巨大的社会工程，如能源电力、钢铁煤炭、设备制造、石油化工、电子工业、基础设施、交通运输、商业贸易、银行金融、教育培训等诸多行业的同步发展，这种精确的大工业协调机制和复杂的贸易金融服务体系，大大超越了绝大多数农业国所具备的人力、物力与财力基础。这也正是为什么在“二战”以来的 60 多年中，真正崛起的新兴工业强国凤毛麟角的原因。

正如 1949 年 2 月，斯大林的特使米高扬在西柏坡与中共主要领导人会谈后所形成的印象，他在给斯大林的报告中写道：中共不知道应该如何制止通货膨胀，如何对待外国企业，如何在盐业、烟草和酒类方面实行国家垄断，也不知道如何对四大家族和大买办的资产实行国有化，如何对外贸实行垄断。中共领导人对一般政治问题、党务问题、国际问题、农民问题和经济问题，都“非常内行，很有自信”，但是对经营管理问题却“知之不多”，“对工业、运输业和银行的概念模糊”，对中国的企业和经济状况不了解，也不知道应该如何去做。总之，“他们处在闭塞的农村，脱离现实”。

在长期残酷的敌后游击战和远离大城市的农村根据地的发展历程中，干部的素质远远不能满足工业化的要求。据统计，20 世纪 50 年代初，华北有 150 万名党员，其中 130 万名是文盲或半文盲。在领导干部（区委和区委以上）中，将近 50% 的人没有文化或文化程度不高。仅仅是对领导干部的扫盲就需要 2~3 年时间，对普通党员则需要至少 5 年。

工业化技术扩散所需要的核心人才也严重短缺，国民党时代留下来的科研机构和研究人员少得可怜。国民党政府的中央科学院仅有 13 个研究所，科研人员 207 人，涉及的学科也只有物理、数学、生物、地质及人文科学。北平科学院下设 9 个研究所，仅剩科研人员 42 名。全国的地质专家不到 200 人，全国的工程技术人员总共不过 2 万余人，甚至在鞍钢这样的重点企业，也仅有 70 多位工程师，其中日本人竟有 62 人之多！即便是这些极端稀缺的人才资源，这些研究人员所熟悉的工业技术水准与战败后的德国相比，仍有几十年的差距。同时，与这些人才必须匹配才能使工业化机器运转起来的其他行业人才，如经济系统的计划、现代工业的生产组织、贸易金融的服务等专业人员就更加奇缺。很明显，人才瓶颈是当时中国工业化所面临的最大困难。

除此之外，工业化必须要求巨大的资本积累，而农业国在工业化过程中所需的资本，只能源于农业积累和外部资金。发展中国家之所以普遍存在外汇短缺的问题，就是因为它们必须以农业缓慢而微薄的自然积累，来交换国外先进技术设备的成本，而这个成本过于高昂。在工业化进程中，外汇硬通货的主要意义，就在于输入技术扩散所需要的设备和生产原材料。外国援助、外国投资、举借外债就是为了获得宝贵的技术扩散。

朝鲜战争在军事上，彻底扭转了中国近百年来的国防大溃败的趋势，遏强敌于三八线上，巩固了东北乃至整个中国工业化的战略安全地带，从此西方列强彻底放弃了同中国爆发大规模战争的念头。朝鲜战争所形成的军事震慑威力，使越南战争中美军不敢越北纬 17 度线的雷池半步，使中苏交恶时强大的苏军不得不掂量再三，中国在随后 20 世纪 60 年代的工业化中，一直享受着这一威慑所带来的和平红利。

在政治和经济方面，朝鲜战争使斯大林从根本上改变了对中国政府的狐疑态度，对援助中国进行工业化的热情明显提高。周恩来曾说过："斯大林到抗美援朝时才改变了对中国的看法。"毛泽东也认为："多少使斯大林相信中国共产党的一个重要原因是中国人民志愿军的入朝作战。"斯大林之后，赫鲁晓夫在 20 世纪 50 年代中后期，对中国国防工业，特别是导弹与核武器的实质性贡献，甚至超过了斯大林时代。

在中国 20 世纪 50 年代工业化起步阶段，苏联总共向中国提供了高达 66 亿卢布的援助，相当于 16.5 亿美元，超过了美国对德国进行马歇尔计划所提供的援助总金额（14.5 亿美元）。另外，在苏联的带领下，东欧各国向中国提供的技术设备援助共计 30.8 亿卢布。[1] 因此，中国从社会主义国家中总共获得了大致 24 亿美元的工业化原始资本。

正是在这笔巨额工业资本的带动下，中国开始了历史上前所未有的工业化进程，在能源、冶金、机械、化学和国防工业领域，陆续展开了"156 项"（实际完成 150 项）重点工程。原来预计用 15 年逐步完成的私有经济向国有经济转化的进程，在外部资本大量进入的情况下，被大大压缩到了 5 年，这中间的利弊得失始终存在着争议。当然，这笔资金并非免费的午餐，中国必须以农业产品和工业初级原材料来进行交换。

作为一个从来没有经历过工业革命洗礼的农业国家，复杂的工业经济各部门之间的相互关系、优先次序、比例协调，对于中国来说，都是大姑娘上轿头一回，许多似是而非的概念，种种稀里糊涂的判断，都亟待快速学习提高。对于非自然条件下形成的工业体系，计划显得格外重要。第一个五年计划自1951年两月开始讨论，由周恩来、陈云、薄一波等6人小组主持，历时两年多的反复研究和修改，才逐渐琢磨明白经济计划到底是咋回事，提炼出五年计划的核心原则。尽管如此，他们仍然忽略了军事工业在总投资中的比例，过高的工业增长目标对人才和物资的集中使用所造成的压力，工业的发展如何与中国丰富的手工业人力资源相结合，如何保证农业的粮食及农业原材料的供应，金融财政如何保证工业化与人民生活水平同步进展等重大问题。苏联此时已是计划经济的行家里手，在苏联专家的协助下，这些问题被陆续发现并进行了调整。

有了计划，只是明白了工业化需要去干哪些事情，哪些先干，哪些后干，什么样的投资比例算合适，工业部门之间的链条如何衔接等原则，但魔鬼却隐藏在实施的细节中。再好的计划，如果实施难以到位，最终效果也会大打折扣。

如果苏联没有1922—1927年与德国的工业合作，没有大批德国工程师和军工专家在苏联手把手地传帮带，斯大林想在10年内，把苏联从落后的农业国变成强大的工业国，只能是不切实际的幻想。

苏联大批先进的技术装备陆续运抵中国，数万中国工程师面对着平生从没见过的复杂生产设备，完全陌生的生产工艺流程，恍如天书一般的俄文技术资料和图纸，不明所以的技术产品标准，严格的原材料要求和精确的配方，想起来简直就是一个头两个大。要在短短的三五年之内，在上百个新建企业中，生产出高级合金钢、不锈钢、无缝钢管、喷气式飞机、坦克、大口径火炮、警戒雷达、汽车、拖拉机、万吨轮船、大容量成套火力和水力发电设备、大容积高炉设备、联合采煤机以及新型机床这些先进产品，真是谈何容易！毕竟这不是

20 世纪 50 年代 18 000 名苏联援华专家创造了
巨大的工业技术扩散效应

宜家家具可以手工组装这么简单！

但是，工业化的“魔鬼们”就躲藏在这数以百万计的细节之中。如果仅凭中国当时自有的工程技术人员，要逐一攻克各种技术难关，恐怕机器能动起来时，产品早就该淘汰了。

苏联在 20 世纪 50 年代向中国派出了 18 000 名各行业的专家与工程师，他们对于中国吸收工业化的技术扩散居功至伟。在经济建设的起步阶段，中国首先感到不足的是设计力量。到 1953 年，全国总共只有 78 个设计单位，每个单位一般都不足 500 人，如此单薄的力量根本无法满足中国全面恢复经济和建设的需要。为了帮助中国进行全国电气化、钢铁发展远景和产品品种确定、机械工业调整和新厂建设、船舶工业及铁路运输、地质勘察等行业的规划工作，苏联派出了多达 47 个规划专家小组。在 156 个大型工业项目中，可以常常看到苏联专家的身影，他们不仅是坐而论道式的“顾问”，更是亲自上手帮助安装调试的实干家，中国的工程师们正是在近距离的接触中，了解和发现了工业化的细节难题，及其解决之道。由于苏联专家对本国设备驾轻就熟，很多大型项目从开工到投产，速度惊人！如长春第一汽车制造厂从开工到投产，只用了三年时间。难怪中央财经委得出的

苏联专家与援华设备。苏联援华项目的无形资产被严重低估

经验就是："两年经验证明，由中国技术人员来设计的小工厂或小规模恢复改建工厂，在设计技术上的缺点弊病已经很多，浪费很大。而巨大复杂工厂的设计，一个也没有成功，都是半路回头再请苏联设计的。所以若干年内，在中国高级技术人员未培养成时，聘请苏联设计组是一种迅速、省钱、又十分稳当的办法。"[2]

由于忽略了苏联对华援助中无形资产的价值，从而导致中国从苏联获取的真实技术扩散的价值被大大低估了。这些无形资产应该包括156个大型项目中，数十万项核心技术的专利费用，工业专家在解决技术难题时所创造的时间效益，设计专家在总体规划中所带来的整体综合效益，行业专家在重大发展战略上提供的决策效益，以及苏联专家在培训大批中国工程师和留学生时所形成的知识传播效益。这些效益包括：在石油工业方面，苏联专家否定了传统的中国贫油论，并传授了先进的油田勘探方法，使中国石油工业的劳动生产率提高了3倍；在电力方面，推广了16种先进施工方法，大大降低了成本，缩短了工期；在煤炭工业方面，使大批矿井寿命延长了20~40年；在钢铁工业方面，苏联的新技术使钢铁生产能力大幅超过设计水平，维修时间则缩短一半；在林业方面，苏联专家的新方案使木材流送损失率降为原来的1/10。另外，苏联的技术在农业和水利建设方面，也为中国创造了良好的收益。

如果将这些无形资产算进来，那么中国从苏联所获得的工业技术扩散的总收益，就远不是24亿美元的规模，恐怕要高出一个数量级！

在20世纪50年代的中国大地上，工业化，不再是从前遥远的梦想，而是正在起飞的现实！

“大跃进”与大衰退

当一个人立下壮志要由穷变富、由弱变强时，他会有两种选择：一种是积蓄力量稳步发展，另一种则是竭泽而渔急功近利。如果他过于迫切地想发展，把省来的收入都投入事业，每天只是苦干蛮干，完全不顾健康，长期营养不良，最终身体必然垮掉，一场大病下来，许多努力都将白费。

1957 年的中国，却做出了第二种选择。

第一个五年计划的提前完成，使中国社会快速进入了一种亢奋状态。社会主义的优越性通过崭新的工厂、林立的车间、繁忙的车床、源源不断的工业产品、琳琅满目的市场和农民日益丰富的餐桌展现出来，让饱经战乱和贫困的社会看到了真正的希望。工业化带来的富裕与繁荣，使人们突然发现追赶世界发达国家的道路，看起来并非那么漫长。工业化的速度越快，繁荣富强的梦想就越逼真。

然而，发展工业的主要基础，却是脆弱的农业。重工业所需的设备，85% 是用农产品去国外换来的，轻工业所需要的原料，90% 来源于农业，[3]1 亿城市人口和 5 亿农民的粮食，也需要农业来提供。这就是典型的农业国在发展工业化时，所面临的普遍现象。

在工业化尚属起步阶段的中国，农业仍然主要是靠天吃饭。自然条件、气候变化都会严重影响农业收成。这一点，在“一五”期间已经体现得非常明显。在 1953—1957 年的 5 年间，出现了两个丰年，两个灾年，一个平年，结果 1954 年的大荒年使得农业减产，棉花、粮食供应不足，使得纺织等轻工业仅增长 1%。而农业和轻工业构成了中国消费产品的几乎全部来源，消费品减少，商业就下滑，国家财政收入也跟着萎缩，因为国家财政收入的大头就是农业、轻工业和商业。财政收入不足，又会影响投资和重工业。所以，1954 年和 1956 年的灾年直接影响到 1955 年和 1957 年的经济增长。[4]

只有当工业化发展到一定程度之后，工业化所带来的农业机械、化肥、农药和大型水利建设，才能对农业产生实质性的帮助。在此之前，农业脆弱的基础，在工业化的重压之下，显得格外需要呵护。

一个国家就如同一个家庭，其收入无非是用于消费或储蓄。贫穷家庭的收入，大部分用于日常开销，仅有少部分能够进行储蓄，而一个贫穷的农业国的国民收入，积累与消费也面临同样的问题。积累是国家未来发展的潜力，消费是大众现实生活的开支，没有积累就没有发展的后劲，而缺乏消费则国民无法正常生活。积累与消费的比例是一个关键性的问题。积累比例太高，就如同饿着肚子干活，时间一长，身体必垮，特别是对于中国这样一个刚刚过上温饱生活的穷国，积累比例如果超过25%，则农业基础肯定吃不消。

强行进行工业的高积累，则意味着农民必须减少口粮，这会构成长期的隐患！如果工业不能提供足够的消费品进行等价交换的话，农民则将消极怠工，减少粮食生产，这将是经济的灾难！如果再赶上连续的大灾年，则农业、轻工业、重工业、商业和财政收入将遭遇灾难的平方！如果工业积累用于严重畸形的工业部门，而产生巨大浪费的话，情况将是灾难的立方！

可惜，1958—1960年的三年"大跃进"，这三个"如果"全占了！"大跃进"时期的高积累到了令人惊骇的程度！1957年时积累仅为24.9%，1958年则飙升至33.9%，1959年更是达到惊人的43.8%，1960年仍高达39.6%！如此之高的积累比例，势必严重破坏农业脆弱的平衡，农民不得不大幅减少口粮以保证工业发展。事实上，农民的人均口粮在1956年达到410斤的高峰之后，直到24年后的1980年，仍未超过当时的水平。农业的长期停滞，导致整个中国经济的缓慢增长。

"人民公社"把农民的农具、耕牛、鸡、鸭、猪等私有财富强行收归生产队所有，推行大食堂吃大锅饭，吃饭不要钱，结果一个季度就吃掉了半年的粮食。农民不可能再有农业生产的热情和责任心，这与斯大林时代集体农庄的情况几乎完全一样。再加上连续的严重自然灾害，农业生产出现了严重衰退，1958年的粮食实际生产了4 000亿斤，1959年减少到3 400亿斤，1960年更降到2 870亿斤，棉花减产的情况更为严重。饥饿在农村与城市大面积蔓延开来。

1958 年人民公社运动中的“大锅饭”

以农业惨重代价强行积累起来的重工业投资，却出现了惊人的浪费。钢产量被高度图腾化为工业化的标志，提出了钢产量 1958 年要比 1957 年翻一番，由 535 万吨增加到 1 070 万吨，1959 年要比 1958 年再翻番，由 1 070 万吨涨到 3 000 万吨的目标。“以钢为纲”，一马当先，万马奔腾的景象确实出现了，这就是全国大炼钢铁的狂热之举。工业化是一个高度复杂的系统工程，就连斯大林大搞工业化

“大跃进”中的大炼钢铁运动

为生产 1 070 万吨钢，干部群众夜以继日奋战在荒野，白天一片人，黑夜一片火

时，也只是从农业压榨出更多的原始资本用于发展重工业，但在进行重工业投资时，毕竟是按照相对合理的工业体系布局来进行。“大跃进”则推翻了所有工业经济发展的基本逻辑，突出钢铁，不顾其余！工业化只有协调与平衡才能带来效益。结果钢铁仓促上马，突然发现电力不足，解决电力短缺时却又面临煤炭制约，想提高煤炭供应却又受制于运输，运输牵扯到铁路公路火车汽车，这些又连带着机械制造等行业。一马当先的“钢元帅”一回头，却突然发现后面大队人马无法跟进。再加上土法炼钢所产生的大量次品，造成的人力、物力、财力的巨大浪费，对森林资源的严重破坏更是无以复加，重工业的发展彻底畸形，与轻工业的关系完全扭曲。

经济危机从重工业的畸形扩张开始，过度积累造成了农业的破产，从而必然拖垮丧失了原料来源的轻工业，接着商品零售由于缺乏消费品而陷入恶性的萎缩之中，致使国家财政收入巨额赤字，不得不压缩投资规模，最终导致重工业从 1961 年开始出现了前所未有的大衰退，重工业生产 1961 年比上一年下降了 46.6%，1962 年又同比下降了 22.6%。钢铁从 1960 年的 1 866 万吨跌到了 1962 年的 667 万吨，煤产量从 3.97 亿吨跌到 2.2 亿吨。这是新中国成立以来出现的第一场严重的经济危机！

直到 1965 年，中国经济才逐渐恢复到 1957 年的水平，为了这一错误，中国浪费了整整 8 年宝贵的时间！

人民币的“物资本位”，再次遏制了恶性通胀的蔓延

新中国成立以来，人民币的发行秉承了战争年代的“物资本位”的核心理念，选择了既不与美元卢布挂钩，也不与黄金白银挂钩，形成了完全独立自主的货币体系。中国在货币制度上，借鉴了苏联卢布的“计划本位”的外部特征，形成了一套以“计划驱动”货币供应、以“物资调节”货币流通的机制。

国民党在退出大陆时，运走了绝大部分黄金和白银储备，因此中

国不可能像苏联卢布那样，建立与黄金挂钩的货币内在价值。同时，国民党政府在1935年法币改革之后，以英镑和美元外汇作为本国货币的发行抵押，导致金融主权逐步丧失，继而无法主导中国的经济命运，历史殷鉴不远，新中国决心要牢牢地掌握自己的命运。因此，人民币绝对不能允许卢布、美元或任何外汇来影响本国货币的发行，无论该国是敌是友，中国货币的命运，必须由自己来操盘！

中国的计划经济，无论从实际经验还是精确程度来看，都远达不到苏联的水平，货币供应如果仅仅依靠计划来驱动，就会出现不小的偏差，导致物价的大幅上涨。所以，最终货币供应的决定性因素不是计划，而是物价！

三年“大跃进”最终崩溃之后，中国出现了严重的通货膨胀。毫无疑问，这次物价暴涨的源头正是货币超发。

在“钢元帅”自我膨胀的过程中，中国基本建设规模呈现出“大干快上”的疯狂局面，违反规律和超高目标的追求，降低了生产质量的基本要求，结果就是大量无法完成的烂尾工程，积压如山的劣质产品。但是，这些项目和生产所需的资金，已经由银行按照政府的计划要求，放出了巨额信贷。中国的银行体系基本是模仿苏联而建，在“大财政，小银行”的框架中，银行只是政府的出纳，政府放话，银行出钱。这些投资所形成的工业生产能力及其产品，本该由商业部门从银行借来流动资金加以购买，然后转手出售，在实现商业利润后，再清偿银行借贷。但是，堆满仓库的残次品在市场中无法出售，商业系统在“生产多少，购买多少”的口号下，已经将自己深度套牢。银行出现了严重的工业和商业烂账，最终只能由国家来埋单。

政府一方面承认仓库中无法出售的商品也算“完成了产值计划”，另一方面则不可避免地出现了“财政虚收”所导致的惊人赤字。为了保证“大跃进”的建设规模，1960年的工业信贷比1957年飙升了12倍！更大的扩张形成了更大的浪费！20世纪60年代初，中国的财政赤字急速恶化，“大跃进”的三年累计财政亏空高达170亿元，相当于1957年货币流通总量的3倍以上！

财政赤字迫使政府开始大印钞票，“大跃进”的三年中累计增发货币达72.89亿元，货币流通总量从1957年的52.8亿元，暴增到1961年的125.7亿元！在重工业生产严重萎缩，商品供应由于农业和轻工业陷入崩溃而极度匮乏的时刻，“大跃进”新增的2 550万就业人口又增加了100亿元的购买力，进一步加剧了货币过剩与商品匮乏之间的尖锐矛盾。

粮食和商品的极度短缺，使得国营商店的供应完全无法满足社会的最低需求，政府不得不大规模放宽农贸自由市场的限制，当海量货币杀进农贸市场时，疯狂抢购稀缺的物品的货币洪水，将粮食价格推高了10~20倍！一斤大米高达2元，一个鸡蛋开价5毛，一斤猪肉更是到了5元的天价，一只鸡几乎要吃掉普通工人小半个月的工资！20世纪60年代初农贸市场的物价水平，几乎可以与50年后的当今物价相提并论，而当时的工资仅为现在的几十分之一。

这是新中国成立初期平定战争时代遗留的超级通货膨胀以来，最为严重的全国范围的恶性通胀。国民党政府败亡的主要原因之一，就是其超级货币贬值的财富掠夺政策，引发了城市中产阶级对国民政府的信心崩溃。历史的教训，使政府意识到稳定物价已成为紧急而迫切的重要工作。

在当时的中国商品流通市场，存在着国营商店与农贸市场两种价格，国营商店商品供应是计划管制，价格不高但商品奇缺，只能定量供给。农贸市场有商品，但价格高昂。控制通胀的核心问题，就是让农贸市场的价格逐步回落到略高于国营商店的水平。这样才能稳定社会，安抚民心。

但凡粮食和轻工业消费品出现严重短缺之时，国家都会开始实施定量配额供给制，1921年的苏联如此，1948年的德国同样如此。1961年，中国开始对18类商品实施定量供应，从粮食、棉布、猪肉、肥皂，到香烟和火柴，都有额度限制，地方政府在此基础之上，更是推出了几十上百种地方定量供应的商品限额标准，许多地方甚至连蔬菜也要定量供给。城市居民每人每月供应猪肉二两，口粮则普遍不

20 世纪 60 年代的农贸自由市场

足，农民每人每年供应棉布仅三尺。这些最低定量显然不能满足正常生活需求，只能是维持最低的生存状态。但这些最低定量至少稳住了关键商品的价格。

如果说货币超发与商品短缺形成了物价飙升的现状，那么解决的办法就有两种：一种是承认货币超发的现实，放手让管制商品的价格上涨，缩小国营商店与农贸市场之间价格的巨大落差，希望定量商品价格的上涨会减弱农贸市场物价上涨的动力；另一种方式，则是战争时代和解放初期屡试不爽的经典思路，既然物价上涨是货币超发所导致，那么降低物价的关键，就在于回笼过剩的货币，减少货币流通以适应物资短缺的现状。无论哪一种方法，成败的关键都在于刺激商品的供应增加，减轻公众的生活压力，稳定社会情绪。

第一种方式，以提价来应对货币超发，能够暂时刺激提价商品的供应，但会导致货币供应的进一步增加，社会未必能够稳定。因为计划商品提价，必然使公众的购买力缩水，政府为了保障人民的生活不致更加困难，只有增加工资，从而带来更多的货币供应，商品在提价的刺激下所带来的增量，在时间滞后和更多货币的追逐下，不一定能产生价格稳定的效果。结果很可能造成水多了加面、面多了加水的反复提价，与工资轮番上涨的恶性循环。因此，提价消灭不了通胀，而且有可能带来更大的通胀。

第二种方式，以消灭过剩货币来对付通胀，显然这才是治本之道，而且是一招毙命，永绝后患。在陈云的建议下，提出了用高价商品回笼货币的基本思路。在定量商品价格不变的情况下，额外提供“高价糖果，高价点心，高价饭店”，让社会中的富裕阶层，例如在农贸市场高价出售粮食而获益的农民、有高收入保障的民主人士、高工资的职工、工商业吃定息的原资本家，增加一个补充营养改善生活的渠道，从而大量消费他们的过剩货币，同时并不影响其他群体的生活。当时，高价商品的定价原则就是“高到卖得掉，低到不脱销”。这一政策推行了三年，国家以高价商品大规模地收回泛滥的流动性，在稳定物价和保证市场供应方面产生了显著作用。但是，这一政策也产生了社会低消费群体的明显不满情绪。

紧接着，刘少奇提出了对农民实行“高对高、低对低”的两种价格政策。所谓“低对低”就是国家在按计划的低价格收购农产品的同时，也按低价格提供工业消费品为交换对价；“高对高”就是国家和农民议价，用高价的工业消费品来交换高价农产品，并将农民在农贸市场上获得的过剩货币进行回笼。

1962—1964 年，这两种办法在三年中总共回笼货币约 45 亿元，货币流通总量从 1961 年底的 126.7 亿元，到 1964 年末大幅减少到 80 亿元。农贸市场的价格开始逐步回落，物价稳定取得了明显效果。[5]

但是，稳定价格只是解决了燃眉之急，控制住了价格疯涨的蔓延。只有大量增加商品供应，才能从根本上扑灭通货膨胀的熊熊烈火。这就涉及如何调整“大跃进”所造成的不合理的物价体系。

农业经济的崩溃，显然是由于极端的工业化政策，采用过低的价格转移农业财富而导致的恶果，为了弥补农业的损失，国家从 1961 年开始大幅提高农产品收购价格，压缩工业建设的规模，将国家经济资源重新向农业进行倾斜。1961 年的农产品收购价比 1960 年提高了 28%，比 1958 年提高了 34.8%。

农产品收购价格的跳升，几乎立刻对农民的生产积极性产生了强烈的刺激效应。从1962年开始，以华东地区为先导，大部分地区的农业开始出现粮食增产、农贸市场价格回落的现象。农业的触底反弹，带来了轻工业原料供应的增加，大量的消费品开始涌向市场，商业贸易重新出现了繁荣的景象，财政恶化的趋势被扭转了。到1965年，工业生产渐次复苏，多数企业开始扭亏为盈。除了煤炭等少数产品价格上升之外，绝大部分商品价格稳定。利润丰厚的化肥、西药，以及上海生产的日用热销产品，在全国范围内普遍降价。1965年的消费品价格总指数比1962年下降了12%之多，平均商品价格下降了4.8%，农贸市场价格与国营商店的价格重新回到正常的范围之内。以“物资本位”对付恶性通货膨胀，再次获得了巨大的成功！

20世纪60年代的国营商店

在1961—1965年的5年经济恢复期间，货币供应在大幅收缩，而商品供应在快速增加，整个经济在物价下降之中重新繁荣起来。其基本过程就是，收缩货币以稳定物价，调整价格以刺激生产，当商品供应逐渐追赶上超发的货币之时，物价将进一步稳中有降。陈云等老一辈的财经领导人的实践，再次说明经济繁荣并不会必然带来通货膨胀，只有不负责任的经济与货币政策，才是通货膨胀最大的帮凶！

1948年德国面对恶性通胀时的应对之道，与1961年中国反通胀的手法，都是在严重的商品短缺和货币泛滥所造成的极度混乱中，采取了大幅减少货币流通量，以缩小货币与商品的悬殊差距，最终都取得了稳定物价的效果。但是，从本质上看，德国与中国削减流动性的工具，体现出两种不同的货币本位之间的根本差异。德国央行以“平衡票据”为核心工具，压缩银行体系的资产规模，同时减少货币供应，而“平衡票据”其实也就相当于未来联邦德国的国债。这代表了在“国债本位”的货币体系中，收缩流动性的基本打法。

但是，20 世纪 60 年代中国的国债规模可以忽略不计，到 1965 年，中国成了地球上唯一一个“既无内债，又无外债”的国家。难道没有国债就无法采用货币手段治理通胀了吗？很明显，国债并非是唯一的货币工具，也未必就是最优选择。用物资和商品，同样能够实现减少流动性的作用，也同样能够达到消灭通货膨胀的目的，而且没有国债内生的利息成本。在目前欧美各国所面临的国债困境，以及这种困境衍生出来的主权货币危机中，中国人民币的“物资本位”所取得的物价稳定和反通胀的巨大成功，难道不值得今天的世界各国认真借鉴和反思吗？

货币的本质究竟是什么？国债或者外汇，是否就是一国货币发行所必须依赖的基础？这个规矩究竟是谁制定的？有没有更好的其他选择？这都是在当今世界的货币危机中，世界必须严肃思考的根本问题！

反思并不意味着我们必须走回头路，计划经济与市场经济的优劣比较，历史已经给出了答案。

严格的计划经济，就好像在水缸里种树，缸与缸之间彼此隔绝，根不能连着根，藤不能缠着藤，枝叶不能勾连着枝叶，中间的全部营养交换只能在严格的计划规定下进行，貌似郁郁葱葱的一大片森林，却形不成具备进化功能的生态环境。在这种刻板的人造森林中，杂草不能生长，花儿不能绽放，小鸟被限高飞翔，动物需分类圈养，狼虫虎豹绝迹，蛇鼠獐狍遁形，自然所赋予的物种之间内在的关联被人为割裂，这样的森林当然缺少生机，这种大山自然缺乏物产。如果计划不能赋予社会中各类人群以本能的生存动力，那么短缺就只能是计划经济的必然结果。

工业化的变轨与加速：中国错失了机遇

直到 20 世纪 60 年代初，中国轻工业 90% 的原料都源于农业，而重工业所提供的技术装备大部分都服务于轻工业，用以生产最终的消费产品。农业天然的低增长速度，必然限制向轻工业提供原料的潜力，在直接制约轻工业发展的同时，也间接制约了重工业的扩张，从而导致商业贸易和财政收入的低增长，整个国民经济的发展，都被农业牢牢地限制在低增长的轨道之上。

此时，只有轻工业的突破，特别是在原料来源方面的突破，才能打破经济增长的瓶颈。

欧美工业化过程中，其实也面临同样的问题。德法搞的“煤钢联盟”，将钢铁作为工业的主要原料，把煤炭当成动力的主要来源，表明了在 20 世纪 50 年代初，钢铁和煤炭在世界工业发展中的核心地位。但是，中东地下沉睡的石油之海，彻底改变了世界工业化的发展轨道。

在 1946—1950 的短短 5 年之间，仅每年在中东发现的石油资源就多达 270 亿桶，相当于当时世界石油年产量（约 30 亿桶）的 9 倍！源源不断的石油从中东涌向全球，西方在石油极大丰富的时代，享受到了空前美好的经济繁荣。超级丰富的供应，带来了超级低廉的价格，20 世纪 60 年代，西方石油价格仅为每桶 1.5 美元。

石油的大规模廉价供应，不仅带来了西方汽车工业的迅猛发展，更为重要的是，石油的衍生产品，从根本上突破了轻工业原料源于农业的制约！石油化工的异军突起，带来了化学工业的革命：合成氨的大规模生产，刺激了化肥的急速增长，直接突破了农业生产的瓶颈；化学农药的使用，对于防治农业的病虫害起到了巨大作用；尼龙、涤纶、腈纶等化学纤维，在纺织业中大量替代了棉花和动物皮毛；塑料的出现，替代了日常生活中从锅碗瓢盆到桌椅板凳等家庭装备，在工业原料中，从汽车的零部件到集成电路都离不开塑料，在建筑行业，塑料被大量替代钢铁、木材和水泥，在包装行业，塑料薄膜、塑料袋遍布市场；合成橡胶在各种轮胎、传动带、胶管等工业用品中大大超越了天然橡胶，在雨衣、胶鞋等生活用品领域，极大地丰富了生活。在涂料和胶粘剂工业中，新兴材料同样大放异彩。

自20世纪五六十年代开始，世界各国出现了汽车、电视机、电冰箱、洗衣机“四大件”的消费品热潮，这些产品都离不开石油化工在轻工业原材料领域的重大突破。石油化工的基础产品乙烯，成为新经济时代的宠儿。美国在1940—1980年的40年间，乙烯产量由40万吨增长到1 300万吨，激增了32倍！

石油化学工业是工业化变轨的基础

在现代生活中，在人们看得见、摸得着的所有消费品当中，源于农业的直接产物，已经备感稀缺。曾几何时，的确良的衬衫是如此稀罕，腈纶的面料非常抢手，人造皮革的夹克光彩时尚，解放牌胶鞋遍布大街小巷，三合板的大立柜替代了纯木家具，合成材料的地板大规模进入家庭，超白的涂料使房间更加明亮，硬质塑料的切板走进千家万户的厨房，逛菜市场的家庭主妇的手中不是网兜就是塑料袋，这所有的一切，没有石油化工所引发的材料革命，都将不复存在。来自农林作物的消费品原料，被人工合成的数以万计的新材料全面取代了。

石油化工对轻工业所造成的革命性冲击，开启了一个全新的社会消费时代！它使工业化的进程，发生了剧烈的变轨。

当中国仍在强调“钢元帅”在工业中的伟大作用时，世界工业化已经峰回路转，轻工业的原材料领域取得了重大突破，从根本上改变了工业与农业的关系，摆脱了国民经济对农业和天然材料的深度依赖，将工业化水平推到了一个崭新的高度。

到1965年，中国经济刚刚从“大跃进”之后的大衰退中走出来，紧接着又直接跌入1966—1976年“文化大革命”的10年经济停滞之中。虽然石油化工的很多技术和理念已经传播到中国，但是，在中国的工业中还没有来得及大规模普及，由工业自身积累代替农业积累的转变远未实现，从而错失了一次根本性的工业化变轨机遇。

1958年，美国得州仪器公司的杰克·基尔比发明了集成电路

如果说石油化工彻底解决了轻工业原材料对农业的依附，带来了工业化的重大变轨，那么电子工业与计算机的突飞猛进所引发的工业自动化革命，则将工业化在新的轨道上骤然提高到了第一宇宙速度！

1947年晶体管在美国贝尔实验室的诞生，以及1958年集成电路的横空出世，带来了以集成电路为核爆炸中心、以摩尔定律为冲击波速度、横扫工业一切领域的自动化浪潮。

自动化将生产过程中的数据进行采集、分析、判断和反馈，并控制机器最终完成了人类所无法企及的超高速度、超高精确度和超高强度的自动连续生产，工业生产的速度和质量获得了本质性的提高。自动化第一次将信息从工业过程中剥离出来，这次伟大的分工创造出一个单独的工业分支，这一分支以计算机为大脑，以集成电路为脊梁，以网络为四肢，以海量信息为粮食，在重工业领域中，创造出了智能化和数字化的技术装备，这些装备在轻工业体系中，将生产效率提升到工业革命以来前所未有的境界。在“工业的森林”中，不再是机械和独立的生产孤岛，而是进化成密切联系、高度智能、完全整合的“生态环境”。自动化不仅解放了人类的体力，更激发了人类大脑的潜力，从控制生产过程向促进科学管理进化，从工业生产向社会生活渗透，自动化所催生出来的信息化，将更为深刻地改变社会生活的所有领域。

中国在 20 世纪 50 年代苏联援助的 156 个大型项目中，获得了工业化扩散所带来的巨大效益，大大缩短了与世界经济的差距。但是，从 1957—1970 年，在世界工业化开始变轨和加速的关键时刻，中国的经济却处于衰退与复苏的挣扎时期。美国对中国“经济流放”所带来的封闭与隔绝，对中国工业化的后劲造成了深重的内伤，中苏关系的恶化，进一步断绝了从苏联和其他社会主义国家获得最新技术扩散的渠道。在无法摆脱农业对工业化的先天制约的枷锁中，中国经济陷入长期停滞，政治斗争则加速了前期工业化成果的恶化。50 年代尚属先进的工厂，在 60 年代世界工业的剧烈创新浪潮中，已经陈旧落后。世界范围的重大技术革命，造成了中国工业的加速折旧。企业上缴了主要利润，大大削弱了技术升级所必需的资本积累。当这些宝贵的工业利润被投入到基于旧技术的低效益和高浪费的扩张时，则进一步扭曲了重工业、轻工业与农业之间的关系。虽然在封闭的环境中，投资造成了增长的幻觉，但是一旦参与外部竞争，整个工业体系事实上已经处于破产状态之中。

在美国人看来，中国好比一个被“孤立的愤怒的巨人”，这也正是美国所期待的“经济流放”的效果。不过，20 世纪 70 年代初，国际形势发生了深刻且对中国有利的变化。美国面对在越南日益失败的结局，国际声望跌至谷底，美国国内反战情绪高昂，苏联的影响力日增，美国势力在全球面临着大幅收缩的窘境。此时，中苏关系的恶化，使美国看到了中国的利用价值。70 年代的两次石油危机，造成了西方发达国家的经济深度衰退，寻找新的海外市场就成了欧美各国最急迫的任务。

中国抓住了这一时机，于1973年提出了“43方案”，准备在3~5年内，大规模引进43亿美元的石油化工与钢铁制造的成套设备。中国终于明白了石油化工对于轻工业摆脱农业制约的重要性，在引进设备中将化纤、化肥、化工设备放在了优先的位置上。

20世纪70年代的“43方案”，是继50年代苏联援建的156个大型项目之后，中国进行的第二次大规模吸收技术扩散的计划。后来，在此方案基础上，中国又陆续追加了一批项目，计划进口总额达到51.4亿美元。利用这些设备，通过国内配套和改造，总投资约200亿元，兴建了27个大型工业项目，计划到1982年全部投产。这一计划的实施，为80年代中国的改革开放奠定了必要的物质基础。

就在中国工业化快速起步与不断受挫之时，中国百年来的主要竞争对手日本，正在工业化的道路上急起直追。

日本工业险遭“阉割”，麦克阿瑟大搞“土改”

1945年8月，日本宣告投降。在战争中，日本全国财富的40%，直接或间接地毁于战火，经济已经全面破产。当美军浩浩荡荡地开进日本时，美国占领军最高长官麦克阿瑟收到了华盛顿的一项明确指示：“你对日本经济的复兴和强化不负任何责任。要向日本国民明确表示，你对日本应当维持一个什么样的特定生活水平

1945年9月27日，美国占领军总司令麦克阿瑟与日本裕仁天皇首次见面

也不必负责。”[6]

美国对日本的占领，不同于德国，美、苏、英、法对德国实行的是直接军事统治，在日本，占领军是通过日本政府实施间接统治，只有在极端的情况下，麦克阿瑟才能拥有对日本人民进行直接统治的权力。面对天皇存废问题，麦克阿瑟在日本期间的直接生活感受，使他确信保留天皇制度将有利于美国的“间接统治”。他还系统地研究了亚历山大、恺撒和拿破仑实行军事统治的历史经验，最后得出的结论是：“几乎所有的军事占领都孕育着未来新的战争”，天皇在日本已被演绎成神的化身，虽然日本战败，但天皇的感召力“胜过20个机械化师团”。因此，如果废除天皇，那美国将背上充满敌意的沉重包袱，无限期地管理面临崩溃的7 000万人口。

日本政府在战争中早就习惯了受军方的指挥，它不像一个决策机构，而更像是一个执行机构，所以当美国占领军替代了日本军方，日本政府完全没有障碍地与占领军进行了合作。

美国对日本最初的态度与对德国类似，就是从根本上摧毁日本再次挑起战争的工业潜力和战争意志。为此，美国对日本同样准备了一套日本版的“摩根索计划”。美国的目标是，战后日本工业的生产规模大体上只能以1931年“九一八事变”前后的水平为限，将日本的工业能力降低到一个初级工业化的水平，仅能满足自身经济的低水平运行，而不至于给美国人增加占领成本。同时，为了迫使日本向亚洲曾被侵略的国家提供赔偿，大量的工业设施将被拆除，作为向这些受害国提供实物赔偿的手段。美军制定了日本工业拆除的“黑名单”，在名单上出现的企业总数为1 100个，少于德国1 600家的规模，这既是美军对日本战略轰炸更加彻底的体现，也反映了日本工业弱于德国工业的现实。

除了对日本进行工业“阉割”之外，美国占领当局认为，日本军阀得以发动战争的另外一大根源，就是多年来在学校系统中对青年灌输“军国主义”思想的教育制度。因此，跟随美国占领军一起来到日本的，还有大批美国的教育学家。美国占领当局一方面逮捕了东条英机等战犯，另一方面则着手在教育系统中将“军国主义”思想的鼓吹者们立刻清除出去。美国教育家们开始制定思想内容在教材中的方向，明确了什么样的观念是日本的年轻人应该接受的。

与此同时，美国占领当局也准备对日本的财阀体系动刀子。但是，这里面存在着许多蹊跷的地方，三井、三菱、住友、安田这四大财阀显然是军国主义的最重要的支持力量和财源基础，所谓“解散财阀”，仅仅将财阀们的持股公司打破，但是财阀体系中最核心的财阀银行，却毫发未伤地保留下来。[7] 这些财阀银行家族与华尔街和伦敦城的国际银行家们，有着上百年的交情，三井家族甚至在明治维新之前就与国际银行家们有着非同寻常的关系。所谓“刑不上大夫”，当刀落到财阀们的头上时，总有意外的无形之手化解了严刑峻法，这种力量不只源于日本政府，也出自占领当局背后的势力。如同德国的银行家在支持纳粹的同时，也在巴塞尔与英美银行家们打得火热一样，他们在战后同样没有遭到应有的惩罚。

日本战前企业发展的资金来源中，贷款仅占 12.8%，但战后的 1951 年，企业发展对贷款的依赖度高达 62.8%。这无疑大大强化了财阀银行对企业的影响力。当日本与美国签订《旧金山合约》之后，重新获得了国家独立，日本于 1953 年修改了麦克阿瑟制定的“禁止垄断法”，允许企业竞争对手彼此持股，实际上相当于允许财阀被分拆的企业重新组合起来。修改后的法律允许银行可持有企业股份的比例从 5% 提高到 10%，这样一来，一个以财阀银行为中心，原财阀企业们纷纷采取相互持股的战略同盟就形成了，财阀银行不但同样持有这些公司的股份，而且还向财阀同盟公司提供更加优惠的贷款，极大地强化了财阀体系这一利益共同体。事实上，财阀银行在某种意义上，相当于从前的财阀持股公司，起到了财阀集团的战略制定、战术协调和利益枢纽的核心作用。

财阀银行不仅从居民的储蓄中筹措资金，同时也逐渐借重日本中央银行的贷款。如此一来，财阀体系比从前能够动员的经济资源更大，进入的领域更多，面临的竞争更小，组织体系更加灵活。

最为明显的例子就是三井集团。三井银行、三井信托、三井生命保险、大正海上火灾保险等三井系的金融机构联合起来，对三井矿山、三井金属、三井物产、三井造船、三井不动产、三井石油化学、王子造纸等三井系企业优先给予贷款。从组织上看，虽然没有从前的财阀持股公司存在，但三井系的头头们却以交换情报为目的，以“二木会”的名义定期集会，其密切程度不亚于前财阀企业集团。

日本最大的四大财阀，三井、三菱、住友、安田，资本合计总额占全国的25.4%，十大财阀占到35.2%。在原计划分拆的325家企业中，最终只有11家被打散，其中三菱重工被分拆为三家后，又重新合并起来。[8]

正是由于财阀银行的完好无损，在日本结束被占领状态之后，原财阀旗下的企业们，很快就在财阀银行的周围重新聚集起来，再次从幕后主导着日本战后的经济政治舞台。

1946年，苏联拒绝加入美元体系，冷战开始升温。美国对德国和日本的工业“阉割”计划，同时踩了刹车。

从1947—1950年，日本工业被拆除的规模大大缩小，其设备总额不过1.6亿美元。日本得以保留了最重要的工业实力。这与德国所发生的情况几乎完全相同，没有这些保留下来的工业实力，日本战后快速复兴谈何容易。由于战争赔偿所涉及的工业设备拆除被压缩到微不足道的程度，亚洲各国没有获得战争巨大损失所必要的补偿，这使得日本在经济发展中甩掉了一个沉重的包袱，得以轻装上阵，快速崛起。

麦克阿瑟在日本的另外一个重大举措，就是1945年12月发布的“农地解放指令”，在日本掀起了一场意义深远的“土地改革”运动。可以说没有农业的生产力释放，也很难有日本后来的工业崛起。

日本农业所面临的困境与中国大致相同，日本战前的工业化，也是必须从农业获得资本积累，当本国农业的产出无法满足工业原料供应时，急速发展的帝国工业，迫使日本政府向中国和东南亚大举侵略扩张，以获得工业原材料、粮食和石油的供给，同时为日本工业产品提供大举倾销的市场。战后，当日本丧失掉所有的海外殖民地和占领区时，不仅断绝了工业原材料的来源，也丧失了消费品的市场。明治维新以来的工业化积累，在战火中耗损殆尽。如果不进行“土地改革”，农业生产的继续低迷，将迫使占领军当局不得不面对一个无法养活自己的日本，这将成为美国人长期的经济负担。

麦克阿瑟在日本发动的“土地改革”，是由政府强制性收购地主的佃耕土地，然后平价卖给佃农，这也是日本国内早就期盼的改革，不过，在日本财阀、军阀与地主结成同盟的帝国时代，土改只能是一个遥远的梦想。只有在战后，美国占领军当局才有足够的动机和力量，一举摧毁了日本千年以来，地主阶层垄断多数土地的制度。佃农第一次获得了梦寐以求的土地，他们不必每年再向地主缴纳一半或更多的粮食地租，这大大地提高了他们的生产热情，农业产量屡创历史新高。战后的一段时间，农民的生产力甚至高于城市。农民在市场中高价出售粮食，从而赚得了相当的财富，积累了一定的资本。占人口一半的农民在随后的20年中，逐步减少到人口的1/3，但农业生产却增加了一倍。由此可见，土地改革对农业的巨大促进作用。

也正是由于“土改”的成功，使得日本在1948年及随后的年份里，迎来了农业的繁荣，不仅缓解了粮食短缺和通货膨胀，而且支持了日本轻工业的十年恢复。

不过，在经济出现真正的复苏之前，日本还必须解决通货膨胀的难题。

“倾斜生产计划”，带来了煤钢和通胀

1945年战后初期，日本与德国的经济处境大体相同。在战争中，日本共有119个城市化为废墟，毁于战火的住房达236万栋，900万人流离失所。近一半的工业设备、道路、桥梁、港湾设施受到不同程度的破坏。工业生产急剧下降，1946年仅相当于战前的30%。在战争中，日本的货币流通总量暴涨了24倍以上，黑市物价平均飙升了29倍。1945年农业歉收，大米产量只有往年的60%。严重的粮食危

机、极端的物资短缺、恶性的通货膨胀，引发了日本接连不断的大规模示威游行，政局持续动荡。

当美国占领军当局宣布停止日本军工生产时，大批军工企业立刻面临断炊的危机，机械、化学、冶金等配套的工业部门也基本停顿下来。占国民经济半壁江山的军事及配套工业一旦停摆，大规模失业将如影随形，再加上海外军队和移民纷纷回国，日本的失业人口一度高达1 130万人。物资短缺、粮食匮乏、通货膨胀，迫使政府严厉实施定量供给，而这一措施毫无疑问地将刺激黑市价格如火箭一般蹿升。

日本银行体系在战争中，向军事工业发放的贷款高达贷款总额的一半，特别是六大银行的军工贷款更占到90%的惊人比例，这些贷款已铁定成为无法回收的烂账，战争结束之日，也就是这些银行破产之时。为挽救银行体系和整个经济局势，日本政府在宣布投降的当天就发表声明，在允许银行客户继续自由取款的同时，也允许金融机构为企业继续提供新的巨额贷款。这种无视坏账的存在，继续发放巨额贷款的行为，无疑又将加剧通货膨胀的恶化。

1946年，日本政府已处于风雨飘摇的危险之中，恶性通货膨胀如果不能迅速控制，革命与暴动的可能性就会与日俱增。

在如此恶性的通胀下，日本民众急切地希望取出银行存款，迅速购买各类黑市商品来保护辛辛苦苦积累下来的储蓄，银行挤兑的危机已经迫在眉睫！银行严重恶化的资产负债，哪里还经得起民众的挤兑？日本政府在财阀们的急迫要求下，向美国占领当局请求紧急应对通胀危机，麦克阿瑟也担心如果问题继续恶化，可能引发日本大规模的骚乱，甚至爆发革命。因此，麦克阿瑟立刻责成日本政府采取紧急措施，制止危机的爆发。

1946年2月，日本政府出台了“金融紧急措施”，发行新日元，回收旧日元，民众必须在限期内将所有旧日元，存入银行的储蓄账户，在账户中兑换成新日元，但最多只能取出500新日元作为日常开销，这一数字几乎只能维持极端贫困的生活状态。政府用冻结存款的方式，暂时缓解了即将爆发的银行挤兑危机，用以旧换新所形成的货币流通剧减，来压制黑市物价的狂涨。从短期效果看，物价疯涨的局面被短暂遏制，从而渡过了一个金融危机的鬼门关；但从长期看，没有解决任何实质问题。

1946 年 2 月发行的新日元

与 1948 年 6 月德国的货币改革相比，德国以 1 新马克换 10 旧马克，银行在资产与负债两个方向上同时削减 10 倍，用“平衡票据”（未来的国债）来置换银行资产，虽然造成了严重的社会财富再分配问题，但一步到位地消灭了通货膨胀的货币根源。虽然惨烈，但也不失为一种“长痛不如短痛”的根治疗法。而日本的“金融紧急措施”，则完全是为了应急，并没有从根本上减少通货膨胀的压力，只是延迟了问题的爆发。

如何有效利用这一难得的“延时”来根治通货膨胀呢？如果不愿从收缩货币入手，那么就必须从增加商品供应来突破。这就是日本政府推出的“倾斜生产计划”。该计划的主要目的就是集中有限的资源，增加煤钢生产。由于煤炭是工业的能源，而钢铁是工业的原料，有了这两种物资，就能带动其他工业部门恢复运转。

1946 年，日本的工业生产大约为战前的 30%，如果生产能恢复到 60%，日本政府认为大量增加的商品就会抵消过剩货币的冲击，如此便可结束通货膨胀。只有制止通胀，才能真正开始经济复苏。要达到这一目标，煤炭生产必须由 2 000 万吨提高到 3 000 万吨，为此，需要占领军当局为钢铁部门提供重油和铁砂，然后以增产的钢铁供应煤炭部门，促进煤炭增加生产，再以煤炭进一步推动钢铁。

在这个思路指导下，日本政府开始集中所有财源，于 1947 年 1 月专门设立了“复兴金融公库”。公库的资金来源就是日本中央银行的信贷，最终则体现为政府的财政赤字。在 1947—1948 年，公库一共放贷 1 259 亿日元，占整个工业信贷的 1/3。另外，政府还从预算中拨出 850 亿日元的巨额资金（占预算总额的 12%），来向“倾斜生产”的企业进行价差补助。煤炭工业得到了 475 亿日元的贷款，约占公库全部贷款总额的 38%。有钱自然好办事，结果 1947 年煤炭生产应声增长了近 30%，同期的钢产量也增长了 21%。1948 年，日本经济出现了初步好转的迹象。工业生产恢复到战前的 54.6%，其中煤炭达到 90%，钢铁 49.2%，基本达到了事先设定的目标。

不过，实现这一“倾斜生产”的代价，就是更大规模的财政赤字和钞票泛滥，钢铁和煤炭是有了，但轻工业生产消费品的原料仍然受制于 1947 年的农业。日本当年的轻工业与中国类似，在石油化工产业尚未启动的情况下，轻工业的原料来源严重依赖农业。此时，日本的“土改”才刚刚开始，农业增产的效果在 1948 年之后才会逐渐体现出来，而“倾斜生产”所造成的更大规模的货币泛滥，与尚在卡壳状态的轻工业瓶颈之间的脆弱平衡，在 1947 年和 1948 年再度被破坏，通货膨胀如脱缰的野马，又一次失去了控制。日本批发物价的上涨在 1947 年和 1948 年分别达到了 193% 和 167% 之多。

这一政策最终的效果是，大财阀体系的企业，利用国家的资金和人民的储蓄，重新实现了资本积累，恢复了在战争中损失掉的部分实力，它们的贷款负担在恶性通胀中被迅速冲销，最终把通货膨胀的灾难留给人民和储蓄者。这实质上就是一种财富的抢劫，而且是在国家指导下的公然抢劫！结果，日本爆发了 1948 年的“三月斗争”，罢工人数高达 100 万人，在日本历史上规模空前。与此同时，政府机关和公共团体的公务人员也掀起了大规模抗争。

“倾斜生产”非但没有倾倒出大量的消费品，反而倾倒出更为猛烈的通胀，以及大规模的政治动荡。

美国人不干了！日本人这不是胡来吗？玩财政赤字的火，最终必然带来恶性通胀和社会动乱的灾难！

道奇路线，日元投入美元帝国的怀抱

1948年底，美国银行家道奇来到了日本。道奇刚在德国参与了6月的马克改革，此刻风尘仆仆地赶来东京，面对日本的恶性通胀，再看日本的财政政策，不禁心头火起。这与他策划的德国马克改革的思路相距甚远。

当日本政府官员对他大谈特谈工业生产恢复得如何喜人之时，道奇毫不客气地指出："夸耀生产指数提高和出口增加是愚蠢透顶的行为，因为实际上这不过是美国援助的资金、（日本大藏省）补助金和赤字扩大的表现而已。"他做了一个有名的比喻："日本经济好像骑在竹马上一样，竹马的一条腿是美国援助，另一条腿则是国内的资金补助机构。把竹马的腿弄得过长，就有摔倒而将脖子折断的危险，现在必须迅速把马腿缩短。"

日本内部此时也形成了两种意见：一种意见认为稳定是复苏的必要条件，必须首先制止通货膨胀；另一种意见则认为，没有复兴就没有稳定，必须扩大生产才能重建经济。后者其实是支持通胀的观点。大财阀们显然是希望国家继续实施大规模财政赤字，从而使他们继续获得巨额资金和补贴，实现更大的资本积累，通胀的代价自然由普通日本人来承受。在大财阀的影响下，日本政府迟迟不愿削减财政赤字。

美国人终于急了！

在看出了日本财阀相当顽固的态度后，美国政府和占领军当局断然采取了强硬措施，公然站到了日本政治舞台的中央，在没有通知日本政府的情况下，以美国政府直接指令的形式，于1948年12月18日，以占领军总司令部的名义，向日本国民宣布了"稳定经济九项原则"，这就是历史上大名鼎鼎的"道奇路线"。日本政界为之哗然。

"道奇路线"的核心就是：平衡预算、限制信贷、改革税制、推出单一汇率。

麦克阿瑟在给日本吉田首相的"书简"中，以极其强硬的态度和严厉的措辞，要求日本政府不折不扣地执行上述原则，作为向日本提供巨额援助的美国，麦克阿瑟认为有权要求日本忍受困苦，甚至暂时放弃一部分自由与权利，绝对不允许出现反对“九项原则”的思想和政治活动。

大财阀们群情激奋，日本政局波涛汹涌，吉田内阁完全搞不定日本国会中势力强大的反对派。为此，麦克阿瑟秘授机宜，干脆解散国会，重新举行选举，吉田的新内阁终于获得了国会众议院绝对多数的支持，“道奇路线”开始实施。

由于大财阀们在经济复苏阶段中，实行了“铁血式”残酷的资本积累，日本工人的工资被压得太低，以致众议院大选时，日本共产党大获全胜，高达 35 人当选，引发了美国和日本政府的惊恐。因此，遏制通货膨胀，提高工人工资，增加货币实质购买力，已经升格为政治问题。道奇在美国众议院做证时指出，“与经济稳定有关的真正问题，是人们对政治和社会的反应。当前日本的重要问题，是保证政治和工资的稳定，维持一种能防止共产主义势力发展的较高生活水平，为此，必须提高实际工资，重要的是提高货币的购买力，归根到底是提高粮食配额和棉制品的销售量。”

在这里，道奇强调的粮食和棉织品问题，正是土地改革和轻工业的瓶颈。中国在 20 世纪五六十年代所遭遇的农业生产和轻工业的困难，在此时的日本，也是矛盾的焦点。

1948 年时任日本大藏省官员的池田勇人与道奇会面

根据道奇在德国的货币改革经验，他认为，通货膨胀的根源在于财政赤字，不消灭赤字，就无法除掉通货膨胀的根源。因此，他首先查看了日本政府赤字的原因，结果发现，1948 年度的预算只是在一般会计上采取了平衡的形式，但是在特别会计上则是 1 500 亿日元的庞大赤字。在道奇所制定的 1949 年度预算中，将税收大幅提高，将政府开支尽可能削减，从而得到一份不仅综合平衡，没有赤字，而且还有 2 570 亿日元巨额盈余的“超平衡预算”，盈余高达财政支出的 14%。这笔巨额盈余在偿还债务的同时，也为金融机构提供了资金，既遏制了通胀，又增加了银行的资本金。

由于“道奇路线”反对“复兴金融公库”的变相财政赤字的做法，因此，公库从 1949 年起完全停止了新贷款，并开始回收过去的放贷。这一招，消除了引发通胀的一个主要来源。

正如道奇所指出的那样，美国援助和政府补贴，是日本经济“竹马的两条腿”，如何锯短这两条腿呢？道奇首先停止了“复兴金融公库”的贷款，这一项节省了 1 259 亿日元的支出，但是日本政府为了保护大财阀的利益，将财政补贴增加了一倍，抵消了道奇的努力。道奇只能在美国援助上再动脑筋。

1948 年美国对日本的援助总额为 4.6 亿美元，1949 年增加到 5.34 亿美元，这些援助主要是美国过剩的粮食和石油、医疗产品和棉花，在日本轻工业消费品和能源严重短缺的市场中，抛售美国援助物资可以获得惊人的暴利。如果以 1 美元兑换 360 日元的汇率折算，1949 年美援物资相当于 1 922 亿日元的规模，远远超过“复兴金融公库”和财政补贴的金额。

对于这样一笔巨款，美国此前基本上是让日本政府自己做主怎么花，现在道奇却要利用这一杠杆来实现“道奇路线”的意图。

于是，美国设立了“回头资金”制度，要求日本政府将销售美援物资所得来的货款，存入特别会计账户，由占领军当局管理。日本政府只有在获得美国同意的情况下，才能逐笔使用这笔“回头资金”。道奇设下了资金使用范围仅限于偿还政府债务和经济建设的直接投资。这样，美国将日本财政收入中的一大笔资金牢牢地控制起来，在政治上和经济上迫使日本政府和大财阀们更加俯首帖耳。

从1949—1951年，“回头资金”总共支出了3 165亿日元，其中偿还政府债务和购买公债占35%，企业投资占65%。

其中用于偿还政府债务和购买公债的1 118亿日元，对回收流动性和控制通胀起到了关键性的作用。这一政策的实质，与20世纪60年代初陈云和刘少奇提出的“高价商品”“高对高，低对低”回笼货币的策略大同小异，道奇无非是将美援的粮食、石油、医药、棉花等日本市场的紧俏商品作为“高价商品”，在抛售中回笼超发的日元，然后将这些回笼资金清偿政府债务，从而消灭部分过剩的货币，大大缓解通货膨胀的压力。1946年9月，日本货币流通总量为644亿日元，1947年底为2 191亿元。“回头资金”回笼货币的规模对货币流通的影响是显而易见的。

在企业投资中，“回头资金”没有继续大幅投向大财阀们所聚集的“煤钢”产业，而是大力投向电力、海运、电报电话、国营铁路等基础设施，在严厉紧缩的“道奇路线”中，财政投资是企业获得资金的大头，而“回头资金”占财政资金的70%，可以说这笔钱成了美国控制日本财政、金融、工业的强大工具。

美国援助的实质，其实就是将美国过剩的粮食和商品转移给日本，作为一种“恩赐”，美国赚足了日本政府的感激；再用这种“恩赐”的物资来回笼超发货币，又实现了控制恶性通胀的目的，赢得了日本人民的好感；最后，“恩赐”再转化为“回头资金”的投资，作为政治杠杆来制伏日本的各派政治势力，镇住了大财阀们的过度贪婪。美国人将援助发挥到了“一鱼三吃”的最高境界！

道奇路线的另外一根支柱就是单一汇率。战后一段时间内，日本的经济与外部世界几乎完全隔离，占领军当局控制着一切对外的经济活动，任何一笔对外贸易都需要事先征得美方的同意，而且每笔交易所涉及的货币汇率各有不同，这样一来就切断了日本商品大量出口的途径。

单一汇率就可统一混乱的货币兑换状况，整合日本的出口经济部门。由于日本国内消费力不足，市场狭小，原料和石油来源又主要依赖海外，不扩大对外贸易，日本的经济将很难真正发展。关键的问题在于，日元与美元到底定在什么样的比价，才能使日本经济真正受益。

以日本最早实现出口的产品缝纫机为例，由于日本国内农业萧条，棉花原料短缺，导致轻工业的棉布供应不足，当然这也会制约缝纫机行业的规模，因而产品成本居高不下。1949 年，缝纫机在日本的制造成本为 24 000 日元，而其离岸价为 40 美元，这样的价格才能在国际上具备一定竞争力，因此，1 美元相当于 600 日元，才能使得出口成为可能。

但是在道奇计划中，美国人单方面制定的单一汇率为 1 美元兑换 360 日元，这样，日本缝纫机在国际市场的价格就变成了 66.67 美元，竞争力将大幅下降。在这种情况下，日本政府只有通过补贴才能抵消汇率过高的不利因素，保证出口贸易的顺利发展。当迈出艰难的第一步后，随着经济的复苏，两年之内，缝纫机的月产量从 3 万台迅速增加到 13 万台，生产成本则不断下降，当政府不再补贴时，日本的企业照样能够实现赢利。到 1960 年，缝纫机的制造成本从 26 000 日元直降到 4 300 日元，在国际市场中卖到十几美元还能赚钱，此时，日本劳动密集型产品在国际市场的竞争力变得难以抗衡。

单一汇率尽管开始对日本并不十分有利，但一旦靠上了美元帝国所贯通的世界市场，那么日益增长的生产规模和不断下降的成本，将逐渐抵消汇率的不利影响，而后，固定汇率将越来越有利于日本的出口贸易。

道奇路线奠定了平衡的预算，缓解了通胀压力，实现了单一汇率，这一切只是建成了日本经济起飞的跑道，真正起飞所需要的加速度，还是源于 1950—1953 年的朝鲜战争。

“朝鲜景气”为日本带来了 23 亿美元的超级战争红利。棉纺业十大公司的利润增加了 9~19 倍，其中 90% 的利润形成了资本积累，钢铁、化纤和造纸业取得了相似的利润增长。再加上美国给日本提供的 18 亿美元的援助，日本在归顺美元帝国的选择中，在 1945—1955 年的10年经济恢复阶段，总共获得了41亿美元的“好处费”。不过，背靠着急速扩大的国际市场，日本工业的规模迅猛扩大，同时，日本从世界所吸纳的海量新技术，进一步提高了日本产业的利润率，对美元帝国的依附所赢来的海外订单“红利”，远远超过了美国真金白银的援助。

“国民收入倍增计划”，日本工业化的变轨与加速

日本工业化的底子虽然是明治维新时就打下的，但到了1937年中日战争爆发时，已经被苏联的两个五年计划大大地甩在了后面。8年战争下来，日本的国民经济全面转向战争机器，工业化的深度与广度，已严重落后于美国和西方国家。朝鲜战争期间，美国曾考虑让日本生产重武器系统，以便就近供应朝鲜战场，但美国的工业专家到日本考察了一圈之后，放弃了这一想法，因为日本的工业技术已严重落后，根本无法满足美军的需要。

当1955年来临之时，中国的工业化在苏联的帮助下，正在迅速接近世界水平；而日本虽然从战后的废墟中，成功地完成了复苏，却是以轻工业为中心的“浅工业复苏”，重工业的技术水准，甚至不如中国直接引进的苏联最先进的工厂。如果从硬件条件看，中日双方大体处于同一工业化的水平上。

但是，这一年也是中日工业化发展战略错位的关键拐点。中国仍把钢铁视为工业化的核心，而日本却已经深刻地认识到电子工业和石油化工的重要性，并将自动化作为新的发展目标。这种战略眼光的差距，在随后的15年中，把中日之间的差距扩大到难以追赶的程度。

日本人对新产业的顿悟，让他们意识到原来的战争行为是多么愚蠢，石油在世界市场的充分供应，使占领中国东北煤炭能源基地显得毫无必要，石油化工带来的廉价、丰富、优质的合成橡胶，让南下掠夺东南亚天然橡胶的军事行动成了不可理喻的冒险。在石油化工成千上万的衍生品海洋里，轻工业的原料来源几乎获得了充分的满足。日

本决心放弃军事侵略的立国传统，因为既没有必要，又没有好处。

石油化工取代了农业，成为轻工业的主要原料来源，电子工业和自动化则是工业化的加速器，有了这两个撒手锏，只要石油来源由美国保证，日本通过工业产品来征服世界，就远比用军刀马靴要简单得多。

中国和法国一样，虽然赢得了战争，却输掉了经济。

正是在这样的经济战略之下，1960 年日本人提出了"国民收入倍增计划"。日本通产省的经济战略眼光，远高于中国当时的计划经济政策制定者，他们首先在重化工业中，指定应该优先发展的种类。其中包括：石油精炼、石油化工、人造纤维、机动车、工业机械、飞机、电子工业等。然后给这些行业提供绝对的保护和发展援助。为了避免国外产品对这些日本战略行业的激烈竞争，通产省拿出了进口限额、进口许可证、高关税、对国内产品优惠的商业税等五花八门的贸易保护手段。

当日本加入关贸总协定后，直接的财政补贴过于扎眼，对于战略行业的发展，日本通产省怪招迭出，令人防不胜防。当造船业需要补贴时，政府不方便直接出钱，而这时日本市场上食糖的价格很高，利润丰厚，政府就对造船业提供食糖进口许可证，让其在国内食糖市场中赚足了差价，作为政府的变相补贴。仅这一招，就让日本造船业的出口价格降低了 20%~30%。

为了加快战略行业的快速发展，日本开始了疯狂引进先进技术和设备的浪潮。在进口最新机械的补助金制度上，实行进口价的一半由政府出，国内同类厂商的成本，政府也支付一半的财政补贴。对企业设备实行特别折旧制度，加速设备更新，扩大资本积累。日本政府规定，企业购入新设备的当年，就可以提取相当于设备价格 50% 的折旧费，从利润总额中扣除，不需纳税。在政府的鼓励下，各企业竞相增加投资，更新设备。1961 年，日本民营企业的设备投资在国民生产总值中的比例竟高达 23%！此外，日本发展银行和日本进出口银行等政府财政机构，还为战略行业提供长期的低息贷款，而且贷款的成本在利润中被先期扣除，因而也不需要纳税。

通过各种政策和金融手段，日本企业在世界发达国家中的税负最轻，1972 年日本企业总税负为 21.2%，美国是 28.1%，德国则高达 36%。

政府、工业家和金融家采取了密切合作的方式，那些被指定为国家战略性的工业，受到政府的精细保护和悉心扶持。对于这些行业，通产省和大藏省为企业提出详尽的行政指导，当它们认为产量过高时，就会建议企业减产，当它们认为投资过多时，会提出投资调整。企业也愿意接受这些指导，它们总是蜂拥在政府周围，以获得好处。政府对一些企业极为偏爱，对另一些则非常冷酷。即便是政府的意见或通知，只要是来自通产省，任何企业都害怕如果不遵守，可能就会被打入冷宫。

日本央行在提供信用时的“窗口指导”，也是在日本被广泛接受的行政指导。它与政府对整个经济政策密切相关，相当于经济政策的金融版。央行对各家银行的放款总额设置一定的上限，当各银行来到央行窗口时，这种指示是一种“单纯的暗示”，但是，这种暗示却总是被无条件地接受。在各银行贷款总额受到行政制约的条件下，它们将优先贷给财阀客户。对于大藏省来说，资金的供应是基于特定政策的考虑而采取分配形式的，利率只是第二位的因素。

通过 10 年的发展，日本的产业结构朝高利润率的方向急剧转化。在工业领域中，重化工的利润率高于轻工业，重化工业 1955 年占日本经济总量的 51%，1965 年达到了 64%，1975 年则高达 75%，创发达国家的最高纪录。从 1950—1969 年，日本的工业生产扩大了 17 倍，其中老产品比重仅占 60%，而新产品，特别是电子和石油化工产品的比重则急速扩大。

日本经济的发展模式与西方自由市场竞争的模式存在着巨大的差异，计划性的特点十分鲜明。日本政府在工业化变轨与加速的关键转折关头，高瞻远瞩、魄力惊人，对战略性行业的支持力度堪称成功的典范。正确的战略、完美的执行、悉心的指导、大力的扶持和精细的保护，是日本战略产业获得巨大成功的关键要素。

关于竞争，日本的观念与西方迥然不同。日本是一个竞争激烈的社会，但不是个人之间的竞争，而是企业集团之间的竞争。公司雇员之间的和谐，对公司的献身精神，是被日本社会认为值得提倡的，而公司雇员之间的竞争则不被鼓励。所以在日本国内，日本企业集团存在着竞争；而在国外，则体现为日本企业之间的合作，共同与外国企业进行激烈的竞争。

日本经济学家都留重人曾骄傲地升华了日本的奇迹："'凯恩斯先生曾在1937年讲过这样一段话，根据过去的经验，生活水平每年平均提高1%以上是不现实的。即使有很多发明创造，能够提高得更多些，我们的社会对于1%以上的增长率，也是不能轻易地使自己和它相适应的。在过去的几百年里，英国大概有过一两次生活水平按年均1%的速度提高的时候。但是，一般来说，生活水平的提高按平均年率计算，总多少要低于1%。'凯恩斯的这番话是在20世纪阴暗的30年代中期说的，他在演讲之际或许在心理上受到了当时的悲观主义的影响。然而，历史却可以证明，大英帝国在1860—1913年这光辉的半个世纪里，每人实际收入平均年增长率只有0.9%。因而，当时几乎没有一个经济学家怀疑凯恩斯的这一看法。（但是日本）至少到1973年，平均每人实际收入的增长率，在20年间几乎一直保持在年率8%以上的水平。面对这一事实，凯恩斯将何言以对呢？"

即便考虑到在1860—1913年的半个世纪中，英国执行的纯正金本位的坚挺英镑，与1945—1971年，金汇兑本位下与疲软美元之间的货币贬值因素，人们也必须承认日本国民收入的增长率的确大大高于英国人的时代。不过，一个客观因素是当年的工业革命并没有摆脱对农业的天然依赖，1%以下的收入增长，真实地体现了农业增长潜力的极限。如果没有工业革命，经济的实际增长仅在零的上下波动，这就是为什么农业社会上千年的社会经济，基本处于停滞的状态。只有在20世纪50年代以后，当石油化工产品大规模取代农业原料，从而突破了轻工业的增长瓶颈时，国民收入才具备了以更高速度增长的可能。

工业化曾给西方带来了繁荣和富裕，工业化进程中，各国对原材料和市场的争夺，也给世界带来了战争与灾难。当工业化开始在东方扩散后，世界经济与金钱的权力天平，开始向东方倾斜。中国与日本，无论选择哪种路径，也不管要经受何种挫折，前进的方向始终是通过工业化来实现富裕和强大的梦想。亚洲的所有国家，将陆续跟进这一历史的洪流。世界其他地区的发展与壮大，将日益打破美国战后一家独大的局面，世界将越来越呈现出战国时代的大趋势。

1964 年日本高速铁路新干线通车

注释

[1] 沈志华，《1953—1959 年苏联对中国的经济援助》，《近年俄国解密的档案文献》，东方出版中心，2015。

[2] 沈志华，《新中国建立初期苏联对华经济援助的基本情况》，《俄罗斯研究》2001 年 01 期。

[3] 薛暮桥，《薛暮桥经济文选》，中国时代经济出版社，2010 年，第 130 页。

[4] 同上书。

[5] 同上书。

[6] [日] 小林义雄，《战后日本经济史》，商务印书馆，1985 年，第 18 页。

[7] [日] 都留重人，《日本经济奇迹的终结》，商务印书馆，1979 年，第 36 页。

[8] [日] 都留重人，《日本经济奇迹的终结》，商务印书馆，1979 年，第 16 页。

第六章

蛇形渐进，通往欧洲合众国的欧元之路

CURRENCY WARS

本章导读

目前，欧元正在陷入严重的困境。欧债危机似乎已无法化解，欧盟内部争吵不断，欧元区解体论甚嚣尘上。美国人有些幸灾乐祸，中国人显得无所适从，国际金融市场熊气漫天，经济学家们莫衷一是。

欧元区会解体吗？欧洲一体化会中断吗？世界经济会脱轨吗？

为了找到正确答案，我们必须重新回顾欧洲一体化的历史，认真审视欧元诞生的历程。

战后欧洲一体化的历史，就是德法争夺欧洲大陆主宰权的历史，也是在美苏霸权的挤压下，欧洲试图重新崛起的历史。伴随着这一进程，欧洲始终存在着两种主要势力之间的博弈，这就是国际主义与国家主义的较量。

国际主义的背后代表了金钱的权力，主权边界阻挡了资本自由流动的意志。国家主义则继承了传统的主权思想，力图约束金权的崛起。在超主权理念与国家利益的反复博弈中，欧洲货币联盟在曲折中艰难地不断进化。

政治民主与金融独裁这一对新矛盾，与德国重新崛起及法国如何制衡的老矛盾，交织在一起，共同推动了错综复杂的欧洲一体化进程。

从煤钢联盟的诞生到《维纳计划》的推出，从蛇形汇率机制的运作到欧洲货币体系的实施，从《德洛尔报告》的发布到《马斯特里赫特条约》的签订，从欧洲货币单位的制定到欧洲中央银行的成立，欧元在蛇形渐进的道路上，历经了半个世纪的风风雨雨，终于修成正果。

但是，欧元并没有解决欧洲的问题，而是带来了更多的问题。

没有统一的欧洲财政部，就无法克服当前的欧元危机。没有最终的欧洲合众国，欧盟一体化的目标就没有实现。

欧元仍在继续进化着！

祸起萧墙，戴高乐下台；风云急转，欧洲整合提速

1968 年 3 月，在法国人的挑头下，爆发了全世界对美国黄金储备的大挤兑。戴高乐发誓要将美元拉下世界货币的霸主地位，推翻布雷顿森林王朝，改革全球货币制度，法国领导下的欧洲必须获得更大的金融权力。

就在美国“黄金互助总库”完全崩溃，戴高乐即将对美国黄金储备发动总攻的关键时刻，法国国内突然发生了“5 月风暴”，不仅法郎遭到了美元的绝地反击而一溃千里，而且戴高乐上台以来从美国挤兑来的黄金，也被美国重新拿回了相当多的部分。

在危机最严重的 5 月底，巴黎游行的学生和市民打出了“戴高乐下台”的口号，国家机器几近瘫痪。对政局失去控制的戴高乐，甚至连他的总理蓬皮杜都没有通知，就于 5 月 29 日突然“失踪”，他连夜逃往了法国驻德国的军事基地。很明显，在戴高乐看来，在法国国内政治经济情况基本稳定的情况下，突如其来的“5 月风暴”旨在逼迫他下台。美国人对他的痛恨非常自然，但法国国内的某些政治势力，甚至在他自己的政府内部，对他所坚持的“法兰西至上”的政策，心怀不满的也大有人在。

在戴高乐掌权的 10 年里，欧洲合众国的理想基本在原地踏步。超主权的“煤钢联盟”和欧洲经济共同体，都是“莫内圈子”在戴高

乐上台之前搞出来的，戴高乐不反对欧洲联盟，也支持与德国和好，但前提不是丧失法兰西的主权，而是让法国成为欧洲马车的驾车人，让德国人来拉车。对英国两次申请加入欧共体都被戴高乐否决之事，“莫内圈子”的人更是怒不可遏。问题很清楚，戴高乐不除，欧洲合众国的理想根本就没戏。

戴高乐一手栽培起来的总理蓬皮杜，也是“莫内圈子”的积极分子。

戴高乐时代的法国总理蓬皮杜

蓬皮杜早年就读于巴黎著名的路易勒格朗中学（Lycée Louis le Grand），与塞内加尔后来的开国总统桑戈尔是同窗挚友，与大名鼎鼎的盖·罗斯柴尔德也是校友[1]。盖·罗斯柴尔德后来成为法国罗斯柴尔德家族银行的掌门人，继承祖业成为法兰西银行的董事，执掌中央银行的大权，同时拥有法国工业领域众多公司的股权，是法国金融与工业的巨头。

蓬皮杜毕业于巴黎高等师范学校，后来成为一名中学教师。“二战”爆发后，蓬皮杜曾一度当兵参战，法国战败后，再度回到学校教书。1944年，当蓬皮杜得知自己的一位同学已经是戴高乐身边的幕僚长时，立刻给他写信，希望能谋得一官半职。在同学的引荐下，蓬皮杜最初的工作就是将法国所发生的各种政治事件加以总结，并形成一页纸的情况概述，每天发给戴高乐供其参考。很快，蓬皮杜对复杂事件的深入剖析能力，高度精准的语言风格，都给戴高乐留下了深刻印象。1946年，戴高乐组建了自己的政党——法国人民联盟，而蓬皮杜则成为已经辞职下野的戴高乐与他的政党之间的主要联络官，1948年后，蓬皮杜还兼任戴高乐私人办公室的主任。

戴高乐1946年下野后，一直在等待东山再起的机会，结果他等了整整12年。在这段时间里，蓬皮杜一直是戴高乐无话不谈的心腹重臣。尽管不在台上，但戴高乐在法国人民中的巨大声望，使他随时有可能再度掌握法国的命运。

从来就笃信“永远与国王散步”的罗斯柴尔德家族，不仅烧着当权派的热灶，同时也没忘了戴高乐这一潜在“优质股”的冷灶。法国海外殖民地阿尔及利亚的危机日渐严重，而法国驻阿尔及利亚的军队首领们，几乎都是戴高乐当年搞“自由法国”流亡政府时的老班底，危机恶化到一定程度时，恐怕法国只有戴高乐，才能控制得了法国的政局。

1954年，盖·罗斯柴尔德找到了他从前的私人导师，此人不仅与蓬皮杜是老朋友，而且就在罗斯柴尔德银行工作，罗斯柴尔德希望将戴高乐的心腹蓬皮杜挖过来。最初，蓬皮杜有些犹豫，毕竟他只教过中学，对银行业务一窍不通，到罗斯柴尔德家族的银行恐怕难以胜任。不过，蓬皮杜转念一想，自己苦等戴高乐上台已经8年了，天知道最终会不会有结果，不如到大名鼎鼎的罗斯柴尔德家族银行开辟一条未来人生的光明大道。

不能不承认，蓬皮杜具有非凡的智商和学习能力。他本来在银行中只是一个闲职，罗斯柴尔德也并没有希望他在金融业务中能有什么重大成就；但是，蓬皮杜在短短两年内，从一个看不懂资产负债表的门外汉，逐渐介入核心业务。正如戴高乐对蓬皮杜留下的深刻印象一样，罗斯柴尔德对这个校友，也不得不刮目相看。蓬皮杜不仅能够迅速抓住生意中的要害，而且往往能迅速找到问题的突破手段。结果，蓬皮杜在罗斯柴尔德家族银行中的地位与日俱增，深得罗斯柴尔德的信任。从1956年到1962年，蓬皮杜当上了罗斯柴尔德银行的总经理，并且受罗斯柴尔德委派，担任了另外几家大公司的董事，代表罗斯柴尔德家族银行发号施令。

1958年戴高乐果然东山再起，蓬皮杜奉召参与了第五共和国的宪法起草，并继续为戴高乐出谋划策。此时，他的建议中已经很自然地考虑到了罗斯柴尔德家族的利益。1962年，戴高乐总统力排众议，举荐从未有资深政绩的蓬皮杜出任法国总理。以往历任法国总理要么是在选举中叱咤风云的人物，要么在政府部长的位置上从政多年，而蓬皮杜却是从罗斯柴尔德银行总经理的位置上，一步登上了法国总理的大位。从此，蓬皮杜成了戴高乐主义的重要执行人，在总理位置上一干就是6年，创下四代法国政坛总理的任期之最。在这6年中，蓬皮杜不动声色地选拔和安插自己的人脉，逐渐控制了法国政府的主要核心部门。

当1968年“5月风暴”来临时，戴高乐突然发现，各部部长对总统居然群起而攻之，他已经无法控制政府，而蓬皮杜则大权在握。惊慌之余，戴高乐只能玩“失踪”，不敢让部长们知道他的行踪。他跑到法国驻德国的军事基地，就是想看看法国军队到底支持谁，再定进退。当获得了法国军方的支持后，戴高乐重返巴黎，宣布举行6月议会的重新选举，结果戴高乐主义者大获全胜。[2] 在重获支持后，戴高乐立刻罢免了蓬皮杜的总理职务。法国政坛一片惊呼，大家原以为蓬皮杜是戴高乐主义最坚定的支持者，两人关系一向很不错，只有戴高乐心知肚明，究竟是谁搞出“5月风暴”，以及风暴的原因。

对于自己被解职，蓬皮杜“委屈”地声称，这是戴高乐犯下的一个错误。此时，在法国人心目中，和平解决了“5月风暴”的蓬皮杜，忍辱负重，忠诚坚定，不计个人得失，在形象上已经超过了老迈固执的戴高乐。

尽管戴高乐主义者赢得了议会选举，但胜利者却不是戴高乐。法国人已经开始呼吁进入一个没有戴高乐的“戴高乐主义”时代。1969年，戴高乐的改革议会和地方政府的主张被全民投票否决，心灰意冷之下，只有宣布辞职。

蓬皮杜自然成为法国人万众期待的新总统。他的隐忍和策略，赢得了民心，也迎来了自己的时代。

蓬皮杜所推行的“戴高乐主义”，本质上是一种抽去了“法兰西至上”精神核心的“修正主义”。他和“莫内圈子”中的同道者们，在摆脱了戴高乐的掣肘之后，开始大踏步地推进欧洲合众国的进程。

对于蓬皮杜和他背后的金融势力集团而言，废除主权边界，资本自由流动，金融不受管制是最大的理想！让资本来控制国家，而非国家控制资本，是最重要的核心理念！超主权的一切目的，就是为了废除主权！欧洲人联合起来，共同反抗美国的压迫，则是最能打动人心的口号。

此时，欧洲政治舞台中心的三个人物，法国总统蓬皮杜，德国总理勃兰特和英国首相希斯，全部是“莫内圈子”的积极分子，推动欧洲整合的政治时机，从来都没有这么好过。

1969 年 4 月，戴高乐刚下台，欢欣鼓舞的英、德、法首脑就在 12 月齐集海牙，召开欧共体峰会，会议决定加速欧洲一体化的进程。

英国突然受到欧洲大陆的热烈欢迎。1973 年，欧共体一下子吸纳了英国、丹麦和爱尔兰加盟，从初创时的 6 个国家，变成了 9 国联盟。

在海牙会议上，另一项重大举措就是设计“欧洲经济货币联盟”（Economic and Monetary Union）的战略框架，并最终于 1970 年 10 月推出了《维纳报告》。皮埃尔·维纳是卢森堡的首相兼财政部部长，受欧共体执委会的委托，由他出面组织各国专家成立欧洲货币联盟委员会，提供一个综合性的货币战略，旨在保护欧洲利益，以对抗美国对欧洲利益的漠不关心，甚至是刻意对抗，同时也是为了平衡德国的经济与工业实力。[3]

《维纳报告》中提出，要建立欧洲经济货币联盟，成员国的一些关键权力（包括财政预算和货币政策），将最终从各国议会、政府和中央银行手中，向欧共体内部成立的新机构进行转移。

报告建议分三个阶段来实现经济货币联盟。第一步就是稳定汇率，为各成员国经济确立共同的指导方针，协调各国财政预算政策。最后一个阶段的任务也很明确，就是永久固定各国汇率，成员国实现一致的经济政策，建立欧共体统一的中央银行。但是，如何实现中间的过渡阶段，报告中却语焉不详。

英格兰银行在研究了《维纳报告》之后得出的结论就是："无论是经济还是政治方面，欧洲经济货币联盟都具有深远的革命性意义。简单地说，它就是要以单一货币为杠杆，来创建一个欧洲联邦。成员国经济管理的所有基本工具，包括财政、货币、收入分配和地区发展政策，最终都要移交给欧洲联邦权力机构。"[4]

这就是目前新闻中被大肆炒作的"欧洲经济政府"或"欧洲财政部"的设想源头，其实，这根本不是欧债危机爆发后出现的新想法，而是 40 年前早已制订好的计划！

正当"莫内圈子"欢欣鼓舞，欧洲整合加速升温的关键时刻，美元与黄金脱钩，由此带来了全面的经济混乱。欧洲整合的进程被迫发生重大调整。

美债帝国开张不利，卖粮草"赔了夫人又折兵"

1971 年 8 月 15 日，尼克松总统宣布美元与黄金脱钩，美元"篡金自立"，开启了美债帝国的货币大贬值时代。

随着"美元"变成了"没金"，世界货币市场陷入空前混乱。人们争先恐后地逃离美元，资本大规模涌向德国马克和瑞士法郎寻求避难。为扭转美元信心濒于崩盘的危险局面，尼克松宣布了减税，冻结工资和物价 90 天，对所有进口商品加征 10% 的临时关税，"以确保美国商品不会因不公平的汇率，而处于不利的竞争地位"。

由于美元超发造成的大幅贬值，进而导致全球汇率紊乱，在尼克松的嘴里，却变成了其他国家在刻意操纵汇率，在贸易中试图夺走美国人的饭碗。看来，美国颠倒黑白的汇率操纵指责，并非今日的发明！但是，这种本末倒置的逻辑，连美国人自己都觉得不好意思。当时任美联储主席伯恩斯警告美国财政部部长康纳利，美国的贸易伙伴可能会报复的时候，康纳利轻蔑地回答："随他们去吧，他们能怎样？"

但是，来自欧洲的愤怒是明确而坚定的，欧洲人毫不含糊地表示，欧洲的中央银行已经很不情愿持有美元，如果美国不同意重新确立稳定的汇率机制，同时取消莫须有的进口附加税，欧美紧张的情绪将演变为对抗。

美元一步到位彻底踢开黄金的意图，遭到了欧洲的激烈反弹。美国不得不采取了缓兵之计。1971 年 12 月，在华盛顿召开了各国财长和央行行长参加的会议，形成了《史密森协议》，美元与黄金从 35 美元兑换 1 盎司黄金，贬值到 38 美元，美元对世界主要货币贬值 10%。

世界货币市场恢复了短暂的平静。1972 年，美国故态重萌，毫无捍卫《史密森协议》之意的美国，继续降低利率刺激经济，美元再度陷入被大规模抛售的危机。到 1973 年 2 月，美元进一步贬值 10%，美元兑黄金贬到了 42.22 美元。世界再一次陷入混乱。

为了缓解世界对美元的恐慌情绪，美国急于扭转国际收支逆差的窘境。在德国和日本强大的工业竞争力面前，美元大幅贬值了 23%，仍然稳不住贸易溃败的阵脚。1972 年，苏联农业面临着灾难性的收成，美国暂时顾不得冷战的对立了，慌忙中抓住了向苏联出口农产品这根救命稻草。

1933 年美国《农业调整法案》以来，为了保证农场主的利益，政府常年倒贴农业，大量高价收购农产品，用于对海外提供美国援助。苏联的农业歉收，正值美国农产品出现了过剩，结果双方一拍即合。1972 年 7 月 8 日，美苏发布了农业交易声明，苏联将在 3 年中向美国购买 7.5 亿美元的农产品。

苏联的农业问题根深蒂固，由来已久，1972 年的农业灾难，远比政府的估计更为严重，仅在当年夏天，苏联就向美国大举购买了 10 亿美元的农产品，其中小麦的购买量相当于美国全部产量的 1/4！

美国人原来有自己的小算盘，苏联没有多少外汇储备，因此如此大规模的粮食购买，必然迫使苏联像 20 世纪 60 年代那样大举出售黄金。按照苏联人对粮食的需求来看，起码需要在市场上抛售 800 吨以上的黄金。如此一来，世界黄金价格必然暴跌，美元地位将大为强化。所以，苏联的农产品购买量是多多益善。

但是，美国人没有料到，苏联人进口美国农产品的惊人胃口，对美国国内市场价格造成了远超过预想的巨大冲击。美国的粮食价格开始飙升，物价指数节节上扬，席卷全国的通货膨胀骤然来临。

更让美国人懊恼的是，苏联人没有如美国人期盼的那样大量抛售黄金，而是转而取道向欧洲美元市场借钱。欧洲人此刻正为拿着太多美元这个烫手的山芋而闹心，苏联人来借，真是大喜过望，条件自然是大大优惠。1972年2月，苏联向意大利大举借贷7年期的6亿美元，利息仅为6%，5月再向欧洲银行借贷10亿美元，利息仅比伦敦市场利息高0.375个百分点。[5]欧洲美元，本来就是美国的通胀输出工具，这一次被苏联人巧为利用，玩了个美元通胀回流，以欧洲美元支付了美国的粮食。结果，美国陷入粮少钱多、通胀加剧、美元疲软加剧的恶性循环。

美国人向苏联出售粮食，居然变成了以粮食回笼过剩美元的“义举”，这引发了美国国内通货膨胀倒灌效应，美国经济承受了巨大压力。这可是“负责任的大国”才会采用的利他行为，但这绝不是美国政府的初衷！

1973年6月，美国的综合物价指数上扬了15%，食品价格飙升了50%！“赔了夫人又折兵”的美国政府，被迫开始管制农产品出口，农业部下令，所有7月3日以后的出口粮食订单，将无法获得出口许可证，何时恢复出口需等待后续通知。

这下，世界粮食市场开始沸腾了。粮食价格的暴涨，终于引发了更严重的石油危机！

1973年10月，石油危机让工业国家脱轨

美元贬值和粮食价格上涨，启动了世界范围的通货膨胀。粮食进口国，也包括石油输出国组织，都被通胀的冲击波震得天旋地转。

1973年美元10%的再度贬值，造成了阿拉伯国家3.5亿美元的外汇储备损失，通货膨胀吃掉了它们储蓄中5.25亿美元的购买力，1973年石油输出国遭到了8.75亿美元的财富掠夺。[6]

石油输出国被激怒了，它们不甘心眼睁睁地看着自己的储蓄被通货膨胀所生吞活剥。10 月爆发的第 4 次中东战争，更增加了石油输出国对美国和以色列的愤怒。它们断然对美国、荷兰和丹麦进行石油禁运，直至这些国家不再公然支持以色列，同时宣称，凡是给美国军事基地提供支援的欧洲国家，也将被列入石油禁运的黑名单。于是，英国只让美军的飞机从基地起飞，但不能再降落；德国不让运送美国军火的轮船靠岸；意大利要求以色列退还所有占领地区。在欧洲的美军基地遭到了全面冻结。

西欧需要石油，而中东国家需要工业化，两者的经济进行深度整合完全合乎逻辑，这样一来，欧洲就会逐渐脱离美国设定的经济行星的轨道。当欧洲经济逐渐与中东石油输出国和非洲自然资源丰富的地区进行深度整合，实现自主发展的时候，一个比英镑当年割据更具危险性的货币势力范围，将出现在美国的面前。美国的战略目标是，欧洲与中东、非洲都直接依赖美国，而它们之间的任何相互依赖，都在一定程度上妨害了美国对世界的控制。

英帝国当年的阴影对美国的影响实在太大，当意识到欧洲独立发展的潜在可能性后，基辛格于 1973 年 12 月匆匆赶往欧洲。基辛格不希望欧洲与中东之间发生超越它们和美国的关系，因而强烈要求“联合应对能源危机”，而且在欧洲与中东协商任何议题之前，美国都必须拥有“参议”权。

欧洲人并没有买基辛格的账，而是强调“世界发展将越来越集中的权力和责任，交到了少数强权国家手中，这意味着欧洲必须团结起来，对外发出一种声音，只有如此，才能在世界舞台上扮演恰如其分的角色”。

为了将欧洲拉回美国的轨道，美国在石油危机后 4 个月就启动了国际能源署（IEA），在美国人的设计中，这一机构相当于“石油进口国组织”，以抗衡“石油输出国组织”对石油价格的影响力。如果政治和经济手段都不能达到目的，美国甚至准备动用战争手段来对付中东石油输出国。中东国家则警告欧洲和日本，如果遭到军事打击，它们将破坏油井、输油管道和港口设施，确保西方石油中断至少一年。欧洲国家大惊失色，这对美国影响虽大，但美国自己也有大量油田可以开发，另外可以在中南美洲、非洲和其他地区增加石油进口，弥补能源缺口。但严重依赖中东石油的欧洲经济就惨了。因此，当美国国防部威胁如果石油禁运持续下去，美国可能动用军事力量打击中东国家时，欧洲各国立刻跳了出来进行斡旋。

不仅如此，法国人还来到科威特，以援建石油化工和炼油项目为交换，确保法国的原油供应。在沙特，法国人与沙特政府签署了未来20年56亿桶原油供应的协议，交换条件仍然是石油化工与炼油厂项目。法国人的石油外交搞得有声有色。

当美国人提出“新大西洋伙伴关系”，试图继续将欧洲限定在美国设计的轨道上时，欧洲再度发出统一的声音，将与阿拉伯国家进行广泛的合作。美国人气得大骂欧洲人背叛。

石油危机将欧美战后同盟关系撕开了一道深深的裂缝。

比石油禁运更持久的经济影响是油价。石油输出国将油价从1971年年初的1.8~2.48美元一桶，提高到年底的10美元一桶，这并非完全因为制裁西方，同时也包括了对美元贬值，特别是粮食进口价格暴涨所造成的外汇储备缩水进行补偿。

美国在石油危机中被废弃的加油站

石油早已不仅仅是一种能源，更是工业化国家新的经济增长基础。石油价格的4倍上涨，将大幅提高石油化工行业的原料价格，同时石油化工的原料产品，又是汽车、电子、电器、纺织等几乎一切最终消费品的原材料来源，石油的突然短缺和价格的大幅暴涨，对已经变轨到石油工业经济的发达国家，顷刻间造成了破坏力极大的经济内伤。就像粮食危机对20世纪50年代末中国工业化的冲击一样，石油危机将迫使工业和交通的燃料成本飙升，石油化工产业萧条，轻工业原材料价格暴涨，最终传导到市场上的结果就是商品价格上涨，通货膨胀加剧，经济发展停滞。70年代全球出现的滞涨，正是石油工业经济遭遇瓶颈的后果。

越是重化工产业发达的国家，在石油危机中所承受的打击就越严重。美国是石油化工业起步最早和规模最大的工业国，在危机中，美国工业生产缩水了14%。20世纪60年代实行“国民财富倍增计划”的日本，将石油化工业列为重点发展的战略性产业，其以出口为导向的消费品生产，在日本国内遭遇了原材料瓶颈，而在国际上则面临消费市场不振的困境，结果，日本工业生产缩水多达20%。所有的工业化国家，同时进入了衰退或低速增长阶段。战后西方国家的高速增长和经济繁荣，遭遇到工业化变轨以来的第一次重大挫折。

石油危机逼迫各国去寻找替代石油的清洁能源，实际上，仅仅是能源突破，并不能化解西方经济增长的原材料瓶颈，这就是轻工业对石油化工原料的依赖。原子能、太阳能、风能、水能或潮汐发电，仅仅从能源入手，企图替代石油，引发一场新的经济革命，可惜这种尝试不会获得经济增长的重大突破。从20世纪70年代初到90年代中期的20多年中，欧、美、日等发达的工业化国家和地区都陷入了低增长的困境之中，主要原因就是缺少重大和根本性的技术与原材料的突破，缺乏类似20世纪四五十年代石油的巨大发现所带来的强烈的经济刺激。

人类的工业革命，其实仅仅是将能源从木材转化为煤炭和石油，将原材料从土地上的农产品和天然材料，转变为以石油为主要基础的合成材料而已。而新的经济爆发力，正孕育在新的技术革命之中。

欧洲汇率求稳定，美元浮动掀波澜

20世纪70年代初，世界频频出现的粮食问题、通货膨胀、石油危机、经济衰退、美欧裂痕，从本质上看，都是美元贬值惹的祸。

美国人终于明白了，即便废掉了黄金的王位，美元仍然受到黄金潜在的威胁。有黄金作为参照，美元的贬值在世人面前将暴露无遗，一次次对黄金的价格下挫，将美元疲软的窘态反复昭示于天下。稳定的汇率机制，让美元贬值的真相无所遁形，让偷奸耍滑的伎俩难以藏身。因此，美国决心不仅要永远“圈禁”黄金，而且必须彻底废掉固定汇率制度，让世界货币市场彻底混乱起来。浮动汇率所产生的更加复杂的经济乱象，将分散大家对美元贬值的聚焦，起到扰乱视听、趁乱突围的作用。

美国此时要的就是一个“乱”字！以货币的大乱，求美元的突围！

美国求乱，而欧洲求稳。

汇率的自由浮动，使欧洲共同市场的各国货币上蹿下跳，贸易和经济发展受到严重干扰。为了稳定局势，欧共体依据《维纳报告》的精神，于 1972 年 4 月推出了著名的“蛇形汇率机制”，它规定了欧共体内部任意一对货币的汇率所允许的浮动上限。1971 年 12 月的《史密森协议》中规定了非国际储备货币相对于美元的浮动空间，由布雷顿森林时代的 1% 扩大到 2.25%。如果以图形展现，欧共体内部的汇率波动犹如一条蟒蛇，游移在这条《史密森协议》的隧道中间。但是，当 1973 年美元开始自由浮动后，欧共体的“蛇形汇率”不再是游走于隧道之中，而是在波涛汹涌的大海中沉浮。

欧洲人希望在“蛇形汇率机制”的阵法面前，美元贬值的冲击力能被大大削弱。但在美元眼中，欧洲货币摆出的“一字长蛇阵”，不过是“一字挨打阵”。美元忽高忽低，上下翻飞，何时出拳，何时踢脚，完全掌握在国际投机资本手中；而欧洲货币的长蛇阵就像死板的阵地战，只能被动防守，摆出的正是一副挨打相！

“蛇形汇率机制”最大的毛病在于，它只锁定了欧共体内各国货币的比价关系，但各国的货币和财政政策却各行其道，这就好比用铁索套住 9 艘在波浪中起伏的大船，但每艘船的发动机动力，甚至船舵的方向都彼此不同，一旦航行起来，必然会相互碰撞，难以协调。当美元的投机大浪猛烈袭来之时，铁索将被庞大而剧烈起伏的船体轻易挣断。

1973 年，德国马克是“蛇形汇率机制”的旗舰，法国、英国则是主要的护卫舰。1972 年夏美国卖给苏联粮食，原本指望苏联抛售黄金来支付，以造成金价下跌、美元信心增强的趋势，结果苏联借欧洲美元的东风，把通胀的大火送回了美国。到了 1973 年年初，越来越大的通胀压力，迫使美元难以再固守《史密森协议》的贬值限制。结果在 2 月中，当德国央行在 7.5% 的通胀压力之下被迫加息时，美元贬值的潜流，终于演化为汹涌的美元资产抛售巨浪。

英国曾于 1972 年短暂加入过“蛇形汇率机制”，但很快就被投机资本给打了出来。1973 年，英国首相希斯来到波恩，再度要求英镑加入“蛇形汇率机制”。德国自然表示支持，有了英镑和法郎这对左膀右臂，抗击美元投机资本巨浪的能力就会更强。但是，英国人提出的条件，却让德国人踌躇，当英国政府试图与欧洲货币汇率挂钩时，都屡屡失败，而且历届政府由于支持类似政策也被连累垮台，因此，希斯提出德国必须提供无限制支持英镑的承诺。在德国人看来，这等于要求德国人用自己的外汇储备，为英国人开出空白支票，而英国人拿到这道护身符，很可能会在财政赤字方面失去约束。德国人不愿直接回绝，就提出反报价，建议英国先加入“蛇形汇率机制”，以背水一战的心志，表明捍卫欧洲汇率稳定的决心。结果，英国人退缩了。

法国本想借英国人重新加入“蛇形汇率机制”的时机，从德国人口袋里掏出那诱人的外汇储备，建立一个类似稳定汇率的基金池，以便在法郎支撑不住时，用德国人的银子来分摊一些压力，但随着英国人的退缩，法国人的梦想也破灭了。美元投机大浪铺天盖地般砸了过来。

1973 年 3 月 1 日，“史密森大堤”崩溃了，布雷顿森林体系所残留的固定汇率体系土崩瓦解。世界进入了一个货币自由浮动的混乱时代。

当美国砸碎了套在脖子上的固定汇率枷锁之后，开始准备永远“圈禁”黄金这一货币之王，完成以美国国债替代黄金，成为国际货币储备的核心资产的收官之举。

到 1976 年，世界各国政府所持有的美国国债已高达 900 亿美元，如何将这笔负债彻底赖掉呢？这可是一个具有挑战性的战略难题。美国人的思路是，将这些债务变性为国际货币储备，就像支撑本国货币的国债不必偿还一样。

1974 年 6 月，美国建议在 IMF 中设立所谓“替代账户”，这个账户的主要功能就是将各国所持有的美债，兑换为 SDR，[7] 从而完成把美国国债变成国际货币储备资产的飞跃。变性后的美债，已经不再是美国的国家债务，而成为国际货币储备中的核心资产，它们将被永久嵌入国际货币运作体系之中，永远不必被偿还！

美国将“圈禁”黄金的行为，分成四个步骤展开：第一，所有 IMF 成员国的中央银行，不允许制定黄金的官方价格；第二，黄金与 SDR 之间的价值联系必须被切断，这样黄金在中央银行的货币储备中，将失去法定价格依据，成为“价值游荡”的资产；第三，美国财政部将举行黄金拍卖；第四，IMF 将配合美国财政部压低世界黄金价格。其核心宗旨就是：让黄金的价格越不稳定越好，不稳定就难以成为财富储藏的工具，并且降低黄金作为货币储备的吸引力。

在美国政府的强烈要求下，IMF 成员国同意了将黄金从 SDR 的价值基础中驱逐出去，SDR 不再与黄金价值挂钩，而是被重新定义为“一篮子”16 种国家货币的参照。紧接着，为了与美国的精神保持一致，IMF 决定卖掉 1/3 的黄金储备，其中一半还给各国中央银行，另外一半则在市场上公开出售。

固定汇率废除了，黄金被“圈禁”了，美国人眼中最扎眼的问题，就是石油危机以来，由于油价暴涨而获得巨大石油美元收入的中东国家。

欧洲和日本的国家收支顺差被石油价格上涨所吃掉，1974—1976 年，400 亿美元的石油红利，源源不断地涌进了中东国家的荷包，中东一跃成为资本输出的大国。如果中东向欧洲靠拢，用石油美元的资本积累，进行大规模工业化建设，那么欧洲将成为工业设备和技术的最佳提供者，而中东则在石油供应和消费市场方面向欧洲敞开大门。这样一来，美国的利益将被边缘化。关键的问题是，美国如何将丰沛的石油美元，从中东导流回美国，削弱中东与欧洲接近的内在动力。

美国的打法还是用美国国债，去导流中东的石油美元，让中东接替欧洲和日本从前的角色，为美国的赤字继续提供融资。为此，美国首先警告欧洲的银行，不得接受超过它们目前持有的150亿美元的储蓄规模，从而切断了中东石油美元的去路，再以军事合作、安全保障为诱惑，胁迫沙特将石油美元投向美国国债。

美债帝国在“篡金自立”之后，经历了浮动汇率、石油危机、中东美元回流等剧烈震荡，终于站稳了脚跟。在混乱中，欧洲的货币联盟却受到了严重冲击。

“莫内圈子”解体，欧洲联盟徘徊不前

戴高乐下台，对于“莫内圈子”是一个极大的利好，借着这股东风，莫内的老战友，德国总理勃兰特和英国首相希斯，与法国总统蓬皮杜一道，一鼓作气地完成了欧共体扩编和《维纳报告》两件大事。

但是，接踵而来的中东战争和石油危机，却打断了欧洲战后长期经济增长的势头，浮动汇率时代的来临，又将欧洲抛入更大的经济与政治旋涡。欧洲的政治家们被各自国内的经济衰退和政局动荡，搞得疲惫不堪，在国际合作方面的意愿和热情，都显著减弱。德国关注通货膨胀，法国担心经济增长，英国对“蛇形汇率机制”热情有余担当不足，意大利等其他欧共体国家看到领头羊们争执不下，群龙无首，只好各扫自己的门前雪，难顾他人瓦上霜了。

面对欧洲整合丧失动力的困局，莫内提出建立“欧洲资源基金”，希望从货币联盟再次突破僵局，但德国财政部部长反对这项提议，认为经济整合应该优先于金融整合。石油危机爆发后，莫内又提出欧共体应该建立一种合作机制，以便在区内国家中分配石油供应，结果德

国同意，而英法反对，只得作罢。

1974 年 5 月，“莫内圈子”的德斯坦，在蓬皮杜去世后，当选为法国总统。已是 86 岁高龄的莫内，开导着不到 50 岁的新总统，“欧洲事务最为缺乏的就是权力。讨论有规矩可循，但决策却没有”。这句话对德斯坦的启发很大，他原来就有类似的想法，在莫内的鼓励下，德斯坦在当年 12 月的巴黎欧共体峰会上提出了一个重大计划，这就是“欧洲理事会”（European Council）制度。[8]

“欧洲理事会”由欧共体的各国首脑组成，相当于欧共体最高的战略决策机构，虽然它并没有立法的权力，但负有指导欧洲重大政治议题的方向和制定政策优先顺序的责任。面对严峻的经济衰退和汇率危机，欧洲迫切需要各国首脑定期会晤。“欧洲理事会”的建立，意味着主权国家的首脑，有义务为超主权的欧共体，提供政治服务。

此时，欧共体已经形成了欧洲合众国的原始雏形，原来由莫内担任第一任主席的煤钢联盟“最高理事会”，在《罗马条约》后，与“欧洲经济共同体”和“欧洲原子能共同体”并存，后来这三大超主权机构合并为“欧共体”，各自的权力机构整合为单一的“欧共体执委会”，这就是现在的“欧盟委员会”的前身。它相当于一个国家的内阁政府，负责欧共体的日常运作。

莫内设计的煤钢联盟“共同议会”，演变成了“欧洲议会”，相当于国家的立法、监督和咨询机构。

这样一来，“欧洲理事会”“欧共体执委会”“欧洲议会”就构建起未来欧洲合众国大厦的三大支柱，而这些机构的原始雏形，几乎全部出自“莫内圈子”，未来莫内等人，必将被誉为欧洲合众国的奠基人。

1975 年，“莫内圈子”组建的“欧洲合众国行动委员会”，已经运行了整整 20 个年头，莫内本人也已 87 岁高龄。他没有想到欧洲合众国的道路会如此漫长，在戴高乐当政的 10 年里，莫内在法国失去了影响力，不过他仍然在欧美各国享有崇高地位。在莫内的心目中，欧洲合众国的基础，是与英美的联合，大西洋两岸的伙伴关系是其核心宗旨，创建欧洲合众国的目的，并非挑战美国的霸权，而是与美国分享权力，共同主宰世界。20 世纪 70 年代以来的石油危机、美元贬值、欧洲汇率混乱、工业国家经济衰退，造成了美欧之间的紧张关系，甚至对立情绪，莫内对此深感失望。欧洲内部整合力量的涣散，更使他忧心忡忡，年事已高，精力不济，莫内感到自己的使命已经完成。他曾一度希望德国总理勃兰特来继承他的衣钵，但最终还是放弃了这个念头。[9]

在跟随莫内多年的职员中，他的秘书林格女士，是完全不拿薪水义务服务。她白天为罗伯特 · 罗斯柴尔德男爵工作，下午 5 点以后，到莫内的办公室继续工作。罗伯特 · 罗斯柴尔德男爵也是罗斯柴尔德家族的成员之一，他没有选择家族的老本行银行业，而是积极投身于外交家的事业之中。他正是 1957 年《罗马条约》的主要起草人，因此堪称欧共体的缔造者之一。在漫长的岁月里，莫内与罗斯柴尔德家族保持着密切的联系，通过私人秘书的联络，莫内的欧洲合众国行动委员会的每一项具体步骤，都能及时准确地传递到罗斯柴尔德家族的耳朵里，并能得到及时的反馈和建议。

当莫内最终向圈子里的所有同伴宣布，他决定退休并解散欧洲合众国行动委员会的时候，所有的人都极度震惊。欧洲合众国运动在丧失了精神领袖之后，在失落和迷茫中徘徊了整整 10 年。直到 1985 年，莫内的左膀右臂们再度拉起大旗，开始积极活动之后，欧洲经济货币联盟才再次骤然加速，并直接导致了《马斯特里赫特条约》的签订。

在莫内退休的日子里，欧洲经济货币联盟唯一的重大进展，就是 1979 年欧洲货币体系的建立，这也是 1970 年《维纳报告》的具体成果。

欧洲货币体系的中心就是 ECU（欧洲货币单位），这个货币单位最终演变为现在的欧元。德法围绕着货币单位，展开了一场激烈的争吵。按照法国人的设计，ECU 由“一篮子货币”根据欧共体各国货币加权平均来构成。

在ECU的基础上，任何一国货币相对于ECU的浮动，不应超过2.25%，意大利的里拉偏软，被允许浮动的范围扩大到6%。这基本上就是“蛇形汇率机制”的翻版，唯一不同的是，浮动参照的基准变成了ECU。新的欧洲汇率机制被称为ERM。

法国人的这个设计相当高明，在马克强大而法郎弱小的情况下，ECU的“一篮子货币”的思路，对法郎有利。因为在“篮子”中的货币比例固定后，每5年才调整一次。其间，如果德国马克升值过快，为了保证“篮子”中马克的价值不能越界，德国将不得不首先拿出自己的外汇储备干预市场，降低马克汇率。这样，马克就成为其他国家货币的挡箭牌。同时，ECU将成为各国干预外汇市场的工具，并且最终实际上是由本国货币来偿还汇率波动造成的外债。

德国人强烈反对这种安排，认为这将“迫使德国马克货币的创造，完全失去我们的控制”。德国人明白，当贬值的美元涌入德国，德国将被迫增发马克来购买美元，这样才能保证马克不升值，而货币增发却会失去控制。同时，在稳定欧洲汇率市场的干预中，货币投机商打击弱势货币时，显然只有用强大的马克才能拯救这些国家，而他们偿还德国时，却可以用本国货币通过ECU来支付，这等于变相迫使德国增加了马克供应。

因此，德国人坚持汇率稳定操作，必须承袭“蛇形汇率机制”，各国货币浮动不能相对于ECU，而是任何两组货币的相对汇率不能突破上限，这样，各国就只能用自己的外汇储备来调整汇率。这一招，将以马克做挡箭牌的计谋，破解得干干净净。另外，虽然干预外汇市场的短期借贷额度大幅增加了，但德国坚持偿还借贷时，必须使用美元、马克或黄金，这就断了其他国家试图从马克身上“揩油”的念头。最后，德国也不同意建立共享的“外汇储备库”。[10]

在启动欧洲货币体系的过程中，法国貌似取得了理念上的胜利，特别是ECU的推出。但是，德国在核心原则上，半步不让。新的汇率机制，不过是将“蛇形浮动”加以法律化，德国人的负担并没有增加，马克一家独大的局面，也没有出现任何变化。

欧洲货币体系建立的，其实是一个马克货币区。

再举莫内精神大旗，“欧洲行动委员会”在行动

“莫内圈子”在1975年散伙之后，推动欧洲合众国的精神驱动力处于瘫痪状态，大大延迟了欧洲经济货币联盟的进程。不过，“莫内圈子”中的核心骨干们，并没有意志消沉，他们在等待合适的时机，再度组建一个新的圈子，继续推进欧洲统一的大业。

“欧洲行动委员会”的核心人物麦克斯·科斯泰姆

20世纪80年代初，莫内原来的副手，荷兰人麦克斯·科斯泰姆，逐渐成为新的凝聚核心。他曾长期担任“欧洲合众国行动委员会”的副主席，1973年成为洛克菲勒资助的“三边委员会”欧洲分支的首任主席。科斯泰姆尽管没有莫内那样的号召力，但他长期从事联络与协调的具体工作，与欧洲重要人物的关系熟稔，他自告奋勇地承担起新圈子的发起工作。众人本来就迫切需要一个交流与讨论欧洲问题的私密圈子，科斯泰姆登高一呼，老圈子的人立刻就像找到了精神家园一般，纷纷投奔过来。

1982年10月，科尔取代了施密特成为联邦德国新一任总理，科尔也是莫内委员会的前成员，他一上台就宣称欧洲事务和欧洲政治联盟是新一届政府的优先政策。科斯泰姆觉得重新建立“新圈子”的时机终于成熟了。他开始四处联系老战友，刚从德国总理位置上退下来的施密特和比利时总理廷德曼斯，作为莫内委员会的前成员，在科斯

泰姆的影响下，也开始给从前圈子里仍然活跃在政治和贸易领域的老友们写信，询问他们是否愿意参加新的圈子，以“确保让·莫内的思想和方法继续作为欧洲联盟的精神指导”。[11]

为了在1984年重新组建新圈子，科斯泰姆开始环游欧洲，逐个拜访准备前来参加会议的新老朋友，并带去会议的主题和未来的纲领。

1984年3月13日，科斯泰姆在布鲁塞尔正式启动了新圈子，参加会议的有比利时总理廷德曼斯、德国前总理施密特，各国金融与贸易领域的权威人士也纷纷赶来。德国总统卡尔·卡斯腾斯虽然没有到会，但他表示卸任之后就会参与新圈子的讨论活动。会议达成共识，在新的形势下，恢复莫内精神，重建一个新的委员会。施密特认为，委员会应该“制定总体战略，来唤醒沉沦的欧洲”。会议还建议由施密特对欧洲货币体系提出战略报告，其他成员则分别负责起草欧共体、统一市场、安全与防卫、西班牙和葡萄牙加入欧共体等专题报告。施密特最后特别强调：“必须意识到尽管（法国总统）密特朗将欧洲问题置于考虑的中心，但是法国社会党内却没有这样的共识。”因此必须找到“一些能给密特朗留下深刻印象的人参与进来，以获得密特朗的战术性支持”。

这个最佳人选就是法国财政部部长雅克·德洛尔。科斯泰姆与德洛尔第一次见面是在1976年，之后两人一直保持着密切联系，莫内的思想和势力强大的圈子，对初出茅庐的德洛尔，具有不可抗拒的吸引力。德洛尔曾是法兰西银行的高官，自信而常常直言不讳，他的能力有目共睹，连密特朗也对德洛尔格外看重。

1984年6月，德洛尔通知科斯泰姆，密特朗已经同意让他参加科斯泰姆发起的新圈子活动，科斯泰姆惊喜之余，建议德洛尔将重新启动欧洲一体化作为一个主要的工作目标。后来，德洛尔在密特朗的支持和德国总理科尔的认可下，当选为“欧洲委员会主席”，这一职位相当于欧共体的内阁总理。对于密特朗而言，德洛尔是他在新圈子里的代理人，而德国人拉拢德洛尔进入新圈子的主要目的，正是为了影响密特朗全力推动欧洲整合。双方的默契就是将德洛尔放在“欧洲委员会主席”这一关键位置上，以便共同发力推动欧洲的经济货币联盟。

“新圈子”对德洛尔上任的消息自然是喜出望外，在关键岗位上安排了自己人，欧洲货币联盟的速度将大大加快。可是，德洛尔出任“欧洲委员会主席”后，新圈子就需要再安排一位法国社会党的人选，来填补德洛尔的空缺。作为临时措施，德洛尔将以“客人”的形式参与“新圈子”的所有活动。当德洛尔来到布鲁塞尔就任“欧洲委员会主席”后，“新圈子”立刻积极为他推荐欧洲委员会的组成人选。

1984 年 9 月，“新圈子”被正式命名为“欧洲行动委员会”。[12] 20 世纪 80 年代中期的欧洲与世界，已经与 50 年代莫内委员会成立时的国际形势大为不同。苏联的威胁正在逐步解除，欧洲与美国联合起来对付苏联的内在基础日渐瓦解，联邦德国与民主德国重新合并的可能性，已不再是遥不可及的幻想。一个统一而强大的德国将再度出现在世界的舞台之上，不仅欧洲内部的法国和其他欧共体国家感到心理压力加大，就连英国与美国也都顾虑重重。欧洲货币体系早已成为马克的天下，如果德国统一实现，领土被肢解的德国将重新成为政治巨人。此时此刻，由德国人发力推动的“欧洲合众国”运动，将促使美国产生对另一个超级大国出现的猜忌，而且欧洲内部也将被激发出强烈的民族主义。因此，“欧洲合众国”的刺眼字样，被笼统的欧洲所取代。

在欧洲整合的过程中，心里最为纠结的还是法国。日耳曼民族的彪悍，法国人早已深有体会。20 世纪 50 年代法国主导的“煤钢联盟”，对于法国人而言是宽容和仁慈的美好感觉，欧洲联合代表着欧洲团结一致，在美苏两霸之间争取独立地位的大义行为。可是，80 年代的法国，经济实力已经难与德国抗衡，法郎更成了马克的跟班，当想到一个 8 000 万人口、政治统一、经济强大、货币坚挺的德国再次出现在法国边境时，法国人就会从骨子里透出阵阵寒气。

法国总统密特朗的应对之道，就是将德国的经济与货币实力，与法国的军事和政治地位整合起来，实现一种对法国和欧洲都更为平衡的态势。德国有马克，而法国有核武器，进一步联合，则双方共赢，退一步分裂，则后患无穷。当法国人想明白这个道理，德国人信服这一动机之后，双方强化合作的动力获得了一个新的突破。德洛尔正好扮演了这种突破的关键角色。

就在德洛尔准备代表“欧洲委员会”，第一次向欧洲议会发表演说之前，科斯泰姆给德洛尔写了一封长信，就这次重要演说的内容，提出了一系列建议。德洛尔对此心领神会，在1985年1月的演说中，他正式提出到1992年，实现欧洲单一市场的重大目标。几个月后，“欧洲理事会”的各国首脑们正式批准了德洛尔的目标，并责成他完成实施时间表的细节报告。欧洲一体化立刻进入了一个新阶段。

1985年6月6日，在“新圈子”的第一次正式会议上，德国总统卡尔·卡斯腾斯主持会议，德洛尔提出了未来强化欧洲货币体系的计划。午餐会上，德国总理科尔对“新圈子”寄予了厚望，他认为“欧洲行动委员会”最重要的任务就是“将欧洲统一过程的历史重要性，传递给年轻的一代人。只有我们不断继承这一精神财富，才能够使欧洲统一的过程不可逆转”。

1986年，德洛尔与“新圈子”的关系更加紧密，他让同是社会党人的好友亨利·拿列特接替他在“新圈子”中的位置。亨利·拿列特一直是密特朗的农业顾问，后担任法国农业部部长。在“新圈子”的各次会议上，德洛尔将欧洲委员会的专家团队，甚至翻译人员都“借给”了科斯泰姆，以提供欧洲经济货币领域的最新动态。除此之外，德洛尔每年由欧洲委员会给“新圈子”提供22 000ECU的活动经费。

到1988年9月，“新圈子”已扩大到92名成员，他们来自各国政府、各国政党、商业协会、银行金融业和欧洲议会。其中13名成员是莫内时代的老人。“新圈子”形成的决议，可直接送达德、法、英、意、荷、比和欧洲委员会主席的手中，这些决议，在很大程度上直接变成了政治家们在欧洲舞台上的台词。政治家们在外交场合难以启齿的玄机，在私密的小圈子里反倒能够畅所欲言，充分交流。“新圈子”主要从幕后推动欧洲一体化的步伐，而很少在媒体上公开宣扬他们的计划，这样使得政治家们在国内政治舞台上，有足够的表演发挥的余地。这些同道中人由于精神理念高度认同，很多人又是从 20 世纪 50 年代就开始共同奋斗的老朋友，相互信任，共同借力，彼此忠诚，绝不泄密，形成了坚不可摧的欧洲合众国的信念圣地。

德洛尔委员会，欧洲货币联盟的临门一脚

1988 年，欧共体作为一个国家雏形的政治基础架构已经俨然成型，“欧洲理事会”“欧洲委员会”“欧洲议会”构建起未来欧洲合众国大厦的三大支柱。但是，要建成一个真正的国家，缺了中央银行这根最核心的柱子，是无论如何也不可能成功的。

货币联盟作为撬动欧洲统一的主要杠杆，从 20 世纪 50 年代就开始发挥重大作用，稳定欧共体内部的汇率关系，始终是促使欧洲各国合作的持续动力。

1970 年的《维纳报告》，确立了货币联盟将从汇率联盟起步，1972 年的“蛇形汇率机制”正是这一战略的具体表现。1979 年启动的欧洲货币体系，最重要的突破就是形成了 ECU，建立起欧洲的货币本位。然而，最终建成货币体系的关键部件——中央银行，迟迟未能获得重大突破。

谁掌握了货币发行权，谁就事实上控制着一切！

在这一关键权力的较量中，形成了德、法、英之间国家利益的外部博弈，以及各国财政部与中央银行之间的内部争斗。

如果从德国战后谦恭卑微的外交姿态与和平主义的国际形象，就判断德国人已经永远放弃追求世界霸权理想的话，未免也太低估了日耳曼民族的强悍意志。德国仅仅是学乖了，而不是变乖了！

德国支持欧洲统一的目的，是希望建立一个由德国驾驭的欧洲大陆。在军事上跛脚，政治上装孙子的窘境中，德国人手中唯一的重武器就是货币！德国人对于自己想要得到的东西，异常清晰，始终如一，前后连贯，毫不动摇。欧洲的货币大权，必须也只能由德国中央

银行进行实质控制。时间的优势在德国一边，欧共体事实上已经是马克货币区，德国经济凌驾于所有欧洲国家，国家统一即将实现，政治侏儒时代已日渐远去，苏联与东欧的衰落，为德国势力向东扩张提供了巨大的想象空间。在德国领导下的欧洲大陆，必将成为一个世界超级强权。在过去的一百年中，德国人吃够了急躁的苦头，这一次，它将以超级的耐心和毅力，去赢得属于自己的未来。

法国永远是理想远大，计划宏伟，但执行力不足。在它每一次与德国激烈争吵之后，德国人在面子上总能让法国感到些许宽慰，但仔细评估下来，却发现德国人其实没有做出任何实质性的让步。对法国人来说，来自拥有荣耀和权力象征的快感，远胜于权力执行中所产生的琐碎烦恼。法国想让未来的欧洲中央银行对它唯命是从，但它既缺乏实力，又没有耐心。

英国在心态上始终没有走出“伟大光荣”的过去，在英国人的眼中，20 世纪的欧洲大陆，与 19 世纪没有什么区别。英国幻想着自己仍是当年那个举足轻重的欧洲砝码，偏向德国，则法国的雄心壮志不得不折戟沉沙，而滑向法国，日耳曼帝国的梦想就会烟消云散。没有英国的介入，欧洲大陆必然乱成一团。作为两个世纪欧洲的货币权力中心，伦敦岂能容忍由巴黎或法兰克福来决定自己的命运？

当各怀心腹事的欧洲大国参加 1988 年欧洲货币联盟峰会时，一出精彩纷呈的大戏上演了。

在 1988 年 6 月的德国汉诺威欧洲峰会上，德法正式启动了欧洲央行这一货币联盟赛事中的冠军决赛。峰会决定成立一个专家小组，来提出货币联盟的最终路线，这个小组成员中包括了 12 个欧共体国家的中央银行行长，谁来领导这一专家小组的工作，成了峰会瞩目的焦点，这个人将在很大程度上决定着冠军杯最终花落谁家。德国科尔总理最后亮出了底牌，他举荐的正是“欧洲委员会”主席，法国超级红人德洛尔！法国总统密特朗含笑点头，英国首相撒切尔夫人在茫然中追随。

德国人这一招走得相当高明，科尔深知法国人非常看重声誉，由德国人出面领导专家小组来制定一个对德国中央银行有利的方案，注定会遭到法国人的坚决反对，而由法国人来领导，则可以充分满足法国人的虚荣心。只要实质上对德国有利，科尔就会满脸微笑地将桂冠戴在法国人头上。这也正是德国人在“新圈子”里，格外卖力地去笼络德洛尔的根本原因。

“欧洲委员会”主席德洛尔

对于德洛尔的任命，并非皆大欢喜。德国央行行长波尔就满腹牢骚。很明显，波尔认为自己才是货币专家小组的天然领袖，在12个央行行长中，他是理所当然的老大。再说，货币问题是央行的拿手好戏，财政部部长出身的德洛尔，居然要领导央行行长们搞货币研究，这既会给人们留下财政部指挥央行的恶劣印象，又是外行领导内行的糟糕先例。他还抱怨撒切尔夫人没有敏感的政治洞察力，“她竟然欢迎成立以德洛尔为首的专家小组。她应该知道这个安排有政治上的特别考虑”。波尔一度甚至拒绝参加德洛尔委员会。[13]

在这一问题上，波尔对委员会的强烈反感，与他后来对委员会报告的赞赏之间，多少有些让人生疑。老辣的撒切尔夫人正是看到波尔对德洛尔委员会的坚决抵制，才没有否决对德洛尔的任命。英国不愿意看到欧洲央行的出现，但也不想单枪匹马地挑战整个欧共体。但后来撒切尔夫人却因为轻信了波尔而后悔不迭。

德洛尔委员会成立后，将主要工作全部移到了瑞士的国际清算银行中进行。国际清算银行，设计初衷就是中央银行们的中央银行，它从理念到氛围，从辅助团队到核心专家，当然都是严重倾向中央银行独掌货币大权的方案。谁是欧共体央行中的老大呢？当然还是德国央行。其实，欧洲中央银行垄断货币发行权，就是德国央行独霸货币大权。

不出所料，1989 年 4 月，德洛尔委员会提交的《德洛尔报告》明显倾向于欧洲未来的中央银行将获得甚至比德国央行还要大的“独立性”。报告指出，欧洲央行“应该采取联邦形式，我们可以称之为欧洲中央银行体系（ESCB）。这个新的体系，应该被赋予完全独立自主的地位，它是欧共体的机构，而不隶属于任何国家。新的体系由一个中央机构（拥有自己的资产负债表）和各国中央银行共同组成。新的体系的职责是维持物价稳定。该体系的理事会必须独立于各国政府和欧共体的权力部门”。

《德洛尔报告》中还提出了一系列的政策指导，如资本流动自由化、金融市场整合、永久性货币自由兑换、永久性的固定汇率等。但这些内容不过是老生常谈，并无新意。最具爆炸性的还是“联邦制”的欧洲中央银行体系，它不仅代表了央行的彻底独立，更意味着各国将放弃“货币主权”。这个报告所产生的震撼力，远远超过了 1970 年的《维纳报告》。

《德洛尔报告》一经发布，立刻在各国激起了激烈争议，法国内部更是吵翻了天。法国总统密特朗看到报告后，才开始意识到欧洲中央银行的权力之大，远远超过了他的设想。他的焦虑和纠结溢于言表：

> 我并不反对中央银行，但反对它的某些运作模式。德意志联邦银行完全不受政府控制。我们的中央银行即法兰西银行虽然也有独立性，但决定经济和货币政策的却是政府。要如何做才能促使法国人共同推进货币联盟进程呢？我的印象是：如果德国人相信货币联盟不会影响他们良好、健康的经济状况，他们就会愿意推进货币联盟。然而，我并不是很愿意承认这一点。没有政治权力的约束，欧洲中央银行将拥有国家主权的权力，那是很危险的事。欧洲货币体系已经是一个马克货币区了。目前德意志联邦共和国还没有权力管理我们的经济。但是一旦欧洲中央银行建立，它就会获得这个权力。[14]

参加德洛尔委员会的法国央行行长德拉罗西埃，在法国政府内部变成了千夫所指的“罪人”。不仅因为法国政府从来就坚决反对法国央行的独立，更是由于他将法国经济的管理权拱手让给了德国人。回忆当时的情景，他认为这是他职业生涯中最严峻的一次考验。

> 财政部收到德洛尔报告的最终版本之后，我就被召唤到财政部会议室。贝雷戈瓦（财政部部长）、特里谢和其他几个官员坐在会议桌的一边，我孤零零地坐在另一边。贝雷戈瓦表情非常冷淡。他说财政部对德洛尔报告的结论非常震惊、非常不满。然后他就让财政部副部长特里谢讲话。
>
> 特里谢的讲话要点是：德洛尔报告中所建议的欧洲中央银行独立性实在太过，比德意志联邦银行的独立性还要大。他说我在德洛尔委员会的讨论里，肯定做了过分的让步。
>
> 贝雷戈瓦接着就问我：“你想要说什么？”我说我听到了“让步”这个词。这是说我在德洛尔委员会达成货币联盟协议的过程里，我屈从了某些观点或者对某些观点做了让步。这不是事实。我是坚持中央银行独立性的，但这绝不意味着是一种让步或者牺牲法国的利益。只有中央银行及其附属单位拥有独立性，未来的货币体系才有可能运行。任何其他制度安排都是不稳定的。没有谁强迫我这么说，也不是因为这是德国人的观点，我就这么说。[15]

这无非是中央银行家们早在20世纪20年代就玩熟了的把戏。中央银行家们彼此先达成默契和共识，然后回头去游说各自政府同意他们的政策。在政治权力与金钱权力的游戏中，老谋深算的政治家们自以为玩了银行家，最终却是银行家们玩残了政治家。

当英国看到《德洛尔报告》后，撒切尔夫人气急败坏，她开始意识到了让德洛尔领导货币小组是个可怕的政治失策，而德国央行行长波尔坚决反对德洛尔委员会的态度，让她产生了后果严重的错觉，她承认，“最大的损害是，波尔反对货币联盟的立场本来众所周知，却完全没有在德洛尔委员会里表达出来”。不过，英格兰银行行长彭伯顿则兴高采烈地表示：

我认识到，从现实的角度看，建立和扩展单一货币是一个完美的计划。我要让人们知道我支持货币联盟计划。它将帮助英格兰银行重新赢得独立性，帮助英国建立更稳定的货币制度。撒切尔夫人给我的简短指示是跟随波尔（德国央行行长）。我给撒切尔夫人写了一封信，说万一波尔同意签字，我就找不到任何理由不签字了。如果我是唯一一个不在德洛尔报告上签字的中央银行行长，那我会显得极其荒谬可笑，我看起来就像是撒切尔的一条哈巴狗。[16]

德国在大功告成之际，对撒切尔夫人展开了软磨硬泡的游说攻势。但是，撒切尔夫人在吃了波尔的大亏之后，已经不再信任德国人。于是，德国的盟友荷兰出手了。荷兰人在货币问题上，从来就是马克的应声虫。当荷兰人来到英国，撒切尔夫人立刻就明白了他们的来意，这是德国人派来游说英国接受欧洲央行的说客。荷兰人苦口婆心一番开导之后，撒切尔夫人坚持认为，英国加入欧洲货币联盟将使英国丧失灵活性。荷兰人巧舌如簧地回应，加入欧洲货币就好像开车系上安全带，并不会影响速度，而且安全更有保障。会后，撒切尔夫人对荷兰人的评价就是：“夸夸其谈什么欧洲汇率机制，简直就是垃圾！”当英国财政大臣建议英国确立一个加入欧洲货币的时间表时，“铁娘子”勃然大怒道：“那是一个特别有害的建议。你们永远不要再提这个话题，必须是我说了算。”

政治家与银行家的斗法，在欧洲起码可以追溯到文艺复兴时代，但是各国政府像这样彻底地将货币主权这一国家主权中最核心的部分，拱手让给银行家，在欧洲的历史上还是第一次。在金权与政权的较量中，金权获得了最终的胜利。在欧洲，已经不是国家在控制资本，而是资本控制着国家！

两条战线：德国统一与货币联盟

1989 年 11 月，柏林墙倒塌了，民主德国立刻就要投身联邦德国的怀抱了，巨大而突然的德国统一压力，使科尔从欧洲一体化的发动机，一下子变成了刹车。

在战争中，德国人吃够了两条战线同时作战的苦头，现在，在货币联盟与德国统一这两个战略方向上，科尔宁愿先专注于德国统一。这不仅仅是德意志民族百年大计的核心问题，更是未来在货币联盟的战场上，赢得更大支配权的关键筹码。法国、英国，甚至德国的跟班荷兰，无不感受到一种无形的压力和时不我待的急迫感。

1948 年，法国就曾经对德国鲁尔工业区进行国际共管（实际上则是将其置于法国的控制之下），作为联邦德国政府成立的交换条件。现在，法国人故伎重施，密特朗强烈暗示科尔，德国统一的先决条件是放弃马克，接受欧元，加快货币联盟的步伐。否则，法国人将端出一盘令人望而生畏的大菜，德国有可能会面临“法、英、俄三国同盟”的包围和孤立，就如同“一战”和“二战”前夜那样。面对如此极端的威胁，科尔不得不让步。

德国被迫再度陷入两线同时作战的困境。欧洲货币联盟与德国统一，已经被法国人捆绑在一起。统一道路上的每一寸进展，都得在货币联盟问题上做出分量相当的妥协。德国统一的代价，就是放弃马克。密特朗将这一让步视作法国的巨大胜利，而科尔更是把德国人民被迫割舍马克的悲情，演绎到让所有观众耸然动容的境界。在德国央行主导欧洲央行大局已定的情况下，德国真正的损失，并非放弃马克，而是失去了赢得法国更多让步的机会。

还是撒切尔夫人看得更透彻。1990 年 3 月，她在伦敦宴请法国十大产业巨头时说：“德国已经是欧洲经济的支配力量，统一后又将成为欧洲政治的支配力量。”她认为：“欧洲一体化不是制衡德国的办法。法国需要和英国联手来对付德国的威胁。”铁娘子再次重申她的一贯观点，欧洲一体化是“把铁板一块的欧洲，拱手奉送给了德国”，这将增强德国的支配地位。

撒切尔夫人确实不愧为一位杰出的政治家，她非常清醒地看到了欧洲统一未来的趋势，将是德国势力日益壮大，英国对德国的防范远比法国更具有战略远见。在撒切尔夫人看来，法国不过是在为德国做嫁衣裳，最后会落得连人带财宝都送过去的结局。然而，她也是一位超级的现实主义者。她一方面绝对不会容忍德国人通过欧洲央行来管理英国经济，另一方面却想得到欧洲货币体系中汇率机制所带来的好处。用她的话说，就是“英国期望加入欧洲汇率机制，以便利用德国马克的地位，创造某种类似金本位的机制，来帮助英国控制通货膨胀”。换句话说，铁娘子拒绝了欧元的婚约，却渴望得到汇率稳定的聘礼。

1990 年 10 月，英国决定加入欧洲汇率机制。德国人真是双喜临门，统一大业于 10 月 3 日正式完成，英国又收下了汇率机制的聘礼。再往前迈一步，连两次世界大战都没搞定的大英帝国，将会在德国的主宰下被整合进欧洲。德国驻英大使兴冲冲地来找撒切尔，既然英国收下了聘礼，德国自然希望趁热打铁，尽快促成英国嫁给未来欧元的婚期。

> 撒切尔夫人：“现在德国已经统一了。科尔一定非常高兴。他现在可以实施更多的国内政策了。”
>
> 德国大使：“科尔总理将继续推进欧洲一体化，包括创建欧洲货币联盟。”
>
> 撒切尔夫人：“你说什么？你想让我去找女王陛下，向她解释说，再过几年，她的头像就不会再出现在我们的钞票上了？”

撒切尔夫人冷酷的现实主义风格，堪比当年的丘吉尔！在捍卫大英帝国的国家利益方面，没有半点儿含糊和游移。英国人与德国人确实有一拼，他们都是高度理智，目标清晰，坚忍不拔，绝不动摇。法国在自制力和判断力方面，与英国和德国还是有差距的，这也就是为什么在过去的 200 年中，法国只有在拿破仑时代风光过一阵子，在余下的大部分时间里，都是被英国和德国不停地推来搡去。

无论如何，科尔此时堪称欧洲最得意的政治家，在他的手中完成了德国统一的历史大业，志得意满之际，却大大低估了统一的困难。在德国统一的过程中，科尔所犯的最大错误，就是联邦德国和民主德国马克之间兑换比例严重失衡，不仅为德国造成了20年的经济后遗症，还差点儿颠覆了欧洲货币体系。

1990年2月6日，科尔在没有征求德国央行、财政部和国会的意见，也没有通知欧共体其他国家的情况下，突然宣布联邦德国马克将向民主德国供应的惊人消息。世界舆论为之哗然，马克早已不再是德国人的货币，它更是欧共体货币稳定的基石。这个消息一方面掀起了货币市场的惊涛骇浪，另一方面，却几乎立刻平息了民主德国混乱的人心。

1989年11月柏林墙倒塌之后，民主德国的局面基本失去了控制。人们在欢呼声中，大规模涌入联邦德国“旅游”，不到2 000万的民主德国人，竟有多达1 000万人跨过边境来参观心仪已久的资本主义“天堂”，民主德国人被联邦德国的先进与繁荣所深深震撼。民主德国的社会舆论形成了一边倒的声音，那就是加速实现与联邦德国的统一。在这样的氛围中，民主德国政府一切旨在改造现有社会机制的努力和尝试，立刻被淹没在一片否定的浪潮中。人们已经无心工作，各种游行示威此起彼伏，政府濒于瘫痪，民主德国人陷入一种普遍的狂热，他们恨不得立刻过上联邦德国人那样富裕的生活，而似乎只要统一，富裕和繁荣就会马上自动降临。

1951年以来，政府一直坚持民主德国马克与联邦德国马克等值，尽管双方的生产力差距日益扩大。到1989年，根据双方贸易指数折算下来，联邦德国和民主德国马克比值为4.4∶1，11月柏林墙倒塌之后，民主德国马克直线贬值到20∶1。对社会制度信心的崩溃，直接反映在货币的黑市价格中。后来，人们承认，民主德国的外债规模被夸大了，经济状况并没有想象的那么糟糕。不过，人们信心的崩溃，加速了民主德国马克的贬值，也破坏了民主德国经济的基础。[17]

为了稳定民主德国马克，1989年11月，科尔与民主德国政府达成协议，联邦德国央行将提供38亿马克，供民主德国的旅游者们兑换，兑换比价为3∶1。由于这一比价远比黑市价更优惠，巨大的套利诱惑促使更多的民主德国人来到联邦德国，他们以3∶1换取联邦德国马克，回去以更高的价格抛出。结果，联邦德国的马克供应遭遇了民主德国人疯狂的“需求”。这也许是科尔的“货币计谋”，当联邦德国马克在民主德国大行其道时，德国将事实上先完成“经济统一”，其他国家再坚持反对德国统一，也不能逆转坚强的货币利益纽带捆绑下的国家统一进程了。

民主德国人陷入一种货币误区，他们把联邦德国马克想当然地当成了财富本身，却没有意识到货币的价值在于其背后的生产力。放弃努力工作，只想靠拥有货币而致富的思想，弥漫在整个民主德国社会之中。民主德国自身的经济，在这样的普遍心态下，日益沉沦。同时，对联邦德国的马克需求量却越来越大。实现货币统一的呼声，在民主德国形成了巨大的社会问题。民主德国人高呼，联邦德国如果不把马克送过来，我们就搬到那边去！

这也正是科尔迫不及待地推出马克兑换的压力所在。

1990年7月1日，科尔宣布的马克兑换比价不是大家猜测的4∶1或3∶1，而是惊人的1∶1！[18]民主德国人当然喜出望外地实现了“立刻富裕”的梦想，但是，德国的财政和货币，则背负起难以承载的巨大压力。如果民主德国人能够开始勤奋地工作，那么联邦德国经济的负担就会逐步减轻，但后来的情况远非如此。当“货币富裕”骤然来临时，民主德国人远不像联邦德国人战后20年那般吃苦耐劳。德国马克的辉煌，在欧元诞生之前，都没有彻底恢复元气。

德国被迫靠印钞票来填补民主德国的经济窟窿，结果必然是通货膨胀。到1991年8月，德国的通胀已逼近罕见的5%。央行被迫大幅度提高利息。仅仅在三年前，德国的利息比美国低3%，德国统一之后的一年多里，利息竟然比美国高出6%！这是“二战”以来，大西洋两岸最大的货币态势逆转！

德国的利率飙升，造成了欧共体各国货币的一片混乱。各国被迫跟着德国提升利率，结果导致20世纪90年代初的经济衰退进一步恶化。刚刚加入欧洲汇率机制的英国，还没来得及摸到汇率稳定的好处，却在德国升息的压力下，让英镑遭到索罗斯等人的饱和攻击，被迫退出了欧洲汇率机制。意大利、西班牙和法国也接连遭到汇率投机暴徒的血洗。

总部位于德国法兰克福的
欧洲中央银行（ECB）

1991 年 12 月，在衰退和危机中，欧洲的首脑们齐聚荷兰的马斯特里赫特，共同签署了《马斯特里赫特条约》，欧共体变成了欧盟。根据《德洛尔报告》的调门，以德国央行为首的中央银行家们，起草了欧洲中央银行章程。《马约》将货币联盟的最终完成时间定在了 1997 年或 1999 年。各国的财政赤字、通货膨胀、利率、债务等各项指标，将变成能否迈入欧元帝国的门槛。

欧元的诞生，终于进入了倒计时。

欧元帝国创世纪

尽管欧洲央行理论上属于超主权机构，但在实际运作中，却很难摆脱主权意识的渗透。1994 年，围绕着欧洲央行的筹备机构——欧洲货币局的成立，德法之间再度爆发争执。

首先是欧洲货币局的地址问题，这将意味着未来欧洲央行处于谁的势力范围之中。德国当仁不让，提出法兰克福作为最佳选择，这里是德国央行的所在地，欧洲央行设在德国央行的眼皮子底下，便于施加有形和无形的影响。这是一个实质性的安排，德国总理科尔毫不妥协地拒绝考虑伦敦、阿姆斯特丹、波恩等其他城市。法国人最终还是没能守住底线。

在欧洲货币局的运作方式上，德国人坚持货币局必须拥有公开市场操作的职能，实质上发挥着中央银行干预外汇市场的作用，但法国人却担心大量的外汇交易将使法兰克福取代巴黎，成为欧洲大陆最大的金融中心，因而建议用欧洲央行与各国央行联合操作的模式，试图对公开市场操作进行“分权”。不过，由于德国人提供了货币局的主要货币储备，最终还是钱说了算。

1995年，希拉克在法国总统大选中获胜，戴高乐主义再次获得了政治影响力。希拉克虽不如戴高乐那么具有鲜明的法兰西主义色彩，但对法国主权问题还是非常敏感。他虽然不是欧元的反对者，但至少称得上是个怀疑者。尤其对欧洲央行的巨大权力，希拉克始终忧心忡忡。欧洲央行一旦开始运作，法国在货币、汇率、利率方面的国家主权，将丧失殆尽，法国经济的命运将由法兰克福那帮人来决定，对于笃信国家主义的希拉克来说，这是一个非常纠结的局面。在希拉克的支持下，法国财政部部长卡恩建议成立一个欧洲的“经济政府”，以便在政治上对欧洲央行进行制衡。这个卡恩就是后来担任IMF总裁，因绯闻事件被美国拿下的那位著名人物。

在这一非关键问题上，德国人倒是愿意做出让步。这就是1997年成立的“欧元集团”（Euro Group）。“欧元集团”由欧盟的财政部部长们组成，他们定期与欧洲央行的官员一起讨论经济问题，尤其是汇率问题。法国人希望利用“欧元集团”，将国家主义的政治势力，渗透进国际主义控制下的货币权力核心之中。卡恩表达了法国对于加强政府对欧洲央行进行监管的政治必要性，“如果没有实质且合法、正当的政治机构的存在，欧洲中央银行很快就会被公众当作是负责宏观经济政策的唯一机构”。

德国人紧紧抓住货币发行实权，“欧元集团”对欧洲央行的所谓制衡，仅仅是没有约束力的“定期交流”。而德国人却实际得多，他们不仅嘴里吃着货币发行权的“肥肉”，还把筷子伸向了锅里的“财政大权”。

1995年，德国人建议搞一个《稳定公约》，对于那些财政赤字超过GDP 3%的国家进行罚款。这下可惹恼了法国的希拉克，什么？德国人居然还要觊觎法国人的财政预算大权？罚款制度，不仅会使法国无法再动用财政力量去刺激经济，改善就业，而且会让法国在不得不这样做时，将被欧盟国家和世界舆论贬损得体无完肤，在欧元启动之前，法郎还得承受投机资本在汇率市场上的血腥屠杀。在希拉克的尖叫声中，德国人降了一些调门，把《稳定公约》改为《稳定与增长公约》，严厉惩罚的效果被削弱了。

在欧洲央行行长的任命上，德国与法国的争执达到高潮。1997年11月，欧盟成员国的央行行长们，一致提议欧洲货币局局长杜森贝赫，担任即将诞生的欧洲央行行长。但是，实际上决定行长人选的最终权力，仍然掌握在法国和德国的政治家手中。杜森贝赫是荷兰代表，而荷兰从来就是德国人的小跟班。其实，在欧洲央行的"宪法"中，已经将德国央行的制度全面进行了贯彻和强化，无论是谁来坐这个位置，执行的只能是德国央行的政策。这不仅是德国经济与货币的力量决定的，而且也被法兰克福所提供的一切软性辅助体系所强化。但是，法国人咽不下这口气，执意要将法国央行行长特里谢推到这个位置上。

所谓超主权的国际主义，从骨子里就弥漫着国家主义的色彩。权力只有一个，争抢的人却有一大帮，而且竞争者都是主权国家所推荐，这就形成了一个无法逃避的逻辑陷阱。

1998年5月，欧洲的首脑们为了欧洲央行行长人选，争执不下，几乎不欢而散。德国和法国各不相让，法国人坚持，如果杜森贝赫担任行长，那么他必须在2002年7月离职，也就是启动欧元纸币的半年之后。在12个小时的辩论之中，德、法、英、荷首脑们滑稽可笑地互相吐口水。

希拉克："是谁让我们必须把所有的时间都浪费在讨论他能多工作几个星期上？"

科尔："你问'是谁'，他可不是刚从街上随便冒出来的人，你心里清楚。"

希拉克："他（杜森贝赫）是牛！"

科尔："我不喜欢大家这么说他。我相信他德才兼备。我们有必要以尊敬的态度来讨论这个问题。"

希拉克："是媒体这么叫他，我们才知道他有这个外号的。我可不能让媒体这么叫我。我们已经接受了欧洲央行设立在法兰克福的事实。"

布莱尔（英国首相，主持会议）："我们这次讨论没什么意义。"

希拉克对布莱尔："也不严肃些。你是个这么明智而严谨的人，但这个程序一点都不明智和严谨。"

希拉克以否决杜森贝赫的候选人资格相威胁，科尔则宣布德国已准备好提前离开，结果又是一番争论，最后终于达成妥协。1998 年 5 月 3 日，官方正式任命杜森贝赫为欧洲中央银行行长。杜森贝赫则立即发表声明，如果他不能完成 8 年的行长任期，那完全是出于"自愿"，至少在欧洲纸币引进之前，他不会辞职。

1 欧元硬币

1999 年 1 月 1 日，万众瞩目的欧元，在经历了近半个世纪的难产后，终于诞生了。可笑的是，人们仍称欧元为"体弱多病的早产儿"。

欧盟各国货币，以 ECU 为 1 欧元基准，按照 1998 年 12 月 31 日的市场汇率，进行货币兑换。此时的欧元，还是一种抽象的无形货币，主要用于金融市场、银行业务和电子支付领域。直到 2002 年 1 月 1 日，新的欧元纸币和欧元硬币启用，欧元正式成为欧元区的法定货币。

欧元源于 ECU，而 ECU 则是由"一篮子"欧洲国家货币所组成，每种国家货币背后的货币储备，主要仍是外汇和国债，因此，欧元从本质上看，就是以成员国的国债与外汇储备为抵押所发行的货币。

这就形成了欧元内在的一个问题，成员国的国债与各自的经济发展和财政政策密切相关，因而，欧元价值的根源，来自各国经济和财政的健康。无法控制各国的经济与财政，就无法保证欧元的价值。欧元目前的困境，症结正在于此。

欧元已是开弓没有回头箭，欧洲统一的财政部是确保欧元继续发展的前提。目前的欧元危机，提供了一个“危机倒逼改革”的机遇。从欧元的发展历史中，可以得到明确的答案，推动欧洲一体化的力量早已树大根深。

注释

---

[1] Georges Pompidou，Wikipedia，Biography.

[2] Dogan，Mattei，*How Civil War Was Avoided in France*, International Political Science Review/Revue international de science politique5（3），p.245~277.

[3]［英］戴维·马什，《欧元的故事：一个新全球货币的激荡岁月》，机械工业出版社，2011 年，第 2 章。

[4] 同上书。

[5] Michael Hudson，*Global Fracture: The New International Economic Order*，Pluto Press，1977，p.70~73.

[6] Michael Hudson，*Global Fracture：The New International Economic Order*，Pluto Press，Chapter 5.

[7] Research Department of Federal Reserve Bank of San Francisco，*Substitution Account*，1980.

[8] Pascaline Winand，*Monnet's Action Committee for the United Nations of Europe*，*It's Successor and the Network of Europeanists*.

[9] Ibid.

[10]［英］戴维·马什,《欧元的故事：一个新全球货币的激荡岁月》，机械工业出版社，2011 年，第 68~69 页。

[11] Pascaline Winand，*Monnet's Action Committee for the United Nations of Europe*，*It's Successor and the Network of Europeanists.*

[12] Ibid.

[13]［英］戴维·马什,《欧元的故事：一个新全球货币的激荡岁月》，机械工业出版社，2011 年，第 4 章。

[14] 同上书。

[15] 同上书。

[16] 同上书。

[17] Jonathan R. Zatlin，*Rethinking Reunification*：*German Monetary Union and European Integration.*

[18] Ibid.

第七章

债务驱动，美利坚盛世的脆弱

CURRENCY WARS

本章导读

1971年“美债帝国”建立以来，美债作为核心资产，被植入到世界各国的货币体系之内。当美债输入德国、日本和法国，这些国家的真实储蓄则流向了美国。当美元对各国货币大幅贬值时，这些储蓄遭到了洗劫。德国人和日本人发现后，他们只有哑忍，因为他们需要美国强大的军事保护；法国人发现后，戴高乐暴怒，发誓要挤垮美元体系；在欧洲人都搞明白后，大发石油横财的中东人顶了上去；当中东人的储蓄也被吸得差不多时，美国又将美债这一“储蓄吸血”的针管，插到了乍富还穷的中国人身上。

全球的过剩美元逐渐在国际上形成了一个庞大的“金融异度空间”。这些“无根”的美元，四处游荡，缺乏监管，它们以惊人的速度用钱生钱，以巨大的泡沫置换有形的资产，以高倍杠杆豪夺社会财富。

金融全球化本质上就是美元债务的全球化，它导致了金融资产的增长速度和规模都远大于实体财富，这意味着相当一部分资产，由于缺乏财富的对应物，其实只是巨大的债务。世界经济的停滞，会使支持这些债务的现金流逐渐枯竭。当违约风险加剧时，大批资产持有者必然集中抛售以套现，这将导致资产价格跳水，金融体系瘫痪，实体经济随之衰退。1990年美国的经济衰退，2008年全球的金融海啸，2011年欧洲的债务危机，都是债务驱动型经济增长模式崩溃的必然结果。

债务货币，经济增长的“癌变基因”

货币的流动，意味着其背后资产的转移。在1971年之前的布雷顿森林体系下，美元与商品的交换，最终将以黄金资产转移的方式体现出来，这正是美国愈演愈烈的国际收支赤字引发了美国黄金储备枯竭，美元在全世界遭到挤兑的根本原因。

1971年美债帝国建立后，美元背后的核心资产变成了纯粹的美债，美元流动，仅仅意味着美债资产的转移。美债，事实上变成了国际市场上主要商品与服务交易的最终支付手段！

对于美国和整个世界而言，这种货币机制的重大变化，必将引起经济增长模式的异化。

在金本位的时代，经济增长的原动力源于国民储蓄中积累的投资，而在美债本位时代，经济扩张的本能冲动，逐渐由投资向负债过渡。资本和信用的核心理念，已经从储蓄积累，异变为债务创造。

投资推动型经济增长模式与债务驱动模式，体现着在经济世界观上的天壤之别。1990年美国的经济衰退，2008年全球的金融海啸，2011年欧洲的债务危机，其根源就是1971年以来，世界走上了一条脆弱的经济增长道路。当前的世界金融危机，是一次对40年来债务驱动型经济增长模式的总清算！

什么是储蓄？什么是投资？什么是消费？什么是财富？当今社会

已经对这些最基本的概念越来越生疏，这些生活中每天都在频繁使用的词语，人们却往往懒于深究。如果把令人头晕眼花的货币概念放在一边，回归经济最原始的状态，一切将会一目了然。

在原始社会中，假如一个猎人使用简陋的梭镖来打猎，他每天必须捕获至少 3 只野兔才能够维持生存，而且他不得不紧追野兔奔跑，体力消耗很大，而收获的猎物却不多。不久，他从同伴那里发现使用弓箭打猎，能够远距离射杀猎物，不仅增加了隐蔽性，提高了捕猎效率，而且不必急速奔跑，节省了大量体力。如果运气不错，还能够射杀到麋鹿，美美地吃上一顿大餐。

这个猎人决定自己也要做弓箭，不过这需要不短的时间。他首先要翻山越岭去寻找坚韧轻便的木材，再将伐来的木材晾干，使木质紧密，然后把木材制成弓。他还必须找来弹性极好的牛筋，反复砸结实，用来做弓弦。最后，他还得花一定的时间制作许多支箭。最后算下来，猎人发现要完成狩猎工具的技术升级，起码需要 5 天时间。而在这段时间里，他无法再去打猎，总不能饿着肚子干活吧，因此，猎人起早贪黑拼命打猎，等终于积累了 15 只兔子，足够 5 天的食物，他才能够开始制造弓箭的工作。

保证猎人 5 天不用打猎还能生存的 15 只兔子，就是猎人的“储蓄”，而制造弓箭就是猎人的“投资”。“投资”是为了获得效率更高的捕猎成果，前提则是必须有足够的“储蓄”。

果然，猎人的“投资”获得了可观的回报，使用弓箭使他每天能够打到 5 只以上的兔子，运气好时，还能打来一只麋鹿。除了吃饱肚子，猎人还能拿多余的猎物去交换急需的衣服，这时，他就开始了“消费”。因此，消费的本质是一种交换！消费的前提是猎人必须有剩余的储蓄。

最终，猎人除了留下足够的食物，必要的弓箭改良“投资”，必需的生活用品“消费”之外，还剩余了更多的猎物，这就是猎人积累出来的“财富”。猎物不能长期存放，因此猎人需要找到一种可以长期储藏财富的手段，以备将来的不时之需。在市场交易中，猎人发现金银备受大家喜爱，所有的人都愿意将自己的商品换成金银，既能够长期储存，又便于切割、携带、计算，大家都追捧的商品就成了“通货”。通货的最大特点就是随时想出手都有人抢着要，所以“流动性”最好。金银于是满足了猎人对储藏财富的一切要求，这就是长期保存、随时兑换、方便易用。

金银从发现、开采、冶炼到制造，同样需要付出劳动，因此，金银这种特殊的通货在市场交易中，与其他的劳动成果一起进行交换，这种交换是一种诚实劳动的交换。金银在交易中的神奇作用在于，其将不同性质商品的复杂兑换，抽象为纯粹简单的数字比值，从而降低了交易成本，扩大了市场规模，促进了社会分工。金银逐渐成为市场上接受度最高的“诚实货币”，担当起交易媒介、价值尺度、财富储藏的功能。

如果金银的制造人，在通货中掺假，以次充好，用掺假的金银在市场上交换别人诚实的劳动成果，那么此人就是在欺诈！这种货币，就是欺诈的货币！如果被市场发现，制造假金银的人就将遭人暴打。如果此人是政府，掌握着国家暴力机器，在市场参与者们无法反抗的情况下，大家不甘心被欺诈，于是以欺诈对欺诈，商品质量会恶化，交易秩序陷于混乱。货币作为财富储藏的功能弱化，长期储蓄的意愿瓦解，短期行为盛行，投机之风乍起，社会浮躁弥漫。货币本是财富的契约，摧毁货币价值，就是摧毁社会财富公平的契约，其最终结果就是市场交易成本上升，阻碍经济发展，窒息财富创造。

美元背后的资产，以债务的白条取代了诚实的黄金，这从根本上扰乱了市场经济，瓦解了社会公平，加速了贫富分化，腐蚀了道德基础！

当债务变成了货币，这种“画兔充饥”的白条就会充斥银行系统，所谓的“储蓄”，不再是人们诚实劳动的成果积累，而是现在并不存在，将来也未必存在的“兔子”。猎人又怎么可能饿着肚子去进行制作弓箭的“投资”？又哪里会有真正的储蓄来进行诚实交换的“消费”呢？

美债帝国自身的储蓄越来越不足，既要透支消费，还想借钱投资。它所赖以增长的经济模式，不过是将别人的储蓄“借来”，一边享受着更高的生活品质，一边对金融资产进行着“钱生钱”的快速投资。美债作为借用别国储蓄的凭证，美国人从未认真打算偿还，当“美债白条”对“猎人”进行货币贬值时，手持白条的“猎人”的真实储蓄，将被逐步剥夺。

美债作为核心资产，被植入到世界各国的货币体系之内。当美债输入德国、日本和法国，这些国家的真实储蓄则流向了美国。当美元对各国货币大幅贬值时，这些储蓄遭到了洗劫。德国人和日本人发现后，他们只有哑忍，因为他们需要美国的军事保护；法国人发现后，戴高乐暴怒，发誓要挤垮美元体系；当欧洲人都搞明白后，大发石油横财的中东人顶了上去；当中东人的储蓄也被吸得差不多时，美国又将美债这一“储蓄吸血”的针管，插进了乍富还穷的中国人身上。

2008 年金融危机后，伯南克狂印钞票，这既不可能增加美国人的“真实储蓄”，也不可能促进市场的“真实消费”，更谈不上进行“真实的投资”。毕竟，印钞票不能凭空创造出“猎人的兔子”。印钞票唯一的作用，就是让那些已经把真实储蓄借给了美国的国家，遭到重大的储蓄损失。

1976 年全世界持有的美国国债为 900 亿美元，而 2011 年这一数字达到了 4.5 万亿美元！在短短 35 年之内就增加了 50 倍！这样的资产，还会有人相信能够保值吗？那么再过 35 年，这个数字又会是多少呢？以这样的货币储备为抵押，各国又将创造多少本国货币呢？社会真实的储蓄，在货币的膨胀中不断被稀释和转移，最终更多的储蓄被积聚到 1% 的人手中。

当美债帝国“吸血”成瘾之后，自身经济的造血功能却被弱化。借来的外国储蓄的主要部分，并没有被花在美国的实体经济中，以强化工业产品的竞争力，改善贸易逆差，而是被用于史无前例的金融财富创造。在华尔街获得惊人暴利的同时，留下的却是竞争力衰落的工业经济，收入萎缩的中产阶级，大幅增加的贫困人口，负债过度的国家与社会。一切靠负债消费所带来的繁荣，不过是海市蜃楼的幻觉，当债务无法持续的时候，繁荣也将成为过眼云烟。

20 世纪 70 年代初，美债帝国圈禁了黄金，废掉了固定汇率，绑定了石油定价，但美元却远未收服人心。对美元的不信任，导致人们争先恐后地拥有黄金、白银、石油和其他大宗商品，通货膨胀如燎原般的烈火，席卷世界的各个角落，美债帝国处于风雨飘摇的动荡之中。

“SDR 替代账户”：不流血的金融政变

当美元背后的抵押资产由沉甸甸的黄金，变成了轻飘飘的美债，所有的美元持有人都产生了一种“财富失重”的本能反应。美债的源头就是美国的财政赤字，而美国人对赤字问题长期的“善意忽视”，早已伤透了欧洲人的心。

伴随着财政赤字出现的后遗症，就是美元超发所导致的愈演愈烈的通货膨胀。从 1958—1964 年，虽然美国财政与国际收支逆差的问题逐渐暴露，但美国人仍然持有巨额的黄金储备，人们对美元的信心依旧，因此通胀几乎为零。1964 年，人们对美元的信心开始动摇，因为此时外国人手中持有的美元，第一次超过了美国的黄金储备，在随后的 4 年里，美国通胀上升到 2%。1968 年，当拱卫美国黄金储备的战略防线“黄金互助总库”彻底崩溃后，通胀升至 4%。当尼克松宣布美元与黄金彻底脱钩之后，从 1972—1978 年，通胀飙升至 10%，到 1979 年，通胀达到了惊人的 14%！

1973 年和 1979 年的两次石油危机，使石油价格暴涨了 10 倍以上，作为欧美经济最重要的能源和工业原料，石油的价格飙升，导致了整个工业化国家的经济列车严重脱轨。美元超发是火，石油暴涨是风，浮动汇率是油，火借风势，风助火威，火上浇油，通胀与衰退以燎原之势席卷全球。

拔掉了黄金这根货币的定海神针，世界经济体系立刻乾坤颠倒，乱成了一锅粥。

难以治愈的长期高通胀，扭曲了人们的经济思维，颠覆了社会的财富观念。负债经营不再是个坏主意，因为通胀在不断稀释偿债的压力；透支消费很快成为风行的潮流，享受现在的货币购买力，因为货币还会烂下去；储蓄者成了愚蠢的倒霉蛋，勤俭节约的人成了不识时务的老古董；诚实努力的传统遭到摒弃，投机暴富的行为广为社会传颂；一切长期规划显得不合时宜，所有短期行为渐成主流。高通胀瓦解了社会的传统道德观念，摧毁着美国立国的实业精神。

当美元贬值与通货膨胀大行其道时，资本逐利的天性使得资金更多地流入了投机领域，以博取快速收益，而远离漫长、艰苦和充满风险的实业投资。从1947—1973年，美国的生产率增长为3%，而从1973—1979年，却大幅下跌到了0.8%。通货膨胀，永远是生产力的天敌！

在国际上，美元虽然绑定了石油定价，但在美元贬值的高通胀时代，甚至连中东石油输出国，都不愿再持有美元资产。欧洲人早就表现出对美元的不耐烦，日本人暗暗地准备腾挪美元资产。到1979年，全世界已经到了抛弃美元的危险边缘。

1979年8月，石油国家发出严厉警告，它们正在认真考虑放弃石油以美元定价，转而采用IMF的SDR[1]。这一消息无疑令美国惊恐万分，如果石油定价放弃了美元，那么美债帝国将面临土崩瓦解的巨大危险。在全世界早已严重过剩的美元，还会有谁会愿意继续持有？美元信心的崩盘，会造成一切非美元的东西疯涨，恶性通货膨胀将无法收拾。

在德国人主导下刚刚建立起来的欧洲货币体系，在美元贬值的惊涛骇浪中，成了货币稳定的一个孤岛，随时面临被投机大潮吞没的危险。德国总理施密特已经暴躁到了极点，他明白无误地告诉美国人，美国长期以来对美元宽松政策的“善意忽视”和无所作为，德国人受够了！欧洲也受够了！

美国财政部副部长安东尼·所罗门，在一份内部备忘录中惊呼：“目前，美国在国际外汇市场中面临着绝对极端危险的情况……美元饱受巨大压力的主要原因是：人们几乎普遍认为，美国与德国在汇率政策上会发生严重冲突，两国的合作已经破裂。美国方面希望美元汇率保持稳定或升值，然而德国却希望或预期美元汇率将贬值……大量雪崩式的私人资金早就异常紧张，随时准备逃离美元。美元面临的压力很可能越过临界点……依照目前的外汇市场局势和投资者的心理预期，美国面对的已不仅仅是一个具体的战术问题，而是局势有可能迅速恶化，演变为一次全面爆发的毁灭性危机。”[2]

在这次战后美元所面临的最严重的危机中，美联储甚至已经预感到大厦将倾的真实恐惧。面对全世界一片抛弃美元的声浪，美国紧急制定出“营救美元”的后备方案，这就是通过 IMF 搞出的以 SDR 置换美元的计划。如果到了全世界共同放弃美元的最后关头，IMF 将出面号召所有国家，用手中的美元外汇储备在 IMF 的“SDR 替代账户”（SDR Substitution Account）中兑换为 SDR。这一计划的核心就是，用 SDR 来全面替代美元，再用回笼后的美元，投资美国国债。[3]

美国人这一计划相当于美元“通电下野”，放弃国际储备货币的地位，以化解世人对美元的愤怒。然而，美债帝国的实际统治大权仍然牢牢地握在美国人的手中！以前，各国的美元储备，除了购买美债，还有其他的投资选择，SDR 改革后，IMF 将各国交出的美元储备，可以全部购买美国国债。[4] 这样一来，SDR 只是一张皮，里子仍然是美债，换汤不换药！美元本位制在名号上变成了“SDR 本位制”，货币发行的抵押品却依旧是美国国债。最后，美国国债将成为世界统一货币背后的真正资产，永远不必偿还了！

1979 年，世界货币面临一个重大的拐点。如果不紧急遏制通货膨胀，美元就非常可能“通电下野”，而猛然启动世界货币 SDR，火候却尚未成熟。1944 年美元摄政下的布雷顿森林体系正值美元如日中天之际，美国黄金储备天下第一，国力军力之盛，古今罕见。在如此强大的背景下，美国都不敢贸然废掉黄金的帝位，而是采取了徐图缓进，“挟黄金以令诸侯”的策略，终于收服了世界各国货币。如今，

IMF 在美国首都华盛顿的总部，未来它可能演变为世界中央银行

美债帝国摇摇欲坠，美元已成过街老鼠，人人喊打。在美国国内，经济凋敝，失业高企，通胀肆虐。在国际上，欧洲反骨已现，日本跃跃欲试，中东亲欧仇美，俄罗斯虎视眈眈，没有足够的国际支持，美元“通电下野”易，SDR 号令群雄难！

此时，美债帝国唯一的出路，就是对通货膨胀痛下杀手，先稳定美元信心，一切再从长计议。

值得高度注意的是，尽管这套方案最终没有实施，但是作为美元崩溃时的备用方案，却早已在 1980 年前后预备好了。

2008 年金融海啸以来，“SDR 替代账户”的概念，再度在国际上抛头露面。世界各国对美元两轮量化宽松政策的愤怒，已经不亚于 1979 年美元所遭遇的窘境。对于美元储备庞大的亚洲国家，如何摆脱美元困境已经上升为国家战略。美国此时再度提出“SDR 替代账户”方案，声称是为了提供储备货币多元化的解决之道，缓解全球经济失衡的问题，其实，新瓶里装的不过是旧酒。

到目前为止，IMF 仅仅是各国货币储备集中起来的一个资产池，它的规模有限，主要是向受援国提供别国“过剩”的流动性，以解燃眉之急。换句话说，IMF 只能利用现有的资金，而无法创造信用。因此，IMF 还不是全世界的“最后贷款人”，离世界中央银行的定位尚有关键差距。未来不能排除 IMF 可能将 SDR 的“一篮子”货币，演变为类似 ECU 的概念，同时担当起“世界汇率警察”的职能，重新恢复固定汇率制度。如果再赋予 IMF 创造信用的功能，它就俨然变成了一个放大版的“欧洲中央银行”。再往下走，恐怕就是 SDR 升格为“世界欧元”了。各国的货币主权将被迫上缴给 IMF。

这将是一场不流血的国际金融政变！

新自由主义，1% 富人的呐喊

石油美元是一把双刃剑，高油价在强化美元的国际需求的同时，也导致了美国工业经济的停滞。美国实体经济在全球市场中地位，在欧洲和日本的激烈竞争之下正在节节败退。公司利润不断萎缩，生产率的增长陷于停滞，高通胀带来资本结构的恶化。美国的工业实力遭到了战后最严重的削弱。美元危机进一步导致华尔街主导世界财富分配的机制日渐弱化，到 1975 年，美国最富有的 1% 人口所拥有的社会财富份额，已经降到了 1922 年以来的最低点。

1% 的富人决定必须彻底改变游戏规则，让财富分配的天平重新向他们倾斜。以洛克菲勒家族为核心的美国统治精英们，决定从根本上颠覆 20 世纪 30 年代大萧条以来，美国建立起来的福利国家制度，以及对富人们财富扩张的种种限制。

20 世纪 70 年代中期，约翰·洛克菲勒三世出版了《第二次美国革命》（*The Second American Revolution*）一书，其中，洛克菲勒明确提出了必须对政府进行激烈的改革，削减政府权力，“将政府的职能和责任，尽最大可能地转到私人部门手中”。在书中，洛克菲勒刻意选择了一些经济案例，凸显政府对金融、商业的管制毫无必要，对社会福利的支持则是在浪费钱财，只有不受任何限制地追逐利润的公司，以及与之相配套的金融体系，才是美国发展的动力源泉。[5] 80年代里根总统有一句名言："政府决绝不了问题，政府本身才是问题。"此话正是洛克菲勒该书要表达的中心思想，没有这个思想觉悟，里根恐怕也不会被金权集团所选中。

英国首相撒切尔夫人和美国总统里根，"新自由主义"的政策执行者

"第二次美国革命"的思想，吹响了美国媒体轮番攻击政府的冲锋号，低效、无能、浪费、赤字、通胀的帽子铺天盖地，政府一下子成了经济衰退的元凶。1%的富人巧借美国百姓对通胀和失业的不满之火，准备烧掉政府对金融业与跨国公司的监管枷锁。说白了，政府对社会财富的再分配，对公共福利的支持，妨碍了1%的富人攫取更多财富的自由，他们要的是一片弱肉强食的原始森林，在这里，政府不能约束富人对穷人们的财富压榨，但有义务防止穷人们起来反抗。

1976年，"第二次美国革命"进入实施阶段。在洛克菲勒资助下的精英组织"三边委员会"，堪称是向美国政府输送高级干部的"中组部"。在"三边委员会"的支持下，毫不起眼的佐治亚州州长卡特，当选为总统。没有背景的总统，往往更听话，特别是在需要推出重大政策改变时，更需要这样的弱势总统。结果，卡特还没进白宫，大佬们已经将26名"三边委员会"的骨干安插到了政府的各个重要岗位上，这些人中的大部分，卡特连面都没见过。卡特的整个外交政策和主要的国内政策，基本上全盘来自"三边委员会"。正是在卡特的任内，政府开始解除对金融业的管制，大量金融创新开始涌现。里根当选总统后，更誓言将解除管制和私有化作为执政的重心。金融革命正是爆发在里根时代，结果是金权革了政府的命！

在学术界，“第二次美国革命”的精神被丰富为“新自由主义”的思想体系，这一主义，不折不扣地体现了1%的富人的主要诉求。

货币主义的大本营——芝加哥大学，本身就是在洛克菲勒家族的资助下发展壮大起来的，货币主义所形成的货币政策，对1%富人的贡献良多。货币主义大师弗里德曼，被派去亲自调教里根总统，同时，也为英国首相撒切尔夫人“开小灶”，1%的富人需要在思想和行动上，统一协调美英两国的金融巨变。弗里德曼的货币主义开始大行其道，他认为“通货膨胀归根到底就是一个货币现象”，反通胀的核心就是紧缩货币供应。美元是1%的富人统治世界和分配财富的核心工具，必须毫不犹豫地坚决捍卫。为此，美元大幅加息和升值是必要的。因为富人们的主要财富形式都是金融资产，强势美元是稳定的金融市场的前提条件。因此，强势美元符合美国1%富人的核心利益。

与货币主义遥相呼应的就是强烈呼吁减税和削减福利的供应学派。他们声称，只要大幅减税，美国经济就会“神奇”地爆发出巨大的生产力，削减福利则会迫使工人失去懒惰的依赖，努力工作增加生产。其实，减税的最大受益者当然是1%的富人，而削减福利的受害者，则显然是99%的中产阶级和穷人。在整个供应学派鼎盛的20世纪80年代，人们最终也没有看到“神奇”的生产力爆发，放眼美国，到处是德国货和日本货，美国的工业经济却再也没有恢复70年代初的国际竞争力。

货币主义和供应学派，都坚决反对政府干预，强烈要求私有化。有了这些理论基础，美国的统治精英们准备从几个方向入手，重新夺回财富的分配大权。

美国的公司治理制度需要从根本上加以改革，必须强调债权人和股东的利益优先，在公司利润增长停滞的情况下，工人的实际收入要削减，否则富人的收入就上不去；政府对经济发展和社会福利的干预，必须进行最大限度的削弱，以便腾出巨大的经济资源，供1%的富人重新进行财富分配；政府支持工会联盟的传统必须打破，工会组织保护着工人的福利和待遇，不削弱工会的力量，就难以压低工人的收入，财富再分配就无法进行；金融机构的势力必须得到进一步强化，与其投入大量资金重振工业体系，强化与德国和日本的竞争实力，不如用金融繁荣取代工业复兴，进入所谓“后工业时代”；重新梳理金融部门与非金融部门之间的关系，确保前者获得明显优势；废除法律对公司合并与收购的种种限制，让金融部门从中获得暴利；强化中央银行的权力，确保物价稳定，以便繁荣金融市场；重建与外围国家的贸易关系，加速经济资源向中心国家的转移。[6]

1% 的富人已经打好了算盘：紧缩货币反通胀，经济必然陷入衰退，失业人口将大幅增加，这正是迫使工人接受更低收入的良机；紧缩货币还会导致美元升值，这会加速工业企业向其他低成本地区的转移，从而有效地削弱传统工业中势力强大的工会组织，减少工人罢工的损失，降低大公司的经营成本；紧缩货币，还将迫使利率飙升，拥有大量资本的富人们，将从中获得巨大的收益；紧缩货币的同时，还要大规模减税，经济衰退和税收减少同时并发，政府财政必然出现巨大的赤字，只得依赖发行国债来弥补亏空，于是国债承销将为金融部门带来惊人的超额利润；紧缩货币，将使美元重新稳定，欧洲美元回流，金融市场繁荣，企业并购活跃，金融部门收益暴涨。经过这样一番布局，社会财富的分配将明显有利于 1% 的富人。

所有的这一切，都必须从紧缩货币、强化美元的地位入手。此时，美联储主席的位置就显得格外重要。保罗·沃尔克正是一个理想的人选。

沃尔克的货币“化疗”，美债帝国转危为安

1979 年 10 月 6 日，刚上任两个月的美联储主席保罗·沃尔克，在美联储大厦召集了公开市场委员会的秘密会议，商议如何对通胀动刀子。沃尔克乃是洛克菲勒帐下的悍将，发迹于洛克菲勒家族旗下的

大通曼哈顿银行（今天摩根大通的前身），后被洛克菲勒家族重臣罗伯特·罗萨看中，选拔到财政部进行历练。[7] 这个罗萨正是 60 年代使用美债套牢欧洲美元储备的总设计师，欧洲人被迫接受美国国债而不是黄金作为外汇储备的主要投资选择，罗萨堪称美债帝国的奠基功臣之一。在罗萨的调教下，沃尔克曾在尼克松时代担任美国财政部副部长，亲手策划并参与了废除黄金的“政变”。大功告成之后，沃尔克被洛克菲勒家族提拔到纽约联储银行行长的关键位置，掌握着美联储的“兵权”。

为了有效阻击通货膨胀，沃尔克决定从根本上改变美联储控制美元货币供应的方法，直接控制 M1（货币供应量），而不再以利率来间接调控货币。[8] 直接控制货币供应量，就是按住 M1 的增长，放开利率，无论利率飙升到何种程度，也绝不动摇，这种治疗方法更像直接杀死癌细胞的“化疗”，很酷、很暴力。而控制利率，则是通过对联邦基金利率（Fed Fund）的调整，用资金成本来影响商业银行信用扩张的意愿，间接调整货币供应的总量，它的思路就是按住利率，放开货币，信用扩张顺其自然。间接控制好比吃中药，重在调养，靠激发经济的内在机能发挥功效。直接控制货币供应的好处就是见效快，力道猛，不过，由于利率将出现剧烈波动，对经济的副作用很大。

为什么传统的利率控制手段会失效呢？其根源还是美元的过量超发！美国 20 世纪 60 年代以来，长期和巨额的国际收支逆差，意味着美国不断地印刷美元输出到海外，套购别国物资，支付成本庞大的海外军事基地运转和越南战争费用，结果形成了一股惊人的欧洲美元投机势力，其规模从 1973 年的 3 150 亿美元，迅速膨胀到 1987 年的 4 万亿美元！这些游荡在海外的“无根”美元，演变为一种超越主权边疆的“金融异度空间”。它们虽然存储于主权国家的金融体系之内，但其内在的扩张驱动力，脱离了各国经济增长对信用扩张的需求，主要体现为跨国投机资本对追逐利润的贪婪。它们在国家之间横冲直撞，它们不受任何主权国家中央银行的监管，它们迅速地自我繁衍在一个独立的金融空间之中。

这是20世纪以来，最重大的国际金融格局嬗变！

正是由于欧洲美元的存在，美国的银行体系在70年代发生了剧变。在正统的部分准备金制度下，中央银行要求商业银行将10%左右的存款“冻结”为准备金，这些准备金可以存于中央银行，也可以由银行自己保管，以应付储蓄者提取资金的不时之需。当银行进行放贷时，准备金率对其信用扩张形成了制约。但是，当欧洲美元可以方便和低成本地借到，银行的放贷就不再受制于居民存款和准备金的束缚，它们往往先放贷，再从欧洲美元市场借钱补足准备金的要求或满足储户的提款，这就是所谓“管理负债”的金融创新。

美联储在欧洲美元的冲击下，突然发现传统的利率政策无法约束货币供应的扩张，源源不断的美元从海外涌入美国的银行体系，银行根本不差钱！

当沃尔克明白了利率政策为什么会失效之后，便将全部的注意力转向了货币供应，特别是M1的增长。所谓的M1，就是居民手中的现金和他们在银行的支票账户中存款的总和。支票账户在美国非常普及，人们一般将很快要花掉的钱存于支票账户中，例如房租、按揭还款、水电气费用和日常生活开支等。所以，M1代表着人们即将消费的货币总量，它对通货膨胀的影响更加直接。

美联储主席保罗·沃尔克

沃尔克设计了一个通胀“化疗”方案，他将M1的增长目标锁定在4%~6.5%之间，以“高能货币”为调控手段，如果投机需求导致的信贷扩张，超过了M1的控制目标值，美联储将收缩“高能货币”，导致银行拆借资金紧张，联邦基金利率将自动上升，遏制投机信贷扩张。当M1增长回落到目标区后，利率也将自动滑落。

为了加大力度，沃尔克同时宣布将再贴现率从 11% 提高到 12%，对银行的欧洲美元借款、大额定期储蓄和其他“管理负债”的小把戏，全部要求执行 8% 的准备金率。

当第一个疗程结束后，沃尔克发现，联邦基金利率已经从 11.5% 飙升到 14%，投机信贷仍在加速扩张，到 1980 年 1 月，通胀已经高达 17%！从 2 月到 4 月，联邦基金利率继续飙升到 18%，银行对优质客户的贷款利率同步上升到 20%！

结果，沃尔克“化疗”的第一个疗程非但没有杀死通胀，反而把经济搞得奄奄一息了。

1980 年第二季度，美国的 GNP 暴跌了 9.4%，失业率从 6.1% 上升到 7.5%。货币供应 M1 的增长目标原计划是锁定在 4%~6.5% 的区间之内，此时却已突破了 15%！

面对如此糟糕的局面，沃尔克百思不得其解。其实，问题还是出在欧洲美元上。飙升的美国利率，对海外的“金融异度空间”产生了强大的套利刺激，海量的欧洲美元涌入，不仅填补了“化疗”造成的货币短缺，突破了 M1 的上限，而且加快了货币的流动速度，刺激了通胀的加剧。

通胀不仅取决于货币规模，还受货币流动速度的巨大影响，而货币流动速度的变化，远非教科书中设想的那样简单。这就好比美军的快速投放能力，使 100 万的军队能在各个战区中快速调动，从而发挥 500 万军队的战斗力。货币流动速度加快，将使一美元发挥几美元的作用。对欧洲美元的加速涌入所导致的货币流动速度的突变，沃尔克显然没有预料到。

当联邦基金利率达到 18% 的惊人水平时，所有负债的人都面临着灭顶之灾，他们不得不加快偿债速度，银行的资产在偿债的同时自动缩减，与之相对应的货币供应 M1 开始逐步下降。

关键的时刻来到了。只要沃尔克坚持下去，18% 的利率好比超大剂量的“化疗”，持续足够的时间后，将对通胀癌细胞产生致命的杀伤力，从而消灭通胀预期，M1 的持续下降最终会导致利率的下降。不过，此时经济体在剧烈的痛苦中扭曲翻转，民众在声嘶力竭地呼救，政治家们开始破口大骂。美国议员发出了严厉警告：“沃尔克，你将是被游街示众、惨遭暴打的首要人物！”

这是一场豪赌！敢不敢继续下注！如果6个月内还不见效，沃尔克就将成为美联储历史上最可悲的主席，颜面丧尽，信用无存，最终必然惨遭社会鞭挞，永世不得超生。

沃尔克的手软了，信用开始放松。

此时，任何畏缩都将被市场超级放大，美联储反通胀的决心被解读为“不过尔尔”，于是整个市场的通胀预期立刻翻转过来，投机心理再度咸鱼翻身！在随后的两个月里，联邦基金利率大幅下挫了一半，降到了9%，在通胀仍高达11%的情况下，长期和短期利率都跌到了负利率的水平。

市场中的信用扩张再度沸腾了，美联储顿时失去了控制！

到1980年夏，经济在信用扩张中快速复苏，通货膨胀卷土重来。M1的增长居然突破了22.8%，两倍于通货膨胀。沃尔克“化疗”的第一个疗程彻底失败了。

反通胀，亡经济；不反通胀，则亡美元！权衡利弊之后，沃尔克再度立下了反通胀的决心。

从1980年秋开始，直到1982年夏，沃尔克第二次启动了反通胀的“化疗”。1980年9月25日，沃尔克将再贴现率再次提高到11%，联邦利率回升到14%。卡特总统的连任梦想，成了沃尔克斩杀通胀的第一个刀下之鬼。

整整一年的高利率政策，使得美元的汇率开始大幅飙升，特别是沃尔克启动了第二次“化疗”之后，市场开始相信这个拼命三郎是玩真的了。此时，在沃尔克的威逼利诱之下，德国和日本开始降低利率。为了进一步强化美元升值的预期，沃尔克在1981年5月，再度紧缩货币供应，从5月到11月，M1的增长率第一次降到了零，而联邦利率则攀升到了19%！欧洲美元加速回流，美元升值加速。这一次欧洲美元却没有引发货币供应总量的剧烈膨胀，因为已经没人敢贷款了。

此后一年中，美元汇率飙升了 34%！

沃尔克的第二轮“化疗”，不仅继续紧缩货币供应，维持了高利率，更开辟了“升值反通胀”的第二战场。美国的进口占 GNP 的比例大约为 7%，升值所产生的进口商品价格下降效应，本来不应该影响美国整体物价的水平太多，不过，沃尔克已经搞明白了反通胀的本质，就是打心理战！在超高利率的环境中，人们对进口商品价格的下跌，将会产生错综复杂的心理变化。偿债的人越来越多，货币供应增长几乎为零，此时，进口物价的下跌，会让人们开始相信物价的进一步上涨恐怕有点儿悬。这时的汇率升值，起到了四两拨千斤的效力！

美联储对此的综合测算是，当美元升值 10%，将导致通胀下跌 1.5%，其中一半可能源于进口商品价格的下跌，另一半则是纯粹的心理作用。而 34% 的美元升值，将使通胀下跌 5.1%。从 1980—1982 年，美国通胀从 13.5% 降到了 6.1%，在这 7.4% 的降幅中，美元升值贡献了大约 2/3。[9]

沃尔克第二轮“化疗”的思路是，坚守货币供应的目标，维持高利率，迫使人们偿债，减少 M1；同时，高利率导致欧洲美元回流，强化美元升值预期，迫使德国与日本降息，导致美元剧烈升值；在货币供应减少和高利率的“货币负压”之下，汇率升值产生的物价下跌效应，将被市场心理高倍放大，最终逆转了通胀预期。

不过，里根总统开始实施的大幅减税、巨额赤字、星球大战计划，以及供应学派的经济理论，都让沃尔克担心，反通胀战争胜利所赢得的宝贵机遇，恐怕不会持续太长时间。

借来的繁荣

里根时代的经济繁荣，归根到底是从三个方面进行“透支”所得到的，这就是向未来借，向外国储蓄借，同时“抢”第三世界的低廉原材料。

从 1979 年秋到 1982 年夏，在近 3 年的时间里，沃尔克以宗教般的狂热抡起货币大棒砸碎了通胀预期，同时也将实体经济砸成了深度脑震荡。1980—1985 年，美元剧烈升值了 50%！这是现代经济史上，主要国家最剧烈的货币地震！结果，美国的工业经济遭到了灭顶之灾。失业率飙升至 10.8%，重化工业被砸断了脊梁骨，钢铁工业近 1/3 的工人被裁员，汽车工厂纷纷倒闭，装备制造的生产线被大量闲置，石油化工业大幅压缩规模，矿山遭到废弃，连农业产品也失去了国际竞争力。

供应学派信誓旦旦地夸下海口，只要政府减税，降低工人福利，工业生产力的奇迹就会自动发生。5 年过去了，人们连“奇迹”的影子也没看见，美国满大街跑着更多的日本汽车，工厂里用着更先进的德国设备，商店货架上摆满了便宜的亚洲消费品。最后，工业就业的回升，靠的还是里根“星球大战”的军工订单。号称与政府干预经济不共戴天的供应学派，结果居然靠着战后最激烈的政府财政赤字，才踉踉跄跄地爬出深度衰退的泥沼。

1983—1988 年，是里根时代经济神话的黄金时期。认真审视之后，人们会发现里根的经济繁荣是向未来“借来的”。在这段时间里，美国财政赤字每年都高达 2 000 亿美元以上，占 GNP 的比重高于 5%。美国国内净储蓄率从 70 年代的 6.5% 降到 2.5%，巨额财政赤字是吞噬国内储蓄的元凶。一个国家的净储蓄，就是“猎人的兔子”，它是消费与投资的前提。消费，就是猎人把储蓄的一部分兔子，拿去与别人进行交换；投资，则是猎人为制造弓箭所耗费掉的其他储蓄。美国“二战”结束以来，净投资一直占 GNP 的 7%，成功的投资将带来更高效率的产出，所以投资为经济增长提供了后劲。但在里根执政的 8 年中，美国的净投资占 GNP 的比重下降到仅剩 5%。供应学派的人曾信心满满地保证，他们的政策将提高美国的储蓄率，增加净投资，这显然是吹破了牛皮！

里根当选美国总统时，美国全部的私人和公共负债总额为 3.87 万亿美元，到 20 世纪 80 年代末，这个数字变成了 10 万亿美元！

由于国内储蓄不足，为了维持美国社会的生活水平，里根政府不仅向未来大举透支，同时也向海外借入巨额的外国储蓄，其规模达到美国总储蓄的 14%！美国以开放国内市场为条件，要求日本与德国将对美国的贸易顺差，通过购买美国金融资产的形式，把它们创造出来的储蓄借给美国。1984 年，外国购买的美国固定收益类资产（主要是美国国债）的金额跳升了 3 倍，达到 374 亿美元。日本在一年里流向美国的资本就达到惊人的 500 亿美元的规模!

美国学者调侃道，美国 20 世纪 80 年代终于找到了自己的比较优势，这就是出口美国国债!

外国资本的流入，强化了美元升值，降低了进口商品的价格，刺激了美国消费，扩大了美国的贸易逆差。结果，美国的经常账户在 1980 年时尚有盈余，从 1984 年开始，美国每年赤字高达 1 000 亿美元，狂涨到 GNP 的 3%！美国工业被迫大规模向外转移，创造国民财富的核心实业资产遭到了根本性的削弱。

向未来借钱，向外国人借钱，而借来的钱主要不是用于工业经济的再投资，而是被华尔街拿来制造一个快速膨胀的金融资产大泡沫。美国长期资本的工业投资被大量放弃，1983~1984 年的出口增长仅为以前经济复苏时期的一半，而进口则是过去的两倍。难怪美国的媒体评论道："供应学派的'奇迹'终于出现了：这就是外国人提供了大量的商品和大部分资金。如果 20 世纪六七十年代美国的政策是'花钱和高税收'，那么 80 年代就是'花钱和高负债'。"

在沃尔克控制住了通胀之后，美国经济开始了 5% 的强劲复苏，不过，美国工业的就业再也没能恢复到 20 世纪 70 年代的水平。1985—1986 年，美国的工业设备利用率再度出现下滑。

就在美国工业经济一蹶不振的时代，华尔街却喜获丰收。沃尔克从 1982 年夏到年底的半年里，连续 7 次降低再贴现率，联邦基准利率也从 14% 直落到 8.8%。债券市场和股票市场开始进入大牛市。从 1982—1987 年，华尔街的股票市场暴涨了 200%！金融创造财富的神话开始在美国大行其道。

1984 年是美国金融巨变的转折年，美国国内资本开始从银行向债券市场大规模转移，国际资本流入则由欧洲转向了亚洲。到1985年，沃尔克发现美国的货币供应再度开始爆炸性膨胀，但是美国的通胀率却从1984年的4.4%，降到了1985年的3.5%。由于大量金融创新的出现，M1作为通胀的指标已经越来越不准确了。银行业在1984年底，开始大规模进入货币市场，支票账户中含有利息的成分在显著增加，这表明资金倾向于“投资”而非“消费”，M1的膨胀已经不能说明“消费者立刻准备花钱”的冲动在积聚。因此，美联储从1984年开始，悄悄地废弃了以M1增长为货币政策的目标导向。

1984年以来的货币供应膨胀，已经脱离了实体经济增长所产生的信贷扩张需求的轨道，而越来越多地反映为金融创新所刺激出来的金融交易需求。20世纪80年代中期以前，美国股票市值占GNP的比重通常在8%~20%之间，而到了1986年，这一比重剧烈攀升到了100%！这个现象说明，信用扩张已经摆脱了实体经济增长的约束，而成为金融资产自我膨胀的必然结果。美债帝国进入了一个新的发展阶段，美元从此成为“源于金融交易，为了金融交易，服从于金融交易”的工具。

金融全球化本质上就是美元债务的全球化，它导致了金融资产的增长速度和规模都远大于实体财富，这意味着相当一部分资产，由于缺乏财富的对应物，其实只是巨大的债务。金融市场的畸形繁荣，其本质就是债务驱动下的金融资产自我膨胀。20世纪80年代之前，美国私人、非金融类企业与政府的总债务，占GNP的比重大约为140%，80年代则一举突破了165%，这是自30年代大萧条以来的最高负债水平！1980年美国家庭负债占可支配收入的63%，到1999年，这一比率上升到90%，企业债务的上升势头也大体如此，而国债膨胀则更为惊人。与此同时，美国的贫困人口却从1979年的2 400万，增长到1988年的3 200万。

在欧洲美元的互动下，银行体系的表外资产业务空前繁荣，利率掉期、货币互换、信用担保、浮动利率按揭、资产证券化、杠杆收购、金融产品的期货与期权等金融创新层出不穷，仅在1982年，银行体系中就有高达 2 300 亿美元的储蓄，流向了繁荣的债券市场。中央银行的货币政策对金融市场中过度借贷的“刹车系统”渐渐失灵，系统性风险与日俱增。

在沃尔克发动的反通胀战争中，“阵亡”的还有墨西哥、阿根廷、巴西、尼日利亚、刚果、波兰和南斯拉夫等大批第三世界国家，它们全都不幸地落入了美元的“债务陷阱”之中。20 世纪 70 年代，石油暴涨所带来的滚滚石油美元，从中东再度回流到华尔街和伦敦的“金融异度空间”。在“第二次美国革命”的战略中，如何重新分配国际财富是一个 1% 的富人关注的重大问题，第三世界国家以低廉的价格向发达国家转移原材料，这是必须实现的战略目标。有了石油美元这笔横财，国际银行家开始对第三世界国家进行大规模放贷，因为它们迫切需要进口价格高昂的石油，但美英银行开出的条件是，贷款利率必须随着伦敦银行拆借利率而浮动。

美国和英国联手进行的高利率“化疗”反通胀，获得了一石数鸟的美妙效果。第三世界的美元债务国在 20 世纪 80 年代初，突然遭遇到利息高达 20% 的“高利贷伏击”，而它们赖以偿还美元债务的原材料出口，却在世界经济严重衰退中面临着价格暴跌的夹击，于是，这些国家纷纷陷入破产境地。IMF 作为美元的“国际债务警察”被推上了逼债的第一线，当代“夏洛克们”要从第三世界国家身上割下鲜血淋漓的数倍“鲜肉”。IMF 给第三世界美元债务国开的药方，不过是华尔街大夫们早就准备好的“泻药”，越吃身体垮得越快。IMF 要求债务国削减进口到极限程度，财政预算缩水到勉强度日的水平，货币贬值到出口原料跳楼甩卖的低廉，从而将发展中国家的经济资源向发达国家进行史无前例的大转移。经过 IMF 的债务重组，发展中国家在 1980 年时的美元债务仅为 4 300 亿美元，到 1987 年却欠下了当代“夏洛克们”高达 1.3 万亿美元的新债务，这还不包括已经支付的 6 580 亿美元的本息。第三世界国家遭到了远比两次世界大战损失总和还要高得多的惨重损失。

1987 年，世界原材料的价格居然跌回到 1932 年的水平！从 20 世纪 80 年代初开始的原材料价格低迷，持续了整整 20 年！直到 21 世纪初，中国经济开始繁荣，才扭转了这一趋势。[10]

近 30 年来，1% 的富豪从美国中产阶级和第三世界国家身上，获得了现代经济史上闻所未闻的“鲜肉丰收”，世界财富的分配颠覆了 20 世纪前 70 年的规律，加速向极少数人集中。2011 年 9 月开始迅速蔓延全世界的“占领华尔街”运动，正是 99% 的穷人意识到了“金权天下”对他们切身利益所造成的长期伤害，他们不再是沉默的大多数，他们准备以自己的方式要求社会财富的重新合理分配。

里根时代使美国在短短的几年之内，从一个世界上最大的债权国，沦落为最大的债务国。当年第一次世界大战的惊人战争消耗，将大英帝国从世界债权霸主的王位上给拽了下来，美国正是利用新兴债权国的威力，迫使欧洲债务国接受了美元霸权。新自由主义用差不多同样的时间，就重演了第一次世界大战所造成的全球债权与债务关系的大逆转。当英国变成债务国之后，大英帝国衰落了，而美国变成最大的债务国之后，反而霸权更加稳固。这表明债务取代了债权而成为统治世界的新权杖，也意味着投资已经让位于负债，变成了刺激经济增长的主要动力，这开启了一个债务驱动型经济发展模式的危险时代。

美元的冰火两重天

1985 年，当沃尔克最终将通胀降到了 3.5%，美元已经基本摆脱了 1979 年世界范围的美元危机。高油价与美元绑定的货币战略，支撑住了摇摇欲坠的美债帝国，将美元从失去黄金的信心恐慌中解救出来，美国经济则付出了恶性通胀和严重衰退的沉重代价。更为糟糕的是，苏联这个石油出口大户，在 20 世纪 70 年代的石油危机中赚得盆满钵满，增强了与美国进行“星球大战”的军事实力。稳住了美元的霸权基础后，美国就腾出手来准备收拾苏联了。

1981—1984 年，苏联政府出口赚取硬通货的唯一手段就是石油出口。1975 年，苏联石油产量为 9 310 万吨，到 1983 年增长到 1.3 亿吨，然而20世纪70年代末以来，苏联过度开采石油导致了后续生产能力的匮乏。1985年，苏联石油开采量在历史上第一次出现下滑，由于开采费用的增加与资金不足的问题，导致了石油产量下降了1 200万吨，此刻，正好碰上了美国征服通货膨胀的关键时间点。

早在1981年3月26日，里根总统在私人日记中就提到了如何利用苏联的经济状况及其对西方贷款的依赖，对苏联经济进行致命打击的问题。1982年11月，里根总统签发了一项有关国家安全的指示（NSDT–66），明确提出了给苏联经济造成损失的秘密任务。[11] 1985年3月，美国国务卿舒尔茨在给美国驻英国的大使馆发去的秘密电文中提到，"国务卿对国务院正在进行的石油价格暴跌将造成何种影响的研究报告，极端感兴趣"。[12] 此前一个月，沙特国王刚到过华盛顿，里根总统与他探讨了"石油与经济的关系"这一令人感兴趣的话题。9月，美国开始对沙特施加压力，要求沙特大幅增加石油产量，将油价压到20美元以下。1986年4月，副总统老布什亲自来到沙特首都利雅得，告诫沙特国王"市场力量（而不是欧佩克组织）才是设定石油价格和产量的最好办法"。[13] 此话翻译过来就是，强烈暗示沙特全力增加石油供应，压垮世界油价。

当沙特开足马力铆劲儿生产，"市场力量"使石油价格从35美元一桶，直线掉到了1986年春的10美元以下。结果，苏联的出口崩溃了，西方的借贷渠道关闭了，粮食进口没了着落，城市食品供应配额紧张，贪污走后门猖獗，苏联民众反政府的情绪日益高涨。同时，石油作为绑住东欧各国的援助纽带断裂了，导致东欧各国在巨额西方债务的压力下离心离德，经济崩溃加速，终于诱发了苏东集团的解体。

战后美国和西方的工业经济基础严重依赖石油供应，石油价格低廉，则带来经济增长与市场繁荣，石油价格飞涨，经济就会陷入通货膨胀和发展停滞。沃尔克用货币手段达到的反通胀成果，只有在1986年石油价格暴跌的强化之下，才获得了持久的效果。

通胀在1986年降到了2%，利率随之深度回落。华尔街沸腾了。

不过，就在美国股市和债券市场一片繁荣之时，一股巨大的货币火山岩浆正在金融市场的表象之下，悄悄地聚集起爆炸性的喷发力量。

美元在 20 世纪 80 年代初的升值幅度，已经远远脱离了美国经济的基本面。在强势美元的冲击下，美国贸易逆差迅速扩大，工业经济受到了难以愈合的伤害，美国制造业的产量至少需要扩大 30% 才能使经济重新平衡，但强势美元挡住了经济平衡的道路。当大量海外热钱在美元高汇率的吸引下涌进美国之后，华尔街的金融资产泡沫迅速膨胀。廉价的信用如同便宜的石油，使得美国的消费者尽情享受着负债的快乐。美国的企业在垃圾债券、杠杆收购这类新兴金融工具的刺激下，开始了规模空前的大兼并热潮。80 年代仅垃圾债的发行就达到了 1 700 亿美元的惊人数字。

企业杠杆收购的致命问题，就在于用债务置换了企业多年辛苦积淀出来的资本金。大萧条以来，美国企业的资本构成中，从未达到过如此之高的负债水平。更根本的问题，还在于美国政府无法遏制的财政赤字，这既是美元霸权的福音，同时也是它的诅咒。既然美国选择了一条债务货币的道路，既然债务已经成为美债帝国的权力之根，财政赤字就是必然的结果，因为盈余将赎回债务，从而瓦解这种权力的基础，那么人们怎么可能去指望美国财政会真正走向节俭和负责呢？

1979 年，英国放开了外汇管制，日本在 1980 年跟进了这一政策。由于英国是欧洲美元的最大市场，而日本拥有快速增加的美元储备，这两个国家放开了国际资本自由流动的闸门，世界金融市场从此更加风云变幻，暗潮涌动。美国的储蓄不足，而日本的储蓄过剩，世界经济严重失衡的问题在 20 世纪 80 年代已经暴露无遗。

沃尔克明白过高的美元估值最终必然以美元暴跌来回到经济的基本面，危险之处在于，必须在这一天到来之前，预备好经济的降落伞，他希望看到美元最终能够软着陆。1986 年，美国的经济又到了衰退的边缘，可是华盛顿却没有意识到问题的严重性。

此时，里根政府的财政部部长已经换成了詹姆斯·贝克，他是美国统治精英集团中的后起之秀，贝克家族与洛克菲勒石油帝国有着四代的交情，同时还与布什家族渊源深厚。尽管他以前在竞选中曾反对过里根，却仍被里根委以重任。贝克明白美元必须贬值的道理，但不愿正视沃尔克最悲观的预言，那就是美元会再现 1978 年遭到世界疯狂抛售的噩梦。如果出现这种最悲观的形势，沃克尔的降落伞就是被迫加息，阻止美元的自由落体。而加息正是贝克的大忌，他领教过沃尔克反通胀时断然加息的疯狂，那将是又一场经济的浩劫。他的铁杆兄弟副总统老布什，已经决定参加 1988 年的总统竞选，经济衰退将毁掉老布什的前程，同时他也将断送自己的政治生命。贝克决心用自己的一套办法来实现美元的有序贬值。

里根时代的美国财政部部长
詹姆斯·贝克

为此，贝克提出了两个阶段的方案：首先，建立一种类似放大版的欧洲汇率机制，让主要货币对美元的汇率在 10%~15% 之间浮动，希望用这个法子迫使其他国家拱卫美元汇率，避免可能出现的崩盘局面。然后，建立一套协调各国经济政策的机制，消除美国经济与欧洲和日本之间的不平衡。换句话说，贝克异想天开地希望搞出一个比欧元区更大更复杂的货币体系。经历过欧洲货币联盟曲折进程的各国中央银行家，莫不暗暗摇头，更何况，贝克是想建立一个由 5 国集团财政部部长牵头、中央银行家打下手的世界货币联盟，这更是天方夜谭，沃尔克等人当然无法认同。因为一旦绑定各国汇率，货币政策就必须围着汇率转，中央银行就必须承诺利率政策需要服务于汇率变化，中央银行家岂能俯首听命于财政部部长的指挥？

1985 年 9 月 15 日，强势的贝克干脆甩开了央行行长们，召集 5 国财政部部长进行秘密会议，讨论美国提出的方案，这就是一周后达成的“广场协议”（Plaza Agreement）。这个协议并未明确对中央银行的具体要求，贝克要的只是美元贬值的趋势。央行行长们如释重负。结果，贝克的“广场协议”本身就产生了巨大的市场影响力，一周之后，美元就对马克贬值了12%，对日元贬值了8%，到1986年1月，美元贬值了大约20%。

贝克初战告捷，信心大振。1986年1月，贝克再接再厉，为了保护美元贬值的成果，力劝德国和日本出台经济刺激政策，并和美国同时降息。贝克的如意算盘是，大家共同降息，美元不会反弹，而且经济都能受益。财政刺激则是指望德国和日本增加对美国的进口，实现美国经济的再平衡。贝克的财政刺激方案被当场拒绝，德国人声称这不是逼迫我们搞通胀吗，德国可以忍受9%的高失业，但历史的惨痛教训让德国绝不会容忍通货膨胀。

碰壁之后，贝克转回来要求沃尔克降息，被沃尔克断然拒绝。结果，贝克利用美联储两位理事换届的机会，为老布什安插进“自己人”，招聘条件就是“敢不敢对沃尔克说不”。经过换届之后，里根—老布什在美联储的人马超过了沃尔克。在1986年2月24日的美联储会议上，沃尔克突然遭到“逼宫”。多数理事建议将再贴现率从7.5%降到7%，沃尔克在完全没有心理准备的情况下，异常愤怒，竟然摔门而去，[14] 这是美联储有史以来出现的第一次“政变”。眼看要闹到彻底翻脸的程度，贝克也吃了一惊，他可不是想“废掉”沃尔克，只是希望用“兵谏”的方式，迫使沃尔克就范。他知道沃尔克在华尔街的分量，要是公开闹翻，第二天股票和国债市场就会崩盘，而其他中央银行将坐视美元摔下山崖，到那时，贝克可就吃不了兜着走了。贝克只得妥协，沃尔克虽然面上没说什么，但对这次“政变”恨到了骨子里。

“广场协议”后，美元的贬值并没有使美国经济软着陆，美元承受的贬值压力骤然增加，沃尔克担心的美元暴跌已经呈现出明显迹象。1986年第二季度的数据显示，外国中央银行已经停止了美债购买，海外私人资本流入也在萎缩。美国长期债券的收益率已经出现红色警报。

贝克开始焦虑起来，德国人远比日本人难搞定，他们坚决不肯搞财政刺激，贝克只得提出以美国减少财政赤字作为交换条件，顽固的德国人仍然不为所动。美元在市场密布的贬值阴云中大幅下挫，结果击穿了德国苦心经营起来的“欧洲汇率机制”的保护伞，德国企业面对美元的狂贬，惊恐万状，纷纷停止了投资，德国经济增长的势头顷刻间崩溃。

万般无奈之下，德国人只得接受1987年2月的“罗浮宫协议”，贝克要求各国将利率降到美国的利率水平之下，以形成一个对美元自由落体的防护网。当然，作为对价，贝克承诺将美国财政赤字缩小到GNP的2.3%。对于贝克的承诺，沃尔克相当不以为然，“你明明知道你不可能实现这一目标，那时就会失信于人。为什么不说一个模棱两可的数字呢？”贝克私下承认这一点，但既然里根总统公开表态要实现2.3%的减赤目标，他不可能公开唱反调。美国自然没能兑现这一承诺，因为在表态的时候，贝克就不打算去认真对待它。对“罗浮宫协议”，英国人的点评最到位，“这就是‘广场协议’的直系后代，那时我们都认为美元应该贬值，现在，我们都同意美元需要稳定”。

“罗浮宫协议”之后，美元继续下挫，各国央行使出了吃奶的劲儿，来阻挡劈头盖脸砸来的美元抛单，到1987年9月，各国已经吃进了令人窒息的700亿美元！事实上，它们只得印刷本币来购买美元。各国央行号称独立性的核心理由，就是拒绝为政府赤字而印钞票，但它们此刻却正在为美国政府的赤字而狂印钞票。

即便是这样，也没能挡住美元崩溃所引发的1987年全球股灾。

格林斯潘：金融市场的最后拯救人

沃尔克走了，因为未来的总统老布什觉得他靠不住。在1987年6月，沃尔克知趣地提出辞职，放弃要求再度连任会带来的尴尬。格林斯潘来了，他的圆滑让人觉得他可能会比沃尔克更听话，华尔街喜欢他，华盛顿也接受他，格林斯潘更像一位老练的政治家，而不像沃尔克那样不食人间烟火。沃尔克上任时正赶上美元崩溃的重大危机，算得上是临危受命，格林斯潘就职时再度碰上了美元失控的危机，8年时间历史正好走完一个轮回，美元当年疯涨上去，如今正在狂跌下来。

贝克此时已是惊弓之鸟，在1987年9月30日的世界银行和IMF年会上，贝克出人意料地提出用包括黄金在内的商品价格来作为通胀指标，以减低汇率动荡之苦，老布什的竞选团队中也有不少人建议重新考虑黄金的货币化问题。很显然，当美元失控时，固定汇率和坚挺货币的好处会让政治家们有所心动。英国财政大臣的发言更令央行行长们大跌眼镜，他竟然提出了更加激进的“永久而可调整的汇率机制”。以黄金为代表的布雷顿森林体系，是以财政部为权力中枢的机制，各国央行只是配角，而欧洲汇率机制将汇率大权逐渐移交给了央行，到了欧元时代，欧洲中央银行更是完成了货币集权，英国财政大臣的建议是布雷顿森林的路子，各国央行岂能答应？

当美国贸易逆差远超预期的报告出来后，连最配合美债帝国的日本人也开始疯狂抛售美元资产，美国30年国债收益率应声突破10%的心理大关。此时，国债收益已接近股票收益的4倍！

焦头烂额的贝克最大的希望就是其他国家降低利率，并推动经济刺激，给美元留出喘息的空间。而美国的利率最好不变，高度负债的经济和严重泡沫化的股市，经不起加息的刺激。顽固的德国人最令贝克头痛，他们非但不愿刺激经济，反而准备加息，甚至给贝克支招儿，美国“应该来一次衰退”，这样就解决失衡的问题了。贝克气得险些背过气去。

1987年10月19日纽约股市的“黑色星期一”

1987年10月18日（星期日），满脑子想着如何迫使德国人就范的贝克，在美国全国电视节目中不经意间脱口而出：美国不会“坐视那些贸易盈余国家加息，挤压全球经济增长的希望，他们还想期望美国也跟进”。[15] 这话被市场解读成“罗浮宫协议”的合作面临破裂，德国和日本加息而美国不跟进，那么美元必然加速暴跌。这样一来，谁还敢持有美债资产？大家狂抛美债，美债收益率将急升，股票回报的吸引力将荡然无存！

星期一，纽约股票市场刮起了股票暴跌的风潮，爆发了历史上最大的一次崩盘事件。道琼斯指数一天之内重挫了 508.32 点，跌幅达 22.6%！创下自 1941 年以来单日跌幅的最高纪录。6.5 小时之内，纽约股指损失 5 000 亿美元，其价值相当于美国 GNP 的 1/8。这次股市暴跌横扫整个世界，伦敦、法兰克福、东京、悉尼、中国香港、新加坡等地股市均受到强烈冲击，股票跌幅多达 10% 以上。股市暴跌狂潮在西方各国股民中引起巨大恐慌，许多百万富翁一夜之间沦为赤贫，数以千计的人精神崩溃，跳楼自杀。这一天被金融界称为“黑色星期一”，《纽约时报》称其为“华尔街历史上最坏的日子”。

格林斯潘刚上任就碰上这等重大危机，他深知所有人都会将他与沃尔克作比较，扬威立万的时机到了！他果断宣布“为履行作为中央银行的职责，美联储为支持经济和金融体系的正常运作，今天重申将保证金融体系的流动性”。这句话实际上是表明中央银行准备动用印钞机来挽救股票市场，这一声明意味着美联储不仅是银行体系的最后贷款人，而且也成了金融市场的最后拯救者。

股票市场暂时稳住了恐慌情绪，但由于美联储的救市行为导致了美国的长短期利率齐降，这样就加大了与德国利率的差距，美元将面临更大的下跌压力。全世界都将关注的目光转向德国，德国人会出手拯救美元和世界股票市场吗？

10 月 22 日，德国央行照常开会。行长波尔若无其事地首先发表观点，“贝克闯了祸，我们只是应对而已”，这就为会议定了调。接下去，各位理事们慢条斯理地分析德国国内的经济情况，几乎没有过多关注全球的股市灾难。被邀请参加会议的德国财长斯托登伯急得两眼直冒火，当他被邀请发言时，他极力强调国际合作的重要性，“(股灾前)加息是错误的”，斯托登伯被全球股灾震惊了，经常参加国际会议让他对别国的焦虑感同身受。但波尔不为所动，他不相信政府能够决定市场。最终，德国央行宣布不减息，甚至暗示在一定情况下还会加息。

全球股市大失所望，贝克更是恨得咬牙切齿，他终于领教了德国央行坚如磐石的独立性！就算天塌地陷，只要德国央行觉得自己是正确的，没人能撼动其决心。相比之下，格林斯潘好说话得多了。

同一天，德国央行的声明立刻触发了美元新的暴跌，欧洲汇率机制也陷入了危机。不过情况很快就稳定下来，原来日本人在美国股票暴跌时，以每天 20 亿美元的惊人胃口狂扫市场，美元暂时获得了支撑。然而，美国长短期债券的利率与国际市场水平的差距仍在扩大，这就如同一把高悬的利剑始终悬在美元汇率的头上，国际投机者们仍像秃鹫一般盘旋在病弱的美元的上空。从理论上说，中央银行并没有直接操纵外汇市场的职责，作为市场经济的捍卫者，格林斯潘应该对市场多空双方的厮杀袖手旁观。美国经常指责别国试图操纵汇率，但当有人敢在美元的头上动土时，美联储将毫不犹豫地操起屠刀。

1987 年底，在美元危机仍在加速恶化的情况下，格林斯潘决定发动一场“美元空头绞杀战”，总攻时间定在 1988 年 1 月 4 日星期一，趁着各国的外汇交易员刚回到交易席前，就杀他们一个措手不及。这次格林斯潘亲自出马组织，日本和德国央行同意联手行动，纽约联储银行成为主要操盘手。格林斯潘所面临的挑战在于，如何扭转市场对美元下跌的预期。国际外汇交易市场每天有高达 6 400 亿美元的交易量，中央银行如果与市场硬性对抗，那几十或几百亿美元的干预资金将很快被市场所吞没。格林斯潘知道，在外汇交易的战场上，最重要的制胜之道是心理战。在恰当的时机高调出手，以泰山压顶的气势，打垮最主要的美元空头，促使羊群效应逆转，所谓兵败如山倒，剩下的工作将由市场自动解决。

1 月 4 日星期一，亚洲市场即将开盘，刚过完节的外汇交易员们还处在假日的慵懒之中，他们的大脑对市场走向还没有来得及形成明确的判断，美元似乎仍然会在疲软中下滑。此刻，纽约还是周日的晚上，纽约联储银行的外汇交易员们密切关注着海外市场的动向，“就像赛马场的赛门在开启之前，躁动的马匹紧张地感受着周边的任何异动，那将是它们开始飞奔的信号”。

等到市场正式开盘，纽约联储银行的交易员立刻给日本和其他亚洲国家的银行打电话询价，亚洲的外汇交易员们都大吃一惊，他们几乎从来没有接到过纽约联储银行外汇交易员的直接询价，而且不管美元是什么价，见货通吃！这说明今天行情非同寻常，很可能是各国央行联手的重大行动。格林斯潘要的就是这种高调出击，先声夺人，震慑市场。美联储的埋单涌动而出，势头越来越猛，在外汇期货与现货上同时发力，间歇式地不断推高美元。亚洲市场的美元大空头们很快感觉到大事不妙，他们立刻拔腿飞奔，夺路而逃。外汇市场中的中小散户不明就里，只见空头大户正在败退，一时间外汇市场人仰马翻，乱成一片。紧接着，各大媒体开始竞相报道外汇市场中美元的强劲反弹，进一步放大了格林斯潘期待的市场心理震撼力，羊群效应顿时逆转过来。欧洲和美国市场顺势扩大战果，美元空头被杀得血流成河。周一、周二仅仅两个交易日下来，国际外汇市场中的美元空单就近乎绝迹。美元两天之内对日元劲升了 8.3%，对马克反弹高达 10.4%。纽约股市大幅飙升 4%，美国 30 年国债价格同时大幅上涨。

后来，美联储透露，格林斯潘在外汇期货市场布下的奇兵是一种“创新”。格林斯潘在美元保卫战中，以正合、以奇胜的战略，加上心理战、舆论战、诱空陷阱、主攻亚洲市场的战术，均取得重大成功。各国央行实际投入的干预资金出人意料的微乎其微，总共不到 40 亿美元，其中日本央行可能出了 10 亿美元，德国央行大约 8 亿美元，美联储仅为 6.85 亿美元。以如此之低的成本，取得如此之大的效果，可谓各国央行干预外汇市场以来，最为骄人的战绩。[16]

在这次美元保卫战中，格林斯潘比沃尔克高明的地方体现得淋漓尽致。格林斯潘根本不用加息保美元的笨办法，而是动用了外汇期货这一战略空军力量，在美元空头的后方进行狂轰滥炸，并在外汇、股票、债券几大战场协同作战，取得了低成本高收益的奇佳战果。如果说沃尔克打的是耗资靡费、伤亡惨重的越南战争，那么格林斯潘进行的则是精确打击、非接触作战的海湾战争。从此，强化美元地位的战略战术，不再是靠传统的加息，而是在外汇、期货、股票、债券、大宗商品、媒体、评级机构、经济学家、地缘政治、军事、外交等领域进行高度协同的"超限战"。2011 年 5 月，就在世界普遍看衰美元，看多黄金之时，美国突然发动了新的一场美元保卫战，再度体现了这一战略的精髓。

但是，格林斯潘的美元保卫战也暴露出一个更大的问题，中央银行对外汇市场的干预，还算不算是自由市场经济？央行作为外汇市场的裁判员，本该对多空双方的博弈作壁上观，维持市场秩序，现在居然直接下场，而且是抱着足球直接撞进了对方的球门。

所谓操纵汇率，格林斯潘当获头奖！

信息革命，何以短命？

从里根到老布什，整个美国 20 世纪 80 年代的经济增长，主要是建立在负债扩张的基础之上。资产膨胀带来了债务膨胀，而偿还债务的资金最终还是源于实体经济。当实体经济无法再提供足够的现金流，而外国储蓄借入也面临干涸之时，资产泡沫的破裂将凸显出原先被繁荣所掩盖的丑陋负债。经济衰退就成为难以逃避的宿命。

1990 年日本股市崩溃，经济陷入长期萧条，美国最重要的外国储蓄来源被切断了。德国正忙着国家统一，国内资金被调入民主德国地区恢复经济，无力再输出更多的储蓄。这对严重依赖外国储蓄的美债帝国，可谓是祸不单行。

美国公司的负债膨胀速度，大幅超过了设备和工厂等有形资产的增长，导致公司净资产从 1980 年占 GNP 的 94.5%，降到了 1988 年仅占 74.3%，有形资产所能创造的利润，已经无法支撑巨额债务。当资产泡沫破裂后，公司债务本息偿还的压力翻了一倍。公司倒闭和违约的比例较1953—1980年间增加了2.5倍！2 000亿美元的垃圾债券市场，陷入失去流动性的严冬。商业地产惨不忍睹，普通房地产一片哀号，1万亿美元的按揭抵押证券市场险遭灭顶之灾。过度透支的消费者被迫紧缩开支，加速偿还债务。房地产缩水、消费贷款拖延、公司债务违约，导致银行体系险象环生，近1/4的银行已处在弥留之际，它们控制下的7 500亿美元的问题资产，令美联储夜夜惊魂。更为致命的是，美国政府的财政赤字已达到了令世界瞠目的4 000亿美元，占到GNP的6.5%！

一个曾经无比强大的工业国，变成了在世界市场上逐步丧失竞争力的"经济病人"；一个曾经是世界最大的资本输出国，变成了没有外国储蓄输血就难以生活自理的"经济瘫痪"；一个曾经让99%的普通人通过勤奋工作就有富裕生活希望的中产阶级天堂，变成了只有1%靠投机冒险巧取豪夺的金融家才拥有特权的乐园。

这就是美债帝国自20世纪80年代转型为债务驱动型经济增长模式所留下的全部遗产！

格林斯潘面对的正是战后首次出现的债务内爆型经济衰退，这仅是此类危机发展的早期阶段，比起2008年远为深重的债务危机，不知道要简单多少！毕竟此时美国的总负债规模只占GDP的180%，远比1929年的300%和2008年的350%要小得多。

降低负债，使企业和消费者能够重新轻装上阵，是走出危机的唯一出路。尽管如此，1990—1991年的衰退，比战后其他衰退来得更复杂，恢复期更漫长。1990年的房地产价格，直到10年后才逐渐恢复。整个经济景气，直到20世纪90年代中期才开始重新振作起来。

而这次经济繁荣的动力，就是令人充满遐想的信息革命时代。

人类的科技进步往往需要漫长的积累，当分散的各个领域的技术突破逐渐向共同的焦点汇集时，将会突如其来地形成巨大的生产力爆发。信息技术的爆炸同样如此。"二战"之后半导体的出现，拉开了信息革命的帷幕。1958年集成电路的发明，将计算机推向了信息革命的中心，微处理器、网络、卫星、光纤、激光等领域的技术突破在通信领域形成了汇聚效应，并奠定了互联网技术的基础。当1995年第一个图形浏览器“网景”出现后，一场轰轰烈烈的信息革命迎来了第一次高潮。

这一进程非常类似于战后石油化工对工业化所产生的重大推动，石油与化学工业分别在不同的领域积累了数十年的研究成果，当成千上万的技术突破在中东发现廉价石油的汇聚效应之下，立刻引发了石油化工产业的爆发，从根本上突破了工业能源与原材料的瓶颈，带来了欧、美、日战后经济20年的持续繁荣。

从美国100多年的生产率数据上，可以明显发现这两次重大技术革命对经济产出的巨大影响。在1889—2000年的111年间，美国经历了三次生产率高涨的时段：第一次是1917—1927年，生产率增长为3.8%；第二次是1948—1973年，生产率增长为2.8%；第三次是1995—2000年，生产率增长为2.4%。三次生产力爆发的间隔，大致为20~25年，正好是一代人的时间。[17]

无论是石油化工，还是信息技术，都对人类社会的方方面面产生了直接而深远的影响。石油化工所创造出的各种新材料，改变了人类所能触摸到的几乎一切物质，而信息技术所带来的海量信息，则提供了人脑所能感知到的近乎无限的体验。两者共同之处就在于，它们突破了原有的供应瓶颈，催生了一系列新的产业，渗透传统领域的各个角落，创造出社会普遍接受的新的产品和服务。当它们为其他产业提供原料、设备或服务时，将极大地提高这些产业的生产效率，当它们形成新的产业时，又都以超高的速度增长。它们牵动着经济各个层面的神经，它们汇集起众多科技领域的发明，它们对人类生活品质的提高，形成了永久而不可逆转的影响。

不过，石油化工对世界繁荣的持续推动力延续了整整20年，而信息技术为经济增长所做出的突出贡献似乎只维持了短短的5年，究竟是什么原因导致了两者如此巨大的落差呢？

原因就是经济增长模式的改变！在战后经济繁荣的20年中，世界经济在布雷顿森林体系之下，维持着稳定的汇率制度和货币内在的价值，各国经济发展的原动力，建立在实实在在的国内储蓄之上，投资和消费相对平衡。无国界的庞大资本所形成的“金融异度空间”规模尚小，投机资本实力未成气候。投资是踏踏实实地促进着发明创造、改进技术、节约原料、降低能耗的努力，经济繁荣建立在实体经济稳步增长的基础之上。这种投资推动型经济增长模式，在稳定的货币环境中，创造出巨大而真实的社会财富。在相对公平的社会财富分配机制下，穷人与富人，统治精英和中产阶级，能够共同分享经济增长的成果，从而形成了社会均衡的生产与消费，使得经济繁荣能够长期维持。石油化工业的20年扩张，对工业经济繁荣所产生的持续推动作用，正是得益于此。

1980年之后，美国与英国率先进行了经济增长模式的转变，投资推动的健康发展模式，被债务驱动的脆弱增长模式所替代。美元的长期超发，在80年代形成了一个前所未有的“金融异度空间”，在这个空间里生长出一批贪婪而巨大的金融怪兽，它们具有超级饥饿的逐利胃口，实体经济的正常回报，根本难以满足它们快速自我膨胀的贪欲。它们以惊人的速度用钱生钱，以巨大的泡沫置换有形的资产，以高倍杠杆豪夺社会财富。它们打破了产业正常的生长周期，它们用“金融激素”催生尚未成熟的技术果实，它们不顾行业协调增长的经济逻辑，它们赚钱的要诀就是一切都要快、再快、更快。

信息技术的不幸，就是在远不成熟的阶段，遭遇到了资本疯狂的过度投资，在信息技术仍在逐步向其他行业渗透，尚未形成可观效益的时候，就在自身产业链中形成了无法产生足够回报的严重过剩。过度投资形成了不可挽回的储蓄浪费，泡沫破裂的贻害覆盖了信息革命的光辉。拔苗助长的恶果，将信息时代的良好前景推后了不止10年。

2000年纳斯达克崩盘之后，美债帝国又祭出了更大的房地产泡沫，一个远比1990—1991年债务泡沫大得多的金融危机，又将信息革命的复苏推向了更遥远的将来。

经济终究要发展，技术革命还将星火燎原。不过，在债务驱动型的增长模式之下，下一个繁荣也将是短命的昙花一现！

注释

[1] Research Department of Federal Reserve Bank of San Francisco，*Substitution Account*，1980.

[2]［美］戴维·马什，《欧元的故事：一个新全球货币的激荡岁月》，机械工业出版社，2011 年，第 77 页。

[3] Research Department of Federal Reserve Bank of San Francisco，*Substitution Account*，1980.

[4] Ibid.

[5] F. William Engdahl，*Gods of Money*：*Wall Street and The Death of the American Century*，Wiesbaden，2009，p.276~279.

[6] Ibid.

[7] Joseph B. Treaster，*Paul Volcker*：*the making of a financial legend*；John Wiley & Sons，Inc.，2004.

[8] Steve Solomon，*The Confidence Game*：*How Unelected Central Bankers Are Governing the Changed World Economy*，Simon & Schuster，1995，p.139~140.

[9] Steve Solomon，*The Confidence Game*：*How Unelected Central Bankers Are Governing the Changed World Economy*，Simon & Schuster，1995，p.148.

[10] F. William Engdahl，*Gods of Money*：*Wall Street and the Death of the American Century*，Wiesbaden，2009，p.292.

[11]［俄］E. T. 盖达尔，《帝国的消亡：当代俄罗斯的教训》，社会科学文献出版社，2006 年，第 143 页。

[12] F. William Engdahl，*Gods of Money*：*Wall Street and the Death of the American Century*，Wiesbaden，2009，p.295~296.

[13] Ibid.

[14] Steve Solomon, *The Confidence Game: How Unelected Central Bankers Are Governing the Changed World Economy*, Simon & Schuster, 1995, p.309~310.

[15] Ibid.

[16] Steve Solomon, *The Confidence Game: How Unelected Central Bankers Are Governing the Changed World Economy*, Simon & Schuster, 1995, p.391~393.

[17] Laurence H. Meyer, *A Term At the Fed: An Insider's View*, Harper Business, 2004, Chapter 9.

第八章

亢龙有悔，中国模式 3.0 的升级

CURRENCY
WARS

本章导读

在改革开放之前的30年里，中国工业化走的是苏联的道路，也就是“中国模式1.0”的时代。中国学习苏联计划经济十分认真，但由于底子太差，人的脑子太活，人口素质也达不到严格计划经济的要求，最终没有僵化到无法变通的程度。结果，苏联师傅僵化成了僵尸。

改革开放以后，中国的知识精英们突然发现西方如同极乐世界一般，一切思想都那么新颖，一切产品都如此先进，一切制度都合情合理，一切文化都时尚而新潮，他们后悔从前拜错了师傅，所以才落后。现在好了，国门打开了，他们决心以西方为师，特别是以美国模式为最终的“彼岸”，开启了轰轰烈烈的“中国模式2.0”的探索。他们毫不犹豫地扑入水深浪急的全球化洪流，向着“彼岸”奋力游去。越是接近“彼岸”，越是心情激动，仿佛到了那片新大陆，一切困难都将自动消失。

突然，2008年的金融海啸将“彼岸”给淹没了，美国师傅也掉进水里艰难挣扎。退潮后，“彼岸”上到处是“占领华尔街”的抗议人潮。怎么办？知识精英们犹豫了，一些人坚持继续游向“彼岸”，他们幻想着游到那里时，一切都会恢复从前的完美。更多的人则开始往回游，他们发现“回头是岸”才是更好的选择，他们在艰险的全球化大潮跋涉中，逐渐辨清了国家和民族利益的航标，他们决心要开启一种全新的探索历程。

当苏联和美国这两个师傅都趴下后，中国这个勤奋努力的学生，突然发现失去前进方向的失落和焦虑。在过去的170年里，中国当惯了学生，从来没有当先生的思想准备。不过，现实已经把中国推到了世界潮流的最前端，经济萧条中的美国，债务危机下的欧洲，以及亚洲的贸易伙伴，大家都在眼巴巴地瞅着中国的钱袋子，指望着中国再度启动经济刺激政策，拯救世界于水火。

这一次，中国的道路选择，将影响世界的经济版图！中国的模式，会引起所有国家的关注，中国的命运与世界的命运紧密相连，在近现代史上，这还是第一次！

历史也许会把中国的选择称为：“中国模式3.0”。

“折腾”中的艰难起步

被西方称为30年“中国奇迹”的原点，其实是一个严重老化而脆弱不堪的工业化基础。

工业化技术扩散的红利，曾在20世纪50年代使中国快速接近了当时的世界水平，但随后的20年却基本在吃老本和政治动荡中停滞不前。重工业、轻工业和农业严重失调的痼疾，积累与消费之间的巨大落差，非但没有好转，反而每况愈下。被美国“经济流放”、与苏联交恶之后的中国工业化，丧失了获得廉价快速技术扩散的渠道。仅靠中国短短30年的自身技术积累，在封闭的环境中，无论中国人有多么聪明和勤奋，也不可能赶上西方200年的工业化沉淀。这种沉淀，不仅仅体现在工业技术本身，更重要的是与之相匹配的人才储备、生产组织、基础设施、设备制造、原材料和能源供给的整个工业体系，以及与工业经济相适应的金融机构、资本市场、法律规范、科研创新、教育培训、医疗保健的社会服务体系，特别重要的还有农业基础。缺乏综合体系的保证，单枪匹马搞工业化，就如同大炼钢铁，不顾协调其他行业一样，不仅后劲不足，而且后患无穷。新兴国家工业化的挫折，往往是只看到了工业本身，而没有看到工业化背后所需要的完备的社会服务体系，在经济“撞上高墙”之后，只得回头再补课。

改革开放之初，制约工业化最大的瓶颈就是农业。中国80%的人口是农民，他们不仅需要提供自身和城市人口所需的粮食，而且在石油化工突破之前，还必须提供轻工业的主要原材料。这两座大山压在农业的身上，已经是不堪重负了，如果积累比例达到25%以上，农业经济将被窒息，工业化也会瘫痪。而在1970年以后的整整10年里，积累率年年超过30%，到1978年再次上马"洋跃进"时，积累率竟然达到了36.5%，接近三年大跃进的水平（39%）！[1]

所谓积累，就是前面讲过的猎人的故事里，为了制造弓箭所投入的"兔子"资源，如果这一比例太高、储蓄不足，将迫使猎人只能饿着肚子干活儿。而中国经济，特别是农村经济，自1957年以来，基本上一直处在严重透支的状态下。而且过度投资，也造成了农村因缺乏足够的储蓄来交换工业消费品，严重压抑了生活质量的提高和市场繁荣。再加上扭曲的价格制度，使得农民的劳动成果无法获得合理的消费品补偿，大大削弱了农民的生产积极性。

搞活农业，对中国改革开放的成功，乃是生死攸关的考验！

1979年，为了扭转长期对农业的欠债，政府开始大幅度提高18种农产品的收购价格，粮食提高了30.5%，棉花提高了25%，油脂油料提高了38.7%，同年又对畜产品、水产品和蔬菜等8种副食品进行提价。此后6年里，农产品的收购价格几乎年年上涨，农民收入获得了历史性的提高。同时，以家庭承包为核心的农村经济改革也正式启动，农民重新获得了土地的经营权和农产品的销售自主权。"保证国家的，留足集体的，剩下都是自己的"的政策，对农民产生了巨大的诱惑，农民的生产热情获得了充分释放，农业生产持续增长，农民纯收入得到快速提升。迅猛提高的农村消费能力，强烈地刺激着轻工业的繁荣，市场供应日益充足，短缺经济的魔咒被打破了。

1978年开始的"洋跃进"的疯狂势头，在1981年终于受到遏制。重工业的投资被压缩了，经济资源开始向农业和轻工业大幅倾斜，积累比例掉到了30%以下。到1984年，重工业、轻工业、农业的比例逐渐协调过来，中国经济出现了改革开放以来的最佳状态。农民代表着中国 80% 的人口，改革的第一炮，就是让农民直接获得利益，在农业增长的刺激下，轻工业开始获得发展动力，农村与城市同步繁荣，让老百姓真正获得实实在在好处的改革，赢得了民心的真诚拥戴。

就在形势一片大好之际，重工业“投资饥渴症”的痼疾再现，全民所有制的固定资产投资在 1984 年又开始猛增到 21.8%，1985 年则达到 39.3%，集体所有制的投资膨胀更为猛烈。在产销两旺的兴奋中，工业企业的工资奖金开始滥发，银行信贷逐渐失控，1984 年第四季度信贷规模同比增加了 164%，奖金增长了 1 倍！[2] 由于政策上对农业过去长期亏欠的补偿，使得农民收入的增长超过了农产品产量的增长。几个因素加在一起，导致积累与消费的总和超过了国民收入，财政赤字变成一个大问题。大量的赤字导致严重的货币超发，1983~1988 年，货币发行量增长了 2.5~3 倍！这直接导致了 1988 年两位数的通货膨胀。

反通胀，还是放开物价？这是一个尖锐的问题。

在货币严重超发的情况下，放开物价，这就好比对已经被两位数的物价上涨吓成惊弓之鸟的老百姓，吹响了挤提银行存款、疯狂抢购商品的“集结号”！

通货膨胀，无论何时何地，永远是真实生产力的死敌。

货币是什么？货币是社会财富的契约！当人们付出诚实的劳动时，拿到的是货币这一社会公认的财富契约，人们相信未来当他们需要时，可以拿着这张契约去兑换相同价值的产品或服务，他们相信市场上那些从未谋面的“交易对手”不会违约。货币这一财富的契约，将千千万万的市场参与者，紧紧维系在“互不相识，但彼此信任”的框架之内。稳定的货币，使全社会交易成本下降，促进社会分工，激发财富创造。破坏货币的价值，就是在破坏财富契约的诚信，无异于瓦解整个社会相互信任的基础！货币贬值最终将增加市场的交易成本，打击财富的创造。

通货膨胀，使货币蜕变为欺诈的工具，财富的契约，变成了赖账的凭证。在市场中玩欺诈的手段，带来的只能是更多的欺诈，诚信之风将荡然无存，投机取巧会大行其道，长远的规划被短期行为取代，谨慎储蓄被无节制的透支所替换。社会普遍的浮躁之风，正是通货膨胀所催生的必然结果。

任何公平与诚实的社会，对通货膨胀的容忍度都应该是零！无论什么人，无论用什么样的借口来主张通货膨胀，他们都是诚实货币的破坏者，都是货币道德底线的践踏者。

在这一点上，德国中央银行反通胀的“顽固与执拗”，虽不能说尽善尽美，但也堪称各国的楷模。

很多人以为，中国的经济发展必然伴随着通胀，这是因为经济的货币化程度在提高，但这绝不是合乎逻辑的解释。从前不要钱的东西进入市场，它在产生货币需求的同时，也增加了商品供应，这种匹配的货币化进程，不应该影响其他商品的交易价格。货币超发的现象，主要源于财政赤字的货币化和金融资产膨胀的货币化。

1988 年出现的严重通货膨胀，主要根源是财政赤字。而财政赤字的根源在于低效率、高浪费和重复建设的老毛病。中国似乎陷入一种怪圈，每当追求高速发展时，经济的协调性必会出毛病，最后是欲速则不达。而降低增长欲望时，经济发展反而会更健康更快速。这只能说明一个问题，工业化社会的高度复杂性，超出了计划经济制定者的认知极限。经济过热和紧急冷却的不断“折腾”，反复说明了旧体制存在着无法克服的矛盾。

电影《侏罗纪公园》中有一句经典的台词，“生命会自寻出路”（Life finds a way）。就在城市经济体制改革陷入沼泽，不得不艰难跋涉之时，在中国经济雷达的屏幕上，一个从来不曾引人注目的新亮点，开始悄然闪烁着日渐耀眼的光芒。

中国经济起飞的第一级火箭——农村工业化

如果说改革开放 30 年，中国经济的爆炸性增长源于两级火箭推动的话，那么农村工业化则承担了一级火箭的重任。

20世纪80年代初，农业经济在国家经济资源的倾斜政策中，获得了罕见的资本积累。50年代中国工业化起步阶段，靠的是苏联的技术和资本输入，而80年代农村的工业化，则发端于城市工业化的扩散。在农村进行工业化，这是工业革命200年来，世界各国前所未有的创举。中国的农村既是人口众多、广袤贫穷的土地，又是充满巨大生机和爆发潜力的神奇之地。中国革命正是从农村起步，最终形成了燎原之火，"农村包围城市，最后夺取政权"这一令西方匪夷所思的战略，居然在中国取得了巨大的成功。

其实，这一切都是基于一个简单而深刻的现实，中国的大多数人口在农村，中国的命运也就必然与农村紧密地联系在一起。在古代，没有农民参与的武装反抗，就不可能有王朝的更迭；在近代，没有农民参与的革命，就不会是彻底的革命；在经济建设中，没有大多数农民获得实质利益的发展，都是脆弱和不可持续的增长。忽视农村，它将成为一个难以克服的发展阻力；而重视农村，它将会成为一个无法遏制的动力源泉。中国发展之根在农村，中国力量之源也在农村。这个简单至极的"大道"，也正是中国经济起飞的初始动力。

计划经济由于无法深入、透彻和全面地理解工业经济的高度复杂性，因此计划经济自始至终都存在着结构上的不合理，由于体制和机制的内在矛盾，又使这些不合理被高倍放大，使得国营工业在市场中只能占据着"大城市和交通线"，而留出了巨大的市场腹地空缺，造成了所谓的"短缺经济"现象。

当农村获得了微薄的资本积累后，机制灵活和市场嗅觉灵敏的乡镇企业就应运而生了。它们利用城市工业淘汰的二手设备，国营企业退休但仍富有"余热"的技术人员，瞄准巨大的消费市场空白，迅速开动生产机器，以低廉的价格、品质欠佳的产品快速占领了消费品的部分市场份额。

这些企业大到数百人，小则几个人，固定资产多数不过几万元或几十万元，在正统的经济统计中，它们不过和个体户的规模相当，堪

昔日一贫如洗的华西村如今成了“天下第一村”

称市场经济中的“游击队”。它们素质低，装备差，资金弱，人数少，更缺乏银行贷款的“空军支援”，与国营工业的“国军”相比，简直寒酸得难登大雅之堂。然而令人大跌眼镜的是，堂堂的“国军”居然打不过“游击队”，数百万乡镇企业以蚂蚁雄兵的态势，在市场的各个领域中逐步蚕食“国军”的销售份额。在市场需求旺盛的建材、冶金、酿酒、服装、纺织、化工等行业全面开花，逐渐形成了中国经济板块中不可忽视的一大力量。

“游击队”取胜的主要法宝在于“战略战术灵活”。在战略上，“游击队”进入的领域都是投资少、见效快、回报率高、有一定资源优势、产品市场需求旺盛的行业。在战术上，“游击队”的经营管理表现出很大的灵活性、实用性和高效率，经营者能够根据市场及时做出各种决策。企业内部机构设置和人员配备，也是根据实际需要而定，没有人员编制约束和招工指标的限制，干部能上能下，职工能进能出。在用工制度方面，一般有合同工、临时工和聘用工，非生产性人员少而精。职工干得好就留，干不好就回家。企业可以选择职工，职工也可以选择企业。在分配制度方面，工资一般都由企业自己确定，多数与生产和效益挂钩，工资水平按贡献大小并随企业赢利状况而浮动，报酬能高能低，职工收入拉开了档次，多劳多得，注重效益，充分调动了职工积极性。更为重要的是，“游击队”依托本乡本土的大力支持，土地资源充足，劳动力成本低廉，与当地政府形成了水乳交融的利益共同体，形成了稳固的“根据地”，进可攻，退可守，回旋余地大。

在1980—1996年的大约16年中，农村工业化创造了规模惊人的1.3亿个工作机会，占到农业就业的1/3，农业富余劳动力的一半，实现出口6 008亿元，总产值高达1.8万亿元！在1980~1988年间，全国轻工业产品市场供给能力增加的份额中，乡镇企业的贡献占32%，1988年主要消费品产量中，乡镇企业提供的电风扇占全国的45.5%，丝织品占68.7%，尼绒占52.1%。到1997年，乡镇企业缴纳税金占全国财政总收入的17.7%，占全国地方财政收入的35.8%。凡是农村工业化发达的地区，也是地方财政收入较好的地方。除了对财政收入的贡献外，乡镇企业也承担起以工补农、以工建农的重任，从资金上支持当地农业的发展。1978~1997年，乡镇企业以工建农、补农累计736.6亿元，农村工业化对农业的反哺作用巨大。[3]

在农村工业化的高速发展阶段，农民收入中约1/3来源于乡镇企业。在这个阶段中，农民收入几乎每5年翻一番，对国内生产总值的贡献度最高曾超过50%，一度成为支撑中国经济的半壁江山！[4]

可以说，从20世纪80年代初直到90年代中期，农村工业化是中国经济增长的核心推动力量，农村的富裕和新增购买力，为城市经济注入了强大的活力。以家用电器和日用消费品为中心，爆发了一场持续10余年的消费革命。与人们的感觉相反，不是城市繁荣带动了农村，而是上亿农民通过一种独特的模式，加入了工业化的洪流，他们通过更高的生产率创造出了巨大的社会财富。当农村以这笔惊人的新增“储蓄”与城市进行交换时，刺激了城市以更新的产品、更好的服务、更多的生产资料、更先进的基础设施、更快的能源与电力增长来满足这种需求。农村工业化的成功，远远超出了计划经济者的预期。

与此同时，城市的工业化也在发生痛苦而剧烈的嬗变，国有企业的改革正在日趋深入。经过1989—1991年短暂的调整后，1992年邓小平的南巡，再度点燃了中国经济改革的激情，这一次，市场经济全面取代了计划经济，成为中国的基本国策。现代企业制度的推进，加速了城市工业化的步伐，资本市场的崛起，开始为中国经济起飞提供"金融燃料"。1997—1998年的亚洲金融危机，使中国经济增长遭遇了暂时的逆风。

此时，农村工业化一级火箭的助推作用也已经逐渐耗尽了燃料。当短缺经济成为过去，当国际竞争开始在中国进行强大的渗透时，农村工业化的弱点日渐暴露，企业在规模、技术、资金、人才、信息、渠道、体制等方面的困难，变得越来越缺少回旋余地。"游击战"的经验已经过去，无边界的资本、技术、信息的"立体战"时代开始来临。

在缺乏新的火箭助推的情况下，中国经济在20世纪90年代末开始出现明显的下滑趋势。农村工业化生产率的提高已达极限，农民新增的可用于与城市交换的"储蓄"已开始萎缩，而城市生产率的提高尚未突破新的极限。在双方无法实现更大规模的交换时，中国的消费市场开始快速冷却，企业利润出现萎缩。商品交易的疲软，导致了货币供应的疲软。此时，金融交易还远未成为货币供应的主要需求，在这种情况下，通货紧缩与经济萧条的浓雾，开始弥漫在中国经济的上空，亚洲经济危机无疑恶化了中国周边的贸易条件，使问题更加雪上加霜。

从1997年10月起，中国零售物价总指数开始了连续27个月的下降，而居民消费价格指数则从1998年3月起持续下降22个月。人们通常抱怨的通货紧缩，其实质并不是一个货币问题，也无法通过货币扩张加以解决。通货紧缩的根源在于社会生产率增长的停滞。在中国，它与农村工业化在20世纪90年代中的停滞几乎同步。

归根结底，中国工业化的整体生产率，在没有外部再次强大的技术扩散刺激的条件下，将不会产生本质性的突破。

当时，中国居民储蓄已高达5万亿元，有人提出将这些储蓄花出去买房，经济复苏即可出现。这就是用房地产的商品化，来实现以房子换储蓄，从而拉动房地产的庞大产业链，促进经济增长。这实际上是将住房货币化，在鼓励按揭抵押贷款的同时，进行大规模的货币创造，以货币增量来刺激经济产出，同时抵消通货紧缩的效应。如果分析一下这一政策与20世纪80年代初，政府通过提高农产品收购价来释放货币，以刺激农民消费力的效果，人们会发现当年的成效更大。80年代初的政策，不经意间形成了两个收益：一是农民收入提高，导致了粮食增产，当农民以此与城市交换时，既解决了轻工业的原料供应，又刺激了消费产品的需求；二是农村初步形成了资本积累，从而掀起了一场预料之外的农村工业化大潮，在此后十余年中方兴未艾，1.3亿人口加入了提升劳动生产率的大军，大量财富创造又反过来刺激城市经济的繁荣。而房地产货币化，虽然能够起到对相关行业的拉动作用，缓解经济下滑的危险，但还不能突破整个社会生产率进一步提升的瓶颈。

真正推动社会生产率第二次重大革命的事件，莫过于2001年中国加入WTO（世界贸易组织）。

中国经济起飞的第二级火箭——全球化

直到1999年，在中国改革开放的前20年里，工业化基本上被局限在国内市场的狭窄空间里。说国内市场狭窄的主要原因是生产率的低下，无法创造出足够的财富来形成庞大的国内市场交换。

加入WTO之后，中国一下子进入了一个几乎无边无际的世界市场空间之中。正如战后的日本，狭窄的国内市场无法进一步提升工业的生产效率，而一旦面向广阔的国际市场，企业的生产规模将开始迅猛扩张，生产成本直线下降，劳动生产率的提升将达到令人瞠目结舌的程度。入世之后，中国也开始经历类似的生产率的突变。

2000年以来，大部分世界500强公司都进入了中国，当今世界上的几乎所有著名品牌都在中国开工生产，这是一次难得的技术扩散

2001 年中国加入世界贸易组织

机遇。20 世纪 50 年代苏联援华的 156 项大型工程，为中国工业化的起步发挥了至关重要的作用。正是在上万名苏联专家手把手的帮助下，中国才第一次搞明白现代工业是怎么一回事，工业化社会应该如何运转。成千上万的技术专利被近乎无偿地转移给中国，无数技术难题在全套详尽的图纸和苏联专家的经验传递中，被中国技术人员逐一攻克。不过，这种天上掉馅饼的好事恐怕一百年才能碰上一次。

无论跨国公司来到中国有着自己怎样的打算，它们必然要大量雇用中国员工，这相当于中国利用跨国公司的技术资本投入，为国内的科技人员提供“手把手”吸收西方技术的机会。这些年轻的科研人员在工作中学习了大量先进的技术，哪怕不是最核心的研究，依然能够了解到什么是当今的技术前沿，如何进行科学规范的实验，怎样使用先进的仪器和工具，如何书写标准的研究报告，怎样检索最前沿的科研成果，各研究部门应该如何协调等基本功。他们不会永远在跨国公司工作，当他们流出时，这些技术扩散将大面积地渗透到中国的企业中。没有跨国公司送上门来，中国恐怕没有机会让数百万科研人员受到如此系统和先进的培训。仅此一点，对中国未来的长远效益，就远远超过跨国公司在中国所获得的短期利润。

在此之前，中国技术人员与世界先进工业化水平差距已经拉得太大，国有企业也好，民营企业也罢，在科技研发上与世界水平的巨大差距，造成了中国经济发展的最大瓶颈。在这种情况下，无论企业改革怎样彻底，公司制度如何完善，都不可能突破技术积累的巨大瓶颈。作为中国最重视技术研发的华为公司，每年都坚持将销售收入的

10% 用于研发，科研人员超过 2.5 万人，每年投入七八十亿元经费，经过多年的艰苦奋斗，至今没有一项原创性的发明！如果这种情况延续下去，即使中国经济总规模超过了美国，世界 500 强里全是中国公司，也仍然不能摆脱中国受制于美国的基本格局！

根据世界知识产权组织的数据，中国发明家在 2008 年共提出 203 481 项专利申请，仅次于日本（502 054 项）和美国（400 769 项）。看似中国的发明在“大跃进”，不过仔细分析下来，却根本不是那么回事。中国超过 95% 的国内专利申请由国内知识产权局受理，其中大多数只是打着“创新”的旗号，对现有设计进行了微小调整。更具说服力的评判方式应当是获得中国以外国家的认可，特别是美国、欧洲和日本的专利局所接受的专利申请和授权。结果，在 2008 年中国的 20 万专利中，仅有 473 项专利申请获得了以上三方专利局的受理或授权，而美国拥有 14 399 项，欧洲有 14 525 项，日本有 15 446 项。2010 年，获得外国专利局受理或授权的中国专利申请数量只占总数的 1%！

中国利用跨国公司来培养技术人才，有点儿像杜鹃鸟借窝下蛋的模式，这如同当年中国大力鼓励出国留学一样，很多人抱怨留学政策导致了人才外流，其实，人才会外流也会回流，如今活跃在中国经济各个领域中的领军人物中，很多人都有着留学的背景。而利用跨国公司培养人才，更将这一“留学”模式在规模上放大了一个数量级。无论这些“留学”人才最终选择创业或进入其他经济部门，他们必将成为未来经济领域的一彪生力军。

全球化为中国培养了人才，这些人才扩散所形成的技术扩散，只能逐步地渗透到国内经济体系之内，需假以时日才能最终创造出真正的原创性技术突破。

经济的全球化还为中国带来了先进的公司治理架构和商业模式。人们在与世界接轨的过程中，逐步淘汰了过去陈旧和低效的生产组织方式，解除了长期制约经济高效运转的另一个重要束缚。当沃尔玛、家乐福在中国遍开连锁店时，传统商人和普通百姓一起见识了什么是先进的商业模式。过去，人们只能通过电视、报纸的媒介间接了解高度集成和高度效率的商业流通体系是个什么样子，而当这些连锁店开到了家门口时，人们第一次可以直接体验现代商业的方便和低廉，并逐步了解这一整套复杂的体系究竟是如何构建起来的。复制和模仿商业模式同样带来了中国经济面貌的巨大改观。

2000年以来的“中国制造”革命，借了外国投资的东风，在环渤海、长三角和珠三角地区形成了世界级的制造中心，在100多个生产制造领域占据了世界第一的宝座，“中国制造”的贴牌堆满了全世界的货架。全球化的第二级火箭，将中国经济推到了新的“宇宙速度”。

家乐福在中国已随处可见

外向型出口经济的爆炸性增长，为中国创造了巨大的新增财富。持续多年的外商巨额投资与惊人的贸易顺差一起，将中国的外汇储备从2000年的1 600多亿美元，一举推高到2011年令人炫目的3万亿美元！形象地说，中国出口经济好比那个猎人，借助其他猎人的技术，在大量外部需求的强烈刺激下，大幅改进了弓箭的精确度和射程，从而取得捕猎的大丰收，尽管他被迫将一半的猎物收获借给了其他人，但仍然剩下了一半的新增“储蓄”。当他拿着这些储蓄到市场上进行交换时，极大地刺激了市场的繁荣。

同样，当中国的出口部门所形成的巨额新增“储蓄”，投入到国内市场进行交换时，刺激着经济领域的各个部门开始扩大生产供应，从而激发了整个社会消费的链式反应，并加速了所有生产和服务部门生产率的提升。从日常用品到家用电器，从互联网到电信服务，从汽车消费到高档奢侈品，从房地产到钢铁水泥，从设备制造到石油化工，从能源电力到煤炭冶金，从交通运输到基础建设，工业化和城市化的所有产业链条同时开足马力，飞快地生产着各种商品和服务，参与到越来越火爆的市场交易当中。滚滚而来的利润在股票和金融市场里，被高倍放大为更大规模的财富效应，货币供应与汇率升值齐飞，房价飙升共物价上涨一色。中国模式 2.0 的巨大成功，在 2008 年金融海啸之前，形成了新中国成立以来前所未有的繁荣景象。

很多人认为中国经济增长有三驾马车：出口、政府投资和消费。其实这三者存在着内在的逻辑依赖关系，出口是真正的动力，更高的生产率和更广阔的市场创造出储蓄增量，同时带动政府税收增长，形成了投资的基础。消费是一种交换，它同样也是源于储蓄的增量。因此，更高生产率的出口才是真正推动经济起飞的火箭。

2000 年以来的中国经济全球化，不同于 1980 年之后的农村工业化，它在深度、广度、持久度和先进度方面都远远超过了后者。农村工业化的层次较低，生产率的提升并非依靠科技进步，而主要是拜计划经济所留下的市场空白所赐。

不过，第二级火箭也存在着严重的副作用，这体现在：中国提高了生产率，但只拿到了利润的零头；中国开放很彻底，但进入别国却很难；中国制造名扬天下，但中国品牌却无人知晓；中国经济规模很大，但技术原创很少；中国 GDP 增长很快，但自己享用的不多；中国贸易赚回来了巨额储蓄，但大半又被美国借走；中国手上美元一大把，但满世界买不到好东西；中国牺牲了环境，压低了生活质量，西方却是端起碗吃肉放下碗骂娘。简而言之，中国貌似很富，其实却很穷，貌似很有面子，其实缺乏里子。

在全球化的旋涡中，中国人最困惑的问题是，我们究竟要怎样，别人才满意？而美国人的处事风格是，老子这样做了，你们爱满意不满意。

好强与自强是有差别的。好强的人争的是别人的评价，自强的人则只在意自我的评价。好强的人貌似自信，其实自卑，自卑的根源在于缺乏内在的价值体系，而不得不依赖外界的评判标准。自强的人不在乎别人怎么说，因为这些人从骨子里就不认为任何人有资格评判自己。当今的中国在很多方面很好强，非常在意国际的评价，生怕在外国面前丢脸。毛病的根源就在于中国的内在价值体系尚未成熟。外国的脸色成了中国尊严的裁判。没有个性的人不会有魅力，缺乏个性的国家也不可能具备感召力。

中国的两大出口品种：商品和储蓄

早在20世纪80年代，美国学者就说美国终于发现了自己的“比较优势”，那就是出口美国国债。当时，日本是美国国债的主要进口国，支付的则是国内储蓄。从20世纪50年代开始，先是德国人，后是中东石油出口国，然后是日本，现在是中国，陆续承担起向美国出口国内储蓄的包袱。

出口部门就好比猎人，出口创汇就是猎物，这些猎物无论以何种货币形式体现，其本质就是中国新增的储蓄。当中国购买美国国债时，实际上意味着国内储蓄流向了美国。猎人本可以用这些储蓄更好地改进弓箭，在市场中更多地交换其他商品，改善自己的生活品质，同时刺激国内更大的消费，创造出更多的就业机会，但是，现在猎人新增的储蓄被借走了一半，这相当于国内新增的技术进步的能力、消费的规模和就业的机会被同时削弱了一半。

中国人的这些储蓄流入美国之后，并没有进入美国的实业领域，帮助美国猎人改造他们的弓箭，增加打猎的水平，以更多的猎物来偿还借入的别国储蓄，平衡美国的贸易逆差。这些借来的钱实际上流入了美国的金融领域，推高了美国的资产价格。从2001年“9·11”事件到2003年伊拉克战争，美联储连续13次降息试图刺激经济增长，结果却催生出一个美国200年历史上最大的房地产泡沫，中国人的储蓄变成了美国房地产狂欢的泡沫和伊拉克战火的硝烟。

房地产泡沫助长了金融创新的烈火，美国人房产增值部分得以轻松套现。如果一个美国老太太去年买的房子价格是40万美元，今年房价涨到了50万美元，银行将鼓励她把一年中增值的10万美元以“增值抵押贷款”的方式打折贷出7万美元，在没有任何收入增加的情况下，美国老太太白白多得了7万美元的消费能力，她开始疯狂消费，整修厨房、改造花圃、看电影、下馆子、四处旅游、商场购物，当她把钱花出去的时候，就刺激了美国的消费，带来了就业和经济的增长。结果，更加繁荣的经济指标，带来了更大的股市泡沫和房地产上涨，美国老太太第二年有了更多的消费资金。于是，美国老太太不再储蓄，2005—2007年，美国的储蓄水平自20世纪30年代大萧条之后，第一次连续三年出现负增长，为什么还要储蓄呢？反正有中国老太太在省吃俭用地打工和储蓄，反正这些储蓄都会流入美国老太太的钱袋里，这样一种模式不是皆大欢喜吗？中国老太太负责储蓄，美国老太太负责消费，中国经济增长，美国经济繁荣，这样一种“中美国”的合作，岂不是美国的“天上人间”吗？

中国的出口导向型经济增长，与美国的资产膨胀型繁荣配合得天衣无缝。从本质上看，正是美国的资产膨胀拉动了中国的经济增长，中国的第二级火箭的燃料就是美国的资产泡沫。只是这中间存在着一个爆炸性的问题：资产膨胀能够无限持续下去吗？

别忘了，美国老太太每次用房地产提款机取钱的时候，都增加了她的负债，而她的收入增长却远远赶不上她的债务膨胀，资产膨胀背后其实是债务膨胀，越来越大的债务负担使得美国老太太的还本付息的压力与日俱增，她不得不指望着利息永远保持超低的水平，因为她的财务状况已经到了压力的极限。最后等来的却是美联储2004—2005年的连续7次提息。

如果美联储继续维持超低利息政策呢？那么房地产泡沫的规模将

会更大，泡沫破裂的杀伤力也会更强。美国老太太的“债务堰塞湖”在2007年终于开始崩溃了，2008年更多的美国老太太出现了集体债务违约，美国的资产膨胀型繁荣终结了！

伯南克试图用印钞票的法子来进行“资产再通胀”，恢复美妙的资产膨胀型繁荣。可是，印钞票能带来真实的储蓄增长吗？能创造真实的投资和消费吗？美国老太太在原有的沉重债务负担之外，又增加了拯救华尔街的巨大社会成本，不断飙升的国债为美国老太太的“债务老虎凳”又加上了一大块砖，美国社会的痛苦指数飙升到20世纪30年代以来的最高水平，不堪痛苦折磨的美国人纷纷涌上街头，点燃了“占领华尔街”的世界风暴。高失业伴随着沉重的债务，再加上退休账户上金融资产的萎缩，已压垮了美国老太太进一步透支消费的任何念头。美联储超低的利率政策，一轮接一轮的QE，打消不了银行贷款经理们如惊弓之鸟般的狐疑，也提振不起美国老太太再去炒房的欲望和能力。

这是一个时代的结束，这是一种模式的终结！

自20世纪80年代以来，美国的债务驱动型经济增长带来了资产价值的膨胀，这一新型经济模式在21世纪的前7年，为美国赢得了快乐而逍遥的美好时光，为中国经济起飞的二级助推火箭提供了充足的燃料。如今，这一美妙的经济“永动机”熄火了，“中美国”必将开始分裂。

那中国老太太借给美国老太太的储蓄该怎么办？美联储的法子就是QE1、QE2以及QE3，甚至QE（n + 1）。所谓量化宽松货币的本质，就是稀释货币购买力，变相冲销负债压力，美元对其他货币贬值的主要目的，就在于侵吞其他国家的储蓄！

除了第二级火箭对中国经济增长的实际储蓄所带来的重大损失之外，更为严重的是，第二级火箭的燃料没有了！中国新增储蓄的能力面临日益枯竭的困境。没有新的生产率大幅提升，就没有新增储蓄的来源，也就不可能进行真正的投资和消费。中国政府的财政刺激和投资推动，带来的必然是通货膨胀的压力，最大的效果仅仅是维持经济运转，而不会带来真正的繁荣！

中国模式 3.0：形成世界最大的消费市场！

中国必须转型，这不仅是中国经济发展自身的要求，更重要的是，除此之外，中国已别无选择。这就提出了一系列重大的问题，中国模式 3.0 究竟要实现怎样的目标？路径又是什么？如何实现这种新的路径？

近 170 年来，中国一直是个勤奋好学的好学生，先效仿西洋，后学习东洋，然后师从苏联，最终倾心于美国。中国将世界各国学了个遍，结果发现全盘照搬哪种模式在中国都有问题，中国必须也只能走自己的道路，同时借鉴其他国家的经验。

必须首先明确，中国大陆不是德国和日本，更不是亚洲四小龙，在国家目标的定位上，只有美国是中国的参照。出口导向型经济发展模式，绝对不是大国的根本出路。学习美国的经验，应该主要借鉴美国 1971 年以前的实业崛起时代，特别是 19 世纪美国实现跨越式发展的决胜之道。而自 20 世纪 80 年代以来，美国债务驱动型的经济发展模式则十分有害，应当小心谨慎地避免重蹈覆辙。

美国崛起的核心之道，就是永远掌握自己的命运！在这种立国精神的指引下，美国一切国内国际政策，皆以实用为原则，凡是符合美国利益的事，有用就用，无用则弃，绝无半点儿含糊。可以说，美国是所有国家中最“拎得清”的一个，它对于自己想要得到的利益，极其清晰，毫不妥协，在实现的过程中体现出一种近乎偏执的坚持，而对于那些不符合其利益的选择，却总能相当圆滑地推三阻四，不了了之。

美国在经济崛起的过程中，坚持掌握自己的命运，主要体现为美国刻意保护自己的国内市场，根本不理睬英国人拼命“传销”的所谓自由贸易理论，实行的是高关税、高工资、重科技、强工业、大市场的思路。自由贸易和比较优势理论的推动者和鼓噪者，正是世界霸权国家自己，其目的就是将其已获得的巨大竞争优势，永久性地固化成制度。任何赶超型的国家都不能受这种有害的理论的蛊惑而自断经脉，中国必须确定的全球化的原则就是，于我有利者用之，于我有害者弃之！

当美国在这种实用主义的指导下，发展成为世界上规模最大的市场后，它就牢牢地掌握了自己的命运！罗斯福之所以敢颠覆了 1933 年的伦敦经济会议，任由美元贬值摧毁欧洲的货币稳定，就是因为美国出口仅占经济总规模的 3%，即便是到了 77 年后的 2010 年，也只有 8.8%！当英国人在 20 世纪 30 年代将美国势力逐出欧洲大陆后，罗斯福理所当然地拒绝了成为“负责任大国”的虚名，颠覆英镑帝国，才是他的真正企图。“二战”后，美国之所以不理睬欧洲人对货币稳定的渴望，还是因为美国的国内市场足够大，而欧洲国家市场空间有限，货币稳定对欧洲的重要性远远超过了美国。美元贬值符合美国的利益，同时又不依赖欧洲的市场，美国当然无所顾忌。

当债权是武器时，美国就用债权大棒砸得大英帝国眼冒金星，当美国成为债务国时，美国又将债务变成权力，拎着债务权杖追着债权国暴打。每当中国减持美国国债，甚至只是买入量不足时，中国的周边总会出现稀奇古怪的事端。比如美国总统突然宣布会见达赖，或向台湾地区出售军火，或挑唆南海诸国闹事，或鼓动日本在东海强硬。中国一旦大幅增持美国国债，则周边环境就会清静一段时间。这就是美债外交！事实上，美国是通过国债来向中国收取保护费。不交？那就整得你寝食难安！

美国为什么这么横呢？因为它算准了中国对美国的依赖大于美国对中国的依赖，没有美国的市场，中国制造就会崩溃，大量失业人员将成为中国政府每晚的噩梦。说到底，债权或债务的大棒对于美国来说，都能挥舞自如，其本质原因在于各国都需要美国的市场，谁被美国市场所拒绝，谁就相当于遭到了“经济流放”。欧元对美元的挑战，力量的来源不是货币，而是欧盟统一的超大规模市场！当欧盟国家不一定非要依赖美国市场的时候，欧洲就能真正掌握自己的命运。这正是当年罗斯福对丘吉尔的英镑区非常忌惮的原因。

日本的悲哀就在于虽然它有自己强大的生产能力，却先天不会拥有巨大的国内市场。它原来企图用战争的手段占领亚洲的原材料基地和庞大的市场，在失败后，日本不得不投靠世界市场的主宰者美国，没有世界市场，日本就什么都不是。

中国的脆弱很大程度上也是源于对国际市场的严重依赖。2010 年，中国出口占 GDP 的 26.8%，而美国仅为 8.8%，谁更依赖谁，一目了然。在这样不对等的情况下，中国无法不受制于美国，也无法真正掌握自己的命运！

所有的强者和社会中的成功人士，可能有性格、脾气、爱好等诸多不同，但是，他们永远共享一个特点，那就是“自己的命运，自己操盘！”从来没有一个强者将自己的命运交给别人主宰，而获得了最终的成功。一个国家，特别是像中国这样庞大的国家，将出口视为发展的主要动力，这无异于将命运的主宰权拱手送人！当 GDP 中 26.8% 的经济活动直接依赖于外部市场时，中国就不可能成为自己命运的操盘者，更不可能成为世界级的强国！

对外部市场的高度依赖，只能使中国经济更加脆弱，让中国外交难以坚挺，给国家安全带来更多顾虑。它不仅带来与别国的贸易激烈摩擦，产生危险的政治对抗情绪，也使中国无法形成真正的凝聚力和号召力。现在，中国能够生产的绝大多数出口产品，10 年后就可能移到印度、墨西哥、越南或其他国家，无非是看谁更廉价。当中国的货币升值、劳动力成本、世界原材料价格、环境污染恶化等因素到达一定的临界值，跨国公司抛弃中国将如弃敝屣，不会有丝毫犹豫和半点怜悯。将国家命运寄托在这样的增长模式上，实在是危如累卵，令人寝食不安！

中国未来发展模式的核心，应该是毫不犹豫地将发展国内市场置于最优先的战略地位，坚定不移地将出口依存度逐步降到 GDP10% 以下的安全区域，把国民经济的主要资源从输送国外市场，改为向国内市场倾斜。中国人耗费了劳动力、时间、能源、资源、土地、原材料、粮食、电力，承受了交通拥挤、环境污染的压力，所创造出来的社会财富，应该优先由中国的消费者自己享用。

当年美国的崛起之道围绕着高关税、高工资、重科技、强工业、大市场的思路展开，其中心就在于大市场。没有高关税的保护，美国幼稚的工业化就将被英国制造业所摧毁，缺乏强大生产力的社会，将无法形成庞大的消费市场；没有高工资，就不会有更多的消费力，也不会形成繁荣的市场，就只能变成英国那样靠压低工人收入来增加资本家利润的两极分化，对人力资本的认识，使美国意识到高收入对于工人的素质、健康、精神状态、工作热情、创新动力都是必要的保

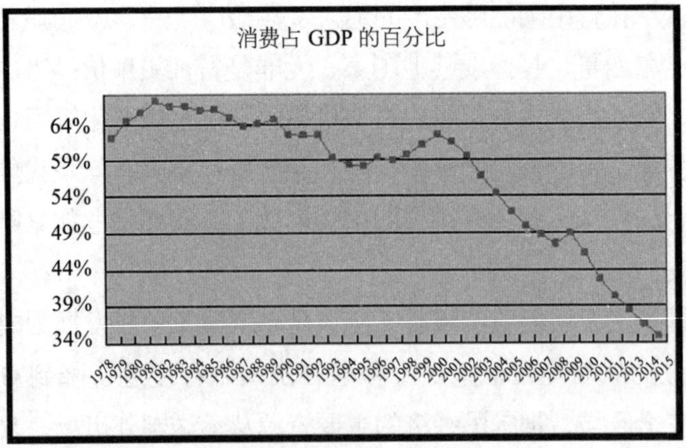

中国消费占 GDP 的比例过低，国内市场规模不足

数据来源：2008 年中国统计年鉴

证。工资不仅仅是成本，更是资本，对人力资本的长期投入将能够带来更高的回报；重科技才能产生技术创新，加速生产率的提升，实现社会财富更大规模的创造，形成巨大的储蓄，最终带来更大的市场规模和更多的投资；强工业一直是美国崛起的看家法宝，强大的工业生产力是创造一个繁荣市场的前提，没有庞大的生产能力，美国就不可能将英国取而代之，也不可能成为两次大战中“民主国家的军火库”，在战后建立起“美利坚治下的新秩序”。

除了高关税之外，美国的高工资、重科技、强工业、大市场的战略对于今天的中国完全适用。

用国内市场取代国际市场，以中国消费置换美国消费，把出口资源转向国内，这将极大改变中国与所有国家的关系，贸易冲突变成了贸易和平，激烈排斥转化为热情合作，对中国的敌视，会被中国市场的诱惑所折腰，政治围堵军事遏制的联盟将不攻自破。最大的市场，意味着最大的权力！

要创造一个世界上最大的消费市场，关键的问题在于从何处着手。出口行业所形成的生产规模是面向全世界市场的，难以启动的内需能够消化过剩的生产能力吗？

答案是：事在人为！

中国经济起飞的第三级火箭——农业的第二次工业化

造成中国经济的瓶颈，往往正是解决问题的出路。

新中国成立以来的经验表明，农村繁荣则国家繁荣，农村富裕则工业化顺利。20世纪50年代如此，80年代也是如此。反之，农村凋敝，经济发展必然遭遇增长的瓶颈。

中国人口的结构，决定了农民仍将是中国未来的主要群体，经济增长忽略农村，既不道德，也不可能持续。城乡经济差距的扩大，同样也是造成社会不稳定的隐忧。而农业经济在20世纪90年代中期陷入缓慢发展之后，农民收入增长的速度由此前的每5年翻一番，变成了每 10 年翻一番。虽然政府取消了农业税，但各种摊派和隐形支出，使农业的经济资源，持续不断地处于失血的状态之下。改革开放前 15 年所形成的宝贵农业资本积累，在后 15 年中逐渐瓦解。

农村经济不启动，内需振兴就只是一句空话。没有社会中大多数人口的收入增长，就不可能创造出一个国内大市场。

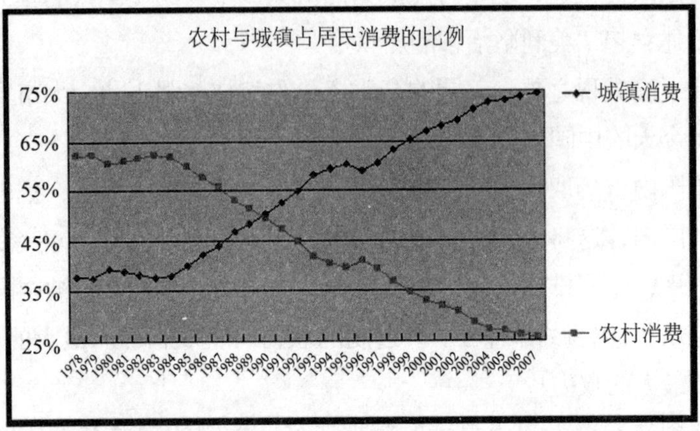

农村消费持续下滑，造成了多数人口无法形成市场规模

数据来源：2008 年中国统计年鉴

不过，农民收入的增长，绝不应该通过财政补贴或转移支付来实现，所谓救急不救穷，以救穷的心态去发展农业经济必然失败。有效和持久的增长，必须也只能来源于生产率的大幅提高！农民必须通过创造更多的财富，来提高自己的生活水平。

在欧美经济未来长期不振的前景下，启动内需的突破口将是启动农村第二次工业化的进程。只有工业化才能带来比农业更高的生产率，只有超过第一次农村工业化的深度，才能真正振兴农村经济。

城市现代的工业化，特别是信息化、高科技化，以及先进的商业模式，应该再次向农村进行大规模的技术扩散。如果 20 世纪 80 年代的农村工业化是农民主动向城市寻找技术扩散的需求，那么这一次应当由政府和城市主动向农村廉价供应。

农村现在最需要的是什么？就是减少农产品销售流通环节的利润

损失。从农产品现代化的流通环节入手，将层层盘剥的低效率高损耗的中间商挤压出去，实现农产品从土地到城市居民的直接对接，将本该属于农民的流通利润大部分返还给农民，此举将很快增加农民的纯收入，释放出相当的消费能量。这样不仅可以实现农产品高效低成本的流通，还可以有效保证食品安全的源头。这种商业模式可以参考沃尔玛的连锁模式，优先向民营企业开放市场准入，限定此类企业的利润上限，放手让它们在规模上获得增长潜力。在金融和资本市场上，特设农业公司上市的绿色通道，鼓励此类企业优先上市。听到这个“芝麻开门”的资本咒语，众多的资金将挤破脑门儿参与进来，在激烈的竞争后，择优选择即可。

如果阿里巴巴能够向600万中小企业提供国际市场的需求信息，那么为什么不能有公司愿意为数亿农户提供市场需求信息呢？在强大的市场信息数据挖掘中，公司将能获得高额利润，同时为农民解决最为困扰的信息不充分的难题。不要忘记，信息激荡也能创造出新的商业机会。由于这种全国农户的数据采集与分析具备重大的战略价值，各地政府、研究机构、银行、券商、基金也会成为对其有兴趣的客户。目前中国有条件上网的农村范围正在迅速扩大，手机在农村的普及率也越来越高，有条件的地区可以先行启动信息化进程，暂时不具备条件的地区可由政府牵头引导民间资本逐步解决。政府只需要把“芝麻开门”再念一遍，就不愁没有民营资本踊跃介入。

第一次农村工业化并不是对农业生产、流通、深加工、集约化进行工业化，而是填补了城市工业化的市场空白，第二次农村工业化应该将重点放在有中国特色的食品工业化。

高技术含量的现代农业将极大地提高生产率，大幅降低水、化肥、农药的消耗量。最著名的案例就是以色列的滴管技术。1962年，一位以色列的农民偶然发现水管漏水处的庄稼长得格外好。原因是水在同一点上连续渗入土壤是减少蒸发、高效灌溉及控制水、肥、农药最有效的办法。这一发现立即得到了政府的大力支持，闻名世界的滴灌技术于1964年应运而生。30年来，以色列的农业用水基本稳定，但农业产出却翻了五番！滴灌的原理很简单，然而让水均衡地渗透每棵植株却非常复杂。以色列研制的硬韧防堵塑料管、接头、过滤器、控制器都是高科技的结晶。在以色列，“水利是农业的命脉”，其真谛不在于挖沟渠，而在于科学灌溉，高效用水。滴灌使每寸土地都透着高科技，电脑控制水、肥、农药的滴灌系统是现代工业化向农业扩散的典型。

以色列的“滴灌技术”，将沙漠变成了农业绿洲；日本的“一村一品”运动，使农村变成了环境优美、经济发达的人间天堂；韩国的“新农村建设”，拉平了城乡收入的差距；荷兰的“土地高效利用”，在人口密度堪称世界之最的狭窄土地上，创造出世界第三大农产品出口国的奇迹。这些国家都面临着与中国类似的人多地少的困境，但是在技术扩散、信息化、现代商业的强大支撑下，农业焕发出前所未有的生产率大跃进，使这些国家的农民收入接近或超过了城市居民。所谓事在人为，只要政府肯向农村大规模倾斜经济资源，中国农村的生产率提升并非不可想象。

更高的生产率将产生更多的消费需求，刺激农村服务业的兴起，吸引大量农村剩余劳动力，形成农业人口四分天下的局面，农业、农业产业集群、城市打工与农村服务业齐头并进，同时，加快城镇建设，废除户籍制度，允许土地经营权转租和流通，提高农业集约化程度。

农村落后的根源之一，在于基础设施严重匮乏。水利、电力、交通都形成了农业发展的瓶颈。教育资源不足，医疗卫生落后，文化娱乐单调，这些长期欠账恶化了农村第二次工业化的条件。特别是人口素质的问题，制约了生产率的提高。低素质的人口是负债，高素质的人口却是资产，这个道理美国人早在19世纪就搞明白了，日本也从明治维新时代就开始实施全民教育。中国现在也看清了战略上短视的严重后果。如果现在再不痛下决心向农村的人力资本大规模倾斜资源的话，人口素质这笔沉重的负债，将会在未来以利滚利的方式加倍索取赔偿。

农村第二次工业化的所有设想都需要钱，而且是惊人数字的钱，没有资金的投入，一切都是空谈。未来 5 年，仅水利工程一项的投资规模就达 2 万亿元！这是对近 20 年来农村水利发展停滞的补偿。因此，启动农村第二次工业化所需资金的规模将至少数倍于此。

关键是这样大的一笔钱应该如何筹措？目前土地出让金是主流思路，但这并非最佳选择。推高土地价格，就是将土地和房地产货币化的思路，在没有生产率大幅提升的情况下，最终只能导致货币更为严重的超发，在助长资产泡沫和投机盛行的同时，通货膨胀和房价、原材料的上涨，也必将挤压实业的利润空间，从而压制真实的财富创造，削弱经济增长之源。那种靠土地升值，幻想着财富从天而降的想法，与美国老太太把房子当提款机的思路如出一辙。美国老太太可以向中国老太太透支储蓄，而中国只能靠印钞票来创造“假储蓄”。

农村第二次工业化的部分资金，可以由资本市场承担，那些投资短、收益高、能上市的商业模式，不需要政府出钱，只要给足政策诱惑，逐利的资本有的是。而农村基础设施和教育、医疗等长线投资，资本市场一般不会介入，短期资本追求的是 3 年至少 10 倍以上的回报，那些 5~10 年才能见效的投资对它们根本没有吸引力。

对于农村长线投资，比土地出让金更合理的方式是发行“特种农业公债”或地方农业债。这种农业债与地方融资平台债，有着本质区别。农业债是典型的生产型负债，而地方融资平台的许多债务则投向了华而不实的非生产型领域。2010 年，中国因水灾、旱灾所造成的直接损失就高达上千亿元，间接的生产停工、商业流通中断等损失就更大。农业水利工程的建设，将减少灾害的损失，这就直接增加了社会利润，提高了生产率，它所创造的现金流虽然不像项目效益那样直观，但总的社会收益是明显而持久的，财政对农业债的利息支出，将从全社会的经济利润增加中得到税收的超额补偿。

农村的教育、医疗等投资，产生回报的时间可能需要 10~20 年时间。但是，这种投资从长期看，可以将农村人口从负债转化为资本，随着时间推移，效益将越来越明显。对于此类投资，可以考虑发行超长期（20 年或更长）特种国债，从投资回报的税收上给予减免，鼓励投资人不仅追求经济回报，而且创造社会效益。

债务有两种：一种是生产性负债，另一种是消费性负债。前者好比肌肉，而后者则像脂肪。生产性负债，如果投资前景明确，负债比率在安全限度之内，对经济发展将发挥正面作用。

发行农业债券的综合好处体现在两个方面：一是可以大规模吸纳十年来严重超发的货币，减少流动性泛滥所带来的资产泡沫化和投机盛行的严重冲击；二是可以增加银行间交易市场的深度和品种，完善金融体系的建设，使股市与债市更加均衡。在短期内，国债与GDP的比例可能大幅上升，但这没有什么值得大惊小怪的，农业负债是良性负债，与欧美的透支消费模式有本质的差别。农业投资将改善农村的基础设施，降低农业经济的运行成本，提高农业生产率，创造农业储蓄增量，刺激城市经济的产出，逐步消化外向型经济的产能过剩，扩大国内市场规模，增加财政税收。

最核心的出发点还是国内市场规模的不断扩大，增加中国掌握自己经济命运的实力！

创造就业，扩大市场规模的第二战场

中小企业融资难的问题，在货币紧缩的政策下，凸显出中国金融资源配置严重不合理的现状。创造就业机会最多、税收贡献突出、在国民经济中承担重要角色的中小企业，却因为无法从银行系统获得贷款而危机频现。在无法从正常渠道获得资金的无奈中，中小企业不得不依赖超级高利贷的地下钱庄，来维持流动资金或过桥贷款的需求；而一旦稍有意外，年息高达30%、50%，甚至100%的高利贷陷阱，将轻易摧毁一个多年苦心经营、信誉良好的企业。而地下钱庄肆意蔓延，已逐渐形成中国式“次级贷”链式反应的潜在危机。

解决中小企业融资难的呼声早已延续多年，而问题迟迟无法解决的根源，在于商业银行在市场经济中天然具有“嫌贫爱富，规避风险”的偏好。这与金融海啸之后，美国商业银行普遍“惜贷”的心态类似，美国不是没有公司和个人希望得到贷款，而是银行在遭到惨重损失之后，对风险产生了偏执性的厌恶，造成了美国消费和按揭贷款的萎缩。

更远的例子就是20世纪30年代德国的大萧条时期，一边是30%的失业人口，一边是大量闲置的工业生产能力，只要有资金介入将两者进行结合，就将创造出新增的储蓄，从而刺激其他领域扩张生产，发生市场交换，德国经济也将起死回生。但德国的商业银行拒绝提供信贷来启动经济复苏的进程。银行总是在危机时过度谨慎，在泡沫中却滥发信贷。如果指望私营的银行来激活德国经济，看起来基本不靠谱。刚上台的纳粹政府认为，“我们经济上的问题并不是由于缺少生产资料，而是由于现存的生产资料没有得到充分使用造成的。要减少失业，现今最紧迫的任务就是要使闲置的生产资料被利用起来”。办法就是“投放生产性贷款”。德国政府决定摆脱银行创造信用的传统理论，不受黄金与外汇的制约，由政府创造一种新形式的货币，这就是著名的“创造就业汇票”。德国政府把“创造就业汇票”这种利息为4.5%，期限为3个月的短期汇票直接支付给政府采购商，并规定“创造就业汇票”可在境内所有银行进行“贴现”，银行可以将这些汇票拿到中央银行“再贴现”以获取现金，也可持有汇票到期。这一招相当于政府直接发行以“创造就业汇票”为抵押的帝国马克，完全绕开厌恶风险的银行体系，将政府创造就业的意志通过这些汇票，直接注入德国经济。一旦闲置的劳动力与闲置的生产资料相结合，德国的经济立刻开始恢复活力，仅仅用了5年时间就基本实现了全民就业，失业率降到1.3%，国民生产总值翻了一倍，重新成为欧洲强大的工业国。

这个例子说明，当商业银行体系出于各种原因，不愿为创造就业提供信贷时，政府可以绕开银行体系，将国家意志通过金融创新的工具直接注入经济体。

目前，中国正面临类似的矛盾，创造大量就业机会的中小企业正在由于资金奇缺而陷入破产境地，而商业银行宁愿把资金贷给并不缺钱的大型国企以规避风险。这里存在的问题是，如果尊重商业银行的市场经济原则，政府就无法直接要求银行向中小企业贷款，否则未来银行与政府之间将产生复杂的纠葛。同时，中小企业规模太小，无法通过发行债券的方式募集资金，一方面是法律不允许，另一方面也没有券商愿意为挣个几万元承销费而劳心费力。如果将若干中小企业集中起来发行“集合债”，又会出现信用评级的难题，如果其中一家企业违约，其他家企业怎么办等操作困扰。另外，投资者觉得风险大，不愿投也是一个难题。

此时，政府面对的其实是一个战略分析，如果将扩大国内市场规模置于最优先的位置，那么创造更多的就业，就将直接增加国内市场的消费能力。如果需要解决中小企业融资难的困境，就必须进行金融创新。这种创新的基本特点有两个：一是绕开银行，二是政府支持。目标就是，凡是愿意创造更多就业机会的中小企业，将能够获得低成本资金。

在这一金融创新领域中，创造就业汇票、短期商业票据、垃圾债券都是值得深入探讨的方式。

对于外商直接投资，如果能够增加就业带来税收，扩大技术扩散，自然是应该欢迎，但方法上可以做一些调整。由于中国的外汇储备显然已经明显过剩，这些外汇现在都不知道该买些什么，更多的外汇进入国内反而增加了中国外汇储备的负担。外国企业最有价值的并不是它们的外汇，而是它们的技术、管理、品牌和国际市场渠道。

换句话说，在吸引普通外资的时候，政府可以说“欢迎”。但我们不需要你出钱，我们的外汇投资公司愿意投资，你以技术、管理、品牌、渠道入股，我们做大股东，你做小股东。

如果真是赚钱的好项目，外汇投资公司或国内的投资公司会竞相入股，这样一来，外汇储备就多了一种在国内使用的办法。外商公司为什么愿意来？因为中国的市场大，它们也想赚钱。30 年前中国外汇奇缺，外商直接投资倒是没错。可三十年河东，三十年河西，现在中国愁的是外汇太多。外汇储备国内使用的途径，就是以外汇换外资的控股权。既然中国在海外不容易找到好资产，别人送到家门口的好投资还能拒绝吗？直白地说就是：我们来驾车，而它们当马。

对于那些已经在国内经营的跨国公司，如果赢利良好，垄断了中国的行业龙头，应该择机进行股权回购。目的是把垄断性的外资降为非垄断地位，把外资大股东变成小股东。不是愁外汇储备花不出去吗？在国外买不到优良资产，在国内还不能剪些羊毛吗？它们已经赚了这么多年的钱，本该将部分利润回馈中国社会了。

用外汇储备对跨国公司在华股权进行回购当然要本着“自愿”原则，关键的问题是想办法让外资自愿以合理的价格出让股权。政府其实可以援引中国企业在海外并购中所遇到的各种“说辞”，反其道而用之就可以了。比如无所不包的国家安全隐忧，时尚流行的环境保护，百发百中的税务核查等。办法总比困难多！

房地产是财富泡沫，还是经济增长的支柱？

要回答这个问题，还是从最简单的猎人的故事来分析，会看得更清楚。

猎人用传统的方式打猎从而形成了猎物的“储蓄”，当他用这些储蓄进行“投资”弓箭制造，他就在提高自己的生产率。而更高的生产率带来了更多的猎物，使他能够将这些剩余“储蓄”在市场上进行交换。如果他需要一件衣服，那么制衣人就会受到生产“刺激”，加快衣服制作，满足猎人需求，从而提高制衣的生产率。当猎人和制衣人都产生了越来越多的储蓄剩余后，他们的增量储蓄在市场交换中，又会刺激更多行业加速生产，结果带来更大范围的生产率提升。

因此，经济增长是从率先提高生产率的部门开始向周边行业“扩散”，从而带来社会生产率的普遍提升。在这一过程中，高生产率的部门扮演着“经济火车头”的角色，低生产率的部门则是受其需求刺激而产生增长的动力，然后逐步提高自身的生产率。

猎人如果是“经济增长火车头”，那么制衣和其他行业的发展就是“被拉动”的部门。整个社会生产率普遍提升后，创造出大量的过剩财富，因而产生了“财富窖藏”的需求。在猎人制造弓箭之前，社会并无剩余财富，整个部落的土地并不值钱，如果连肚子都填不饱，谁还会在意土地开发呢？只有当社会出现“财富窖藏”需求后，黄金、财宝、首饰，也包括土地，才起到了盛装财富溢出的容器作用。于是，土地开始升值。越来越富裕的猎人和制衣者们渐渐有了住房需求，房地产开发商被“刺激”起来，他们在建造房屋的过程中，又“刺激”了砖瓦、木料、家具等行业。

在这个产业链上，猎人是需求的源头，动力是弓箭制造。只有生产率的革命，才是财富创造的真正源泉。

靠土地升值和房地产开发来拉动经济链条的整套思路都是值得怀疑的。土地升值和房地产开发，是生产率提高的自然结果，而不是其初始原因。颠倒了这一逻辑，就会产生错乱的经济效果。

如果没有生产率的革命性突破，片面追求土地升值，将会造成实业部门的成本提高。土地和房地产的货币化，导致了货币供应量的增加超过了生产率的提高，结果就是普遍的通货膨胀，土地成本、原材料、能源和人工的抬升，伴随着市场价格的激烈竞争，将挤压尚未取得生产率突破的整个实业部门的利润。其最终的恶果就是，缺乏利润的实业部门，由于没有必要的“储蓄”积累而丧失了改进“弓箭制造”的能力，弱化了生产率提升的潜力。

土地财政刺激着高地价政策，高地价又刺激着房地产暴利，这种畸形发展模式最终将瓦解实业生产率提升的基础，遏制社会财富创造。GDP 总量的增长并非是经济发展的真正目的，健康的经济增长必须以提高生产率为最终导向。房地产及其产业链带来的 GDP，本该是生产率提升的结果，现在却变成了压制生产率的原因。上亿吨的钢铁、水泥、原材料被冻结在充满投机而空置率奇高的“鬼楼”中，这与 20 世纪 50 年代大炼钢铁和 70 年代的“洋跃进”一样，都是在浪费宝贵的经济资源，这相当于剥夺了猎人用以制造弓箭的积累，而将其置于闲置和浪费的状态之下。

土地和房地产的货币化刺激了信用创造的狂潮，日益贬值的货币购买力扭曲了社会财富的合理分配。它将储蓄者的财富大规模地转移到少数人的口袋里，它树立了一个“快速致富”恶劣样板。在财富流向的巨变中，土地增值轻易超过了实业生产的微薄利润，迅速瓦解了实业家们艰苦创业的意志，动摇了实业持续改进“弓箭制造”的决心。既然买一块地坐等升值比枯燥、痛苦、绞尽脑汁和充满风险的技术创新，来钱更快、赚钱更多的话，谁还愿意继续踏踏实实、勤勤恳恳地做实业呢？这种短视和浮躁的社会氛围，使“中国制造”的根基越来越浅，抗风浪能力变得脆弱。

土地快速升值和房地产业的畸形发展，从物质和精神两个方面同时摧残着实业生产率增长的潜力。它们所创造的GDP，毒素含量高、副作用大、泡沫成分重，属于经济发展中的“高污染”行业。

正常的房地产发展有利于全社会的生活品质改善，带来了经济的健康成长，促进了社会消费，扩大了国内市场规模，应该受到鼓励。但是，畸形的房地产繁荣绝非中国之福。

2001年“9·11”事件以后，美国信息技术革命被资本过度投机所断送，生产率爆发的进程戛然终止。在缺乏新技术突破的困境中，美国走上了以刺激房地产繁荣来拉动经济增长的“资产泡沫型”模式。过度的信用扩张和金融创新，最终导致了20世纪30年代大萧条以来最为严重的经济危机。日本20世纪80年代中期之后的房地产畸形繁荣，引发了20年的经济停滞，亚洲四小龙的房地产泡沫受到了1997年亚洲金融风暴的严厉惩罚。前车之鉴历历在目，挤压房地产泡沫的手不能软下来！

对于房地产泡沫破裂将引发中国金融危机的西方“高论”，其实不必过虑。所有的金融危机都是债务违约所造成的流动性枯竭，进而摧毁了金融机构资产所引发的链式反应。注入足够的流动性，救助金融机构，制止违约蔓延并不难，美国已经做到，欧洲正在准备做。难是难在高负债的长期存在，压制了消费者信用扩张的愿望和能力。没有信用扩张就不会有经济复苏的持久动力，也就难以产生就业与生产的良性循环。而政府无权强行调整社会中的债务债权关系，这是问题的症结！

在美国“金权天下”的制度下，华盛顿执行的是华尔街的政策，而债权对于银行而言就是最核心的资产。所以，债权是“神圣不可侵犯”的！因此，美国政府用了最不合理，也是最浪费的方式去拯救金融危机。银行坏账的根源是贷款人不堪债务重负而发生违约所造成，本来最简单和效率最高的方式应该是，美国政府用救援资金直接冲销坏账，债务债权关系一笔勾销，这样一来，没有负债压力的消费者将能够轻装上阵，经济复苏很快就能重上轨道。但银行家不同意，减免消费者的负债，银行还怎么赚钱？银行家坚持拿政府的钱来充实银行的资本金，让负债沉重的消费者们继续做债务的奴隶，甚至债务负担更重，还不上就让政府用财政持续贴补，两房就是明显的例子。结果是，政府的钱补了银行的亏损窟窿，负债人继续承受高负债的压力，还不上时政府进行补贴，而政府的钱全部来自未来的国债，国债飙升的压力最终还是由纳税人承受。经济体的总负债与 GDP 的比例非但没有下降，反而越来越高。消费者在更大的债务负担之下，丧失了扩大消费的能力，经济复苏陷入泥潭，就业复苏则希望渺茫。

占领华尔街运动正席卷全球

中国与西方的根本区别在于债务债权关系可以由政府强制重新调整。早在井冈山根据地时期，由于农民负债沉重，经济发展凋敝。红军提出的政策是“工人农民该欠田东债务，一律废止，不要归还”。当农民债务的沉重枷锁被解除之后，根据地的经济很快就繁荣起来。

废除债务债权关系意味着社会财富的重新分配，这事实上就是一场社会革命！西方社会的统治基石就是金融集团的利益，改变债务债权关系，等于“革它们的命”，当然是行不通的。

在中国，由于政府是社会权力的中心，在危急时刻，一切皆可变！包括债务债权关系，可以随时调整，从而使西方的金融危机在中国难以出现。而这种制度上的差异，却很难被西方学者所理解。如果房地产泡沫破裂，政府可以直接抄底收购房产，再廉价租给低收入人群，不仅可以为资产价格筑底，而且还省去建设大批廉租房的成本。随着经济的恢复，房地产价格将健康复苏，银行体系的坏账会大大缓解。

摆脱美元，人民币需要“刮骨疗毒”

1922年的热那亚会议上，英格兰银行行长诺曼发明的“外汇储备”概念，一直是个令人生疑且效果失败的货币制度。英国人在“一战”后缺乏黄金，因此想出了这个货币“水变油”的伎俩，提出英镑和美元一起作为各国央行的货币储备，支撑各国货币发行，这就是金汇兑本位制的实质。各国货币与英镑、美元这两种核心货币挂钩，核心货币再承诺自由兑换黄金。这一货币制度造成了20世纪20年代世界流动性泛滥，最终以30年代大萧条收场。

1944年的布雷顿森林体系，将这一制度进行了全球版升级，核心货币变成了美元，美元储备成为各国货币的基石，结果导致了1971年全球货币体系崩溃。

1971年美债帝国诞生后，特别是1979年美联储主席沃尔克采用货币“化疗”巩固了美元霸主地位之后，美元储备再次大行其道，直到欧元诞生。

实际上，以主权国家货币及其背后资产国债作为世界各国货币发行基础，存在着不可克服的内在逻辑矛盾，这就是当年著名的“特里芬难题”，这一矛盾如今仍然适用。从逻辑上分析，美元体系迟早会再度崩溃，而以美元和美债作为外汇储备核心资产的国家将无一幸免。这只是个时间早晚问题，而不是会不会的问题。

既然明确知道这一点，再将美元储备作为人民币的发行基础，就违反了“君子不立危墙之下”的原则。持有美债，无异于将国内储蓄输出，压制国内市场规模的扩大。持有美元，也就是间接持有美元背后的美国国债，同样相当于为美国赤字提供融资。

可这些美元到底能买什么东西呢？中国积累的外汇储备规模是如此之大，以致突然发现手中拿着大量过剩的美元，其实，除了美国国债之外，其他好东西啥都买不到。这时，中国是不是该反问一下，这种出口创汇还有意义吗？美元资产的真实购买力每年都在贬值，这不相当于把出口商品的一部分直接倒进了太平洋吗？为了就业，中国消耗了资源、能源、人力和物力，难道就是为了把产品一批批地倒进大海吗？能不能干点儿有意义的事呢？有人认为，中国必须持续购买美国国债，否则现在持有的美国国债资产就会缩水。这个逻辑也有问题，如果你持有一家亏损公司的股票，而且你知道它未来还会亏下去，你会选择继续疯狂购买来维持股价吗？除非你准备拉高出货！可最不幸的是，你突然发现其实自己就是那个最大、最后和最笨的接棒者了。

人民币基础货币供应在历史上曾有四种渠道：再贷款、再贴现、财政透支和外汇占款。1994 年以前，再贷款是人民币的主要投放方式，1983—1993 年占基础货币投放的 70%~90%。在这段时间内，人民币与本国经济发展的相关度很高，因为再贷款是国内金融机构从中央银行拿到的贷款，这些贷款投向了国内的经济循环。1994 年汇率并轨后，人民币发行机制逐渐变异，外汇占款比重越来越高，人民币基础货币的抵押品日益依赖外汇储备，人民币发行的独立性逐渐遭到削弱。

人民币的发行越来越与本国经济发展水平无关，而与外国货币，特别是外国政府的信用捆绑在一起。在这种情况下，中国的经济发展模式发生了重大变化，从依靠国内市场变成依赖国际市场。独立自主的人民币曾是中国金融元老们定下的根本原则，20 世纪 50 年代陈云就提出人民币既不与美元、英镑和黄金挂钩，也不与苏联的卢布挂钩，因为老一辈的人曾目睹了蒋介石的法币与英镑、美元挂钩后，货币主权旁落，金融高边疆沦丧，国家经济日益殖民化的严重后果。

纵观货币史，任何大国的货币崛起，都是以本国的财富作为货币储备，为本国的经济或本国主导下的世界经济循环提供信用的血液。大英帝国主宰世界时，是以黄金为货币储备；美元横行天下时，是以美国国债为货币本位；欧元横空出世后，是以欧洲国债为发行基础；人民币未来纵横江湖时，岂能在美债的卵翼之下搏击长空？

外汇储备，是货币边缘国家被核心货币强权统治的标志，而绝非货币独立自主的象征，它不代表货币的强大，而仅仅体现出货币依附性的深重。

外汇占款问题，不是一个技术细节，而是中国货币战略方向的抉择。

为使人民币重新取得货币发行的主导权，使国内信用创造服务于本国经济循环，必须切断外汇进入央行的通道。具体做法是：建立“外汇平准基金”，由它出面以国家信用发行特种“外汇公债”，募集人民币资金，在中国的银行间市场上，替代中央银行扮演外汇“最后购买人”的角色，阻断外汇流入央行的通道，杜绝仅仅为了收购外汇而大幅增加的基础货币投放。同时，这种“外汇公债”还可以大大丰富债券市场的品种，为保险公司、银行、基金等投资机构提供新的投资选择。

“外汇平准基金”的主要职责包括：对汇率市场实施干预，实现人民币的汇率稳定；作为外汇最大的集散地，对需求外汇的机构进行放贷，只要放贷收益超过发行“外汇公债”的成本，基金自然可以赢利。基金本身并不直接进行外汇投资，这个工作可以外包给中投或新成立的其他外汇投资公司，它只是以放贷人的身份与外汇投资管理公司打交道。

至于央行已经存在的外汇储备，可以分批以资产置换的方式逐步解决。例如，农村第二次工业化所需要筹集大规模的建设资金，可以用国家信用发行超长期的特种“农业债”，以此置换外汇资产，将人民币与国内经济转型紧密联系起来。同理，为解决就业问题所发行的“创造就业汇票”，为发展技术创新的“国家创新债”，为改善中国城市乡村的看病难就医难的“医疗保健公债”，为解决住房难的“廉租房公债”，为保证经济增长原材料来源的“国家资源储备公债”等新的债券品种，都可以用来分批置换央行的外汇资产。这样，人民币将真正成为“人民的货币”，为人民服务，为中国的经济服务。

只有彻底摆脱美元的困境，人民币未来的国际化才会有扎实可靠的经济基础，才能最终牢牢地掌握自己的命运！

注释

[1] 薛暮桥，《薛暮桥经济文选》，中国时代经济出版社，2010年，第181页。

[2] 同上书。

[3] 刘斌，张兆刚，霍功，《中国三农问题报告》，2004年，第11章。

[4] 同上书。

第九章

战国时代，地平线上的亚元

CURRENCY
WARS

本章导读

过去10年,“中美国”之间的关系靠的是利益捆绑，中国生产，美国享受，中国储蓄，美国消费，这是美国能够容忍中国经济繁荣的前提。未来10年，美国面临着债务解杠杆、老龄化带来的消费疲软、生产率提升瓶颈这三大周期的高度重叠，必然陷入长期的经济低迷。美国债务驱动型模式的破产，欧洲和日本也同样不乐观，发达国家的长期不景气使得中国的外向型经济模式难以持续，中国将被迫进行经济转型。国内储蓄增量的减少和向本国内部的倾斜，会瓦解“中美国”合作的基础。在美国看来，中国的利用价值正在逐渐缩水。

美国的经济不振会使其信心变得脆弱，缺乏自信的霸权往往会变得更加敏感和富于攻击性。如果中国经济持续繁荣，美国将充分利用东海与南海问题损耗中国的实力，甚至挑动局部战争以削弱中国；如果中国经济硬着陆，美国将落井下石，趁势收拾这个最大的潜在对手。“美国的太平洋世纪”正是其国家战略转变的重大宣诏。

中国经济繁荣的基础其实相当脆弱，石油、原材料供应和海上贸易通道基本被美国掌握，高度外向型的经济模式又严重依赖欧美市场，当双方利益捆绑在一起时，这一切都不是问题；但是，当中美共同利益基础削弱时，一切都将成为问题。

在外部环境出现恶化之前，中国应当未雨绸缪，借鉴欧洲经验，积极推动亚洲经济共同体，把亚洲潜在的对手转化为拥有利益共同体的盟友，以亚元的货币战略整合亚洲的政治经济资源，同时可稳步推进人民币的国际化。其实，外向型经济体的货币不可能成为主导性的世界货币，日元与马克的经历已经说明了这一点。

中国应当主导亚元的进程，以亚元的货币杠杆，撬动亚洲的全面合作，最终形成与美元、欧元分庭抗礼的鼎足之势。

“中美国”的困境

2009年，英国著名金融史学家尼尔·弗格森在《货币崛起》（*The Ascent of Money*）一书中首创了“中美国”一词，以形容中国与美国在经济上的“婚姻”。“中美国”东部地区（中国）的人们在储蓄，而西部地区的人们则在消费。中国的进口压低了美国的通货膨胀率，中国的储蓄降低了美国的利率，中国的劳动力遏制了美国的工资成本，结果就是“中美国”的经济一片繁荣。

的确，在这一经济“婚姻”中，中国得以进入广阔的美国市场和美国主导下的世界市场，跨国公司给中国的投资热潮带来了资金、技术、管理、市场和品牌的衍生效应，提高了中国社会的整体生产率，成为助推中国经济起飞的第二级火箭。从这个意义上看，中国获得了庞大的经济红利。作为回报，美国要求中国将这一红利中的相当部分“分享”给美国，通过购买美债，中国创造的储蓄回流到了美国的资本市场，在推高美国资产价值的同时，压低了美国的利率水平。在宽松的货币温床之上，金融创新将资产升值转化为美国消费者的“提款机”，刺激着美国的经济繁荣，从而带来了更多的中国产品需求。

不过，“中美国”的繁荣模式既不牢靠，也不可持续。美国以“市场换储蓄”的代价，是其经济整体的负债水平必然不断攀升，以债务驱动经济增长的瓶颈在于消费者的收入与负债压力之间越来越尖锐的矛盾终将无法维持，导致崩溃。所谓世界经济的失衡，其本质就是发达国家的债务驱动型经济模式，出现了世界范围的大面积破产。

在过去10年间，华尔街创造了巨大的资产泡沫，1%的超级富豪享受了20%的国民收入，比20世纪80年代里根“新自由主义”启蒙阶段高出了1倍！同时，1%的富人占有了全社会财富的43%，这是美国立国以来最严重的财富失衡！“占领华尔街”运动，挑战的正是这种不合理的财富分配制度。在财富效应的诱导下，美国最好的理工科人才都去了华尔街，美国几乎所有技术领域的发明专利申请都呈现20%以上的负增长。同时，美国企业利润的40%来自金融领域，高技术制造业呈现出长期增速递减的趋势。美国猎人对弓箭制造的兴趣日益萎缩，而对占有其他猎人的储蓄却越来越痴迷，手段和技巧也不断推陈出新，花样繁多。这实际上就是对其他国家通过美元手段进行隐性“征税”，美国的麻烦越大，发展中国家的“隐性税负”就会越重。

危机之后，奥巴马提出了“岩上之屋”的经济复兴战略，试图把美国经济大厦的基础，从金融的“流沙”变为实业的“岩石”，回归制造、回归创新、回归出口正是该战略的核心。“岩上之屋”理念，出自奥巴马2009年在乔治敦大学的一次演讲。在这次精心准备的演讲中，奥巴马引述《圣经》中的比喻说，建在沙子上的房子会倒掉，建在岩石上的房屋依然屹立。奥巴马的思路固然不错，可是调整经济增长模式意味着重建国家财富的分配制度，金融势力集团必须将口中的肥肉吐出一部分，在“金权天下”的美国，在华盛顿对华尔街俯首帖耳的现状下，有实现的可能吗？

美国调整经济模式，不仅需要强大的政治意愿和统治精英的共识，作为制度上的保障，还需要有实实在在的现实基础和经济资源。而在未来至少10年的时间内，美国将缺乏进行经济转型所必备的条件。这一关键时期，恰逢美国三个主要经济周期最不利的交叉重叠。

首先，经济“解杠杆”的周期至少需要10年，才能有效清除“债务堰塞湖”所带来的巨大资产灾害。从1996年开始的信息技术革命，带来了美国社会生产率的大跃进，形成了惊人的财富溢出效应，进而刺激了房地产行业的复苏与繁荣。直到 2001 年，美国房地产及其下游产业链条，基本处于合理增长时期。不过，从 2002 年开始，为了替换已经熄火的信息技术增长引擎，以及应对“9 · 11”事件之后“反恐战争”对经济资源的强烈需求，美国启动了刺激房地产泡沫的手段，放松货币供应，强化金融创新，加快吸取别国储蓄，以同时获得大炮和黄油的双重好处，人为制造出了一个炫目的经济繁荣景象。

当 2007 年资产泡沫最终破裂之后，房价下跌幅度高达 33%，超过了 20 世纪 30 年代大萧条的强度，而且在未来 5 年中，美国房价仍可能继续下跌 10%~25%。资产泡沫的破裂，导致美国金融系统损失惨重，银行的表内表外资产、股票债券大宗商品市场、金融衍生品交易一片哀号，养老医疗保险基金、个人投资及退休账户中的价值灰飞烟灭，金融体系总损失规模达到了惊人的 9 万亿美元！

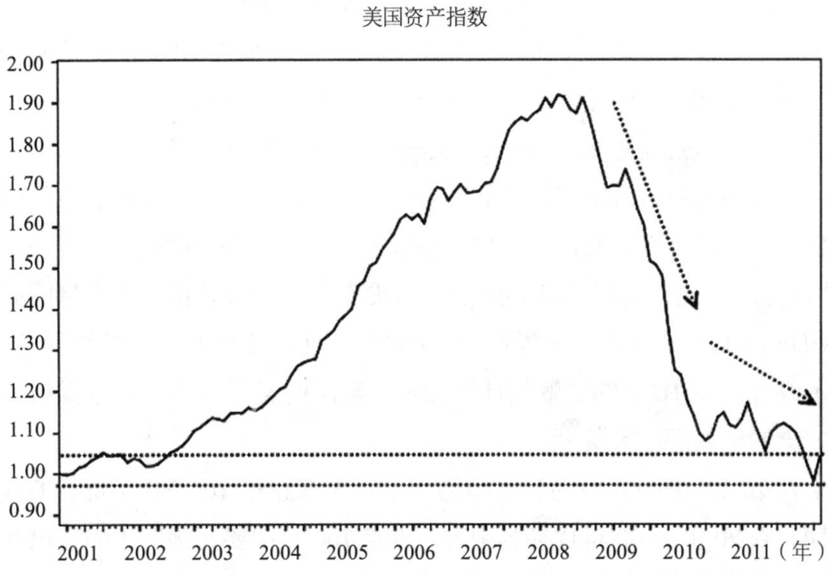

美国资产泡沫破裂导致金融体系损失惨重

资料来源：RCA（纽约一家不动产研究公司）

20世纪80年代末的美国房地产泡沫，从破裂到走出低谷用了6~7年的时间，而2007年的房地产泡沫破裂，无论从规模、幅度、强度，还是危害面、损失量、持久性方面，都远远超过20世纪90年代初的房地产危机。这一次，美国走出资产价格低谷的时间不会少于10年，金融体系彻底清除坏账和问题资产的过程将漫长而痛苦。

美联储的QE政策，无非是试图进行"资产再通胀"，帮助金融体系冲销资产毒垃圾，这些有害资产的一部分，被美债持有人所吸纳，从而流向了海外，其他部分则被美国经济自身所承受，表现为政府赤字激增、失业痛苦长期化、消费需求持续疲软、经济复苏脆弱等现象。资产毒垃圾无论以何种形式体现出来，化解和排毒都需要漫长的过程。

消除"债务堰塞湖"对经济产生巨大压力的过程，被称为"解杠杆"。从美国20世纪30年代大萧条的经验来看，1933年总负债与GDP之间高达299.8%的悬殊比值，被证明是一个经济体无法承受的崩溃"水位"，不削减负债水平，经济引擎将难以重新启动。美国用了十多年的时间，在"二战"后才将总负债与GDP的比值降到了120%~150%的安全区域。2008年美国负债再度超过危机警戒线（358.2%），这是近80年以来，美国最严重的负债比例！

美国的救市方法采用的是一种错误的思路，它不但没有将危险的负债比例降下来，反而使国债的规模飙升到与GDP大致相当的水平，"债务堰塞湖"的水位其实比危机前更高了。如果总负债不大幅降到GDP的150%的安全线之下，美国经济就无法正常和可持续地运转。不经过至少10年的"解杠杆"痛苦，美国的总负债水位将难以退到安全的经济运行区域。

第二，美国人口的年龄结构预示着未来超过10年的消费萎缩周期。以20世纪60年代初为中位点的7 700万"婴儿潮"人口，已经迈入消费萎缩的年龄阶段（47岁为消费顶点）。

美国的"婴儿潮一代"从来没有储蓄的习惯，他们人生的前半段正好赶上美国成为主宰世界的霸权帝国，他们普遍存在着对未来超级乐观的心态，铺张和挥霍成为生活的常态，肆意和放纵是他们的特征。他们没有父辈灰暗的大萧条记忆，也没有你死我活的第二次世界大战的残酷洗礼，一切都是那么顺利，一切都是那么辉煌。

当20世纪60年代初出生的“婴儿潮一代”，经过了47年的奢侈生活，来到了金融海啸的爆发时刻，此时，正值他们从消费最旺盛的年龄开始逐步走下坡路的拐点，经济繁荣突然消失，失业狂潮席卷而来。他们发现自己投在股票市场中的退休金出现严重亏损，由于常年大手大脚地挥霍，他们银行账户的存款从来就是“薄如蝉翼”，同时，放纵的生活习惯和肆意的超前消费，使得他们早已负债累累。在这样的情况之下，他们的消费将从正常衰老的消费曲线上陡然下滑，以应对未来残酷的经济寒流。

2009年正好处在人口消费曲线上的悬崖边缘，再往前一步，就是“消费大瀑布”了，然后就是一个剧烈下滑的消费周期，其持续时间直抵2024年。这将是一个长达14年的消费下滑周期。在高度负债的情况下，美国的消费市场将陷入一个漫长的冰河期！

无论是货币政策还是财政政策，对于一个衰老的世代都不会发生明显的作用，毕竟这些政策无法使人返老还童。鼓励老年人大胆地借钱消费并不现实，消费的逐年萎缩将使目前看起来鲜亮的经济复苏“绿芽”失去肥沃的信贷土壤。毕竟消费拉动着美国72%的经济增长！

更为严重的是，欧洲的人口周期与美国一致，欧美两大经济体将同时陷入长期消费冰河期。这对于所有以欧美市场为主要出口对象、生产能力严重过剩的新兴市场国家，将是一场空前的经济生态环境的灾难。

第三，生产率新的革命同样需要时间和技术积累。在1889—2000年的111年间，美国经历了三次生产率高涨的时段，第一次是1917—1927年，生产率增长为3.8%；第二次是1948—1973年，生产率增长为2.8%；第三次是1995—2000年，生产率增长为2.4%。三次生产率爆发的间隔，大致为20~25年，正好是一代人的时间。这种技术集中突破的周期与人口周期相吻合的规律并非偶然，如果一个人的

美国人口 100 年来的出生变化情况

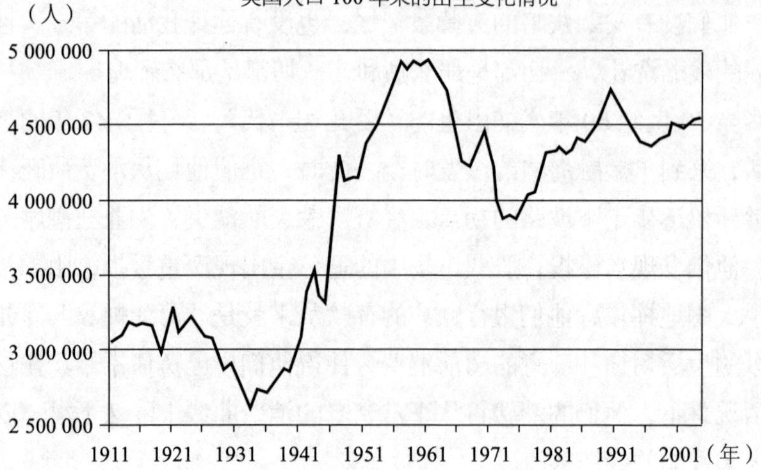

消费力与年龄相关的话，那么这个人的创造力同样如此。

一般而言，一个社会中最具创造力的人口比例是相对固定的，教育程度的提高只是改变了创新天才们的起点，而并不能改变他们在总人口之中的比例。一个人最具创造力的年龄在 25~40 岁之间，平均而言应该是在 30 岁出头的年纪，此时，他们的经验、智力、精力均达到一生中的顶点。“婴儿潮一代”的出生中位点在 20 世纪 60 年代初，而他们之中的创新天才在 90 年代初达到了最具爆发力的年龄阶段，到 2011 年，他们已经接近 50 岁了，创新能力必然大幅下降。而下一个世代的出生中位点在 1990 年前后，他们有可能带来新的生产率革命的时间在 2020—2025 年之间。

如果把经济解杠杆、人口消费和生产率突破这三大周期加以综合考虑，可以看出美国下一波真正的繁荣周期应当在 2020 年之后才会发生，2024 年将是一个关键的转折点。不过，在此之前，美国经济将出现“失去的十年”。这 10 年也将是中国在 21 世纪前半叶赶超发达国家的最佳时间段。之后，中国老龄化的问题将迅速凸显。

所谓“中国崛起”，其实是有时间窗口的，就如同发射火箭，错过发射的最佳“时间窗口”，只能等待下一次机会的来临。而中国的下一次“崛起窗口”，恐怕要到21世纪的下半叶了。

历史留给中国崛起的时间相当吝啬，如果不能在欧美实力下滑的10~15年内迅速实现经济起飞，从而摆脱“西方引力”，达到“第三宇宙速度”，那么2025年之后，中国将再度回到欧美主导下的世界经济轨道。中国的强国之梦将不得不再等待30~50年！

2012之后的危险10年

未来10年，将是大国格局发生深远变化的10年，也是充满危险和挑战的10年。“中美国”在过去30年里由于地缘政治和经济利益所建立起来的合作基础，将发生根本性的变化。

美国的经济在债务解杠杆的痛苦过程中，还将面临人口老龄化的沉重负担，而生产率的停滞却难以产生新的财源。因此，美国经济的大趋势将是经济脆弱、债务沉重、就业不振、消费萎靡、财政恶化和赤字高企，欧洲和日本的情况也大体相同。没有生产率的提高，就不会形成足够的储蓄增量，也不可能刺激真实和可持续的消费与投资。

摆在美国面前的只有两种选择：一是进行经济转型，重建“岩上之屋”，但困难在于政治上的阻力和经济上的乏力，这一战略不仅实施难，而且见效慢；二是重新启动资产膨胀引擎，恢复过去30年债务驱动的繁荣模式。这样不仅政治阻力小，而且经济所承受的痛苦将由其他国家进行分摊。

毫无疑问，第二条道路更符合美国“金权天下”统治集团的根本利益，因此也是美国的必然选择。不过，这里面存在着一个问题，那就是资产膨胀和债务泡沫都已经走到了尽头，美国消费者再也无力支撑更大的债务压力了。

这就是美国统治精英的美好理想与残酷现实之间存在的必然矛盾。要实现“资产再通胀”，就必须以更大的强度来“抽取”中国和其他发展中国家的国内储蓄。中国持续出口国内储蓄是美国愿意容忍中国发展的基本条件，也是“中美国”婚姻的基础。但是，这就形成了一个逻辑上的死循环，中国创造国内储蓄的主要动力源于美国的消费，而美国的消费又依赖中国的储蓄，在美国资产膨胀无法持续下去的情况下，“中美国”的利益共同体也就走到了尽头。

中国要实现经济模式的转型，必须也必然要将国民经济的主要资源从向海外倾斜转向国内市场，中国的商品和储蓄出口导向也必将随之而变。中国国内市场的扩张势必伴随着出口依赖的减弱和对美国国债需求的萎缩，这将严重威胁美债帝国的战略利益。尽管中国市场的繁荣能够刺激美国的出口，但是相对于美国的经济规模，这一刺激毕竟太小了。

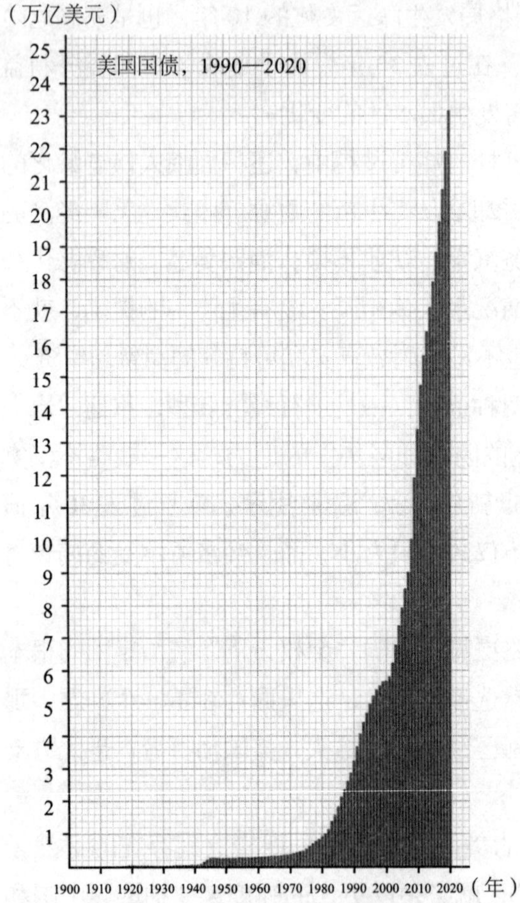

到2020年，美国国债将达到
23万亿美元的惊人规模

欧元区的诞生已经将美元流通逐步挤出了欧洲大陆，大大压缩了美元帝国的版图，海外流通的美元面临着日益过剩的趋势，这正是2000年以来世界范围的大宗商品和石油价格暴涨的根源。美国国债在国际上需求不足，迫使美联储逐渐变成了其最大买主。如果中国削弱美国国债的购买，美国的金融生态环境将更加恶化。

当7 700万的“婴儿潮一代”在未来10年中陆续退休时，美国的社保和医保体系将面临不可避免的塌方。仅在这两个领域中，美国政府所承诺的福利保障就形成了100万亿美元的超级“隐性负债”。沉重的医疗社保开支将对美国的财政构成前所未有的压力，未来10年的巨额财政赤字不可避免。到2020年，按最乐观的估计，美国国债的规模也会轻松突破23万亿美元。如果美国经济复苏不如政府估计的那样乐观，这个数字只会更加庞大。

未来10年，美国需要惊人的资金来弥补财政的亏空，这一需求将远超过各国出口储蓄的极限！

美国经济困境的核心就是储蓄匮乏，如果没有足够的真实储蓄供应，美联储就只能开动印钞机来制造货币财富的幻觉，其后果就是美元购买力的持续贬值，以及美元信用的不断瓦解。这是一个自我加速的恶化过程，美国越是缺乏储蓄就越需要印钞票，而日益泛滥的钞票又会加速资本逃离美元资产，导致美国丧失吸引别国储蓄的能力。

美国还能出现另一个沃尔克，以高利率和高汇率来拯救美元吗？答案是否定的。20世纪80年代初的美国仍然是世界上最大的债权国和最大的储蓄国之一，能够承受超高利率和汇率的短期剧烈震荡。但未来10年的美国，在超级负债的压力之下，高利率和高汇率政策所发射的“经济鱼雷”，会首先击沉美国经济自身，这无异于经济自杀！

一切将重新回到20世纪70年代世界货币大混乱的状态，而问题的根源都一样，那就是美国国债本位制所形成的世界货币大厦的根基，原本就是建立在一片“流沙”之上。世界最终会认识到，当今的世界货币体系，其实并没有摆脱“特里芬难题”的魔咒。

美国向全世界提供美元作为储备和贸易货币，同时供应美国国债作为世界货币体系的储备资产，这与当年美元与黄金资产不匹配所造成的布雷顿森林体系崩溃的逻辑一样，美元与美债资产同样存在着不匹配的内在问题，这就是美元和美债无限扩张的需求与美国财政税收只能有限增长之间不可调和的矛盾。

世界经济和贸易要持续增长，就必须要求美国供应更多的美元，而美元背后的核心资产是美债，因而美债必须不断增加。但是，美元是美国的货币，美债是美国政府的负债，美债增长受制于美国政府财政税收的增长，当美债规模达到财政税收所能支撑的极限时，整个世界的货币体系将面临崩溃。

美债的极限在哪里呢？这就是偿还美债的利息支付占财政收入的比例不能超过临界点！

正如哈佛大学教授尼尔·弗格森在《帝国的衰落》一文中所指出的那样，历史经验表明，当一国财政收入中的20%用于国债利息支付时，国家将面临严重危机，恶性通货膨胀不可避免。当这一比例超过50%后，帝国将陷于崩溃的边缘。

西班牙在1557—1696年之间，曾因沉重的债务负担发生过14次国债违约，结果是西班牙帝国走向衰落；法国在1788年资产阶级大革命的前夕，用62%的财政收入支付国债本息，结果王朝崩溃；奥斯曼帝国在1875年时，用50%的政府财政收入支付国债本息，结果奥斯曼帝国濒临解体；1939年“二战”前夕的大英帝国用44%的财政收入支付国债本息，结果无法应对纳粹德国的挑战。

美国也将面临国债利息支出不可避免地突破临界值的危机。根据美国国会预算办公室的报告，2011年美国国债利息支出占财政税收的9%，2020年达到20%，2030年突破36%，2040年将直逼58%！

在任何一个国家，如果仅仅是国债利息的支付就拿走了财政税收的一大半，那么该国还能存在主权信用吗？美国国会的估计只是最乐观的推算，因为美国采取了超低利率政策，由美联储直接出面购买国债，才将其10年期的国债利率人为压低到2%左右。如果按照过去30年来美国国债5.7%的平均收益率计算，美元和世界货币体系的总危机爆发，将可能出现在2020—2030年之间。

可以说，在未来十几年中，中国将面对空前的机遇和危险。一个信心脆弱的人，往往会表现出超乎寻常的敏感和攻击性；同样，一个实力和信心正在下降的世界霸权国家，也将更加危险。美国重回亚洲的政策，不仅仅是一种口头上的宣示，更可能是国家战略的重大调整。

在未来中国的经济转型中，如果中国获得了成功，并继续将国内储蓄“贡献”给美国，美国则可能对中国采取“围而不打”的策略，在纠结的心态中包容中国的进一步发展。但是，如果中国拒绝大规模购买美债，美国将无法继续“坐视”中国的成功。中国周边的争端会越来越具有爆炸性的危险，甚至中国将被迫卷入一场或几场局部战争，从而把没有硝烟的“货币战争”升级为硝烟弥漫的“货币战争”！

谁能拯救欧元？

如果说美国的问题在于经济，那么欧洲的问题则在于政治。

作为欧盟的势力轴心，德国和法国存在着根本性的理念差异。在政治上，法国始终希望能够当欧盟的“驾车人”，而让德国继续做拉动欧盟经济的“马”。在战后的半个世纪中，德国在“二战”负罪的心理压力之下，勤勤恳恳地表现出“马”一般的低调和任劳任怨，不过，这绝非德意志民族的天性。随着德国完成了统一大业，牢牢地控制了欧洲中央银行的货币发行权，德国逐渐摆脱了战争的阴影，开始把“驾车人”的缰绳越来越紧地抓在了自己手中。法国在政治上的优势已日渐受到货币大权旁落的瓦解，没有欧洲央行的支持，法国几乎在所有问题上都无法发力。为了平衡权力的天平，法国时任总统萨科齐力促将“欧元集团”升格为“欧洲统一财政部”，试图以此来制约德国主导下的欧洲央行的势力，但效果还有待观察。

卢森堡首相容克对“欧元集团”是这样表态的：“我相信，欧元集团能在做好自己工作的同时，又不严重制约欧洲央行……为货币政策和欧洲央行争论实在是浪费时间。法国人未能成功地推行他们的想法。萨科齐总统建议对欧洲央行实施更严格的政治控制，可欧洲的财政部部长中没有人支持他，即使一些国家的领导人认同这个观点，也会因为德国人坚决的立场而不了了之。”

在经济上，德国是典型的“弓箭制造”决胜论者，坚信财富的根源在于生产创造，而法国则更注重财富的合理分配。用法国金融领域幕后大佬让佩尔利瓦德的话说就是："德国民众意识到，工业产出有一个健康的结构，对经济增长和购买力的提升至关重要。但在法国，支持提高生产能力的做法并不受欢迎。德国企业的利润率要比法国高20%。萨科齐所推崇的政策反映出他的一贯观点，即经济增长的关键在于通过收入分配和削减个人税负，来提高人们的购买力。萨科齐笃信自己的政策，但他将铸成大错。"

萨科齐没有意识到生产率的提升才是一切财富创造的本源，收入分配只能在更高的生产力之下才会发挥作用，做大蛋糕比均分蛋糕更优先。法国人享受生活的心态固然让人羡慕，但德国人勤劳工作的选择却更值得敬佩。法国在欧盟与德国争夺主导权的斗争注定会失败，正如英国前首相撒切尔早就指出的那样，法国不过是在为德国做嫁衣，最终将一个完整的欧洲交到德国人的手中。对此，德国前总理施罗德并不讳言："如果法国的政治目标是将欧元的创立当作削弱德国实力的计划的一部分，进而降低我们（德国）所谓的经济主导性，那么结果会恰恰相反。德国竞争力的增加意味着德国更强大，而不是实力被削弱。可以说，这是显而易见的，而且也是必须的，因为我们是欧洲之中实力最强的经济体。"

主权国家之间的权力博弈只是欧盟和欧元故事中的一条明线，在表面的政治经济斗争的舞台背后，共同推进"欧洲合众国"进程的导演们却始终在设计着一条剧情的暗线。"欧洲统一财政部"从表面上看，似乎是为了制约欧洲央行和德国人的势力，这样会激发更多欧盟国家的老百姓产生对德国的担心，弱化他们对"欧洲统一财政部"的抗拒心理，进而在一片"忽悠"声中，乖乖地将本国的财政预算和税收政策主权拱手让给超主权的欧盟。政治家们也许是在演戏，而且相当投入，以至他们常常忘却自己是在戏中还是戏外。

其实，"欧洲合众国"的策划者们犯了一个战略性的错误，在他们推进欧洲货币联盟的过程中，联盟并不是越大越好，而是经济水平越接近越好。在起步阶段时期，欧元国家应仅限德、法、荷、卢四国，首先完成内部的经济整合，再推出统一财政部。由于联盟规模小，而经济发展程度相似，沟通成本相对较低，可实现度较高。如果一切运行良好，规矩已经成熟，再将意大利、比利时纳入，这两国的财政和债务问题较大，起码需要数年时间才能消化。之后，才能考虑进一步扩张。结果，现在欧元区搞成了大杂烩，良莠不齐，意见不一，德国将耗费大量宝贵的时间去进行协调，而时间是有成本的！要想真正把欧元区做强，该舍则舍，当弃就弃。不懂取舍之道，只能是自取其乱。

正如“中美国”出现的东部人民（中国）负责生产而西部人民（美国）负责消费的现象一样，欧盟也出现了“南北欧”问题，北部欧盟以德国、荷兰为首的国家进行生产创造，而南部欧盟以希腊、意大利、西班牙为代表的国家进行消费。南部欧盟所出现的问题与美国一样，都是以资产泡沫来带动经济繁荣，走上了债务驱动经济的不归路。它们利用加入欧元区所获得的低利率和低通胀环境，大力刺激房地产泡沫，以资产升值带动消费繁荣。在欧元区诞生的第一个10年里，西班牙经济平均增长了3.6%，希腊为4%，爱尔兰达到6%，远高于北部欧盟。资产价格的上涨必然伴随着负债的扩张，消费的繁荣并非源于生产率的提升，而仅仅是资产膨胀的刺激。它们的消费需求拉动了德国在2004—2008年之间的经济扩张。结果，在欧盟内部出现了严重的经济失衡，西班牙、希腊、意大利等国的贸易和财政赤字严重恶化，而德国、荷兰等国却积累了巨大的贸易盈余。

当2008年资产泡沫在全世界出现普遍崩溃时，南部欧盟的债务驱动型经济增长模式宣告破产。繁荣大潮消退之后，留下的则是满目疮痍、无法偿还的债务残骸。在资产泡沫和消费狂潮时代，这些国家纷纷选择了放弃实业，购买优质价廉的北部欧盟国家的工业消费品，从而削弱甚至永久丧失了相当规模的“弓箭制造”能力。债台高筑、经济萎缩、失业严重、税收枯竭、财政破产，正是对错误经济增长模式的全面清算。

关键的问题是，谁该出面拯救南部欧盟国家呢？全欧洲都眼巴巴地看着荷包鼓鼓的德国，希望德国将出口创造的国内储蓄“贡献”出来，帮助大家渡过难关。精明的德国人绝不会轻易拿出自己的储蓄去拯救别人。

回顾欧盟50多年的发展历史，德国从来就是一个非常“拎得清”的国家，对自己的利益看得清清楚楚，守得严严实实。德国人拯救别国的基本前提就是，其他国家必须首先耗尽它们所有的金融资源，德国从来不会傻救其他国家！英国和法国曾屡次试图从德国身上“揩油”，每次都在碰壁之后无功而返。

英国曾于1972年短暂加入过“蛇形机制”，但很快就被投机资本给打了出来。1973年，英国时任首相希斯来到波恩，再度要求英镑加入“蛇形机制”。德国自然表示支持，有了英镑和法郎这对左膀右臂，抗击美元投机资本巨浪的能力就会更强。但是，英国人提出的条件却让德国人踌躇，当英国政府试图与欧洲货币汇率挂钩时，屡屡失败，而且历届政府由于支持类似政策也被连累垮台，因此，希斯提出德国必须提供无限制支持英镑的承诺。在德国人看来，这等于要求德国人用自己的外汇储备，为英国人开出空白支票，而英国人拿到这道护身符，很可能会在财政赤字方面失去约束。德国人不愿直接回绝，就提出反报价，建议英国先加入“蛇形机制”，以背水一战的心志，表明捍卫欧洲汇率稳定的决心。结果，英国人退缩了。

1978年启动欧洲货币体系时，法国建议用“一篮子货币”为核心建立ECU，各国货币以ECU为参照点进行不超过2.25%的浮动。法国人的这个设计相当高明，在马克强大而法郎弱小的情况下，相对于ECU进行浮动的思路，对法郎有利。因为在“篮子”中的货币比例固定后，每5年才调整一次。其间，如果德国马克升值过快，为了保证“篮子”中马克的价值不能越界，德国将不得不首先拿出自己的外汇储备干预市场，降低马克汇率。这样，德国的外汇储备就将成为欧洲货币体系共享的资源。同时，ECU将成为各国干预外汇市场的工具，并且最终实际上是由本国货币来偿还汇率波动造成的外债。

德国人一眼就看穿了法国人的用心，坚持汇率稳定操作必须承袭

“蛇形机制”，各国货币浮动不能以ECU为基准，而是任何两组货币的相对汇率不能突破上限，这样，各国就只能先动用自己的外汇储备来干预汇率。这一招将法国算计德国外汇储备的计谋，破解得干干净净。另外，德国坚持在偿还汇率干预形成的借贷时，各国必须使用美元、马克或黄金来支付。同时，德国也不同意建立共享的“外汇储备库”。结果，在德国执拗的坚持下，法国只得让步。

建立货币联盟本是德国利益最大化的战略选择，拉拢英国和法国是构建货币联盟的核心，对英法试图染指德国国内储蓄的企图，德国采用了绝不姑息的态度，如果英法不耗尽自己的全部金融资源，就想从德国获得资金，门儿也没有！

要想拯救南部欧盟，必须分两步走：第一就是稳定欧洲的金融体系，第二是重新激活其经济引擎。

南部欧盟在资产泡沫破裂的过程中，至少形成了规模高达2万亿欧元的资产损失，这些金融烂账充斥在南部欧盟国家的银行体系之内，而且通过国债和企业债的形式已经扩散到了整个欧元区。尽管欧洲的金融问题没有出现类似于美国庞大金融衍生市场的放大效应，但是要消化如此规模的烂账也绝非易事。

办法无非两种：一是通过欧洲央行印钞票，用通货膨胀来冲销烂账，不过这样做违反了德国人近乎偏执的反通胀思维方式，而且同样会导致德国储蓄的损失；二是成立欧洲稳定基金（EFSF），用该基金来接手烂账。

在欧洲稳定基金的运行机制方面，德国与法国再次发生争执，焦点只有一个，用谁的储蓄来填窟窿。法国人建议把欧洲稳定基金改制为银行，这让人想起当年凯恩斯对IMF的设想，没钱的国家总想搞信用透支，银行的主要作用就是创造信用。法国人指望由该基金银行出面购入烂账资产，再拿到欧洲央行去抵押获得资金，然后继续买入，逐步将这些烂账从银行系统转移到欧洲央行的资产负债表上去，这实际上等于欧洲央行将这些资产毒垃圾进行货币化，最终埋单者仍然是德国的储蓄人。

德国人当然不干，他们提出的是一种杠杆式的担保基金模式，由欧洲稳定基金担保 20% 的损失，募集资金进行数倍放大，在市场中吸收其他国家的储蓄，这样将保护德国的财富，而将其他国家的储蓄置于危险之中。考虑到希腊债务减计高达 50%，欧洲稳定基金只担保 20% 的损失，显然投资风险巨大。

麻烦还不仅在于金融投资的短期风险，而是南部欧盟国家经济发展模式已经崩溃，长期经济衰退已成必然，偿债能力受到了根本性削弱。所谓“救急不救穷”，稳定金融系统相对容易，但重新启动这些国家的经济引擎却绝不简单。在欧元体系之下，这些国家不可能再用贬值本币来刺激出口，它们的本国实业在德国工业的显著竞争优势面前，已逐渐土崩瓦解，国内消费品日益依赖德国工业。没有货币与关税的保护，缺乏财政和税收的支持，南部欧盟国家要想重新开始“弓箭制造”，与强大的德国工业产品进行竞争，其难度势比登天！它们只有不断削减财政支出，压制消费需求，而经济会在紧缩中恶性循环。南部欧盟国家的烂账就像割韭菜一般，割去一茬又会长出一茬。事实上，这很可能是个亏损的无底洞。

现在，不管是美国还是欧洲，“妖怪们”贪婪的目光都盯上了中国的储蓄，中国的外汇储备已经成了别人眼中的“唐僧肉”。“妖怪们”提出了各种诱惑，如以人民币计价的融资，给予中国市场经济的地位，反制美元霸权等，听起来颇具吸引力，但往往华而不实。

不错，美国在“一战”后，借美元债权国的霸气开始了美元的第一次远征，但最终毕竟以失败而告终，因为货币霸权的基础在于其宰制的市场规模，面对英镑区和法郎区的割据，美元的第一次远征无功而返。只有在“二战”中，欧洲各国相互毁灭才创造了一个美元独霸的历史机遇。现在的情况是，欧元区规模远大于当年的英镑割据，流出海外的人民币难以形成贸易结算的割据势力范围。在中国形成足够的国内市场规模之前，中国的储蓄应该留在国内发挥更大作用。当中小企业由于缺乏资金而濒临大面积破产的情况下，将国内储蓄输送到欧洲，必然产生“道德风险”。

市场经济地位并不能根除贸易中的反倾销问题。20 世纪 80 年代，日本与欧美的贸易冲突不断，日本并不存在市场经济地位的问题，其根源还是利益矛盾，市场经济地位不过是发动贸易战的诸多借口之一罢了。

反制美元霸权的说辞也很可疑，欧美元融体系本来就是各大家族在 200 年的时间里，经过反复博弈最终实现的利益均势，它们之间有矛盾和利益冲突，也有枪口一致对外的基本共识。对于一个外来者而言，恐怕它们共同的利益要大于内部的矛盾。

中国在欧洲债务危机中的角色，还是应该多向精明的德国人学习。

中国的近忧与远虑

传统思维认为，中国经济发展有三驾马车：出口、投资和消费，如果出口出现问题，那么投资和消费尚且可以支撑中国经济继续以较高的速度增长。这种分析忽略了三者之间的逻辑从属关系。经济增长的原动力是生产率的提高，增长的逻辑是生产率“加速度”最快的行业在向较慢行业的需求扩散的过程中，创造出足够的储蓄增量，从而为消费和投资提供经济基础。在三驾马车中，真正带来了生产率快速提升的部门是出口，它以世界市场为导向，以接近世界水平的技术装备为基础，以低廉的劳动力和资源成本为代价，以全方位密切配合的地方政府支持为依托，以最优的生产组织模式为保障，以产业集群效应为发力点，创造出一个质优价廉在国际市场中所向披靡的“中国制造”的神话。没有出口部门创造的生产率奇迹，就不会有充足的国内储蓄增量，也无法为政府巨额的基础设施投资和繁荣的市场消费提供资金。从这个角度看，出口才是中国经济真正的火车头，而投资与消费是“被刺激”出来的。

当欧、美、日面对债务驱动型模式的残局时，它们还有短期之内无法解决的债务困境、人口老龄化和生产率瓶颈等难题，要想重新焕发经济活力，没有 10 年时间，是难以实现的。发达国家的经济困境对中国的出口部门造成巨大阻力，这是改革开放30年来前所未有的新问题，人民币的大幅升值使出口经济雪上加霜。

出口部门当然会向新兴市场全面渗透，也将取得相当的成效。同时，发达国家的中低端市场的容量也能提供出口最起码的基数保障。因此，中国出口部门能够维持一个依然庞大的规模，不过，增量将逐步递减，经济助推火箭的功能会弱化。

生产率提升的速度代表了社会进步的基本趋势，而生产率的“加速度”则意味着重大的技术突破和生产方式的进步。因此，生产率的“加速度”远比经济规模更有意义。这就是为什么18世纪中国的GDP规模高达世界的1/3，却最终仍然落得被动挨打的根源。

在出口助推火箭熄火的过程中，国内真实储蓄的增长速度会逐步放慢，这将导致消费需求的疲软。关于消费，人们常常会陷入一种误区，以为刺激消费能够带动经济增长，这完全颠倒了两者之间的逻辑关系。当一个农民拿着100个鸡蛋到市场中进行交易时，他要求换得一件衣服，这就是他用储蓄在进行消费。消费从本质上看是一种交换行为，而消费的前提则是生产，没有生产就不会有消费。要产生更多的消费，必须生产更多的产品。如果农民通过提高生产率增加了鸡蛋产量，当他拿着200个鸡蛋参加市场交易时，就丰富了市场供应，他除了要求交换衣服之外，还会要求交换更多的东西，这就刺激了经济增长。刺激消费不能带来持久的经济增长，只有提高生产率才能带来更多的消费，从而促进经济增长。

刺激居民花掉银行中的大量存款能够带来经济增长吗？存款是储蓄的货币体现形式，农民的鸡蛋才是真实的储蓄。储蓄的本质是当人们不再从事生产后，能够在社会中继续存活多长时间的度量。存款只是一种延迟的消费，它的本质还是产品交换。在没有生产率提高的情况下，花掉银行存款相当于缩短自己的“社会寿命”，这能够维持经济，但不会带来真正的增长。

消费必须源于某个经济部门的生产率大幅提升，从而创造出大量更为低廉的新产品，在市场交易中要求更多的交换，以刺激其他行业的发展。经济的爆炸性发展，总是由新行业的出现所带动，当20世纪50年代石油化工的异军突起，90年代的信息技术席卷社会时，新的产品和服务在市场交易中创造了新的消费，刺激了更多新的需求。因为是从零起步，生产率的提升在新行业中表现得更为突出。

当中国消费市场开始出现疲软时，不能够盲目产生刺激消费的念头，尽管这一想法是如此具有诱惑力和煽动性，但绝不是能够根治问题的良药。

如果政府采取无为而治的做法，那么经济冷却和通货紧缩将会加剧。此时，各方要求财政刺激的呼声将会震耳欲聋。问题在于，政府应该如何正确地刺激经济？2009年以来的很多措施，在未来的经济困境中，不会产生可持续性的效果，它们不过是试图延长第二级火箭的寿命而已。政府加大投资力度能够维持经济增长的态势，但如果用在不能提升生产率的领域，或者难以在短期内形成效益的经济部门，那么中国的债务问题将会变得尖锐起来。最终，不可持续的债务只能由货币增发来解决，这将会在经济冷却的困境中，增加通货膨胀的麻烦。通货紧缩和通货膨胀可能同时并存，但将出现在不同的领域。消费市场的价格持续低迷和资产领域的价格不断膨胀，会把中国经济置于冰火两重天的艰难境地。

经济转型的关键就是要点燃第三级助推火箭，政府的投资必须用在正确的领域才能产生可持续性的效果。能够推动中国经济继续增长的领域，必须具备一系列前提条件：首先就是实现生产率加速的潜力巨大；其次，惠及社会中的多数人口，规模效应突出；最后，牵动行业范围广泛，经济各部门全面受到拉动。

符合上述三大条件的经济部门中，农业显然排在首位。第二次农村工业化的核心是信息化、集约化、高技术化和城镇化。农村生产率的低下，正是其“加速度”爆发的潜在优势。政府对农村和农业基础设施的大规模投资，将改善农业经济的基础条件，降低生产成本，增加农业经济的利润。同时，资本市场的经济资源投入，会在农业的“四化”中产生远高于其他经济部门的生产率“加速度”。中国半数以上的人口仍然居住在农村，他们在生产率提升的基础上，将创造出规模巨大的新增储蓄。当更健康、更绿色、更安全、更丰富、更营养的农产品涌向市场时，农民将要求交换更优质、更价廉、更节能、更多样、更新颖的工业消费品，从而刺激轻工业部门提高自身的生产率。当轻工业对原材料和装备制造日益渴求时，又将带动重化工业的发展。更加富裕的农村会自然产生城镇化的渴望，以进一步提高生活品质，这不仅会改善人口畸形的分布状态，缓解大城市过度集中的“城市病”，更将对所有工业部门产生更为持久的需求。

第三级火箭将确保中国逐渐形成世界最大的消费市场，获得大国真正的权力基础，把中国的命运牢牢地把握在自己的手中！

亚洲经济共同体

美国的问题在于经济，欧洲的问题在于政治，而亚洲的问题在于历史！

亚洲的历史并不短于欧洲，亚洲的政治智慧始终是亚洲人自信的源泉。丰富而深厚的文化积淀，历久弥新的儒家传统，豁达宽容的佛学精神，为亚洲经济共同体奠定了坚实的文明与信仰的平台。

中国在未来的10年中面临着经济转型的严峻挑战，东亚地区的稳定与合作是中国经济不可或缺的外部保障。如果欧洲的世代冤家德国和法国能够摒弃前嫌，成为推动欧洲共同体的两大力量，那么同样有着百年恩怨的中、日、韩，是否能够解开历史的心结，成为推动亚洲经济共同体的先驱呢？

德法和解的关键在于建立了“煤钢联盟”的利益共同体。由于煤炭和钢铁都是国家发动战争不可或缺的物资，也是20世纪50年代工业最主要的能源和原材料来源，因此，将两国的经济命脉置于“超主权”的“煤钢联盟”管理之下，将从根本上消除双方发动战争的意图与能力，舒曼计划的宗旨就是“使战争不仅无法想象，而且在物质上也绝无可能”。可以说，没有双方利益的彻底捆绑，就难以实现真正的和解。更为重要的是，“煤钢联盟”探索出了一套现实可行的“超主权”经济模式，奠定了欧洲共同市场的基础。没有一个规模足以与美国抗衡的市场规模，欧洲就不可能获得主宰自己命运的最终权力。

自第二次世界大战结束以来，欧洲再也没有爆发过大规模的战争，从而结束了近500年自相残杀的历史，今天的欧洲人享受着和平带来的丰厚红利。和平相对于战争而言，永远是一种文明的进步。

60多年前欧洲人创造的“煤钢联盟”，对于今天的亚洲具有更加现实，甚至更加紧迫的重大借鉴意义。亚洲虽然早已远离了战争，但从来没有远离过战争心态。中、日、韩在近代结下的刻骨仇恨，非但没有随着时间淡化，反而在各自民间时时碰撞出复仇心态的激烈火花。三国之间彼此防范、相互警惕，耗费了大量外交、军事和政治资源。

历史上，英国制衡欧洲大陆的基本战略就是挑动欧洲大陆国家之间的战争。法国强，则拉拢俄、德等国建立反法包围圈；德国强，则支持其他欧洲大国围堵德国，在欧洲大陆相互消耗之中，巩固了英国的世界霸权地位。美国崛起后，将英国人“离强合弱”的战略发挥到了更高境界，在冷战中，将欧洲置于围堵苏联的第一线，既控制了欧洲，又消耗了苏联；在孤立中国的时期，则拉拢日、韩、澳、菲等国，以中国台湾为第一岛链的核心，死死扼住中国的海上通道。霸权国家总是试图挑动其他国家之间的争端，以达到分而治之的目的。

现在，中国在经济规模上“不幸”成了世界第二，老二的日子从来就不好过，老大的警惕和老三的嫉妒使它们很容易形成统一战线，共同对付老二。历史上众多强国在老二的位置上都惨遭暗算，最终摔了下去。20世纪初的德国，冷战中的苏联，80年代的日本，无一例外地成了盎克鲁－撒克逊英语民族的手下败将，它们失败的内因就是锋芒太盛，急于挑战老大的地位，而外因则是未能打破老大拉拢老三们建立起来的军事、政治、经济的战略包围圈。

美国已经结束了伊拉克、阿富汗的战争，加上北非、中东众多国家的政权更迭，使得美国对全球石油资源的控制力空前强化。对于每年超过一半的石油必须依靠进口的中国而言，美国人已经牢牢掐住了中国经济的命脉，对海外市场，尤其是对欧美市场的极度依赖，使得中国表面上的繁荣实际上建立在相当脆弱的基础之上。

美国时任国务卿希拉里·克林顿在 2011 年 10 月 11 日的《外交政策》中提出了“美国的太平洋世纪”的重大政策宣示，声称未来的政治将取决于亚洲，今后 10 年，美国外交方略最重要的使命之一，将是把大幅增加的投入锁定于亚太地区，而与中国的关系是美国有史以来必须管理的最具挑战性和影响最大的双边关系之一，美中关系的发展没有指导手册可循，然而利益攸关不容失败。

显然，美国开始将全球战略的重心向中国周边转移，防范和围堵中国的意图已经昭然若揭。日本、印度、澳大利亚和南海诸国在自身利益和美国的怂恿下，逐渐开始形成对中国非常不利的统一战线。东亚各国因为东海和南海石油资源而大打出手的局面，已不再是遥不可及的想象。一旦中国被迫卷入局部战争，就毫无疑问地坠入了美国的战略圈套，重蹈历史上法德鹬蚌相争，英国渔人得利的覆辙。

要打破这种历史的宿命，东亚国家必须跳出传统的思维方式，大胆借鉴欧洲货币与经济联盟的成功经验，化干戈为玉帛，实现亚太地区永久的和平。

中、日、韩这三个主要的东亚国家各有致命之处，中国的脆弱在于经济，日本的脆弱在于政治，韩国的脆弱在于军事，而这些弱点都与美国有关。如果东亚三国团结起来，各自的弱点将被强大的联盟所保护，以三国为核心打造亚洲的共同市场，摆脱欧美对亚洲命运的主宰，是所有亚洲国家共同的愿望。

各国争夺的无非是利益，与其进行这种零和博弈，不如共同分享利益。邓小平很早就提出了“搁置主权，共同发展”的理念，这是符合亚洲国家根本利益的战略原则。现在，应该对这一理念进行具体化，并勇于进行实践。中日之间的钓鱼岛之争，日韩之间的独岛问题，既涉及敏感的主权争执，又牵扯巨大的海底石油资源的切身利益，各方相持不下，几近擦枪走火，葬送亚太地区的和平环境，使各国经济发展濒临脱轨的险境，同样的问题在南海地区也面临着日益尖锐的战争风险。

如果“煤钢联盟”已经被欧洲人的实践所验证，那么这种“超主权”的模式同样可以在亚洲有争议的地区进行复制。如果成立类似欧盟的“亚洲经济共同体”的机构，以“石油联盟”作为起步，将有争议的海底石油资源让渡给这一“超主权”的新机构，从根本上化解主权这一敏感而不可调和的矛盾，形成各国共同投资、联合开发、利益共享的机制，将各国利益实现深度捆绑，使战争的爆发“既不可想象，也无法实现”，让亚洲人民得以永享和平红利。

通过“亚洲经济共同体”的建立，中国将打破美国的政治、经济和军事的围堵，日本会获得石油供应的可靠保障，韩国能得到中日联合的安全承诺，东盟和印度可以进入一个统一的亚洲大市场。这将是一个对所有亚洲国家都有重大利益的战略同盟！

亚洲人最难以忘却的就是历史，其实，牢记历史的目的不是为了活在历史中，而是为了不让历史重演！亚洲人最敏感的就是主权，其实，主权的背后是国家能够主宰自己命运的权利！亚洲人最关切的就是利益，其实，利益共享所带来的收益超过了争夺的利益本身！

如果亚洲曾经是人类最古老文明的发源地，那么亚洲人的智慧就不应该输给欧洲人！如果亚洲的历史曾经在列强的宰割下备受苦难，那么今天的亚洲就绝不能再将自己的命运交给任何霸权！

亚洲作为一个整体，在国际舞台上的地位和独立性将空前提高，并形成与美国与欧洲分庭抗礼的战略格局。

建立亚洲美元市场：香港就是桥头堡

“亚洲经济共同体”的首要任务应该是从“石油联盟”起步，彻底拔掉亚洲地区战争火药桶的引信，用海底石油的巨大利益纽带将亚洲各国的命运紧密维系在一个共同体之中。这是一笔庞大而高风险的投资，钱从哪里来呢？

答案就是亚洲美元市场！

人们熟知的欧洲美元，最早指的就是流入欧洲并在那里四处流通的美元，它们主要源于欧洲对美国的贸易盈余和美国在欧洲军事基地的美元军费开支，经过长年积累，欧洲美元的规模越来越大。后来苏联、中东等国将石油出口收入的美元也存放在欧洲的银行体系中，进一步扩大了欧洲美元的“金融异度空间”，再往后，其他国家和地区的美元也纷纷涌入欧洲。后来，凡是美国境外流通的美元，统统被称为欧洲美元。

国际银行家西格蒙德·沃伯格最早开始打欧洲美元的主意，如此庞大而不受监管的美元资金，仅仅用于投资美国国债，收益实在太不理想。他于20世纪60年代初，首创了欧洲美元债券这一新的投资工具，利用闲置或低收益的欧洲美元，为欧洲企业和欧共体的项目进行融资，欧洲美元债券的重大意义在于，欧洲人开始利用美元资源，借力打力，在发展自己的同时，并未落入美国国债的低收益陷阱，成为美国赤字财政的被动埋单者。

最近10年以来，亚洲地区已经成为世界上最大的美元储备区，贸易盈余每年将滚滚的美元持续带回亚洲，这些美元除了购买美国国债和其他主权国家的低收益债券之外，似乎没有更好的去处。其实，这一问题早在20世纪60年代就已经被欧洲美元债券创新所破解。

亚洲地区的美元储蓄凭什么一定要流向美国或欧洲的金融市场呢？为什么只能投资于低收益的欧美国债呢？如果亚洲经济发展速度明显高于欧美，这些资金留在亚洲岂不是更能发现获得高收益的机会吗？

高收益、低风险、主权信用级别的项目，“石油联盟”不是完全符合吗？当年，西格蒙德·沃伯格最初就是想用“煤钢联盟”这一项目来进行欧洲美元债券的首发，“亚洲经济共同体”完全可以直接发行美元债券，将融来的资金用于亚洲地区海底石油的勘探和开发，这就是欧盟至今尚未做到的欧盟债券模式。“亚洲经济共同体”发行的美元债券，将由各国的外汇储备担保，具备与亚洲各国主权信用同等的信用评级，未来可以进一步为亚洲其他国家和地区的项目进行融资，将亚洲巨大的美元资产彻底盘活，为亚洲的经济发展做出直接的贡献，并获得更高和更可靠的投资回报。

香港处于最佳的地理位置，拥有完备的法律体系和充足的金融人才，在战后的60年中，已经积累了丰富的国际金融市场经验，堪称是亚洲地区的伦敦！目前，香港对于成为世界金融中心的定位尚不明确，未来应该大力发展股票市场、地产金融、贸易融资，还是人民币离岸中心？香港政府显得举棋不定。实际上，亚洲美元汇聚中心和亚洲美元债券发行与交易中心，才是香港的一盘大棋！目前亚洲存在着高达数万亿美元的资产，未来将很快超过10万亿美元的规模！如果将这笔大买卖抓在手中，其他任何生意都只是小菜一碟了。

香港的主要竞争对手将是东京和新加坡，如果中国力推“亚洲经济共同体”，那么显然香港将是首选的金融运作中心，就像德法推动了欧共体的诞生，但巴黎和法兰克福都没能成为欧洲美元的集散地一样，金融管制更宽松和国际化程度更高的伦敦始终是欧洲美元最活跃的核心。东京、北京、首尔、上海、新加坡的条件都不如香港优越，其中，国际化程度和金融市场经验积累是最关键的差别。

以亚洲美元债券的发行和交易为核心，辅之以人民币、日元、韩元和其他币种计价的债券品种，香港将在未来成为可与纽约和伦敦一较高下的国际金融重镇！

当年为香港设计了独特的“一国两制”，这一史无前例的制度创新，使得香港在亚洲所有的城市中具备了与众不同的国际化色彩，它与亚洲各国的心理距离和地理距离都恰如其分，超主权的“亚洲经济共同体”执行机构设在香港，应当是众望所归。

亚洲货币同盟：AMF的战略方向

1997年的金融风暴，使亚洲各国遭遇了激烈的汇率风暴，对亚洲金融市场的毁灭性冲击，至今令人心有余悸。亚洲各国的经济发展，普遍采用了以出口为导向的经济模式，迫切需要汇率市场的稳定，以规避国际贸易风险。在缺乏亚洲联合的汇率机制的情况下，各国普遍依赖 IMF 来充当最后的救助人。不过，在经历了 1997—1998 年的金融风暴洗礼之后，大家对 IMF 的“救援”本质已经有了刻骨铭心的惨痛记忆，在欧美主导下的 IMF 救援机制，与其说是在救火，不如说是在打劫。

痛定思痛之后，亚洲各国纷纷提议建立 AMF（亚洲货币基金组织）。当然，完全可以想象的是，这一倡议立刻遭到了 IMF 和美国财政部的反对。不过，目前阿拉伯货币基金组织和拉美储备基金都已经建立，AMF 的建立只是时间早晚的问题。2008 年的金融海啸爆发和 2011 年的欧洲债务危机，再次凸显了 AMF 的必要性和急迫性。

AMF 目前的定位是一个汇率稳定基金，但并不包含类似欧洲汇率机制的长远规划。这是 AMF 难以获得亚洲各国高度重视的原因之一，它仅仅是个救急的工具，而不是未来货币战略的一个核心部分。如果要建立亚洲共同市场，那么亚洲最终的单一货币就是逻辑上的必然，稳定汇率只是其中的一个步骤。

以构建亚元的思路看，AMF 的长期目标可分为三个阶段来实现，第一阶段就是建立类似欧洲“蛇形汇率机制”的亚洲汇率机制，主要目的就是将各国汇率稳定在一个机制的框架之内。为此目的，需要建立一个共同的储备基金。实际上，亚洲金融风暴之后，在《清迈倡议》中，就已经提议亚洲从各国外汇储备中拿出 1 200 亿美元，作为紧急援助资金来帮助陷于危难的国家稳定汇率。其中，中国和日本的出资均占到了储备库总额的 32%，韩国占 16%，东盟国家占 20%。东盟内部各国的出资金额也各有不同，印度尼西亚、马来西亚、泰国、新加坡均为 47.7 亿美元，菲律宾为 26.4 亿美元。当金融危机发生时，这 5 个东盟成员国可以使用相当于本国出资 2.5 倍的资金来渡过难关。但在 2008 年金融海啸中，当该区域的部分国家面临流动性困难时，由于缺乏独立的区域监控实体，储备基金计划难以实施。

2011 年欧洲爆发的债务危机，很可能在未来的几年中再度冲击亚洲的金融体系，亚洲汇率机制应该加速筹建。不过，亚洲各国的政治态度决定了这一进程的快慢，如果各国能够取得建立亚洲共同体的战略一致，那么在5年之内建成亚洲汇率机制是有可能的。

这一机制的核心就是稳定亚洲各国的汇率波动，只有区内货币的相对稳定，才能有效促进国际贸易的增长，并且为最终实现统一的亚洲共同市场奠定基础。它的关键之处在于确定各国之间货币相对浮动的最大限度，当任何一对货币的汇率浮动超过了这一限度时，跌破下限的国家都有义务动用自身的外汇储备干预市场，以恢复本国货币的汇率稳定。在最极端的困境中，AMF的外汇储备基金将启动紧急救援。这种救援相当于一种外汇贷款，当受援国摆脱危机后，它有义务偿还救援贷款。

AMF第二阶段的任务，就是建成亚洲货币体系（AMS，Asian Monetary System）。这首先取决于亚洲共同体的建立，以及亚洲共同市场的推进情况。当亚洲各国在关税、补贴、农业、资本与人员自由流动等方面达成共识后，统一的ACU（亚洲货币单位，Asian Currency Unit）将作为区内贸易结算的货币单位。ACU也是由“一篮子”亚洲货币所组成，这些货币占据与其经济与贸易地位相当的权重，共同形成亚洲货币价值的基准，每5年调整一次，以反映各国经济地位的变化。

当ACU诞生后，亚洲汇率机制将由任意一对货币之间最大浮动限度的机制，调整为各国货币相对于ACU的浮动，这样将由外汇储备大国承担更大的责任，以便吸引更多的国家参与进来。

ACU将承担起亚洲货币价值之锚的历史重任，更是未来亚元诞生的基础。

AMF第三阶段，也是最关键的阶段，就是固定各国货币与ACU之间的汇率，经过一定时间的准备期，当政治条件和经济环境允许时，将ACU作为亚元的货币基准，条件成熟的国家可率先实现本国货币与亚元的兑换，AMF将脱胎换骨为亚洲中央银行。

AMF从建立之初就应该有推动亚元和建立亚洲中央银行的长远

考虑，如果仅仅作为外汇救助基金和IMF的辅助角色，这样的定位显然太低。AMF应该发挥推动亚洲政治联盟和经济整合的中坚力量，而不是一个“被推动”的机构。这要求AMF应该成为各国政府、中央银行、财政部、研究机构、学术组织、媒体和民众之间最活跃、最有效、最积极的沟通者。

另外，亚元的推进应该汲取欧元的教训，宁缓勿急。中、日、韩可率先建立起汇率稳定机制，中国和日本的外汇储备旗鼓相当，韩国也不弱，这三家联盟不会产生谁救谁的争执与扯皮，避免德国在推进欧洲汇率机制的过程中，时刻担心自己的外汇储备会被法国和其他国家“揩油”的顾虑。实际上，欧洲汇率机制的推进速度之慢，在很大程度上就是被德国的这种顾虑和无休止的讨价还价，浪费了大量宝贵的时间。中、日、韩三国之间一旦达成政治共识，在操作细节上又有欧元现成的经验可资借鉴，亚洲汇率同盟的推进速度应该大大超过欧洲。

当中、日、韩的汇率同盟稳定运行一段时间之后，再陆续向东盟10国和其他亚洲国家渐次开放。这些国家加入汇率同盟基本都是奔着好处来的：一是希望一旦本国货币遭遇不测，汇率机制能够帮上大忙；二是向往进入一个更大的亚洲共同市场。此时，需要设置一定的达标门槛。

最艰难的时刻是在启动汇率联盟的初期，这种难度并不是操作细节所带来的麻烦，甚至也不是中、日、韩的政治意愿，而是来自美国的巨大压力。能不能和敢不敢顶住这种压力，争取主宰自己的命运，这是亚洲货币联盟成败的最大疑问，也是亚洲命运的最大疑问！

人民币，还是亚元？这是一个问题

对于中国而言，是推动人民币国际化能带来更多的利益，还是推动亚元会产生最佳的效果？这是一个关键性的问题。

从历史上看，英镑和美元曾先后成为主要的世界储备货币，而马克和日元即使在其经济全盛时期，在国际储备货币中的地位也从来没有超过 10%，这是德国和日本以出口为导向的经济发展模式所注定的。

由于本国市场容量有限，德国和日本必须以世界市场作为经济增长的主要拓展空间，在出口产品的过程中，必然伴随着国际货币的回流。反过来说，一国的货币要想作为世界主要的贸易与储备货币，就必须持续输出本国货币，方式只能是贸易逆差和海外投资。德国和日本如果变成贸易逆差国，输出海量的马克和日元，进口的外国产品将很快充斥它们相对狭小的本国市场，而它们自己的工业能力将被瓦解，从而葬送其经济强国的地位。日本早在 20 世纪 80 年代就曾经大力推动日元在海外的投资和日元贷款，近 30 年的努力并未产生明显的进展，日元很难走出去。人们愿意持有日元的主要原因是希望未来能够在日本市场中买到商品，如果日本国内市场规模不够，持有日元的动机将被大大削弱。

因此，国内市场规模狭小的国家，无论其经济如何强大，它的货币都不可能成为主要的国际货币。国际货币只有市场规模庞大的国家才能玩得动。

大英帝国当年曾经拥有横跨地球 1/5 的大陆，占世界 1/4 人口的庞大的市场规模，输出英镑所带来的逆差绝对数字很大，但在英帝国经济总量中的比重却不高。美国在 20 世纪 30 年代，对外贸易仅占经济总量的 3%~5%，其巨大的国内市场使美国根本不在乎美元汇率的波动。输出货币是要有本钱的，家大业大的国家，首先能够扛得住这种压力，然后才能享受其好处。

中国的现状是国内消费仅占 GDP 的 1/3，海外市场是中国经济增长的主要依托，这种外向型的经济格局和偏小的国内市场容量，注定了人民币国际化在中国经济转型成功之前，很难获得实质性的突破。最好的结果不过是当年马克和日元在国际货币中的地位，不足以为中国带来更大的现实利益。

中国经济的繁荣在很大程度上依赖着海外的石油和原材料供应，

以及欧美市场的需求，这种繁荣的基础存在着脆弱的一面。如果欧美经济的债务驱动模式难以持续，如果局部战争导致石油与原材料的供应中断，中国的经济繁荣又如何持续呢？同时，人民币的供应与美元紧紧绑在一起，在人民币完成“刮骨疗毒”之前，人民币的国际化不还是披着人民币外衣的美元再输出吗？在比较脆弱的经济基础之上，依托着相对狭小的国内市场规模，走出去的人民币会是强大而坚挺的货币吗？人民币升值带来更多的是货币投机者们的兴奋，而远不是世界各国真诚的信赖。

人民币国际化的力度越大，美国对中国的警惕与攻击性就会越强烈，欧元区国家会更乐意看到人民币成为美国打击的主要靶子，而亚洲国家则将充满警惕地防范中国试图建立“人民币的新秩序”。

在实力尚不成熟的情况下，人民币的高调出击，很可能会陷入孤军奋战的境地，在缺乏盟友的情况下，招致货币霸权国家的围剿。

因此，人民币在中国经济转型成功之前的高调国际化，属于激进战略。

相对而言，中国主导推动亚元的努力，貌似激进，实则保守。

如果欧美经济长期不振而中国被迫进行经济转型，那么中国将无法或不愿意继续为美国提供国内储蓄，在实用主义至上的美国眼中，中国将失去利用价值。过去 10 年，美国对中国经济繁荣的容忍，是建立在中国生产、美国享受，中国储蓄、美国消费的基础之上的，一旦失去了共同的利益，“中美国”的婚姻必然走向破裂。

美国宣称的“太平洋世纪”新战略，其实已经不点名地将中国锁定为战略竞争对手，亚洲近来出现的一系列领海问题的矛盾激化，显现出美国先声夺人的气势。在挑动“亚洲人斗亚洲人”的游戏中，美国是以极低的成本在博取极高的收益。美国一边掐住中国的石油供应、海上通道、市场依赖的经济命脉，一边唆使亚洲各国哄抢中国的利益，置中国于战不能战、和不能和的两难境地。未来 10 年，随着美国经济长期不振导致的自信脆弱，将使美国对中国变得更加敏感和具有攻击性。

在中美尖锐而复杂的博弈过程中，中国需要更多的盟友，更少的对手。建立亚洲的统一战线，将潜在的对手转化为利益攸关的朋友，是化解美国高压围堵的“太极推手”。从这个意义上看，推动亚元不仅是货币的战略，同时也是地缘政治和军事的战略。

联合日韩与东盟10国，以“石油联盟”为起点，以货币机制为杠杆，撬动亚洲共同市场的理念，将对抗化为合作，把利益冲突变为利益共享。亚洲共同市场需要共同的货币，而共同的货币将扩大共同的市场。日本的技术、中国的生产、韩国的创新、东盟的资源优势如果整合在一起，依托这样一个巨大的统一市场，亚元将成为世界货币的三巨头之一。

美国打击人民币不难，因为只得罪中国一个国家，但要打击亚元，就会得罪所有的亚洲国家，成本与收益将难以估算。亚洲共同体和亚元，不仅为亚洲各国提供了更大的发展空间，更多的自主权，同时也为中国提供了一个有效的保护伞。在政治上，中国依托亚洲底气更足；在经济上，共同市场能够提供经济转型的更大空间；在军事上，中国在亚洲没有对手，只有盟友，美国的军事优势将被有效化解。

亚元战略实为中国自保的战略，无论需要耗费多长时间，无论会遭遇何种困难，都值得中国坚持下去。人民币国际化战略短期来看，成效并不乐观，而后遗症却不少。不过，保守与激进这两种战略其实并无根本冲突，稳步推动人民币国际化与启动亚元进程完全可以同步进行。人民币国际化的最终效果可能只有一个，那就是增加中国在亚元体系中的筹码。

德国人舍弃了马克，但是他们如今却驾驭着欧元；德国人舍弃了保护本国市场，最终却支配着整个欧盟的大市场。所谓舍得，就是没有舍去，就不会有得到，不舍去小利，就无法得到大利。在如何追求利益方面，中国人也需要向德国人好好学习。

美元、欧元、亚元的战国时代

美元的困境在于主权货币事实上无法永久承担世界货币的重任。以主权债务为核心资产所建立的世界货币大厦，将随着主权国家财政税收不堪重负而最终坍塌。历史已经反复证明了这一点，美元体系最终的土崩瓦解其实是一种逻辑上的必然。

问题在于，当美元体系支撑不住时，谁能替代美元而成为新的世界货币呢？欧元、人民币，还是日元，或其他货币？答案是，凡是主权货币就都不可能替代美元。美元将是主权货币担当世界货币这一时代的“末代皇帝”。

在美元帝国最后的几十年中，世界经济将在越来越动荡的货币危机中反复出现剧烈颠簸。以欧元为代表的货币区域化潮流，会在亚洲、中东、非洲和南美陆续出现。这种区域化的货币又将严重挤压美元的流通版图，加速美元的衰落。

美元帝国自然不会坐视美元版图的瓦解，正像所有的末代皇帝一样，它将动用一切政治、经济、军事的资源来镇压这些“货币叛乱”。也许这种镇压能够起到一定的效果，世界上的“货币乱党们”暂时处于蛰伏状态。但是，这种短暂平静的背后，却酝酿着更大的叛乱危机。更多的叛乱引发更多的镇压，直到美元帝国筋疲力尽。此时，美元帝国内部一直存在的“主权货币派”和“世界统一货币派”之间的矛盾开始激化，政治的天平逐渐向后者倾斜。

如果美元走到“通电下野”的最后关头，美国早已准备好的世界货币“备胎”将浮出水面，这就是 IMF 的 SDR。20 世纪 70 年代末，当美元处在风雨飘摇的危险时刻时，“SDR 替代账户”曾即将投入运行，如果不是美联储主席沃尔克马快刀急，在危难之中拯救了美元，世界恐怕已经生活在另一种货币空间之中了。

SDR 与 ECU 的思路高度一致，它们都是一篮子货币组成的货币基准单位。只要将各国货币与 SDR 的汇率固定下来，用 SDR 替代各国主权货币就像欧元替代欧洲各国货币一样简单而无痛苦。只要美国继续主宰着IMF，那么用美元还是SDR来号令天下并没有本质区别。舍去美元，将会使美国得到权力更大的SDR。当然，美国必须与它的欧洲伙伴们分享这一权力，以换取欧洲放弃欧元，这也正是美国早已习惯独断专行的“主权货币派”所不能容忍的。

目前，SDR存在着一个重大的缺陷，那就是在SDR的货币篮子里没有人民币，考虑到中国经济的规模和潜力，不拉上中国入伙，游戏就玩不下去。没准儿中国自己鼓捣出一个新的货币体系，问题就麻烦了。要加入SDR，人民币就必须能够自由兑换，这将是欧美未来苦口婆心、威胁利诱，从一切可能的角度阐述人民币自由兑换的种种好处的利益出发点！

问题是，加入SDR的货币篮子对中国意味着什么呢？如果按照欧美的设计，IMF将成为未来的世界中央银行，SDR作为取代各国主权货币的世界统一货币，美国与欧洲自然是有否决权的大股东，而中国和其他国家就是陪着玩的小股东。中国在失去货币发行权的同时，却得不到更大的权力对价。如此一来，主宰中国命运的将是欧美。

美国放弃美元，欧洲放弃欧元，它们都将获得更大的支配权，它们舍了，但得到更多，中国和其他国家舍了，就啥也没有了。

如果世界统一货币的出现是世界经济发展的大潮流，所谓浩浩荡荡不可阻挡，那么中国就应该争取主导这一潮流，而不是被潮流所主导。

中国必须认清人民币作为主权货币，势必无法取代美元的客观规律，同时也不会被其他国家所接受的现实，面对势单力薄的人民币无力与欧美货币意志相抗衡的局面，中国只有将亚洲的力量整合在亚元的盾牌之下，才能与美元与欧元的利剑相抗衡，形成三足鼎立的态势。如果没有亚元，亚洲各国的货币将被美国各个击破，最后亚洲各国货币的散兵游勇将被IMF全部收编。有了亚元，再广泛与南美、非洲、中东等地区的货币联盟建立起互为犄角的态势，就会获得更大的货币筹码。

如果未来真到了世界统一货币的时刻，亚洲起码是三分天下有其一，权力也必然是与欧美旗鼓相当，同股同权，分享天下！

能不能正确认清当今世界的货币大局，不仅事关人民币未来的命运，也将决定着中国和亚洲的命运！

强者，永远是自己的命运，自己操盘！

初冬，当我最终收住了笔，却无法收住奔腾的思绪，香山的夜是这样的漫长和寂静。闭上眼，历史的碎片散落在记忆的沟回中无法清扫，时不时冒出来的灵感就像电流一般刺激着极度需要平静的大脑，激情的词语相互追逐着、碰撞着、挤压着，最终在失去控制的意识里汇聚成一团团黏稠的表达欲望，正反逻辑双方各自手执兵刃仍在激烈地厮杀，直到晨光渗透厚厚的窗帘，筋疲力尽的脑细胞才渐渐安静下来。长达半年多的彻夜工作，一旦停止下来，仿佛立刻陷入了精神失重的状态，这种痛苦甚至多于解脱后的喜悦。

记得乔布斯说过一段话："如果你知道自己的生命即将结束，每天当你站在镜子面前问自己，今天所做的事情是不是会让自己无怨无悔，假如每次的回答都是肯定的，那么这件事情就是你与生俱来的使命。"

在香山的日子里，我尝试着站到了镜子面

前拷问自己同样的问题，我感觉也许我真的找到了人生的使命。

记得很小的时候，父母和老师都说我不好强，其实，我从来就没有在意过这些评价。长大后，我意识到好强与自强是两种个性。好强的人争的是别人的评价；自强的人则只在意自我的评价。好强的人貌似自信，其实自卑，自卑的根源在于他们缺乏自己内在的价值体系，而不得不依赖外界的评判标准；自强的人从不在乎别人怎么说，因为他们骨子里有一个自我价值定位的罗盘。当社会高估自己的价值时，要如履薄冰、小心谨慎；当自己的价值被社会低估时，应当从容淡定，笑看云卷云舒。

看准的东西就要坚持。不怕挖苦讽刺，何惧飞短流长；不逞一时之能，不图一时之利；不做墙头草，不当和事佬。这是我一生的信念。这一信念在香山的日子里使我更加坚定。

我的研究和写作，使我确信自己是在为社会创造一种价值。一个人的价值取决于他为社会贡献了多少，而不是他拥有了多少。

这本书的问世，离不开很多朋友的关心和帮助，没有他们，我将一事无成。

郑莺燕承担了这本书降生的很多具体而烦琐的准备工作。没有她与出版社卓有成效的沟通工作，我将陷入大量的事务性细节而无法专注于研究和写作。她与出版社的编辑一起，在近百种图书封面的设计草案中，筛选出最符合作者个性的颜色与图案。她坚决主张摒弃国内财经图书扎眼和炫目的流行风格，强调经典与大气的质感。她反对在封面上罗列大量的文字，坚持简约和素雅。她在图书设计风格、纸张质感、图书定价、宣传推广、时间进度等细节方面，与出版社进行了长达数月的不厌其烦的交流，为确保图书的品质付出了艰辛的努力。

在专业领域，我曾受益于许多学识渊博的前辈和老师。

在一次金融研讨会上，中国银行副行长王永利先生关于美元的真实头寸永远不会流出美国银行体系的观点，让我获益匪浅。在后来的交流中，王永利先生给我全面介绍了美国之外的美元虚拟头寸的流动与结算细节，我反复读过他在这一领域的论述文章。正是在他的启发下，我找来了法国著名经济学家雅克·吕夫的《西方货币的原罪》一书仔细研读，发现王永利先生的观点正是吕夫当年论述的现代体现方式。这一观点被我融入第一章关于金汇兑本位制的内在缺陷一节中。

社科院世经所的张宇燕老师一直是我最关注的学者之一，他对于货币流通域、历史上白银流动对欧洲崛起的影响、中国古代货币与政权兴亡之间的关系，以及人民币国际化的许多观点，令我备受启发。这些观点对本书中的一些结论影响深远。

国务院发展研究中心的夏斌老师也是我非常敬重的学者。今年除夕之夜，当所有人都在家中过年时，夏斌老师和我在一个空旷的咖啡厅里畅谈他的《中国金融战略2020》一书，他的全局眼光和深入分析令人折服。他的很多想法影响了我在本书中关于中国未来金融战略的思路。

社科院余永定老师的文章，我是每篇必读。在最近余永定老师主持的一次研讨会上，我提出了亚元的想法，余永定老师曾参与亚洲经济货币合作长达十年之久，他苦笑地感叹亚元的实现绝非易事。尽管我们在此问题上的观点并不一致，但这更激发了我对实现亚元的现实困境做更深入了解的兴趣。

最应该感激也最让我觉得亏欠的是远在海外的太太和女儿，她们为我的理想所做出的牺牲，远远超出了我所能够实现的补偿。我的女儿津津以前不会阅读中文，但为了能读懂爸爸写的书，她正在加倍努力学好中文，她现在已经能够每天用中文给我写电子邮件了，我为她的努力备受感动。父亲是女儿心目中永远的偶像，为了不让她失望，我必须继续努力前行。

宋鸿兵

2011年11月11日凌晨于北京香山